I0046353

OEUVRES COMPLÈTES

DU CHANCELIER

D'AGUESSEAU.

OEUVRES COMPLÈTES

DU CHANCELIER

D'AGUESSEAU.

NOUVELLE ÉDITION,

AUGMENTÉE DE PIÈCES ÉCHAPPÉES AUX PREMIERS ÉDITEURS,
ET D'UN DISCOURS PRÉLIMINAIRE

PAR M. PARDESSUS,

PROFESSEUR A LA FACULTÉ DE DROIT DE PARIS.

TOME TROISIÈME,

CONTENANT SIX PLAIDOYERS.

PARIS,

FANTIN ET COMPAGNIE, LIBRAIRES,
QUAI MALAQUAI, N.° 3.

H. NICOLLE, A LA LIBRAIRIE STÉRÉOTYPE,
RUE DE SEINE, N.° 12.

DE PELAFOL, RUE DES GRANDS-AUGUSTINS, N.° 21.

M. DCCC. XIX.

SE TROUVENT AUSSI

CHEZ L'ÉDITEUR, RUE CHRISTINE, N.º 3, A PARIS;
ET CHEZ LES PRINCIPAUX LIBRAIRES DE FRANCE ET DE L'ÉTRANGER.

~~~~~~

DE L'IMPRIMERIE DE I. JACOB, A VERSAILLES.

TITRES

DES DIFFÉRENS OUVRAGES

CONTENUS DANS LE TOME TROISIÈME.

PLAIDOYERS.

OEUVRES
DE D'AGUESSEAU.

TRENTE-TROISIÈME PLAIDOYER.

DU 3 AOUT 1694.

Dans la cause de Louise de Bury, femme du sieur
d'Athonas, veuve en premières noces de Pierre
Touchet, et Marie d'Avalleau, veuve de Jacques Touchet, tutrice de ses enfans.

*Il s'agissoit de savoir, 1.º si un mariage contracté
sans le consentement de la mère en majorité, mais
précédé d'un commerce illégitime en minorité, célébré solennellement après des publications de bans,
mais sans en avoir publié dans le lieu du domicile
ordinaire, étoit nul en lui-même.*

*2.º Si ce mariage, ayant été suivi d'une posses-
sion d'état, publique et paisible pendant sept années,
sous les yeux de la mère, et de la naissance de
plusieurs enfans reconnus légitimes par les plus
proches parens du mari, on pouvoit opposer des
fins de non-recevoir à la mère, qui s'étoit remariée,
et n'avoit attaqué l'état de la veuve et des enfans
que par vengeance d'une accusation de recélé, qui
avoit été intentée contre son frère.*

La naissance, la condition et la fortune des parties
sont les premières circonstances du fait, et souvent
les plus importantes, lorsqu'il s'agit de prononcer sur
la validité d'un mariage.

Jacques Touchet, dont l'intimée prétend avoir été

FIN DES TITRES DU TOME TROISIÈME.

la femme légitime, étoit issu d'une assez bonne famille de la ville d'Orléans. Si la nature lui avoit refusé l'avantage de la noblesse, la fortune lui avoit accordé des biens assez considérables pour le consoler de ce malheur.

Il naquit le 16 novembre 1660; c'est un fait important, et qui n'est point contesté dans cette cause.

Marie d'Avalleau, qui est aujourd'hui l'intimée, est d'une naissance beaucoup plus distinguée. Sa noblesse est constante; mais on prétend que c'étoit presque le seul avantage que l'on pouvoit trouver dans son alliance, et qu'elle ne pouvoit apporter en dot à son mari que des titres stériles, et des qualités plus honorables qu'utiles dans l'état où il étoit placé.

Cependant il paroît qu'elle possède une terre qui porte le nom de comté de Mestas; et c'est une question assez inutile à la décision de cette cause, que de savoir si cette terre lui appartenoit entièrement, ou si elle n'en avoit que la moitié; si elle en jouissoit librement, ou à la charge d'une substitution.

Ce qui est certain, et qui peut avoir plus d'application à la contestation présente, c'est qu'elle étoit plus jeune que Jacques Touchet.

Elle est née au mois d'août 1663, c'est-à-dire, deux ans après la naissance de celui qu'elle a épousé dans la suite.

Tels étoient l'âge, l'état, et la condition des parties.

Le commencement de leur connoissance est assez obscur; il seroit à souhaiter, même pour l'intimée, qu'il le fût encore davantage, et que le public eût ignoré la naissance d'une fille qui fut la preuve vivante du déréglement de sa mère, et de l'habitude criminelle qu'elle avoit eue avec Touchet.

Ce fut apparemment la grossesse de l'intimée qui fit éclater les engagemens secrets qu'elle avoit contractés avec celui qui dans la suite est devenu son mari.

Il ne paroît point que Louise de Bury, mère de

Jacques Touchet, et qui est aujourd'hui l'apelante, ait pris dans ce temps-là aucunes précautions pour prévenir les suites de ces engagemens ; et la première plainte de rapt est celle qu'elle porte à votre audience, après la mort de son fils.

Bien loin d'être en ce temps-là accusatrice, elle eut au contraire le déplaisir de voir son fils accusé par la mère de l'intimée.

L'accusation fut intentée par-devant le bailli d'Orléans, le 4 avril 1686.

On obtint permission d'informer ; l'information fut faite. On décerna un décret de prise-de-corps contre Jacques Touchet ; et celui qu'on prétend aujourd'hui avoir été ravi par les artifices de l'intimée, fut poursuivi alors comme son ravisseur.

Il arrêta le cours de ces poursuites, par un arrêt de défenses ; sa mère intervint dans l'arrêt, et s'obligea à représenter son fils toutes les fois qu'elle en seroit requise.

L'accusatrice forma opposition à cet arrêt ; et soit que les parties se soient accommodées dans la suite, soit que le défaut de preuves ait terminé les procédures, nous ne voyons point qu'on ait porté plus loin cette accusation.

On prétend que Jacques Touchet étoit en même temps l'accusé et l'accusateur, et qu'il étoit tellement aveuglé par sa passion, qu'il étoit d'intelligence avec ses ennemis pour se soustraire à sa famille, à ses parens, et à soi-même.

Quoiqu'il en soit, il est constant que la mère de Marie d'Avalleau consentit dans la suite à prendre pour gendre celui qu'elle avoit poursuivi comme ravisseur de sa fille.

Ce fut alors que Louise de Bury déclara qu'elle ne donneroit jamais son consentement à ce mariage.

Non contente de lui refuser son approbation, elle prétend qu'elle y forma opposition entre les mains de deux curés de la ville d'Orléans, dans la paroisse desquels son fils et la demoiselle d'Avalleau avoient leur domicile.

1 *

Nous disons qu'elle le prétend, parce qu'elle ne rapporte point l'acte d'opposition ; elle s'est contentée de lever un extrait des registres du contrôle des exploits, par lequel il paroît qu'elle a fait donner un exploit le 19 février 1686, à M.e Claude de Loynes, par Alleaume, sergent, pour opposition ; mais on n'apprend point par cet extrait, quel étoit cet exploit, ni si l'opposition qu'elle avoit formée étoit celle dont il s'agit aujourd'hui.

Cependant, c'est le seul acte sur lequel elle prétend établir la preuve d'un fait aussi important que celui d'une opposition.

Mais, sans entrer dans l'examen de ces pièces, il faut au moins reconnoître qu'elle n'a pas voulu consentir au mariage.

La preuve en est écrite dans une sommation que l'intimée rapporte aujourd'hui : sommation faite par un sergent, le 6 septembre 1686 à la mère de Jacques Touchet.

Elle contient sa réponse : un refus formel.

La vérité de cette pièce combattue par l'appelante, ne peut l'être par l'intimée qui la rapporte.

Ainsi, preuve par sa propre reconnoissance, que la mère a refusé son consentement.

Après cette unique sommation, les parties crurent qu'elles pouvoient passer impunément à la célébration du mariage.

Jacques Touchet étoit majeur, l'intimée mineure à la vérité, mais sa mère approuvoit son engagement.

Ils quittent l'un et l'autre le séjour d'Orléans : ils viennent établir à Paris leur domicile, non pas il est vrai dans la même maison, mais dans l'étendue de la même paroisse de Saint-Germain-l'Auxerrois.

Ils y demeurent environ l'espace de cinq mois ; ils croyent y avoir acquis un domicile ; ils font publier trois bans ; point de dispense ; nulle précipitation.

Le contrat de mariage passé devant notaires le 20 octobre 1686.

De la part de Jacques Touchet, aucuns parens n'y assistent.

De la part de Marie d'Avalleau, un magistrat qui a l'honneur d'être du corps du parlement, y assiste comme porteur de procuration de la mère.

Les conventions n'ont rien que d'ordinaire ; nul avantage au profit ni de l'un ni de l'autre des conjoints.

Nulle preuve de séduction ni d'artifice.

On obtient ensuite une permission du curé de Saint-Germain, d'aller célébrer le mariage dans la paroisse de Saint-Médéric.

Le 22 octobre, le mariage est célébré ; on déclare légitime dans le contrat et dans l'acte de célébration, la naissance d'une fille que l'on dit être née le 4 avril 1686, sous la foi et sous l'espérance du mariage.

C'est ainsi que cet engagement a été contracté : c'est ainsi qu'ont été formés les nœuds que la mort de Jacques Touchet a rompus, et que l'appelante veut faire déclarer illégitimes.

Depuis le mariage, nous ne voyons point que la mère ait fait aucune plainte de la conduite de son fils. Nulle procédure pour faire déclarer son mariage non valablement contracté ; un silence profond. Nous en examinerons bientôt le véritable principe.

A l'égard de Jacques Touchet et de sa femme, il ne paroît point qu'ils aient voulu dérober au public la connoissance de leur engagement.

Ils ont demeuré pendant sept années, et dans la ville d'Orléans, et dans la terre de Mestas, qui appartient à l'intimée.

Leur mariage a été suivi de la naissance de trois enfans.

Deux ont été baptisés en la paroisse de Mestas, un autre l'a été dans une paroisse d'Orléans, tous comme enfans légitimes de Jacques Touchet et de Marie d'Avalleau : il y en a même un qui a eu pour parrain et marraine deux parens paternels de Jacques Touchet, ses héritiers présomptifs ; de là on conclut que c'étoit un mariage connu, approuvé dans la famille.

Deux de ses enfans sont décédés : l'un a été en-terré en la paroisse de Mestas, l'autre dans celle de Saint-Mesmin à Orléans. Mêmes qualités dans les extraits mortuaires : même induction.

Ce n'est pas seulement dans les extraits baptis-taires et mortuaires de leurs enfans, que l'intimée et Jacques Touchet ont confirmé leur état ; ils ont en-core pris la qualité de mari et de femme dans des contrats passés à Orléans, les uns sous signature privée, les autres par-devant notaires.

Enfin, Jacques Touchet est décédé dans la terre de sa femme, jouissant paisiblement de son état, et laissant sa femme enceinte d'un cinquième enfant.

Aussitôt après sa mort, Marie d'Avalleau a de-mandé que les parens paternels et maternels de ses enfans fussent assemblés pour élire un tuteur à l'in-ventaire, un subrogé-tuteur, et un curateur aux causes.

L'assemblée a été convoquée : un seul parent pa-ternel y a assisté; les parens maternels s'y sont trou-vés en assez grand nombre.

La mère de Jacques Touchet y est intervenue ; elle a déclaré qu'elle contestoit l'état de l'intimée.

Sans s'arrêter à ses remontrances, les parens ont été d'avis de nommer le sieur de Bury des Cou-dreaux, son frère, pour tuteur à l'inventaire, et le frère de l'intimée pour curateur aux causes des mi-neurs.

La sentence est intervenue, suivant l'avis des pa-rens, le 3 décembre 1693; et c'est de cette sentence dont l'appel simple est maintenant porté devant vous.

Le sieur des Coudreaux proteste, déclare, qu'il ne veut point accepter la charge, et conteste l'état, comme sa sœur.

Le bailli d'Orléans ordonne que l'inventaire sera fait en présence du procureur du roi; on inventorie les effets de la maison que le défunt avoit à Orléans.

Dans ce temps, on prétend que le sieur de Bury

des Coudreaux est allé dans une terre qui appartenoit à Jacques Touchet ; qu'il a forcé les armoires,
pris l'argent comptant, enlevé les papiers.

On en a rendu plainte, et le bailli d'Orléans a ordonné, après plusieurs fuites et déclinatoires de
Bury, qu'il viendroit dénier ou reconnoître le fait
dont on l'accusoit.

Il a été nécessaire d'expliquer cette procédure,
parce qu'on prétend que l'appel comme d'abus n'est
interjeté qu'en haine de cette plainte de recélé et
divertissement.

En effet, on observe que la sentence qui ordonne
que le sieur de Bury viendra dénier ou avouer les
faits, est du 18 janvier 1694, et l'assignation pour
procéder sur l'appel comme d'abus, est du 23 du
même mois.

MOYENS DE L'APPELANTE.

*Elle attaque la sentence par les mêmes moyens par
lesquels elle prétend donner atteinte au mariage.*

Deux propositions.
1.° Mariage nul dans son principe.
2.° Mariage clandestin dans ses suites.

PREMIÈRE PROPOSITION.

Quatre moyens pour l'établir.

1.° Séduction constante, commencée en minorité
dès l'âge de dix-neuf ans. Il est vrai que l'intimée
étoit plus jeune, mais elle avoit une expérience avan-
cée, ordinaire à son sexe. Inégalité de biens ; la qualité étoit un avantage inutile, mauvais artifice, union
commencée *ab illicitis*, grossesse, terreur de l'accusation, menaces d'un procès capital.

2.° Défaut de consentement de la mère, et même
opposition ; défaut essentiel dans le mariage d'un

mineur, même d'un majeur, quand la séduction a commencé, comme ici, en minorité.

Ce défaut n'est point détruit par la sommation, à laquelle on répond qu'elle est

1.º Nulle, étant faite par le ministère d'un sergent, non d'un notaire.

2.º Inutile, parce qu'elle est seule, et qu'il en falloit plusieurs.

3.º Fausse par plusieurs conjectures.

En troisième lieu, défaut de publication de bans. Domicile des contractans à Orléans. Cinq mois de séjour à Paris, temps insuffisant pour y acquérir un domicile.

4.º Défaut de présence de propre curé. Toutes les nullités résultantes des canons et des ordonnances se réunissent contre ce mariage.

SECONDE PROPOSITION.

Mariage clandestin dans ses suites.

L'on soutient 1.º Que jamais ce mariage n'a paru aux yeux du public, de l'église, de la famille; que les mariés ont eu deux domiciles, deux habitations différentes.

2.º Que si la cour juge ce fait décisif, il y a lieu d'en ordonner la preuve par témoins.

3.º Que toutes les preuves contraires ne sont d'aucune considération.

1.º Naissance des enfans; on a affecté le secret et le mystère; le sieur d'Avalleau a été parrain de deux de ces enfans. Si un parent paternel a tenu le troisième, qu'en peut-on conclure? Il étoit peut-être confident de l'intrigue.

2.º Actes dans lesquels ils ont pris la qualité de mari et femme; mais avec des créanciers à qui il suffisoit de les avoir pour obligés, sans entrer dans un plus long examen de leur qualité.

3.º Silence de la mère et possession; si elle a été paisible, c'est parce qu'elle étoit clandestine.

Moyens de l'intimée et du curateur de ses enfans,
intervenans.

Deux principes généraux.

Premier principe, qu'il faut distinguer deux sortes d'empêchemens, les uns dirimans, les autres prohibitifs.

Second principe, qu'il y a des nullités irréparables, d'autres qui peuvent être couvertes ; les premières sont absolues, les autres sont relatives à certaines personnes. Quand elles sont non-recevables, les moyens perdent leur force.

On soutient que les prétendues nullités qu'on oppose au mariage sont, ou de simples empêchemens prohibitifs, ou tout au plus des nullités respectives que l'appelante ne peut plus proposer.

Pour le prouver, on a distingué deux parties dans cette cause.

1.º Ce qui a précédé et accompagné le mariage.

2.º Ce qui l'a suivi.

A l'égard du premier temps,

1.º S'il y avoit eu quelque défaut dans le principe, c'étoit à l'intimée et à sa mère à le proposer.

Jacques Touchet étoit majeur ;

Marie d'Avalleau mineure.

Touchet accusé, Marie d'Avalleau accusatrice.

Touchet roturier, Marie d'Avalleau noble. *Is fecit, cui prodest scelus.*

La demoiselle d'Avalleau n'est point dépourvue des biens de la fortune, comme on a voulu vous le persuader. Elle jouit du comté de Mestas.

Ainsi, toutes les apparences de séduction sont du côté de Jacques Touchet, aucune du côté de l'intimée ; mais l'union et la tranquillité de leur mariage a pleinement justifié l'un et l'autre.

2.º Pour ce qui est du mariage même, toutes les solennités de l'église et des ordonnances ont été observées.

Publication des trois bans dans la paroisse des contractans.

Contrat de mariage public, solennel.

Permission de se marier dans une autre paroisse, donnée par le propre curé.

D'ailleurs, dans le droit, le défaut de publication de bans et de présence du propre curé ne sont considérables que dans les mineurs. Ici Jacques Touchet étoit majeur. Inutile de dire que la séduction a été commencée en minorité, parce que s'il y a de la séduction, c'est lui qui en est coupable.

Qu'enfin on objecte en vain le défaut de consentement de la mère, parce qu'il ne s'agit point ici d'une exhérédation.

Par rapport au second temps :

Tout ce qui a suivi le mariage a pleinement confirmé l'état de la mère et des enfans.

1.º Possession publique de leur état pendant sept années, prouvée

Par les extraits baptistaires et mortuaires des enfans ;

Par les actes passés à Orléans ;

Par l'inventaire fait après la mort de Touchet à Orléans.

2.º Naissance des enfans depuis le mariage.

3.º Approbation de la famille ; cousin paternel, parrain d'un des enfans.

4.º Silence de la mère, que son intérêt et les mauvais conseils de son frère réveillent mal à propos.

Ainsi elle est non-recevable.

QUANT A NOUS, avant que d'entrer dans l'examen des différens moyens que nous venons de vous rappeler, nous ferons d'abord deux réflexions générales.

La première, qu'il n'en est pas d'un mariage comme d'un testament et de quelques autres actes, à l'égard desquels on cite la maxime commune du droit : *Quod ab initio non valet, tractu temporis convalescere non potest.*

En premier lieu, on fait la distinction importante

qui vous a été expliquée, nullités absolues et de
celles qui ne sont que relatives, et introduites en
faveur de certaines personnes.

Lorsque ces personnes, par quelque indignité ou
incapacité personnelle, ne sont plus en état de les
proposer, alors on peut dire que le mariage est
comme validé, non qu'il soit exempt de défaut, mais
par le défaut de droit dans celui qui veut le faire an-
nuler : *Non jure proprio, sed defectu juris alieni.*

On en trouve des exemples dans un père qui
a approuvé un mariage où expressément ou par
un long silence, en étant instruit. C'est ce qui
a été jugé par plusieurs arrêts. Le consentement
qui suit, a autant d'effet pour empêcher une partie d'attaquer un acte, que celui qui précède : *Rati-
habitio expressa vel tacita ad initium retrovenit ;*
et la loi suppose ce consentement dans celui qui
ne s'y est point opposé, quoiqu'il en eût connoissance.

En second lieu, dans les nullités mêmes qui sont
encore plus importantes, la longueur de la possession,
la persévérance du consentement, la naissance des
enfans peuvent établir des fins de non-recevoir, et
contre les contractans qui par une légèreté inexcusable réclament contre un engagement qu'ils ont
confirmé par des actes publics, et contre ceux qui
veulent troubler l'union d'un mariage concordant.
On peut détruire plus facilement un mariage qui
vient d'être célébré, que celui qui semble affermi
par une possession de sept années. On a plus de
peine à déclarer libres ceux qui se sont crus lé-
gitimement engagés pendant un si long-temps, et
dont l'engagement a passé pour un véritable mariage, aux yeux d'une famille et du public, de
l'église et de l'état.

Si l'utilité publique demande qu'on observe rigoureusement les solennités essentielles prescrites par
les lois, la même utilité ne permet pas qu'on expose
l'état des enfans et la destinée d'une famille aux

caprices d'un père ou d'une mère irrités, qui veulent les sacrifier plutôt à leur passion qu'à la justice.

Si les parties doutent de la sûreté de leur état par rapport à la conscience, elles peuvent le confirmer par des actes qui réparent les défauts des premiers; mais à l'égard du public, et par rapport à la police extérieure, on les considère comme parfaitement engagés, et l'on ne souffre pas qu'on trouble impunément la tranquillité de leur état.

C'est sur le fondement de ces principes que vous avez rejeté plusieurs fois des demandes formées contre des mariages dont les nullités étoient constantes : non que vous ayez jamais varié dans les maximes, ni cru que ces nullités fussent pleinement réparées; mais parce que ceux qui les proposoient étoient eux-mêmes indignes d'être écoutés.

Une seconde réflexion générale, est qu'il y a bien de la différence entre examiner un mariage qui subsiste encore, et un mariage que la mort a séparé.

Dans le premier cas, on ne peut apporter trop de précaution pour discuter toutes les nullités; il est difficile de s'arrêter aux fins de non-recevoir, parce qu'il est encore temps de réparer les défauts qui s'y trouvent. Les juges doivent trembler dans la crainte, ou de rompre des nœuds que la main de Dieu même auroit formés, ou de confirmer un lien illégitime, et que l'église condamne (1).

Mais lorsque la mort a prévenu leur jugement, et qu'il ne s'agit plus que de l'état des enfans, les fins de non-recevoir ont plus de poids, et peuvent être fondées sur des circonstances assez fortes pour avoir une autorité décisive.

La possession, la cohabitation, l'approbation de

_____

(1) L'église a exigé la présence du propre curé, et la proclamation des bans, et elle a toujours détesté les mariages des fils de famille faits sans le consentement de leurs parens, *semper detestata est*, selon les expressions même du concile de Trente, session XXIV. *De Reformat. Matrimonii, cap. I.* Voyez trentième plaidoyer.

la famille, le silence de la mère, la bonne foi de la femme, on écoute tout en faveur des enfans ; lorsque le mariage, dont ils sont nés, n'a d'ailleurs rien d'odieux.

C'est dans ces cas que l'on peut faire usage de deux propositions qui résultent de ces réflexions générales :

L'une, que les fins de non-recevoir ont lieu en matière de mariage ;

L'autre, qu'elles ont lieu, surtout après la mort d'un des conjoints.

Appliquons maintenant ces principes à l'espèce de cette cause.

Une mere paroît en votre audience pour désavouer ses petits-enfans, pour rompre le mariage, à la faveur duquel ils veulent prendre le nom d'enfans légitimes.

Sa qualité de mère la rend favorable, son pouvoir est établi par la loi, elle exerce en quelque manière son autorité sur les mariages de ses enfans.

Examinons si elle est recevable, en considérant le mariage dont il s'agit, en deux temps différens :

1.º Dans le temps qu'il a été contracté ;

2.º Dans le temps qui l'a suivi, et dans lequel l'action de la mère est intentée.

Dans le premier temps, commençons par assurer les faits, avant que de chercher le droit.

Le premier fait, est la qualité des parties qui ont contracté le mariage dont il s'agit.

Il est constant que dans le temps de l'habitude criminelle qui a servi de principe à ce mariage, l'un et l'autre étoient mineurs, Touchet plus âgé de deux ans ; l'un roturier, l'autre noble ; l'un plus riche, l'autre moins ; égalité parfaite de présomptions de part et d'autre. S'il y a eu de la séduction, elle a été réciproque, et même il y a apparence que Touchet est le plus coupable, puisqu'il a été seul accusé.

Le second fait, est le défaut de consentement de la mère.

Il est certain qu'elle a refusé de consentir au mariage de son fils; mais incertain si elle s'y est opposée formellement : l'acte qu'elle rapporte ne le justifie point.

Le troisième fait est le domicile des contractans.

Il est constant que le mariage auroit été célébré avec toutes sortes de solennités, si les contractans eussent eu leur domicile à Paris; mais le contraire paroît justifié.

Cela supposé, si la mère fût venue dans les commencemens du mariage, si elle eût articulé les mêmes moyens, la séduction, le défaut de consentement, de publication de bans, de présence du propre curé, sa cause auroit été très-favorable, pour ne pas dire entièrement juste.

Si on lui avoit opposé la majorité, elle auroit trouvé sa réponse dans vos arrêts qui ont jugé que les règles observées pour les mineurs, doivent être suivies quand la séduction a commencé en minorité.

Si l'on eût soutenu que le défaut de publication de bans ne rend pas nul le mariage d'un majeur, elle auroit fait la même réponse.

Si l'on eût dit que le défaut de présence du propre curé n'étoit pas un empêchement dirimant, elle auroit allégué le concile, les ordonnances et les arrêts.

Et quoiqu'on eût pu répondre à tous ces argumens par différentes raisons, et lui opposer qu'elle n'agissoit que pour son intérêt personnel, cependant nous aurions cru être obligés de nous joindre à elle pour l'intérêt public.

Mais en considérant le second temps, c'est-à-dire, celui qui a suivi le mariage jusqu'au jour de la demande de la mère, sa cause cesse de nous paroître favorable, et le même intérêt public semble lui être opposé.

1.° La seule longueur du temps est un obstacle très-grand à ses prétentions. Quelque sacrés que soient les droits de la puissance paternelle, ils ont des bornes, et doivent être renfermés dans un cer-

tain espace d'années, après lequel on peut dire que
l'on vient trop tard réclamer ses droits.

Jacques Touchet étoit parvenu à cet âge où il
pouvoit, et s'engager, et confirmer son engagement
malgré sa mère. Si elle eût intenté la même action la
derniere année de sa vie, il auroit pu déclarer qu'il
persévéroit dans son engagement, et prouver sa persévérance en le réhabilitant; sa conduite jusqu'à sa
mort, l'a marqué plus fortement que ses discours
n'auroient pu le faire.

2.º Une possession publique de son état. Comment a-t-on pu nier un fait aussi certain, prouvé
par les extraits baptistaires et mortuaires des enfans,
par les contrats passés à Orléans, par l'inventaire qui
justifie que le mari et la femme avoient une maison à
Orléans?

3.º Cette possession publique, sous les yeux de la
mère, dans sa propre ville.

4.º Naissance des enfans en grand nombre. Une
fille vit actuellement; son état vous sollicite mieux
que ses paroles.

5.º Approbation de la famille, même de ceux qui
étoient héritiers présomptifs.

6.º Silence de la mère, qui ne se réveille que dans
le temps qu'elle veut recueillir la succession de son
fils, et de là un argument également fort contre elle,
à quelque cause qu'elle attribue ce silence.

Ou elle dira qu'elle n'a rien su de la conduite de
son fils, du commerce public dans lequel il vivoit; et
pour lors, quand ce fait impossible seroit admis, elle
est inexcusable, indigne d'être écoutée; elle a abdi-
qué, méconnu la qualité et le devoir de mère.

Ou elle dira qu'elle l'a su; elle l'a donc approuvé
en demeurant dans l'inaction, elle est donc non - recevable.

Nous finirons par trois observations.

La première, qu'il y a grande apparence que cet
acte d'opposition qui ne se trouve point, a été dé-
chiré par des vues de paix et par un changement de
volonté.

La seconde, que c'est une mère peu favorable, remariée, et du nombre de celles qui, suivant les expressions de l'édit du mois de juillet 1560, *mettent en oubli le devoir de la nature envers leurs enfans, au lieu que les voyant destitués du secours et aide de leur père, elles devroient leur rendre le double office de père et de mère.*

Enfin, c'est une mère qui est le ministre de la passion et du ressentiment de son frère. Nous vous en avons observé les dates si proches de l'une de l'autre de la plainte rendue contre lui, et de l'appel comme d'abus qu'elle a interjeté; ainsi tout se réunit à établir la fin de non-recevoir.

Le 3 août 1694 est intervenu l'arrêt suivant :

ENTRE dame Louise de Bury, femme séparée de biens et d'habitation de Poitiers d'Athonas, et auparavant veuve de Pierre Touchet, sieur de Goumières, appelante comme d'abus de la célébration de mariage de l'intimée ci-après nommée, avec Jacques Touchet, écuyer, et d'une sentence rendue au bailliage d'Orléans, le trois décembre mil six cent quatre-vingt-treize', d'une part; et dame Marie d'Avalleau, veuve de Jacques Touchet, écuyer, sieur de Miseau, tant en son nom comme créancière de la succession de son mari, ayant renoncé à sa communauté, que comme mère et tutrice de demoiselle Louise-Marie Touchet, fille mineure dudit défunt, et d'elle et du posthume dont elle est enceinte, intimée, d'autre part; et entre messire Guillaume d'Avalleau, écuyer, vicomte de Messac, curateur de demoiselle Louise-Marie Touchet, et de l'enfant à naître de défunt Jacques Touchet, leur père, écuyer, et de dame Marie d'Avalleau, sa femme, demandeur en requête par lui présentée à la cour le trente juillet mil six cent quatre-vingt-quatorze, à ce qu'il plût à la cour le recevoir partie intervenante en la cause d'entre ladite dame de Bury, appelante, et ladite veuve Touchet, intimée; faisant droit sur l'intervention, en ce qui touche l'appel comme d'abus interjeté par ladite de Bury de la célébration de mariage, fait entre lesdits sieur et dame Touchet dire qu'il n'y a abus; et en ce qui touche l'appel simple, interjeté par la même dame de Bury de la sentence rendue par le bailli d'Orléans, le trois décembre mil six cent quatre-vingt-treize, mettre l'appellation au néant, ordonner que ce dont est appel sortira effet, et en conséquence, maintenir et garder ladite Marie-Louise Touchet et l'enfant à naître de la dame sa veuve, dans la possession de leur état et de la succession de

leur père commun, faire défense à la dame de Bury, leur
aïeule, et à tous autres, de les y troubler, condamner ladite
dame de Bury en l'amende et aux dépens, d'une part; et ladite
dame Louise de Bury, esdits noms, et dame Marie d'Avalleau,
veuve dudit Touchet, défenderesse, d'autre part : Et entre
ladite dame Louise de Bury, demanderesse en requête du
trente-un juillet mil six cent quatre-vingt-quatorze, à ce qu'il
lui fût permis de faire preuve par témoins des faits qui suivent,
que Jacques Touchet, son fils, avoit contracté mariage avec la
demoiselle d'Avalleau, au préjudice des oppositions qu'elle
avoit formées dans les paroisses d'Orléans; qu'elle n'a eu connoissance de ce mariage qu'après la mort de son fils, d'autant
que depuis la célébration il n'avoit jamais habité publiquement
avec ladite demoiselle d'Avalleau, qu'au contraire, ils avoient
toujours eu un domicile séparé; que le sieur Touchet demeuroit dans la terre des Ormes, paroisse de Saint-Granval, qui
appartient à ladite de Bury; que la demoiselle d'Avalleau n'y
a jamais demeuré; qu'elle n'y étoit point appelée publiquement
la dame Touchet, laquelle a toujours conservé son nom de.
d'Avalleau; qu'après la mort de la dame de Clozel, sa mère,
le sieur Touchet ne porta point de deuil; que le sieur Touchet
n'a jamais eu de domicile à Paris; qu'avant la dernière maladie
de laquelle il est décédé dans la maison de la demoiselle d'A-
'valleau, il n'y avoit jamais demeuré, d'une autre part; et ladite dame Marie d'Avalleau, veuve du sieur Touchet, et Guillaume d'Avalleau esdits noms, défendeur, d'autre part. Après
que Déniau, avocat de l'appelante; Arrault, avocat de l'intimée; et Pasquet, avocat de l'intervenant, ont été ouïs pendant
deux audiences, ensemble d'Aguesseau pour le procureur-général du roi :

LA COUR reçoit les intervenans parties intervenantes, et
en tant que touche l'appel comme d'abus, déclare l'appelante
non-recevable en son appel comme d'abus; et sur l'appel simple
a mis et met l'appellation au néant, ordonne que ce dont a
été appelé sortira effet; déboute la partie de Déniau de sa
requête, la condamne ès amendes de l'appel comme d'abus et
de l'appel simple, et aux dépens.

TRENTE-QUATRIÈME PLAIDOYER.

DU 16 JUILLET 1695.

Dans la cause d'ALEXANDRE DE LASTRE, MARIE-MA-
DELEINE COURTOIS, sa femme, FIRMIN-ALEXANDRE
DE LASTRE, leur fils, MARGUERITE VERET, et
ALEXANDRE DE LA MARRE.

1.° *La fréquentation suivie du mariage, et les
soins pris par le mari, de l'enfant né trois mois après
le mariage, sont des preuves qu'il en est le père.*

2.° *L'accusation d'un crime capital, formée par
un mari contre sa femme, se trouvant mal fondée,
suffit pour prononcer la séparation de corps et de
biens.*

3.° *Un curé décrété pour avoir donné un certificat
contre une sage-femme de sa paroisse, à laquelle
il imputoit plusieurs faits graves, et disoit qu'il re-
fusoit de baptiser les enfans qu'elle lui présentoit.*

Lorsque l'on examine le nombre et la variété des
faits qui font le sujet de cette contestation, la nou-
veauté des incidens que l'artifice des parties, ou le
caprice du hasard y a fait naître, ce concours prodi-
gieux de tant de circonstances singulières, surpre-
nantes, souvent contraires les unes aux autres, il
semble d'abord que cette cause soit un de ces sujets
où l'art a plus de part que la vérité; une de ces fic-
tions ingénieuses, plus propres à amuser la vaine
curiosité des hommes dans un spectacle, qu'à mériter l'attention sérieuse de la justice; un de ces

mensonges innocens, plus dignes d'exercer une
école de déclamateurs, que d'occuper l'éloquence du
barreau.

En effet, qui pourroit se persuader que la grossesse d'une femme qui n'a jamais quitté son mari,
seroit un fait douteux entre le mari et la femme
même; que l'un fût capable de le dénier s'il étoit véritable, l'autre de le supposer s'il étoit faux; que
l'un ait pu être trompé, et l'autre trompeur; que la
vérité de l'accouchement soit aussi incertaine que
celle de la grossesse; que la naissance d'un enfant
soit un mystère entr'eux, encore plus impénétrable
que les deux autres; que les mêmes ténèbres qui
ont caché la naissance de cet enfant se répandent sur
son éducation et sur son baptême, et qu'après avoir
passé les premières années de sa vie, sans nom, sans
état, inconnu à ses parens, et ne se connoissant pas
lui-même, il paroisse aujourd'hui dans votre audience pour reprendre le nom et la qualité de fils
légitime; enfin, que celui qu'il regarde comme l'auteur de sa vie, se déshonore lui-même pour le désavouer, et que pour éviter de prendre une fois la qualité de père il se déclare incapable d'y aspirer jamais?
C'est encore une fois, ce qui paroît incroyable, et
c'est néanmoins ce que vous avez entendu. Ce sont
ces faits si nouveaux, si surprenans, si inconce-
vables, qui sont en même temps et le sujet et la
difficulté de cette contestation; en sorte qu'il semble
qu'il n'y ait jamais eu de cause où l'on ait pu dire
avec plus de raison, que la vérité va souvent au-
delà des bornes de la vraisemblance.

Nous aurions souhaité, dans une cause aussi douteuse qu'elle est importante, de pouvoir attendre en
silence avec tout le public cet arrêt solennel, par
lequel vous devez en même temps assurer l'état d'un
enfant dont la destinée est remise entre vos mains,
rendre l'honneur à sa mère, ou la couvrir d'une éternelle confusion; confondre l'injustice et la calomnie
d'un mari, ou punir la fraude et l'imposture d'une
sage-femme qui, par une prévarication contraire

2 *

aux lois de sa profession, a voulu lui donner un fils
que la nature et la loi lui refusoient également.

Mais puisque la nécessité de notre ministère nous
oblige de vous expliquer ici nos sentimens, de marcher dans les ténèbres qui environnent cette cause
avant la lumière qui doit nous éclairer, nous nous
attacherons d'abord à vous faire un récit très-simple,
dégagé de toutes les circonstances que les parties ont
rendu douteuses et incertaines, des principaux faits
qui servent de matière à la contestation. Nous vous
rapporterons ensuite les différentes histoires que les
deux parties ont composées, de la naissance et de
l'éducation de cet enfant ; et enfin, nous tâcherons
de découvrir, dans l'une et dans l'autre de ces histoires, ce caractère de vraisemblance, ou, pour mieux
dire, de vérité, qui, décidant pour toujours de l'état
de l'enfant, doit faire en même temps, ou la justifi-
cation, ou la conviction des accusés.

Alexandre de Lastre, intimé, a épousé, en l'année 1686, Marie-Marguerite Courtois. La qualité des
parties étoit assez égale ; le mari, fils d'un ancien con-
sul et échevin de la ville d'Amiens ; la femme, fille de
Courtois, procureur au bailliage de la même ville ;
les biens convenables ; les deux familles souhaitant
de s'unir. Nous n'examinons point encore si elles
prévinrent, ou si elles suivirent seulement l'inclination des parties. C'est un fait aussi douteux qu'il est
important pour la décision de cette cause.

Le contrat de mariage fut passé le.... janvier 1686. Il
seroit superflu, dans une cause si pleine de faits essentiels, de s'arrêter à vous expliquer le détail inutile
des conventions. Nous ne nous attacherons qu'à une
seule, dont on a tiré quelques inductions pour convaincre l'appelante de supposition et d'imposture.

Le douaire y est réglé, comme dans la plus grande
partie des contrats de mariage, par rapport à deux
cas différens.

S'il y a des enfans, il doit être de deux cents livres.

S'il n'y en a point, on le porte jusqu'à la somme
de trois cents livres.

Nous observerons dans la suite, quelle a été l'application qu'on a fait de cette clause à une contestation qui en paroît si éloignée.

Le mariage suivit de près le contrat. Il fut célébré le 20 janvier de la même année. Nous savons sa célébration, nous en ignorons les suites; et c'est dans le moment même du mariage que se sont formées ces ténèbres qui nous dérobent encore à présent la connoissance de la vérité.

Au milieu de cette incertitude, il est au moins constant par la reconnoissance des parties, qu'elles ne peuvent expliquer les suites de leur engagement, sans s'avouer l'une et l'autre coupables. Tous deux trompés, si on les en croit, et tous deux trompés dans la personne, leur engagement sembloit devoir être bientôt une source continuelle de chagrins et de malheur. Cependant leur union a paru assez grande pendant quelques années aux yeux du public. Aucune plainte du mari contre la femme, ni de la femme contre son mari. Tous deux demeurant dans la même maison ; nulle absence, aucune occupation du sieur de Lastre, nulle maladie ne les a jamais séparés; et, ce qui est plus surprenant, c'est que cette union a duré non-seulement jusqu'au baptême de l'enfant dont l'état est contesté, mais même depuis ce moment fatal qui sembloit devoir être la fin de la paix, et le commencement d'une division éternelle.

Nous ne parlerons point encore du commencement de sa vie naturelle ; c'est de tous les faits de cette cause le plus douteux entre les parties.

Il est né, pour ainsi dire, dans l'église avant que de naître dans l'état, et on a su plus tôt son baptême que sa naissance.

Le 23 février 1689, une sage-femme de la ville d'Amiens, appelée Marguerite Veret, apporte à la paroisse de Saint-Jacques un enfant âgé de trois ans. Elle déclare son nom et son âge. Elle marque le jour de sa naissance. Comme marraine, elle l'appelle Alexandre, et comme sage-femme, instruite du secret de l'accouchement de sa mère, elle lui donne le nom de de Lastre.

Le parrain qu'elle appelle à cette cérémonie, est Alexandre de la Marre, fils d'une blanchisseuse, confidente de l'éducation de cet enfant, et dépositaire de sa destinée.

Aucun témoin, ni parent, ni étranger, n'assiste au baptême. On fait même mention dans le registre, que le père étoit absent.

Tel est le premier acte par lequel on prétend avoir mis cet enfant en possession de son état.

Le mari demeure encore long-temps dans le silence, soit qu'il ignorât ou qu'il approuvât cette action. Il ne se plaint point d'un crime qui devoit lui donner des enfans et des héritiers malgré lui.

Enfin, en 1691, la tranquillité extérieure qui avoit régné jusqu'alors dans ce mariage, fut troublée par la plainte que la femme rendit des dissipations de son mari. Elle prétendit qu'il avoit reçu un remboursement considérable, qui faisoit la meilleure partie de sa dot, sans en faire aucun remploi : qu'il sacrifioit et son bien et celui de sa femme à la passion du jeu, seule occupation d'un homme oisif, sans fonction, sans affaires. Sur ce fondement, elle intenta, par-devant le prévôt de la ville d'Amiens, une demande en séparation de biens.

Le mari se défendit, et soutint au contraire que sa conduite étoit irréprochable, qu'on ne pouvoit lui imputer aucune dissipation ; et non content de se justifier, il accusa sa femme d'être la cause de sa dépense, la source de la diminution de son bien, et l'occasion de sa ruine, s'il n'avoit soin de s'y opposer ; et passant même aux invectives, il lui est échappé de dire que sa femme lui avoit donné une infinité de sujets de se plaindre de sa conduite ; que la suite et le temps feroient connoître la vérité des choses, en cas qu'elle persistât dans sa demande. Enfin, il a déclaré, par une requête du 18 décembre 1692, et une autre du 12 février 1693, qu'il prétendoit avoir fait grâce à sa femme en l'épousant ;

non-seulement par la considération de l'inégalité des biens, mais encore par d'autres raisons qu'il est obligé de taire, ne pouvant s'en souvenir sans honte et sans déplaisir; qu'il souhaiteroit qu'elle eût toujours eue une conduite aussi pure et aussi droite que la sienne, mais qu'il pourroit lui dire des vérités qui la couvriroient de confusion.

Au milieu de l'aigreur et de l'animosité qui règnent dans ses plaintes, il ne laisse pas de déclarer qu'il se souvient toujours que l'appelante est sa femme; il proteste qu'il est prêt de la recevoir chez lui quand elle voudra y revenir, et il y a même une sentence qui lui donne acte de ses offres.

L'affaire s'instruit en la prévôté d'Amiens. On permet aux parties de faire preuve respective des faits de dissipation qu'ils articuloient de part et d'autre.

La femme prouve assez fortement, par deux enquêtes, la vérité des plaintes qu'elle avoit faites contre son mari. Les témoins le représentent partout comme un joueur de profession, incapable d'attention sur ses propres affaires, encore plus celles de sa femme.

Le mari, par son enquête, ne détruit que foiblement cette preuve.

Le prévôt d'Amiens appointe les parties à mettre. Le mari produit; la femme prend communication de sa production, et la garde pendant plus d'une année.

Les choses étoient en cet état, lorsqu'un plus grand événement a fait oublier le procès civil et aux juges et aux parties, pour les attacher uniquement au procès criminel.

Sept ans après le mariage, quatre ans après le baptême de l'enfant, et deux ans après la demande en séparation de biens (toutes ces dates peuvent être importantes), Alexandre de Lastre rend plainte au mois d'août 1693 de la supposition d'enfant.

Il expose dans la requête qu'il présente au lieutenant criminel d'Amiens, qu'il y a plus de sept années qu'il est marié, que depuis ce temps il n'a jamais eu d'enfant ; que Marie Courtois, sa femme, en a souvent témoigné du déplaisir, que cependant il a été surpris d'apprendre qu'on a voulu lui en supposer un ; et en effet, il a trouvé sur le registre des baptêmes de la paroisse de Saint-Jacques, un acte par lequel il paroît qu'on y a baptisé un enfant sous le nom d'Alexandre Firmin, fils légitime d'Alexandre de Lastre et de Marie Courtois, ses père et mère ; qu'on y fait naître cet enfant trois mois après son mariage ; qu'on y donne Alexandre de la Marre pour parrain, et Marguerite Veret pour marraine ; qu'on y déclare que le père étoit absent ; et comme il prétend que toutes ces énonciations sont des calomnies et des faussetés insignes, il demande permission d'en informer.

Il obtient cette permission. On informe ; on entend plusieurs témoins. On décrète d'ajournement personnel la sage-femme et Alexandre de la Marre, parrain de l'enfant : ils se présentent l'un et l'autre, ils subissent interrogatoire.

La sage-femme explique la suite de toutes les circonstances qui ont accompagné et suivi la naissance. Elle entre dans un si grand détail, qu'elle ne laisse pas lieu de douter qu'elle n'ait été le principal instrument dont la mère s'est servi dans cette occasion, soit pour cacher la honte d'un accouchement prématuré, soit pour commettre le crime de supposition de part.

Alexandre de la Marre rend compte de l'éducation de cet enfant, et des visites que l'appelante et que l'intimé même lui ont rendues : il en explique les circonstances. Il raconte les solennités du baptême ; et si l'on ajoute foi aux réponses de ces deux accusés, il est impossible de douter que de Lastre ne soit véritablement le père de celui qu'il désavoue.

Marie Courtois instruite de cette procédure,

implore l'autorité de la cour ; et quoique l'accusation
ne fût pas intentée directement contre elle, son
honneur, son intérêt, celui de l'enfant qu'elle nomme
son fils, la déterminèrent à interjeter appel de la
permission d'informer, de l'information, des décrets.
Elle déclare qu'elle prend le fait et cause de la sage-
femme et d'Alexandre de la Marre. Enfin, elle soutient que la plainte seule de son mari, l'accusation
capitale qu'il intente contre elle, la calomnie dont
elle espère le convaincre, sont des moyens beaucoup
plus forts que de simples excès pour obtenir une
séparation de corps et d'habitation ; et parce que
la séparation de biens, en est une suite nécessaire,
elle demande qu'il plaise à la cour d'évoquer l'instance
qui étoit pendante en la prévôté d'Amiens, et par le
même arrêt qui déclarera l'accusation de son mari
calomnieuse, de la séparer de celui qu'elle ne peut
plus regarder que comme son ennemi capital.

La cour l'a reçue appelante par un arrêt, et a
ordonné que les informations seront apportées, et
fait défenses de mettre les décrets à exécution.

Cependant le mari continue sa procédure. Il fait
publier un monitoire. Plusieurs témoins viennent à
révélation.

Sa femme rend plainte de ce que, non content
de la mêler dans une accusation capitale où il s'agissoit
de la perte de son honneur, il avoit voulu lui ôter
la vie en lui donnant plusieurs coups de bâton dans
la place publique d'Amiens le jour de l'ouverture
du jubilé.

La cour lui permet d'en informer. L'information
faite, elle ajoute encore ce nouveau fait à tous ceux
qui devoient servir de fondement à la demande en
séparation de corps et d'habitation.

Enfin, elle interjette appel comme d'abus de la
publication des monitoires, et appel simple de
l'appointement à mettre, prononcé en la prévôté
d'Amiens, sur la demande en séparation de biens.

Ainsi, en même temps, deux instances portées en la cour.

Une instance criminelle, où le mari est accusateur, et la femme accusée.

Une instance civile, où la femme est demanderesse, et le mari défendeur.

La cause se plaide en votre audience. On crée un curateur à l'enfant qui faisoit le principal sujet de la contestation, pour défendre la vérité de son état.

Sa mère articule des faits graves, importans, et que la cour a jugés décisifs.

Elle soutient, et demande à prouver,

Qu'elle est accouchée d'un fils, trois mois après son mariage.

Qu'elle est accouchée dans la maison de son mari, en sa présence, à ses yeux.

Que c'est lui qui a été chercher l'eau pour baptiser l'enfant : qu'il a témoigné par ses soins paternels qu'il en étoit le père, et qu'enfin, malgré les précautions qu'il a prises pour cacher la naissance de son fils, la vérité a vaincu tous les obstacles ; et toute la ville a su et a publié en même temps, et la vérité de l'accouchement, et l'existence certaine de l'enfant.

Le mari, au contraire, soutient les mêmes faits qu'il avoit articulés par sa plainte, c'est-à-dire, qu'il n'y avoit jamais eu de véritable accouchement; que l'enfant qu'on prétendoit être son fils, ne devoit la naissance qu'à l'imposture de celle qui se dit sa mère.

Dans cet état, la cour, touchée de l'importance de ces faits, ordonne, pour en assurer la vérité, qu'il en seroit informé par le lieutenant-criminel d'Amiens; à la requête de M. le procureur-général, poursuite et diligence des parties.

Cet arrêt a eu une entière exécution.

On a fait entendre de part et d'autre un très-grand nombre de témoins.

Les deux parties prétendent également avoir satisfait à la preuve ordonnée par votre arrêt.

L'imposture est prouvée, si l'on en croit l'intimé.

L'état de l'enfant, l'innocence de la mère, la calomnie du père, sont entièrement certains, si l'on écoute l'appelante.

Une dernière partie s'est jointe avec elle depuis l'arrêt, c'est la sage-femme et Alexandre de la Marre. Ils demandent comme elle leur absolution ; et c'est avec toutes ces parties que vous avez à décider une contestation qui suspend depuis si long-temps l'attention du public, aussi intéressé à son jugement, que les parties mêmes entre lesquelles vous allez le prononcer.

L'appelante vous a représenté l'état malheureux où elle se trouve réduite, également à plaindre, quelque parti qu'elle prenne. Si elle abandonne son fils, elle devient coupable d'une espèce de parricide en abdiquant sa qualité de mère, en livrant son fils à la honte d'une naissance obscure, incertaine et sûrement illégitime ; si elle veut embrasser sa défense, et lui servir d'asile contre l'injustice d'un père qui affecte de le méconnoître, elle ne peut soutenir la vérité de sa naissance qu'en s'avouant elle-même coupable d'avoir mérité le nom de mère, avant que d'avoir pu prendre la qualité de femme légitime.

Encore, si cette déclaration honteuse à la mère, mais favorable à son fils, poûvoit décider la contestation ; si elle pouvoit assurer son état par le sacrifice de sa réputation, elle seroit moins à plaindre. Le voile même du mariage serviroit d'excuse à sa foiblesse, et elle avoueroit avec moins de peine une faute heureusement réparée par le lien du sacrement, et à laquelle elle est redevable du seul gage qu'elle ait de l'union qu'elle a contractée avec son mari.

Mais l'intimé ne lui laisse pas même la triste consolation de pouvoir confesser un crime dont il est l'auteur ; il devient accusateur et complice ; et elle peut lui faire le même reproche que le plus ingénieux des poëtes latins met dans la bouche d'une femme qui craignoit d'être trompée comme l'appelante :

Delicti fies idem reprensor et autor,
Oblitus nostro crimen inesse tuum.

Ovid. Heroïd. Helen. ad Paridem Ep. XVII.

Après avoir représenté le malheur de son état, elle vous a dit que son innocence étoit préjugée par votre arrêt.

Que vous avez marqué par avance, en ordonnant la preuve, quel seroit le jugement de la cour lorsque la preuve seroit faite.

Qu'on ne sauroit lire les dépositions des témoins qu'elle a fait entendre, sans être également convaincu, et de son innocence, et de la calomnie de son mari.

On y voit la suite et le tissu, s'il est permis d'user de ce nom, de tout ce qui a précédé et suivi la naissance d'un fils qu'il veut inutilement désavouer.

C'est là que les témoins ont expliqué les recherches assidues d'Alexandre de Lastre qui ont précédé de plus de six mois le mariage, ses empressemens, ses prières si souvent réitérées auprès du père et de la mère de l'appelante. Il emploie pour vaincre la mère, les moyens les plus pressans. Il lui déclare l'état trop véritable de sa fille; il lui persuade que le mariage est l'unique moyen qui lui reste pour mettre son honneur à couvert. La mère, confidente de ce mystère, consent, quoiqu'avec peine, au mariage. Elle convient avec sa fille et son gendre, de tromper son mari.

Le moment fatal de l'accouchement arrive. On envoie chercher la sage-femme. Elle vient. Elle trouve la femme et son mari qui la soutenoit dans ses bras. Elle ne la sépare de lui que dans le moment même de l'accouchement. Il entend les cris d'un enfant. On l'appelle; il entre dans la chambre.

Il se charge du soin d'aller chercher de l'eau pour baptiser cet enfant. Il le voit emporter par la servante.

Il va le voir chez la sage-femme, chez la blanchisseuse, seule dépositaire de ce secret. Il le fait souvent
venir chez lui; il le traite comme son fils; il le fait
manger à sa table; enfin il consent qu'on le baptise
sous son nom. Un silence de quatre années confirme
cet enfant dans la possession de son nom, de son état,
de sa qualité; et sans la demande en séparation de
biens, peut-être elle n'auroit jamais été troublée. Ce
secret cependant se divulgue dans la ville d'Amiens;
tout le monde en est instruit, et rend témoignage à
la vérité contre la calomnie.

Contre des faits de cette qualité, plus forts, plus
considérables que ceux que l'arrêt l'obligeoit à prouver, écoutera-t-on des reproches vagues, sans fondement, sans apparence? Suffira-t-il au sieur de Lastre,
par une précaution criminelle, mais dont l'artifice est
trop grossier pour pouvoir lui être utile, lui suffira-t-il
d'avoir rendu la sage-femme accusée, pour la rendre
suspecte? Et ce témoin important, témoin nécessaire, témoin auquel il semble que la justice est
obligé d'ajouter foi, sera-t-il rejeté sur le seul prétexte d'une accusation aussi frivole que celle de l'intimé? Aura-t-on égard encore au prétendu reproche
contre la servante, fondé sur une sentence qui ne
prononce un bannissement, en matière de droits de
gabelle, que parce qu'elle a préféré cette peine à une
amende de cent livres? Quand tous les témoins seroient reprochables dans une autre affaire, ils ces-
seroient de l'être dans cette cause, puisque, si l'on
rejette leur témoignage, il faut établir en même
temps, qu'il sera impossible de prouver la vérité de
l'état.

Que si l'on oppose à ces preuves invincibles, celles
que le sieur de Lastre prétend tirer des dépositions
des témoins qu'il a fait entendre;

On lui répond que ses propres témoins suffisent
pour le confondre, puisqu'ils établissent la vérité
d'une partie des faits portés par l'arrêt, et qu'ils suffisent pour convaincre de Lastre de calomnie lorsqu'il a osé les dénier.

On prétend que le fait de la grossesse, de l'accouchement, de la naissance d'un fils, est si certain dans la ville d'Amiens, que le sieur de Lastre n'a pu empêcher ses propres témoins de le déclarer; cette vérité leur est échappée malgré lui : et qu'en résulte-t-il, si ce n'est sa condamnation sur tous les autres faits? Convaincu de fausseté en un seul, il mérite de perdre toute créance dans les autres.

Mais à quoi se réduisent toutes ces dépositions? A des ouï-dire, à des bruits faussement avancés, crus trop légèrement par les témoins qui les ont redits et répétés, et encore plus témérairement par le sieur de Lastre.

Jugera-t-on qu'un enfant n'est pas légitime, parce qu'on a ouï dire à sa mère qu'elle n'avoit point d'enfant; parce qu'un autre que son mari s'est vanté mal à propos d'une faveur qu'il n'a pas obtenue; parce qu'on a ouï-dire que le mari n'étoit pas présent à l'accouchement? La certitude de l'état d'un enfant dépendra-t-elle de vains discours d'un homme irrité, qui n'ont eu pour fondement que le dépit; des paroles inconsidérées d'une femme, et de fausses conjectures formées par la malignité, grossies et affirmées comme des vérités constantes, par la calomnie, à mesure qu'elles se sont répandues?

D'ailleurs, tous les discours de l'appelante s'expliquent parfaitement; personne ne peut mieux les entendre que l'intimé, puisque c'est avec lui qu'on a formé le dessein de cacher la naissance de cet enfant pendant la vie de son beau-père.

En un mot, il ne sauroit rien reprocher à sa femme, dont il n'ait été et l'auteur et le complice.

Enfin, si l'on ajoute à toutes ces preuves, résultantes des informations, deux preuves dont l'intimé lui-même est l'auteur, on prétend que non-seulement la vérité de tous ces faits ne peut plus recevoir le moindre doute, mais même qu'il est impossible de ne pas concevoir de l'indignation contre le mari.

La première, tirée de sa requête, où il marque qu'il a fait grâce à sa femme en l'épousant. Cette grâce mal expliquée pour un fait postérieur au mariage.

La deuxième, tirée de l'aveu honteux de son impuissance, plutôt preuve de sa foiblesse dans cette cause, que de celle dont il s'accuse lui-même. Obligé à supposer un fait de cette qualité, à quelle extrémité faut-il qu'il soit réduit? Mais ce dernier retranchement est facile à détruire. Tous ses témoins parlent de fausse-couche de sa femme ; lui-même en est convenu. Comment a-t-il gardé le silence, etc.?

Ainsi, réunissant toutes les preuves, etc.

Ce seroit inutilement, après tant de moyens différens, que l'on renverroit les parties par-devant le lieutenant-général du bailliage d'Amiens, pour instruire la demande à fin de séparation de biens et d'habitation. Elle n'est déjà que trop instruite. Quels faits de sévices, de mauvais traitemens, peuvent jamais égaler l'indignité d'un mari qui porte sa haine contre sa femme jusqu'à vouloir la rendre victime d'une accusation calomnieuse ; qui, non content de l'attaquer en sa personne, cherche à la persécuter jusque dans la personne de son fils ; qui oublie en un jour qu'il est mari et qu'il est père ; et qui, par le dernier excès dont la passion puisse être capable, veut bien se sacrifier lui-même pour sacrifier en même temps et la réputation de sa femme et l'état de son fils? Elle y joint encore l'information par laquelle elle prétend avoir prouvé les violences de son mari, les coups qu'elle en a reçus, le scandale de la ville d'Amiens, témoins fidèles de ses malheurs et de la vérité de la naissance de son fils.

Ce fils, ainsi abandonné par son père, vous a expliqué par la voie de son digne défenseur, les grands principes qui assurent la condition et la fortune de tous les hommes, et qui sont les fondemens solides des différens états de la société civile.

Il allégue en sa faveur ces preuves solennelles, authentiques, invincibles de la naissance des hommes, ces preuves que la loi a établies, que l'intérêt des familles a rendues inviolables, que vos arrêts ont

3

élevées à un si haut degré de force et d'évidence, qu'elles ne souffrent plus aujourd'hui ni de présomption ni de preuve contraire.

Il lui suffit de dire, en un mot, qu'il est né pendant le mariage : la loi en tire pour lui cette conséquence nécessaire; il est donc fils légitime.

Il a été baptisé sous le nom de fils d'Alexandre de Lastre et de Marie Courtois. Les ordonnances en conclueront pour lui, qu'il a la preuve la plus certaine qu'il puisse avoir de son état.

Ainsi, sans répéter tout ce qui vous a été dit pour l'innocence de la mère, inséparable de l'état de son fils, sans employer tous les argumens tirés des informations, son père, témoin de sa naissance, auteur de son éducation secrète, trahi par ses soins paternels que la nature arrachoit de lui avant que la passion eût étouffé tous ses sentimens, sans entrer dans ce détail, il s'attache uniquement à vous faire voir que, suivant l'avis unanime de tous les docteurs et la jurisprudence conforme de vos arrêts, l'utilité publique ne souffre pas que l'on admette jamais aucune présomption contraire à la preuve qui se tire et de la vérité du mariage de sa mère, et de la certitude de l'acte de son baptême.

C'est en vain qu'on lui oppose et les déréglemens de sa mère et les prétendues déclarations qu'elle a faites contre son état.

Il n'a garde de convenir que sa mère eût été coupable des désordres dont on l'accuse. Il sait qu'on ne peut lui reprocher aucun crime, si ce n'est cette faute heureusement réparée qui lui a donné la naissance.

Mais quand même elle seroit coupable, quand elle auroit eu l'indiscrétion de s'accuser elle-même par ses discours, elle n'est point arbitre de l'état et de la destinée de son fils. La loi rejette son témoignage, et vos arrêts n'ont jamais eu d'égard à ces vaines déclarations suggérées par la colère, inspirées par la haine d'un mari, toujours suspectes, soit de la part de celle qui les fait, soit de la part de ceux qui les écoutent, et qui en rendent témoignage dans la suite.

La qualité de son père et de sa mère, les liens indissolubles qui les unissent, peuvent bien lui servir pour assurer sa qualité de fils légitime, mais jamais leur conduite particulière ne peut lui nuire : le nom seul de mari et de femme dément et leurs discours et leurs actions.

Il espère que vous confirmerez, par votre arrêt, le jugement que la nature et la loi prononcent en sa faveur ; que son père même, désabusé de ses fausses préventions, ouvrira enfin les yeux, reconnoîtra son égarement, et recevra avec joie des mains de la justice, le seul fruit de son mariage, et l'unique héritier de tous ses biens.

Enfin, une troisième partie se joint encore aux deux premières; et c'est la sage-femme : témoin, confidente presque unique de ce qui s'est passé dans le temps obscur de la naissance de cet enfant, elle se plaint de ce qu'on l'implique dans une accusation criminelle qui lui est aussi indifférente qu'elle lui est étrangère ; que la nécessité de son ministère et la réputation qu'elle s'est acquise, ont obligé l'appelante à emprunter son secours dans le temps de l'accouchement; qu'elle lui a rendu tous les services auxquels sa profession l'engageoit. Le devoir que sa qualité lui impose, et la loi particulière de son serment, l'ont obligée à cacher un secret, qu'un mari et une femme lui avoient confié : quand la justice l'a contrainte à l'expliquer, elle a rendu un compte exact de la vérité. C'est-là tout son crime, et la seule exposition du fait suffit pour la justifier. Mais elle vous demande réparation de l'injure qu'on a affecté de lui faire par une déclamation satirique fondée sur un certificat donné d'office par un curé que son zèle indiscret a déjà engagé dans plusieurs affaires fâcheuses. Elle soutient que tous ces faits sont calomnieusement inventés; qu'elle n'a jamais mérité d'être renfermée dans la maison des Repenties; que si elle a eu le malheur d'y être mise

pendant quelque temps, c'est un malheur qui lui
est commun avec plusieurs personnes aussi inno-
centes qu'elle; qu'il y a très-long-temps qu'elle en
est sortie; que la disgrâce qu'elle a euc dans la
suite en épousant un homme qui avoit fait des
vœux, est un malheur plus digne de compassion que
de censure; et qu'enfin la réputation de probité et de
capacité dans laquelle elle est dans la ville d'Amiens,
sont des preuves sensibles de la fausseté des reproches du sieur de Lastre, et de la témérité de
son accusation.

Le sieur de Lastre vous a dit, qu'il falloit retrancher la demande en séparation de biens et d'habitation, puisque c'étoit une contestation civile dans
laquelle l'arrêt de la cour pourra fournir des moyens
à l'une ou à l'autre des parties, mais dont il ne
s'agit point encore présentement.

Il est uniquement question d'une accusation dans
laquelle il a le malheur de trouver plus de preuves
qu'il ne souhaiteroit, et dont l'événement ne sauroit
lui être avantageux, le crime étant d'une nature que
la honte en retombe sur l'innocent comme sur le
coupable.

L'imposture, la supposition de l'enfant qu'on veut
lui donner sont évidentes; il est certain qu'il n'en est
point le père.

De tous les témoins qu'on lui oppose, il n'y a que
la sage-femme et la servante qui parlent positivement
de la naissance de cet enfant, et qui racontent
l'histoire fabuleuse de l'accouchement, et de tous
les faits dont on suppose qu'il a été accompagné et
suivi, de sa propre connoissance et avec sa participation; et ce sont deux témoins suspects, accusés
et complices du même crime de supposition de
part.

C'est un reproche commun contre l'une et contre
l'autre, aussi bien que contre Alexandre de la
Marre, troisième témoin, et contre sa mère, sur
qui on fait le plus de fonds après les deux premières;

et qui sont impliqués comme elle dans le même crime et dans la même accusation.

D'ailleurs, le désordre de la sage-femme est si public, que l'on a été obligé de la mettre aux Filles Repenties. Elle en est sortie irritée plutôt que corrigée. Son propre curé déclare qu'elle est dans une espèce d'excommunication, et qu'il refuse même d'administrer le sacrement de baptême aux enfans qu'elle lui présente.

Elle a porté l'excès de sa débauche, jusqu'à se marier avec un moine apostat.

Pourquoi auroit-on affecté tant de mystère, si la grossesse de sa femme lui avoit été connue, comme on le suppose, et s'il avoit été présent à la naissance de l'enfant? Pourquoi, si elle l'avoit ondoyé, l'auroit-elle présenté au baptême sans le déclarer? Pourquoi, au lieu de déclarer une circonstance si importante, fait-elle une fausse déclaration que le sieur de Lastre dont on suppose que l'enfant est fils légitime, étoit absent de la ville d'Amiens? Quelle foi ajoutera-t-on à une personne ainsi accoutumée au mensonge et au sacrilége, et accusée d'un crime capital?

L'autre témoin, servante de la sage-femme, est flétrie par un bannissement.

Si l'on passe des témoins que sa femme produit, à sa femme même, on ne découvrira que des sujets de conviction contre elle, et de déplaisir pour son mari.

Combien de fois a-t-elle dit qu'elle n'avoit point d'enfans? N'a-t-elle pas tellement reconnu qu'elle n'en avoit point de son mari, qu'elle s'en est plaint publiquement à différentes personnes, et qu'elle a même promis sous ce fondement à la demoiselle de la Grenée, de lui laisser son bien?

Elle n'a pas fait difficulté d'avouer en plusieurs occasions, que l'enfant dont il s'agit n'étoit point le fils de son mari, et que le sieur de Romainville en étoit le père. Le sieur de Romainville lui-même n'en est-il pas demeuré d'accord publiquement? Et enfin, n'en trouve-t-on pas une dernière preuve dans cette fausse-couche que l'on a simulée? Le public même

3 *

découvrit bientôt que c'étoit une fiction à laquelle
on avoit eu recours pour tromper le mari, et lui
donner un enfant qui appartenoit au sieur de Romainville.

C'est pour engager la sage-femme à le délivrer
ainsi de la charge de cet enfant, qu'il lui fit alors
présent d'un diamant considérable.

Doit-on s'étonner après cela, si la sage-femme a
répété tous les faits dont elle avoit concerté la supposition avec le sieur de Romainville et avec la dame de
Lastre, et si elle a fait tenir le même langage à sa
servante, à la blanchisseuse, et à son fils, qui sont
tous complices avec elle du même crime ?

L'enfant, dans ces circonstances, ne mérite donc
aucune faveur. Il faut l'abandonner à la honte de la
supposition, et aux suites du crime qui lui a donné
la naissance. On ne peut le regarder que comme le
bâtard du sieur de Romainville et de la demoiselle
Courtois. En vain veut-on se prévaloir pour lui, de
la sainteté du mariage dans lequel il est né ; la
maxime ne regarde que ceux qui sont conçus aussi
bien que nés depuis que le mari et la femme sont
liés par des nœuds légitimes, et non pas les enfans
conçus comme celui-ci avant le mariage, et six mois
auparavant, dans un temps où le sieur de Lastre ne
connoissoit pas encore la demoiselle Courtois, qu'il
n'a commencé à voir que deux mois avant la célébration.

Tels sont tous les moyens que les parties vous
ont proposé dans cette audience. Tel est l'état de
cette cause aussi étendue dans ses circonstances,
qu'elle est difficile dans sa décision.

Nous ne craindrons point d'avouer encore une
fois, que nous voyons avec peine approcher le moment dans lequel nous serons obligés de vous proposer nos réflexions sur une affaire si douteuse, et
de vous expliquer les conjectures par lesquelles
nous croyons qu'on peut découvrir la voix de la nature, et la lumière de la vérité.

Quelque fort que soit le voile qui cache ce mystère que nous sommes obligés de développer, nous croyons qu'il tombera de lui-même, si l'on commence par établir les véritables principes qui doivent nous servir de guides dans une route aussi obscure, pour parvenir à la connoissance du véritable état de l'enfant qui attend aux pieds de la cour ou la qualité honteuse de bâtard, ou le titre honorable de fils légitime.

C'est à ce point unique que nous croyons qu'il faut réduire toute la contestation. Quelque importans que soient les autres chefs qui la composent, leur décision dépend entièrement de cette seule question : Quel est l'état de cet enfant ? a-t-il un père et une mère certains ? doit-il la vie à l'union du sieur et de la dame de Lastre, ou doit-on le mettre au nombre de ces enfans malheureux, qui ne doivent la naissance qu'au hasard obscur d'une conjonction illégitime ?

Le crime ou l'innocence de la mère sont inséparables de la qualité de celui qu'elle appelle son fils. S'il est illégitime, il est supposé, et sa mère est coupable. S'il est légitime, la supposition s'évanouit, la mère est justifiée, et le père confondu.

Enfin, la demande en séparation de corps et de biens n'est pas moins connexe avec ce chef important dans lequel nous renfermons toute la difficulté de cette cause. Si l'appelante est convaincue d'un crime aussi punissable que celui de la supposition d'un enfant, son mari voudroit-il s'opposer à la séparation ? seroit-il assez aveugle pour vouloir conserver dans sa maison une femme capable d'un tel excès ? et ne pourroit-on pas lui faire en ce cas ce reproche de la sagesse, *qui tenet uxorem adulteram, stultus et impius est ?* puisque suivant la pensée d'un ancien auteur, la supposition d'un enfant est une espèce d'adultère civil, aussi pernicieuse dans ses effets aussi contraire à l'intérêt des familles, au repos des citoyens et à l'utilité de la république, que l'adultère naturel ? Si au contraire l'appelante est jus-

tifiée par votre jugement, si son fils est redevable de
la vie à un commerce suivi d'un mariage légitime,
et non pas à l'imposture de sa mère, pourra-t-on refuser à une femme accusée faussement d'un crime capital, la juste satisfaction de se séparer pour toujours d'un mari qui a voulu la déshonorer par une
calomnie atroce? L'obligera-t-on à soutenir pendant
toute sa vie, la vue et la présence de son accusateur?
et les exposera-t-on l'un et l'autre à toutes les suites
funestes d'une société malheureuse qui feroit le sup-
plice de l'innocent encore plus que du coupable?

Après vous avoir proposé cette idée générale de
toute la contestation, souffrez, MESSIEURS, que pour
examiner la question d'état, à laquelle seule nous
nous attachons, nous vous expliquions d'abord en
peu de paroles, les maximes générales que le droit a
établies pour décider de la naissance des hommes;
les conjectures, les présomptions, les argumens que
les lois écoutent, et que vos arrêts autorisent: et
comme toutes les preuves ne sont fondées que sur
certains faits, nous examinerons ensuite si ces faits
se trouvent réunis en cette cause. C'est ce que nous
tâcherons de découvrir par la lecture des informations, par l'examen de la qualité des témoins, par
les circonstances de leurs dépositions; enfin, par
toutes les autres preuves qui se présentent en foule
dans cette contestation.

Commençons donc par examiner la question de
droit, et reprenons ici en peu de mots les principes
généraux par lesquels cette cause doit être décidée.

Quoique rien ne soit plus important à l'homme que
la connoissance de son état, il faut avouer néanmoins
qu'il n'y a rien qui lui soit plus caché.

Ce n'est pas seulement dans l'ordre de la grâce et
dans l'esprit de la religion, que cette proposition est
véritable: elle est aussi certaine dans l'état de la nature et dans l'ordre de la société civile.

La naissance et l'origine de l'homme, sa qualité
de fils et de fils légitime, sont autant de mystères,
dont il semble que la nature lui refuse la preuve.

C'est en vain qu'il cherche à s'en assurer absolument. Personne, comme a dit le plus ancien des poètes, ne peut connoître son père, encore moins le prouver aux autres; et c'est dans un sujet à peu près semblable que Pline a dit autrefois en parlant de la naissance de l'homme : *Miseret me, atque etiam pudet; æstimantem quam sit frivola hominis, animantium omnium superbissimi, origo... Heu dementiam existimantium ab iis initiis ad superbiam genitos* (1) !

Ce seroit donc inutilement que l'on chercheroit des preuves véritables, des preuves certaines et authentiques, dans un sujet qui n'admet tout au plus que des conjectures, des présomptions, des probabilités.

Ce qui décide de la naissance des hommes, n'est point le degré de certitude, mais le degré de vraisemblance; et, lorsque cette vraisemblance est appuyée sur la loi, approuvée par les sentimens des docteurs, confirmée par l'autorité des choses jugées, elle acquiert le nom et la force de présomption légitime, et on la considère, pour ainsi dire, comme une foible lueur de la vérité qui tient lieu de lumière à ceux qui marchent dans les ténèbres.

Telle est, en général, la nature des preuves de la filiation. Ce principe est reconnu par tous ceux qui ont traité ces matières. Il semble même que les jurisconsultes romains l'aient voulu marquer dans cette loi fameuse qui décide qu'un testateur ne peut imposer à celui qui passoit pour son fils, la nécessité de prouver la vérité de son état.

Cette condition est regardée comme impossible : *Non sub eâ conditione institutum videri, quæ in potestate ejus est* (2).

Ne cherchons donc point, pour décider cette cause, de ces preuves plus claires que le jour, telles que

(1) Hist. Natur. *Lib. VII. Cap. VII. et in Proœmio.*
(2) L. Lucius 83. *de Cond. et Demonst.*

3

la loi les demande dans les matières criminelles, et contentons-nous, dans une question aussi obscure, des présomptions ordinaires, autorisées par les lois et par les suffrages des docteurs.

La première et la plus considerable, est celle que l'on tire du mariage : *Pater is est quem nuptiœ demonstrant* (1). Cette maxime, quelque indubitable qu'elle paroisse, n'est cependant qu'une présomption, comme il seroit facile de le prouver, si cela n'engageoit dans une dissertation que la longueur de cette cause ne nous permet pas.

Si nous examinons quelle est la force et l'effet de cette présomption, nous trouverons qu'elle ne peut jamais être entièrement décisive que pour ceux qui non-seulement sont nés, mais qui sont conçus dans le mariage.

La loi ne présume jamais le crime; toujours favorable à l'innocence, quand un même effet peut avoir deux causes, l'une injuste, l'autre juste et légitime, elle rejette absolument la première pour s'attacher uniquement à la dernière.

Ainsi, quoiqu'il puisse arriver qu'un enfant conçu dans le temps du mariage, soit redevable de la vie au seul crime de sa mère, cependant, parce qu'il peut se faire aussi qu'il ne la doive qu'à l'union honorable d'une femme avec son mari, on présume toujours que la mère est innocente et le fils légitime, jusqu'à ce que le contraire soit démontré par des preuves évidentes.

Il ne suffit pas même de prouver l'infidélité de la mére pour en conclure que le fils est illégitime. La loi s'oppose à cette conséquence injuste, et elle se déclare en faveur du fils, par ces paroles fameuses si souvent citées dans ces matières : *Cum possit et illa (uxor) adultera esse, et impubes defunctum patrem habuisse* (2).

_____

(1) Leg. 5. ff. *De in jus vocando.*
(2) Loi 11. §. 9. ff. *Ad Legem Juliam de Adulteriis.*

C'est donc le nom et la dignité du mariage, la cohabitation publique et constante, la présomption toujours favorable et à l'innocence, et à l'état des enfans , qui forment cette première espèce de preuves.

Mais de vouloir lui donner un effet rétroactif, de prétendre qu'il suffise d'être né dans le mariage, et que ce nom sacré pourra servir d'un voile favorable qui couvrira même ce qui s'est passé dans un temps où toutes les présomptions cessoient, où l'on ne pouvoit alléguer encore ni la force d'un engagement solennel , ni la longueur d'une cohabitation certaine, ou enfin la loi ne pouvoit rien présumer d'innocent, parce que tout étoit également coupable : ce seroit abuser manifestement des termes de la maxime commune, *Pater is est quem nuptiæ demonstrant*, et lui faire perdre sa véritable application, en voulant lui donner une étendue qu'elle n'a pas.

Arrêtons-nous donc à ce premier principe. Rien n'est plus fort que cette présomption. Le mariage assure l'état des enfans ; mais cette conjecture, toute puissante qu'elle est, n'est fondée que sur la cohabitation antérieure non-seulement à la naissance , mais même à la conception des enfans. Sans cela il est certain que cette présomption détachée de toutes les autres circonstances, n'est nullement décisive.

Passons ensuite à un second principe, qui ne nous paroît ni moins important ni moins décisif. Les mêmes docteurs qui parlent de cette première présomption que nous venons d'expliquer, reconnoissent en même temps qu'elle peut fort bien être étendue, quoique avec moins d'autorité, même au-delà des bornes du mariage, et que, puisque c'est la cohabitation du mari et de la femme qui lui sert de principal fondement, on peut dire que lorsque cette même fréquentation , ce commerce, cette union est prouvée entre deux personnes libres, la même conjecture doit avoir lieu, non pour assurer aux enfans le titre de légitimes , mais pour prouver au moins la vérité de la filiation ; c'est le sentiment de la glose

sur le chap. *Michaël* aux décrétales *de filiis presb.* Il
a été suivi par le cardinal Palcote, dans le livre
qu'il a fait sur les bâtards, et par tous les docteurs
ultramontains.

On peut dire de même que cette maxime n'a pas
besoin de preuves en cette audience, puisqu'elle est
le principal motif de tous les arrêts que vous y
prononcez tous les jours, et par lesquels vous
décidez de la filiation sur la seule preuve de la fréquentation, jointe à la déclaration de la mère.

Réunissons maintenant ces deux principes. La
fréquentation peut servir à prouver la paternité et
dans le mariage et hors du mariage; ajoutons un
troisième cas, et supposons ici qu'un jeune homme
ait eu quelque familiarité suspecte avec une fille,
tous deux libres, tous deux en état de s'engager dans
les liens du mariage; supposons qu'ils se marient
ensuite, et que la naissance d'un fils suivant de trop
près la célébration du mariage, donne lieu à une
question d'état, dans laquelle il s'agisse de savoir
de qui il sera présumé fils.

Si le mariage étoit antérieur au temps de la conception, la loi le donneroit au mari sans aucune difficulté, par une présomption légitime.

Si au contraire il n'y avoit jamais eu de mariage
entre les parties, alors on chercheroit les preuves
de la fréquentation; et si ces preuves étoient con-
cluantes, elles décideroient la question par une
simple conjecture probable.

Mais il se trouve en même temps, et une fréquentation dans le temps de la conception, et un
mariage contracté dans le temps de la naissance;
ne peut-on pas dire que ces deux faits réunis
ensemble, forment une présomption moins forte
à la vérité que la première, parce qu'elle n'est pas
absolument fondée sur le mariage, mais aussi beaucoup plus puissante que la seconde, parce qu'elle
n'est pas appuyée uniquement sur la fréquentation,
et que le mariage qui l'a suivi lui donne un degré

de force, d'évidence et d'autorité, à laquelle il paroît presque impossible de résister.

Enfin, si l'on ajoute à ces faits, que le mari a su la grossesse avant le mariage, ou qu'il ne s'en est pas plaint, depuis, dans un temps où il ne pouvoit plus l'ignorer, qui peut douter que cette approbation tacite ne soit le plus évident caractère de la vérité? et pourra-t-on s'empêcher de considérer le silence du mari comme une légitimation formelle de son fils?

Après avoir fait toutes ces réflexions générales sur cette première espèce de preuve, nous différerons pendant quelques momens d'en faire l'application à cette cause, pour achever de vous expliquer encore plus sommairement les autres genres de présomptions établies par les lois.

Telle est l'éducation donnée par un père à son fils; tels sont les soins paternels par lesquels il trahit malgré lui tous ses sentimens. La voix de la nature s'explique par les circonstances de l'éducation, comme par celle de la naissance; et, puisqu'elle est appelée par plusieurs auteurs, une seconde naissance, on présume toujours que celui qui donne la seconde avec autant d'affection a été constamment l'auteur de la première.

Que si la négligence de son père lui refuse cette preuve, la loi ne l'abandonne pas pour cela; et, s'il peut faire voir que son père l'a reconnu en quelque occasion que ce puisse être, qu'il lui a donné seulement une ou deux fois le nom précieux de son fils, cette reconnoissance fait encore une conviction contre lui jusqu'à ce qu'il montre manifestement qu'il a été trompé.

Mais comme cette dernière conjecture peut être très-importante dans une cause où l'on prétend se servir des déclarations d'une mère pour attaquer l'état de son fils, permettez-nous, MESSIEURS, d'y faire encore quelques réflexions.

Il y a long-temps qu'on a demandé si l'on devoit regarder la déclaration du père ou de la mère,

3

comme un jugement domestique, toujours également décisif, soit qu'il fût contraire ou favorable aux enfans. Le nom sacré de père et de mère, et la tendresse que la nature leur inspire pour leur propre sang, ne sembloient pas pouvoir permettre que l'on doutât de la vérité de leur suffrage.

Aussi voyons-nous que chez les Grecs, suivant le témoignage d'Aristote, la déclaration de la mère étoit toujours suivie par les sentences des juges : arbitre de la destinée de ses enfans, elle décidoit souverainement de leur sort ; et, quoique chez eux l'autorité du père ne fût pas si grande, il paroît néanmoins qu'on y a déféré plusieurs fois.

Les législateurs romains, ou plus sages ou plus instruits par l'expérience de plusieurs siècles, ont établi une maxime contraire ; et, si nous voyons dans leurs lois que la reconnoissance du père est un grand préjugé pour assurer l'état de son fils, *grande præjudicium affert pro filio confessio patris* (1), nous y voyons en même temps que quelque déclaration que la mère ait faite contre l'état de ses enfans, la vérité conserve toujours ses droits, et on la cherche par toutes sortes de voies, même après le serment de la mère.

C'est ce qui est décidé par la loi 29. §. 1. ff. *de probat et præsump.* où l'on demande au jurisconsulte Scævola, si une déclaration faite par une mère iriritée peut nuire à ses enfans. *An... obsit professio à matre iratâ facta ?* Il répond en ces termes, *veritati locum superfore.*

C'est ce qui est encore établi dans les lois 13 et 14, au code *de probat. Non epistolis ;.... non nudis asseverationibus, nec ementitâ professione (licet utrique consentiant) sed matrimonio legitimo concepti, vel adoptione solemni, filii civili jure patri constituuntur.*

Enfin, c'est pour cela qu'il est dit dans une autre loi, qu'un père peut déshériter son fils, en l'appelant

---

(1) Loi 1. §. 12. ff. *De agnoscendis et alendis liberis.*

fils de l'adultère, sans néanmoins que le jurisconsulte en conclue qu'il perde la qualité de fils.

Tous les sentimens des docteurs ont suivi unanimement cette disposition. Bartole même et Menochius blâment d'ignorance deux princes d'Italie, qui par un excès de déférence pour la déclaration de leur mère, renoncèrent à leurs états, parce qu'elle les avoit assurés en mourant, qu'ils n'étoient pas fils de son mari.

Enfin, vos arrêts ont tant de fois décidé cette question, qu'on peut dire que ce n'en est plus une aujourd'hui. On vous a cité la disposition d'un dernier arrêt rendu en l'année 1693 sur nos conclusions (1), où d'un côté l'adultère de la mère étoit prouvé, de l'autre il étoit certain qu'elle avoit avoué dans ses interrogatoires à la face de la justice, que son fils ne devoit la vie qu'à son crime; et néanmoins après une déclaration si authentique, on ne laissa pas de déclarer l'enfant légitime.

Vous avez donc établi par cet arrêt, ce principe général aussi convenable à l'équité naturelle qu'à l'utilité de la société civile, qu'un père et une mère peuvent bien assurer par leur suffrage l'état de leurs enfans, mais qu'ils ne peuvent jamais le détruire.

Enfin, pour achever ici tout ce qui regarde la preuve de la filiation, si malgré toutes les conjectures que nous venons de vous expliquer, un père osoit encore désavouer celui que tant de présomptions lui donnent pour fils, on a recours alors au témoignage des étrangers pour confondre sa dureté : on entend

(1) Voy. tome II, vingt-troisième plaidoyer du 15 juin 1693; et l'arrêt imprimé à la fin de ce plaidoyer. Dans l'espèce de cet arrêt la femme avoit toujours demeuré avec son mari, qui n'avoit été absent que trois mois seulement; en sorte que la mauvaise conduite de la femme, avouée par elle, n'empêchoit pas qu'on ne pût penser que le mari étoit le véritable père de l'enfant. On a jugé autrement dans les circonstances où la femme, étant convaincue d'adultère, il n'y avoit pas de vraisemblance que son mari fût le père de l'enfant, ne demeurant plus avec elle, et la poursuivant pour ce crime.

les voisins, les habitans d'une même ville, ses concitoyens; c'est ce que les lois appellent *rumor viciniæ*,
qui fait le dernier des argumens par lequel on peut
confirmer ou attaquer l'état d'un enfant.

Après vous avoir expliqué les maximes générales
du droit, pour en faire une juste application à cette
cause, il ne s'agit plus que de chercher la preuve des
faits qui sont le fondement de ces conjectures. Car
telle est la nature de toutes les présomptions, qu'elles
dépendent entièrement de la certitude d'un fait, dont
la loi tire ensuite une conséquence légitime pour
établir le droit, conséquence d'autant plus forte et
plus convaincante, qu'il y a une liaison plus nécessaire entre le fait prouvé, et celui dont on cherche
la vérité.

Nous avons l'avantage dans cette cause, que la
cour a décidé par avance une question qu'on agite
souvent dans les causes d'état, et qui consiste à savoir
quelle est la force et l'autorité des dépositions des
témoins dans une matière si importante. Vous avez
jugé que la qualité des faits exigeoit naturellement
cette espèce de preuve; bien loin de rejeter celle
qui étoit déja commencée, vous en avez ordonné
une nouvelle, et pour suivre le préjugé de votre
arrêt, nous nous renfermons uniquement dans les
argumens que l'on tire des dépositions des témoins.

C'est-là que nous chercherons s'il y a des faits capables de servir de fondement aux présomptions que
le droit a établies; si le mariage a été précédé d'une
fréquentation suspecte; s'il y a des preuves d'une
grossesse qui l'ait précédé et qui l'ait suivi; si le sieur
de Lastre a pris soin de l'éducation de celui qu'on
veut faire passer pour son fils; si la mère a fait des
déclarations contraires à son état, et dans quelles
circonstances; enfin, quelle a été l'opinion commune
et le bruit public de la ville d'Amiens.

Mais comme toutes ces circonstances sont également
répandues dans la plupart des dépositions des témoins, nous ne les séparerons qu'après vous les avoir
lues, et nous ne suivrons point d'autre ordre que

celui que la date des informations semble nous prescrire.

Commençons donc par l'examen des informations faites à la requête du mari.

Il y en a de deux sortes; les unes ont précédé votre arrêt, les autres l'ont suivi.

La preuve qui résulte des premières est assez légère, et ne peut tout au plus mériter le nom que d'une preuve négative.

Les témoins qui y ont été entendus, déposent seulement qu'ils n'ont jamais vu d'enfant dans la maison d'Alexandre de Lastre; qu'ils n'ont entendu parler que d'une fausse-couche; que l'appelante s'est plaint plusieurs fois de sa stérilité, et en a accusé tantôt son mari, et tantôt le chagrin qu'elle avoit de demeurer avec sa belle-mere; et qu'enfin d'autres fois elle a témoigné qu'elle seroit bien fâchée d'avoir des enfans de son mari.

Voila, Messieurs, le précis et l'abrégé de ces premières informations.

Lire le second et le troisième témoins.

Vous voyez quelle est la preuve qui en résulte; preuve qui n'établit aucun fait essentiel, si ce n'est celui de la grossesse et d'une fausse-couche; tout le reste ne peut être considéré que comme des discours vagues et téméraires, indiscrètement prononcés, mais désavoués aussitôt, puisque l'appelante y parle d'une fausse-couche dans le temps qu'on veut qu'elle ait accusé son mari de ne pouvoir être père, et toujours inutiles pour décider de l'état d'un enfant.

Passons maintenant aux secondes informations. Elles sont beaucoup plus considérables que les premières. Plus de cinquante témoins ont été entendus; ils déposent presque tous de différens faits; et c'est ce qui nous obligera à vous en lire un plus grand nombre.

C'est-là que vous allez voir, Messieurs, ces discours, ou téméraires ou véritables, mais toujours indiscrets, d'une femme peu attentive aux conséquences de ses paroles ; discours qu'on a relevés avec tant de soin dans cette audience, pour les opposer également et à la mère et à son fils.

Tantôt vous la verrez assurer que ce que la médisance du public a appelé un véritable accouchement, n'a été qu'une colique, ou tout au plus une fausse-couche ; et tantôt contraire à elle-même, avouer que le public ne s'est pas trompé, quand il a cru la vérité de la naissance de son fils.

Vous l'entendrez se plaindre presque en même temps de ce qu'elle n'a jamais eu d'enfant, et reconnoître qu'elle en a un, souhaiter et craindre d'en avoir, déclarer qu'elle est accouchée, et ac-cuser son mari de sa stérilité. Sans respect pour elle-même, sans attachement pour son prétendu fils, se vanter publiquement que ce n'est pas à son mari qu'elle est redevable de sa naissance.

Mais afin de ne rien ajouter ici à ses expressions, permettez-nous, MESSIEURS, de vous lire les dépositions mêmes qui en rendent un compte plus exact et mieux circonstancié.

Lire les 1, 7, 10, 11, 17, 19, 23, 27, 33, 37.° témoins.

Il semble que le même esprit d'infidélité, d'indiscrétion, d'imprudence soit également répandu sur tous ceux qu'on accuse d'avoir eu part à cette intrigue. Vous venez d'entendre des témoins qui prétendent que la sage-femme et sa servante ont rendu les précautions de l'appelante inutiles, en trahissant son secret; vous allez voir que les restes d'une ancienne passion, et d'une passion heureuse, à ce que l'on prétend, n'ont pas empêché le sieur de Romainville, dont le nom est devenu célèbre dans votre audience, de déshonorer l'appelante en se vantant, peut-être sans fondement, d'une victoire dont il auroit été le seul témoin.

Lire les 3, 15, 21, 30, 42, 49.° témoins.

Enfin, nous n'avons plus que deux dépositions à vous lire pour achever de vous rendre compte des informations faites à la requête du sieur de

Lastre, témoins beaucoup moins favorables à la prétention de l'intimé, que ceux que nous vous avons lus jusqu'a présent ; cependant témoins qui ne peuvent lui être suspects, puisque c'est lui-même, qui les a fait entendre.

Lire les 20 et 25.ᵉ témoins.

Réunssons toutes ces dépositions, et joignons toutes les preuves qui en résultent.

Vous y reconnoissez premièrement, MESSIEURS, la vérité de ce fait important, dénié avec tant de confiance et de fermeté par l'intimé qui pouvoit en prévoir la conséquence, que la connoissance des parties a commencé long-temps avant leur mariage, qu'elle a précédé de six mois entiers leur union légitime, et que dans un temps non suspect, le sieur de Lastre, bien différent alors de ce qu'il est aujourd'hui, a recherché avec empressement le mariage de l'appelante; et que pour vaincre la résistance de sa mère, il lui a avoué ce même fait qu'il veut dénier à présent, c'est-à-dire, la complaisance précipitée que l'appelante avoit eue pour celui qu'elle regardoit déjà comme son mari.

Vous y voyez ensuite le fait de la grossesse dans le temps du mariage, attesté par les témoins ; la vérité de l'accouchement, la certitude de la naissance, l'attention continuelle de la ville d'Amiens sur la destinée de cet enfant, comme si la Providence eût voulu lui préparer par avance presque autant de témoins de son existence qu'il avoit de concitoyens.

Vous y remarquez la contrariété, l'incertitude, la variation perpétuelle de la mère, ses discours tantôt favorables, tantôt injurieux et à elle et à son fils; enfin, le bruit répandu par le sieur de Romainville, ses invectives, et son repentir.

Nous nous contentons d'observer à présent ces faits ; nous en tirerons les inductions nécessaires à la décision de cette cause, aussitôt que nous vous aurons expliqué ce qui résulte des dépositions des

témoins que l'appelante a fait entendre en exécution de votre arrêt.

Nous mettrons au nombre de ces témoins, la
sage-femme et Alexandre de la Marre; quoiqu'ils
n'aient répondu qu'en qualité d'accusés, leurs déclarations sont néanmoins une des plus fortes preuves
que l'appelante allègue en sa faveur.

Mais avant que d'entrer dans cette explication, il
est nécessaire d'examiner en peu de mots les reproches que l'on vous a proposés contre deux des principaux témoins, ou, selon l'intimé, des principaux
auteurs de toute cette intrigue, la sage-femme et sa
servante.

Contre la sage-femme, plusieurs reproches également importans.

1.° Sa vie et ses mœurs plus que suspects. Enfermée aux Filles Repenties de la ville d'Amiens, il seroit à souhaiter, vous a-t-on dit, qu'elle n'en fût jamais
sortie. Irritée par cette punition plutôt que véritablement corrigée, elle a passé sa vie dans des habitudes
scandaleuses avec plusieurs personnes dont le caractère rendoit le crime encore plus punissable; et,
joignant enfin le sacrilége à la prostitution, elle a
été capable d'épouser un moine apostat : l'Eglise l'a
séparée de sa communion. Le curé de Saint-Remy a
refusé de recevoir les enfans qu'elle lui présentoit au
baptême. Il assure la vérité de tous ces faits par un
certificat qui a été lu dans votre audience.

2.° Coupable, dans le fait même dont il s'agit, d'une
prévarication criminelle, non-seulement elle a caché
la naissance de cet enfant que les obligations de son
ministère la forçoient à révéler; elle a porté son
impiété jusqu'à le faire baptiser, sans déclarer qu'il
l'avoit déjà été dans le moment de sa naissance; et,
après avoir profané la dignité du mariage, elle n'a
pas eu plus de respect pour la sainteté du baptême.

3.° Accusée comme l'appelante, comment peut-on
l'écouter tant qu'elle sera liée avec elle par cette société malheureuse que le crime forme entre tous
ceux qui le commettent?

4.º Enfin, elle est tombée dans plusieurs contradictions ; elle a déclaré que l'on avoit laissé en blanc dans le registre baptistaire le jour de la naissance de l'enfant : elle a dit qu'elle ne se souvenoit pas de l'avoir signé ; et la fausseté de tous ces faits a paru par la seule inspection du registre.

Quelque forts que paroissent tous ces moyens, ils ne sont pas sans réponse.

1.º Il est vrai que cette sage-femme a été enfermée autrefois ; mais crime effacé par la longueur du temps. Elle est sortie sans note et sans flétrissure, et l'on a souffert qu'elle ait toujours exercé sa professsion.

Nous ignorons la vérité de tous les autres faits, si ce n'est celui de son mariage, où elle a été plus malheureuse que coupable. Elle-même a fait rompre, par une sentence solennelle, les nœuds que l'erreur et l'ignorance avoient formés.

Tout le reste n'est prouvé que par le certificat du curé de Saint-Remy ; certificat indigne de croyance.

Par le caractère de celui qui le donne ; zèle indiscret, imprudence dont il a donné plusieurs preuves dans d'autres occasions.

Par la circonstance dans laquelle il le donne, d'office, sans réquisition, sans ordonnance de justice. Est-ce là le ministère d'un pasteur ? Est-ce ainsi qu'il dissimule les désordres de ceux qui lui sont confiés ; qu'il gémit en secret sur leurs égaremens, qu'il leur épargne la honte d'une injure publique, etc. ?

Par la qualité des faits qu'il rapporte, il n'a pas voulu recevoir les enfans que cette sage-femme portoit au baptême ; l'indiscrétion de son zèle le porte à s'accuser lui-même ; ignorance, aveuglement, faute punissable par son évêque et par la justice : mettre des enfans au hasard de perdre le baptême ! Certificat scandaleux qui nous porte à requérir un décret d'ajournement personnel contre celui qui l'a donné.

2.º Il est incertain si la sage-femme est coupable ; cela dépend de l'événement de l'accusation : et, à l'égard de ce qu'on lui reproche de n'avoir pas

déclaré le premier baptême, elle s'en justifie dans
son interrogatoire, et elle rapporte un certificat d'un
curé d'Amiens, qui atteste que l'usage du diocèse
n'est pas de déclarer dans le registre si l'enfant a été
baptisé sous condition ou non.

3.º Elle a excusé aussi les contradictions dans lesquelles elle a pu être tombée par la longueur du
temps qui s'est écoulé; la naissance de l'enfant au
mois d'avril 1686, le baptême au mois d'avril 1689,
l'interrogatoire au mois d'octobre 1693.

4.º Enfin, témoin nécessaire et par conséquent
peu reprochable. A qui s'adressera-t-on pour découvrir le secret de la naissance d'un enfant, si ce n'est
à celle à qui il doit la vie en quelque manière, qui
lui a servi d'une seconde mère, unique confidente,
seule dépositaire d'un tel secret! Ou il faut recevoir
son témoignage, ou réduire souvent un enfant à l'impossibilité de prouver son état.

Ajoutons une dernière réflexion, tirée de l'affectation que l'on a eue de rendre ce témoin suspect en
le rendant accusé.

Aucune preuve contre la sage-femme pour la première information, aucun témoin ne la nomme.

Rien ne l'accuse que l'extrait baptistaire. Mais si
c'étoit un crime de l'avoir signé, pourquoi le juge
n'a-t-il pas décrété d'abord, sans attendre l'information? Et si cette signature par elle-même n'étoit
point une preuve du crime, pourquoi a-t-il décrété
après une information qui ne la chargeoit en aucune
manière?

Concluons donc que c'est cette affectation même
qui doit donner plus de poids et d'autorité à son
témoignage.

Contre la servante de la sage-femme.

On vous a dit d'abord qu'elle étoit dévouée à sa
maîtresse, mais reproche trop vague.

On a allégué ensuite une sentence de bannissement
de la banlieue d'Amiens; mais on y a répondu par
la sentence même. Ce n'est pas pour le crime qu'elle
est bannie, c'est pour n'avoir pu payer une amende

de cent livres pour une contravention aux droits de gabelles ; c'est son impuissance, c'est sa pauvreté, c'est son option même qui la condamne.

D'ailleurs, témoin nécessaire comme le précédent.

Ainsi, rien n'empêche la lecture des dépositions de ces témoins ; rien ne s'oppose à leur autorité.

Lire l'interrogatoire de la sage-femme, et d'Alexandre de la Marre ;

La déposition de la servante ;

Le premier témoin ; le troisième, le quatrième, le septième, le dixième témoin.

Après avoir lu ces dépositions, il semble que la cause est absolument décidée.

Deux réflexions générales qui nous paroissent d'une extrême importance.

La première, que ces dépositions ont un tel rapport, une si grande union, une conformité si parfaite, qu'elles se soutiennent mutuellement, qu'elles assurent la vérité les unes des autres ; et que, quand même il y en auroit quelqu'une de suspecte par la qualité du témoin, ce défaut seroit réparé par la liaison que sa déposition a avec celles qui la précèdent et qui la suivent.

La seconde réflexion est encore plus considérable et plus décisive que la première.

La cause que nous examinons n'est plus une cause entière : elle est préjugée par l'arrêt contradictoire que vous avez rendu l'année dernière.

Vous avez réduit sa décision à certains points essentiels : vous l'avez renfermée dans l'examen de quelques preuves, qui vous ont paru des présomptions légitimes ; et c'est dans ces mêmes bornes que nous devons la réduire aujourd'hui.

Votre arrêt a marqué quatre faits principaux.

La vérité de l'accouchement trois mois après le mariage.

La présence du mari, et les soins qu'il a pris de son baptême.

La connoissance qu'il a eue de son éducation.

Enfin, le bruit public et constant de la ville d'Amiens.

Si l'intimé n'a pu détruire la vérité de ces faits, si l'appelante a été assez heureuse pour les établir, la cause est décidée, l'état de l'enfant est en assurance, et la calomnie du mari est confondue.

Or nous trouvons tous ces faits établis, et d'une manière si précise, si exacte, si circonstanciée, que l'on reconnoît partout le caractère de la vérité.

On voit, dans la lecture des informations, la connoissance, la fréquentation d'Alexandre de Lastre et de Marie Courtois, six mois avant le mariage ; la grossesse certaine, l'accouchement trois mois après ; père témoin ; l'enfant élevé par les soins de la mère principalement, mais avec la participation du père. Les caresses qu'il a faites à cet enfant ; les visites qu'il lui a rendues, en sont autant de preuves manifestes. Toute la ville d'Amiens rend témoignage de la vérité de sa naissance. On le suit pas à pas depuis le premier moment de sa vie jusqu'à présent : d'abord la sage-femme le fait emporter ; on le donne à une première nourrice qui le dépose à une seconde qui le déclare ; la blanchisseuse s'en charge ensuite ; on le fait baptiser ; sa mère le reprend et l'amène aux pieds de la cour, pour recevoir des mains de la justice la confirmation de son état. Peut-on trouver une histoire plus circonstanciée et plus suivie ?

Bien loin que l'intimé ait prouvé le contraire de ces faits, il y en a trois qui ne sont pas mieux prouvés par l'information de l'appelante, que par la sienne.

La vérité de la grossesse ;

La certitude de l'accouchement ;

Le jugement de toute la ville d'Amiens.

Mais allons plus avant, et supposons que la cause soit encore toute entière ; oublions pour un temps le préjugé de votre arrêt, et voyons si nous trouverons dans les dépositions des témoins, ces quatre conjectures puissantes, que les maximes générales du droit admettent pour prouver l'état des enfans.

Reprenons-les ici en peu de paroles.

La fréquentation seule ;

Le mariage ;

La fréquentation suivie du mariage ;

L'éducation donnée par le père, et le traitement qu'il a fait à son fils. Ce sont, comme nous l'avons déjà dit, les différentes espèces de preuves de la paternité.

Ajoutons-y les témoignages des voisins, et principalement de ceux qui ont eu plus de relation avec le père et la mère.

Toutes ces présomptions sont réunies dans cette cause contre l'intimé.

Il est vrai que le terme précipité de l'accouchement ne permet pas qu'on lui applique la règle générale, *Pater is est quem Nuptiæ demonstrant.*

Mais au défaut de cette règle, on peut lui appliquer l'argument que l'on tire de la connoissance des parties, de la familiarité que l'on a remarquée entr'eux, en un mot de la fréquentation suivie du mariage.

Nous avons dit, et nous le répétons ici, que le concours de ces deux circonstances rend cette conjecture presqu'aussi forte en faveur des enfans, que s'ils eussent été conçus pendant le mariage.

Or, peut-on douter qu'elles ne se trouvent jointes dans cette espèce ?

Le mariage est constant. Le sieur de Lastre ne prétend point lui donner atteinte.

Le fait de la fréquentation antérieure au mariage, est aussi constant, par les témoins mêmes de l'intimé.

Ce n'est pas tout encore ; on est persuadé par la lecture de leurs dépositions, qu'il a eu connoissance de la grossesse avant le mariage ; il s'en est servi pour obtenir le consentement de la mère.

Quand la cause seroit réduite à ce seul point, quand l'appelante n'auroit fait que cette preuve unique, qui peut douter qu'elle ne fût décisive ?

Un jeune homme abusant des droits qu'il s'imagine que l'espérance d'un mariage prochain peut lui donner, prévient les momens marqués par la religion et par la loi; il se flatte d'être l'auteur d'une grossesse anticipée; il détermine une famille entière à consentir au mariage par la crainte du déshonneur de leur fille; et qui est-ce qui nous apprend un fait si important? C'est lui-même; et après cela il pourra désavouer un fils auquel il est peut-être redevable de son mariage, puisqu'il n'auroit peut-être jamais été mari s'il n'eût pas commencé par être père !

Encore une fois, cette preuve forme un argument décisif.

Suivons ce raisonnement, et tâchons même de le porter encore plus loin.

Quand il n'auroit pas prouvé ces empressemens qui le trahissent aujourd'hui, supposons seulement, comme il n'est pas permis d'en douter, qu'il ait su la grossesse dans les premiers momens du mariage.

Qui peut concevoir qu'il demeure dans le silence, qu'il souffre patiemment qu'on lui donne un fils et un héritier malgré lui, qu'il prenne tranquillement la qualité de père avant presque d'avoir acquis celle de mari ?

Que pourroit-il opposer à cette présomption ?

Enfin, achevons d'examiner les conséquences de ce fait important.

Quand même il supposeroit, contre toute apparence, qu'il a ignoré la grossesse, accordons-lui qu'il a été trompé dans ce point; feignons en sa faveur, l'impossible, l'absurde, le ridicule.

Dira-t-il qu'il a pu ignorer l'accouchement dans sa maison, à ses yeux, en sa présence? Il entend les cris d'un enfant. Rejetons même tous ces faits comme prouvés par la sage-femme seule et par sa servante.

Mais du moins ne peut-on révoquer en doute qu'il n'ait vu ce que des étrangers, ce que deux des témoins vous disent avoir vu, ce lait que la Nature fournit à une mère véritable pour l'aliment de son enfant.

Cette preuve de l'accouchement, si certaine, si naturelle, si décisive, qu'Aristote et Balde après lui, la rapportent comme l'exemple d'une preuve invincible, n'auroit-elle pas été capable de lui découvrir le véritable état de sa femme ?

Ce n'est pas d'aujourd'hui que l'on a proposé ce moyen, comme un argument indubitable pour prouver qu'il n'y avoit point eu de supposition de part.

Ainsi, quand autrefois Appius, décemvir, dans le transport de la passion qu'il avoit conçue pour la fille de Virginius, engagea Claudius, son client, à la réclamer comme fille d'une de ses esclaves, et à imputer à la femme de Virginius le crime de supposition de part : ceux qui défendoient l'honneur et la liberté de sa fille, proposèrent, comme l'argument le plus évident et le plus décisif : *Puellam materno lacte nutritam fuisse ; fieri autem nullo modo posse ut mammæ mulieris quæ non peperit, lacte impleantur* (1).

Joignons à ces premières présomptions, celles qui résultent de la manière dont il a traité son fils. Il l'a reçu dans sa maison, et à sa table. Ajoutons-y le témoignage de tous ceux qui ont eu part à cette éducation, et concluons que tôt ou tard la vérité se découvre malgré les ténèbres qui semblent la dérober à nos regards.

Ce temps est enfin arrivé pour l'enfant que vous avez devant vos yeux : il commence à retrouver ses véritables parens, etc.

C'est en vain que le sieur de Lastre veut lui opposer les argumens qu'il tire des dépositions de ses témoins.

1.° Ils n'empêchent pas que le fait de la grossesse, dont il a eu connoissance avant le mariage, ne demeure certain, et ce seul fait décide la cause.

2.° Que résulte-t-il de ces dépositions ?

1.° Que l'on a caché l'accouchement ; mais la raison en est expliquée par les témoins : c'étoit la crainte du

_____

(1) Denis d'Halicarnasse, d'antiquités romaines, livre XI, selon la traduction d'*Æmilius Portus*.

père de la dame de Lastre; et dès le moment qu'il n'a pu l'ignorer, comme cela nous paroît constant, il a dit savoir aussi pourquoi on le cachoit avec tant de soin : c'est à lui-même que nous devons demander la raison de ce mystère.

2.° Que la dame de Lastre a souvent nié l'existence de son fils; mais c'est un effet du même secret.

3.° Qu'elle a tenu plusieurs discours qui font croire que Romainville en est le père; que Romainville a confirmé son témoignage.

Mais une infinité de réponses.

D'abord, la règle générale du droit que nous avons rappelée : *Professio à matre iratâ facta*, ne nuit point à l'enfant.

Ici ce n'est qu'une simple conversation, moins forte qu'une déclaration *apud acta*, et une réponse judiciaire; cependant dans la loi 29, *de Probat.* on rejette l'une; et l'arrêt rendu sur nos conclusions en 1693, a exclu l'autre.

D'ailleurs, c'étoit une mère irritée alors contre son mari, voulant le déshonorer par ses discours.

Enfin, Romainville n'est point partie :

Romainville s'est dédit.

Romainville a pu se croire auteur de la grossesse, de Lastre a pu l'être ou le croire. Il ne s'agit point de savoir lequel des deux se seroit trompé. Il est certain que de Lastre a reconnu qu'il l'étoit.

Mais quelle foi peut-on ajouter à un homme offensé de ce que ses recherches avoient été rejetées en lui préférant un autre; et ne pourroit-on pas lui appliquer ces vers d'un poète :

> — *Fingunt quidem quæ vera negarent:* . . .
> *Et credi, quod non contigit esse, cupit.*
>
> Ovid. *de Arte amand.* Lib. II.

4.° Quelques témoins déposent que la sage-femme et la servante ont tenu des discours contraires à leurs déclarations; mais ce sont de purs *oui-dire*; et quelle comparaison avec la suite et l'exactitude de leurs réponses ?

Réunissons toutes ces preuves, et ajoutons-en encore deux autres qui nous paroissent très-considérables.

La première, tirée de la requête dont nous avons parlé dans le fait, où de Lastre dit qu'il a fait grâce à sa femme. Il a cherché inutilement à expliquer le sens de ces paroles, par la sentence de condamnation prononcée contre le frère de sa femme.

1.º Ces termes dénotent la conduite personnelle.

2.º Le fait de la condamnation est postérieur de dix mois au mariage.

La seconde preuve est fondée sur la variation, l'incertitude perpétuelle qu'on remarque dans sa requête et dans ses plaidoiries. Il soutient d'abord qu'il n'y a eu ni accouchement ni fausse - couche, mais seulement une colique. Tout prouve une fausse-couche apparente, et un accouchement véritable.

Il soutient qu'il n'a fait connoissance avec sa femme, que peu de jours avant le mariage.

Il y a preuve de fréquentation six mois auparavant.

Enfin, il déclare une fausse-couche aux témoins, et à l'audience il se déclare impuissant : *Semel falsus, semper falsus.*

En rassemblant toutes ces réflexions, reconnoissons que l'intimé est heureux de retrouver sa femme innocente, son fils vivant, et malgré l'imprudence de sa défense, lui-même véritable père.

Ce plaidoyer finit, en reprenant tous les chefs qui étoient l'objet des demandes des parties, et requérant une aumône contre le père et la mère pour le commerce antérieur au mariage, et un décret contre le curé de Saint-Remy.

Voici l'arrêt qui fut prononcé à la grande audience de la Tournelle, M. de Bailleul, président, le 16 juillet 1695.

ENTRE demoiselle Marie-Madeleine Courtois, femme autorisée par justice à la poursuite de ses droits au refus d'Alexandre de Lastre sieur d'Aubigny, son mari, demanderesse en requête par elle présentée au prévôt royal d'Amiens, le quinze décembre mil six cent quatre-vingt-onze, tendante à ce que, pour raison de dissipation, excès et mauvais traitemens du défendeur, et par lui commis contre la demanderesse, elle seroit séparée de biens d'avec lui ; et en cas de dénégation, permis d'en faire preuve ; à laquelle fin elle seroit et demeureroit autorisée par justice à la poursuite de ses droits, d'une part : et Alexandre de Lastre, sieur d'Aubigny, bourgeois d'Amiens, défendeur d'autre : Et entre ladite demoiselle Marie-Marguerite Courtois, poursuivante sa séparation de biens et d'habitation d'avec ledit sieur de Lastre, son mari, appelante tant comme de juge incompétent qu'autrement, de l'ordonnance de permission d'informer, décernée par le lieutenant criminel d'Amiens, le vingt-sept août mil six cent quatre-vingt-treize. Information, décret d'ajournement personnel du neuf octobre audit an, décerné contre Marguerite Veret, veuve Jean le Soin, matrone jurée de ladite ville d'Amiens, et contre Alexandre de la Marre, rendu en la prévôté d'Amiens, sur la demande en séparation de biens et de toute la procédure qui a suivi sur la plainte dudit de Lastre, son mari, d'une part ; et Alexandre de Lastre, sieur d'Aubigny, bourgeois de la ville d'Amiens, intimé d'autre : Et entre ladite Courtois, demanderesse en requêtes, par elles présentées à la cour le vingt-neuf, signifiées le trente décembre audit an mil six cent quatre-vingt-treize, seize juin et seize juillet mil six cent quatre-vingt-quatorze. La première, à ce qu'il plût à la cour, en prononçant sur les appellations mettre lesdites appellations et ce dont a été appelé, au néant, émendant, évoquant le principal, même la demande en séparation de biens de ladite Courtois, intentée devant le prévôt d'Amiens, et y faisant droit ; sans s'arrêter à la plainte dudit de Lastre, ni à toute la procédure faite en conséquence, qui seroit déclarée nulle, ordonner que ladite Courtois sera et demeurera séparée de biens et d'habitation d'avec ledit de Lastre sieur d'Aubigny, son mari ; lui faire défenses de la plus hanter ni fréquenter ; et en conséquence de la renonciation par elle faite à leur communauté, condamner ledit de Lastre à rendre et restituer à ladite Courtois la somme de onze mille livres d'une part, par lui reçue pour sa dot, suivant le contrat de mariage du dix-huit janvier mil six cent quatre-vingt-six ; savoir, cinq mille livres, lors de la célébration dudit mariage, et six mille livres depuis pour le rachat de quatre cents livres de rente, à elle donnée en faveur dudit mariage, et deux mille livres d'autre, pour son préciput stipulé par ledit contrat ; comme aussi à lui rendre tous ses habits, bagues et joyaux, et linges à son usage ; à lui fournir son lit garni et sa chambre parée ; lui payer et continuer la rente de douaire préfix, portée par ledit contrat de mariage. La seconde requête, à ce

u'en conséquence des nouvelles preuves d'information faite à
a requête de ladite Courtois, en exécution de l'arrêt de la cour
u trente-un mars mil six cent quatre-vingt-quatorze, les-
uelles elle employoit pour additions et moyens de séparation,
n prononçant sur lesdites appellations, déclarer nulle toute
a procédure faite à la requête dudit de Lastre, à l'effet de ré-
oquer en doute la naissance de Firmin-Alexandre de Lastre,
'ssu d'eux de la première année de leur mariage; ce faisant,
évoquant le principal et y faisant droit, adjuger à ladite Courtois les fins et conclusions de sa requête dudit jour vingt-neuf
décembre mil six cent quatre-vingt-treize, avec dépens. La
troisième requête, à ce qu'il plût à la cour, en infirmant l'appointement à mettre, prononcé par le prévôt royal d'Amiens,
sur sa demande en séparation de biens, évoquant le principal
et y faisant droit, en conséquence de ce qui est survenu depuis,
lui adjuger les conclusions par elle prises sur la demande en
séparation d'habitation et de biens, avec dépens; et ledit
Alexandre de Lastre, sieur d'Aubigny, défendeurs, d'autre part:
Et entre M.ᵉ Paul-Robert Courville, procureur en la cour,
curateur nommé d'office par. arrêt de la cour du vingt-deux
juin mil six cent quatre-vingt-quatorze, pour le soutien de
l'état de Firmin-Alexandre de Lastre, fils issu du mariage desdits
de Lastre et Courtois, ses père et mère, reçu partie intervenante, sur lesdites appellations et demandes dudit jour treize
août mil six cent quatre-vingt-quatorze, demandeur en trois
requêtes des seize juillet mil six cent quatre-vingt-quatorze,
neuf septembre ensuivant, et trois avril mil six cent quatre-
vingt-quinze; la première, contenant ladite intervention et ses
conclusions, à ce qu'il plût à la cour, en faisant droit sur
icelles, déclarer la plainte dudit dé Lastre, sieur d'Aubigny, et
toute la procédure faite en conséquence, nulles; le condamner,
ensemble ladite Courtois, de reconnoitre ledit Fimin-Alexandre
de Lastre pour leur fils naturel et légitime héritier, lui fournir
et administrer les choses nécessaires pour son entretien et éducation, avec dépens. La deuxième, afin de provision de la
somme de six cents livres, pour subvenir à la nourriture, entretien et éducation dudit Firmin-Alexandre de Lastre, à
prendre sur tous les biens desdits de Lastre et Courtois,
nonobstant toutes saisies et oppositions et empêchemens quelconques, faits et à faire, quoi faisant, déchargés. Et la troisième, à ce que venant plaider la cause d'entre lesdits de
Lastre et Courtois, ses père et mère, étant au rôle de la Tournelle, et lui adjugeant ses conclusions, il plût à la cour ordonner que la procédure faite à la requête dudit de Lastre,
son père, pour raison de la prétendue supposition d'enfant,
sera supprimée, et condamner ledit de Lastre aux dépens,
d'une part; et ledit Alexandre de Lastre, sieur d'Aubigny, et
ladite Marie-Madeleine Courtois, sa femme, défendeurs,
d'autre; et encore entre ladite Marie-Madeleine Courtois,

demanderesse en deux autres requêtes des dix-sept mars et onze avril dernier. La première, à ce qu'il plût à la cour ordonner qu'elle aura provision de la somme de mille cinq cents livres, tant pour la subsistance et entretien, que dudit Firmin-Alexandre de Lastre, son fils, au paiement de laquelle somme ledit de Lastre, ses fermiers et débiteurs contraints par toutes voies dues et raisonnables nonobstant toutes saisies et arrêts faites ou à faire, et autres empêchemens quelconques, quoi faisant ils en demeureront bien et valablement déchargés. La deuxième, à ce qu'il plût à la cour, en venant plaider la cause d'entre les parties, au rôle de la Tournelle, tant sur lesdites appellations que demande en séparation de biens et d'habitation ; en conséquence des preuves qui résultent des informations qui ont été faites en exécution de l'arrêt interlocutoire de la cour du treize août mil six cent quatre-vingt quatorze, déclarer la plainte, informations, et toute la procédure faite à la requête dudit de Lastre pour raison de ladite prétendue supposition d'enfant, injurieuse, tortionnaire et déraisonnable, condamner ledit de Lastre à lui faire telle réparation qu'il plaira à la cour, et en tous les dépens, dommages et intérêts, d'une part ; et ledit Alexandre de Lastre, sieur d'Aubigny, d'autre : Et entre Marguerite Veret, veuve Jean le Soin, matrone jurée de la ville d'Amiens, et Alexandre de la Marre, garçon à marier, demeurant audit Amiens, demandeur en requête du seize juin dernier, signifiée le dix-sept, à ce qu'il plût à la cour les recevoir parties intervenantes en la cause d'entre lesdits de Lastre sieur d'Aubigny, et ladite Courtois, sa femme, et ledit Firmin-Alexandre de Lastre, leur fils, procédant sous l'autorité dudit Robert Courville, son curateur ; faisant droit sur l'intervention, qu'ils fussent reçus appelans de la plainte, permission d'informer, information faite en conséquence, décret d'ajournement personnel contre eux décerné par le lieutenant-criminel d'Amiens, et de ce qui a suivi ; ce faisant, mettre les appellations et ce dont a été appelé, au néant, émendant, évoquant le principal et y faisant droit, déclarer ladite accusation calomnieuse, et en conséquence des interrogatoires subis par lesdits Veret et de la Marre, et de leur prise de fait et cause par ladite Courtois, les renvoyer absous de ladite accusation, condamner ledit de Lastre d'Aubigny en leurs dommages-intérêts et dépens, sauf au procureur-général, pour l'intérêt public, à prendre telles conclusions qu'il avisera bon être, et leur donner acte de ce que, pour moyens d'intervention, ils emploient leur requête et les interrogatoires par eux subis sur lesdites prétendues informations, d'une part ; et lesdits Alexandre de Lastre, sieur d'Aubigny, Marie-Madeleine Courtois, sa femme, et ledit M.e Paul-Robert Courville, procureur en la cour, curateur dudit Firmin-Alexandre de Lastre, leur fils, défendeur, d'autre ; sans que les qualités puissent préjudicier aux parties. Après que Dumont, avocat de ladite Courtois, d'Entragues de Roye, avocat dudit Courville audit nom; Rousselet, avocat desdits Veret et de la Marre; et Penel, avocat dudit de Lastre d'Aubigny, ont été ouïs pendant cinq audiences; ensemble, d'Aguesseau, pour le procureur-général du roi, qui a fait récit des charges et informations :

LA COUR a reçu les parties de Rousselet parties intervenantes et appelantes; ayant égard à leur intervention et à celle de la partie d'Entragues de Roye, a mis et met toutes les appellations et ce dont a été appelé, au néant, émendant, évoquant le principal, et y faisant droit, renvoyé les parties de Dumont et de Rousselet de l'accusation contre elles intentée, ordonne que la partie de Dumont demeurera séparée de biens et d'habitation d'avec la partie de Penel, et que ladite partie de Penel sera tenue de réconnoître la partie d'Entragues de Roye pour son fils et légitime héritier; et pour faire droit sur la demande de la partie de Dumont, à fin de restitution de sa dot et conventions matrimoniales, ensemble, sur les requêtes desdites parties de Dumont et d'Entragues de Roye, à fin de provision, nourriture et entretien, renvoie les parties par-devant le prévôt royal d'Amiens; et faisant droit sur les conclusions du procureur-général du roi, ordonne que M.e Alexandre du Fresne, prêtre-curé de la paroisse de Saint-Remy de la ville d'Amiens, sera ajourné à comparoir en personne en la cour, pour être ouï et interrogé par-devant M.e Daujat, conseiller en ladite cour, sur les faits résultans du certificat par lui délivré le quatre juillet mil six cent quatre-vingt-quinze, circonstances et dépendances, et répondre aux conclusions que ledit procureur-général voudra contre lui prendre, et à cette fin, que ledit certificat sera mis au greffe criminel de la cour; condamne la partie de Penel en tous les dépens vers les parties de Dumont, d'Entragues de Roye, et de Rousselet.

TRENTE-CINQUIÈME PLAIDOYER.

DU 19 JUILLET 1695.

Dans la cause de LOUIS QUELIER et ses enfans, la veuve QUELIER, sa mère, et les enfans puînés de LOUIS QUELIER, son père.

1.º *Si l'exhérédation prononcée contre un fils qui s'est marié sans le consentement de ses parens a effet contre les enfans nés de son mariage.*

2.º *Si la bénédiction donnée par un père, en mourant, suffit seule pour éteindre l'exhérédation.*

3.º *Si lorsqu'il y a des faits de réconciliation, outre cette circonstance, l'exhérédation est éteinte, et si l'on peut en admettre la preuve.*

FAIT.

Louis Quelier étoit l'aîné des enfans de Louis Quelier, lieutenant en la maréchaussée d'Anjou, et de Geneviève Guilbaut. Il étoit encore mineur lorsque, sans leur aveu et contre leur volonté, il se maria avec la demoiselle de Saint-Martin. Le jour où ce mariage fut célébré est incertain. Le contrat de mariage passé après la célébration est du 30 août 1671.

Le père et la mère, sans user du droit qu'ils avoient d'attaquer ce mariage, déclarèrent, par un acte du 10 décembre suivant, qu'ils déshéritoient Louis Quelier, leur fils aîné, comme s'étant marié avant vingt-cinq ans, sans leur consentement, et d'ailleurs désobéissant à ses parens.

Après un long silence, il forma une demande à fin d'alimens, et il en fut débouté par une sentence du 28 juin 1680, fondée sur l'exhérédation et sur sa mauvaise conduite.

Le 1.ᵉʳ juillet 1680, acte par lequel le père et la mère confirment d'abondant l'exhérédation ; et cependant, par commisération et par forme d'aumône, ils constituent deux cents livres de pension viagère au profit de leurs petits-enfans, fils de Louis Quelier, dont ils chargent leurs autres enfans. Ils n'accordent cette pension qu'à la charge de ne point attaquer l'exhérédation.

On rapporte les quittances qui en ont été données par Louis Quelier pour ses enfans, jusqu'en juillet mil six cent quatre-vingt-six.

Le 20 juin 1690, le père fait une démission de sa charge en faveur de Jean Quelier, son second fils, à condition qu'il payera la pension viagère de deux cents livres.

Il paroît par son extrait mortuaire du 23 juin 1690, qu'il n'a survécu que deux jours à cette démission.

Le cinq décembre de la même année, la mère rend plainte contre Louis Quelier, son fils aîné, de violence, menaces contre elle, coup de fusil tiré dans la muraille de sa maison qui a été percée, d'attentat à sa vie. Elle obtient permission d'informer.

Le neuf du même mois, seconde plainte de ce que son fils a enfoncé les portes, rompu les fenêtres, et emporté tout ce qu'il a voulu de la maison de sa mère. Ordonnance qui lui permet d'informer.

Elle avoit d'ailleurs présenté une requête pour avoir permission d'expulser son fils de sa maison, dont elle disoit qu'il s'étoit emparé.

Les défenses du fils furent, que l'exhérédation étoit injuste, mais qu'en tout cas elle avoit été remise et effacée par le pardon qui lui avoit été accordé en présence de M. l'évêque d'Angers, et par une réconciliation parfaite dans le temps de la maladie de son père.

C'est ce qui a donné lieu à une contestation, dans laquelle la mère a été interrogée sur faits et articles. Ce qu'il y a de plus remarquable dans son interrogatoire, c'est qu'elle y déclare qu'elle veut du bien à ses petits-enfans, et craint que son fils, qu'elle ne hait pas, ne dissipe son bien ;

Qu'elle lui a dit aussitôt après la mort du père, qu'elle avoit de bonnes intentions, sans néanmoins vouloir être forcée à les exécuter ; mais que sa dissipation lui avoit fait prendre le parti de conserver du bien à ses petits-enfans ;

Qu'elle confirme l'exhérédation, et ne veut point s'en départir ;

Que son conseil et son fils l'ont également déterminée à rendre plainte ; parce que son fils, chassé de sa maison, avoit tiré par la fenêtre un coup de fusil qui lui causa une grande frayeur.

Elle convient qu'elle avoit prié un religieux de procurer la bénédiction du père à son fils ;

Que le frère cadet avoit dit au frère aîné, *qu'il ne tireroit pas la chose à conséquence;* mais que ce fut l'effet des empressemens de sa fille qui l'en prioit à genoux.

L'affaire portée à l'audience de la sénéchaussée d'Angers, sentence contradictoire le 4 août 1691, où tous les moyens des parties sont expliqués.

Ces parties étoient d'une part, la mère et ses enfans cadets intervenans.

D'autre part, le fils aîné et ses enfans intervenans.

La mère, aussi bien que les enfans cadets, demandent que l'exhérédation soit confirmée purement et simplement.

Elle convient du pardon ; mais elle dit que le père a remis l'injure, non la peine ; qu'il a marqué qu'il persévéroit dans l'exhérédation, en chargeant deux jours avant sa mort son second fils de la pension viagère envers ses petits-enfans ; que si les petits-enfans contestent l'exhérédation, ils doivent perdre la pension, aux termes de l'acte du premier juillet 1680.

Le fils aîné dit de son côté, que M. l'évêque d'Angers a certifié le pardon ; que dans la maladie du père, il en a reçu des marques d'une réconciliation parfaite, tant par la bénédiction que son père lui a donnée, que par les autres faits dont sa mère est demeurée d'accord par ses réponses sur les faits et articles ; qu'elle avoit fait habiller de deuil son fils, sa belle-fille et ses petits-enfans ; qu'elle les avoit reçus à sa table, et qu'elle en étoit aussi convenue par ses réponses ; qu'elle les a ainsi rétablis en leurs droits. Il parle encore d'une lettre écrite par elle à un curé, pour le prier de disposer le puîné à bien recevoir l'aîné, et ajoute que les partages étoient prêts à faire.

Les petits-enfans demandent tout au moins, que l'exhérédation soit convertie en substitution.

L'avocat du roi dit, que le pardon solennel avoit éteint et la haine et la peine ; deux choses inséparables, selon le christianisme ; que le père étoit en partie coupable des fautes de son fils, par le peu de soin qu'il avoit eu de sa conduite ;

Que la sentence qui a débouté le fils de sa demande pour les alimens, ne préjuge rien ; parce que l'exhérédation subsistoit alors, et qu'aujourd'hui elle est éteinte ;

Que par les réponses aux faits et articles, il paroît

1.º Qu'il y a eu des paroles données pendant la maladie du père, d'admettre au partage le fils aîné ou ses enfans ;

2.º Que ces paroles ont continué après la mort du père, comme il paroît par la lettre écrite par la mère au curé ;

3.º Qu'elle n'agit pas par son propre mouvement ;

4.º Que cependant elle n'a pu s'empêcher de témoigner son penchant pour ses petits-enfans, et que ce qui la retient est la crainte que les créanciers de son fils aîné n'absorbent toute sa part.

Qu'il est aisé de prévenir cet inconvénient, en donnant la propriété aux petits-enfans, et un usufruit non-saisissable à leur père : ce qui vraisemblablement a été l'intention de leur aïeul, et ce qui est conforme (ajoute l'avocat du roi) aux offres de la mère et du puîné, *ainsi qu'ils l'ont dit à ceux qui parlent.*

La sentence prononce que les petits-enfans auront

la propriété par forme de substitution, et le fils aîné l'usufruit sans qu'il soit susceptible de saisies.

La mère et ses enfans cadets ont interjeté appel de cette sentence ; et par un acte du 14 mai 1694, la mère a déclaré qu'elle confirmoit de nouveau l'exhérédation, en ce qui la regarde.

MOYENS DES APPELANS.

1.º Exhérédation solennelle, juste, légitime.
2.º Petits-enfans aussi indignes de la succession que leur père.

PREMIÈRE PROPOSITION.

Trois conditions également prescrites par le droit et les ordonnances, pour rendre une exhérédation aussi juste que solennelle.

Première condition. Que la cause en soit approuvée par la loi. On ne suit plus l'ancienne sévérité du droit romain, qui donnoit un pouvoir sans bornes à l'autorité des pères, juges à la vérité dans leurs familles, mais ils doivent rendre compte de leur jugement à un tribunal supérieur.

Ici cause approuvée par une loi expresse ; loi sainte, loi salutaire, unique remède capable d'arrêter la licence des mariages.

Le fils s'est marié sans le consentement de son père, fils mineur de vingt-cinq ans ; sans sommations, sans réquisitions ; ingratitude, désobéissance, injure atroce.

Le fait constant par la confession même de ce fils. Le père a usé de son pouvoir. Exhérédation prononcée par le père et la mère, jugée valable par une sentence contradictoire, de laquelle il n'y a jamais eu d'appel.

Seconde condition. Que la cause soit expliquée. On ne la présume jamais : encore une fois le père doit rendre compte de ses motifs à la justice.

Ici le père l'a marquée expressément dans un acte valable, publié, insinué. Rien de plus solennel.

Troisième condition. Que cette cause soit prouvée. Le fils lui-même la reconnoît.

SECONDE PROPOSITION.

Les petits-enfans ne peuvent être admis à la place de leur père.

On convient de la maxime générale, que dans plusieurs cas l'exhérédation est une peine personnelle; que le fils ne doit pas porter l'iniquité de son père, ni souffrir d'une faute à laquelle il n'a point de part, et qu'ainsi, régulièrement, l'exhérédation n'empêche pas que les petits-enfans ne soient admis à la succession.

Mais il faut distinguer entre les causes d'exhérédation; si elles sont étrangères à la naissance des enfans, elle ne leur fait aucun préjudice.

Si le crime puni par l'exhérédation, est celui même qui leur a donné la vie, on décide, suivant l'avis de tous les docteurs, qu'ils sont exclus comme leur père, parce que c'est plutôt le mariage qui a été le motif de la disposition du père que la personne même du fils. D'ailleurs, sans cela la loi seroit illusoire, puisqu'elle est fondée sur cette règle, *Ne invito avo suus heres agnascatur.*

De là on a répondu aux objections.

La principale est tirée de la réconciliation. Sur quoi il faut distinguer 1.º ce qui regarde le père, de ce qui regarde la mère. Il est vrai que la mère a fait dans son interrogatoire quelques déclarations favorables aux petits-enfans; *sed quia hoc ad paternum judicium?*

2.º L'unique preuve de cette réconciliation, est le certificat de M. d'Angers.

Certificat qu'il n'a point signé; il étoit aveugle en ce temps.

Mais d'ailleurs, on doit distinguer entre le pardon de l'injure et la rémission de la peine.

Distinction autorisée par plusieurs arrêts. Le père pardonne en chrétien, mais il punit en juge.

Sans cela plusieurs conséquences absurdes, contraires à l'utilité publique.

Un père ne pourroit jamais déshériter ses enfans : toujours obligé de leur pardonner, il détruiroit en mourant ce qu'il auroit fait pendant toute sa vie.

Les ordonnances mêmes seroient contraires à la religion.

Les enfans ne craindroient plus ce foudre redoutable que les lois mettent entre les mains des pères.

3.° Bien loin qu'il y ait preuve de cette prétendue réconciliation, elle est détruite par un acte qui n'a précédé la mort du père que de deux jours, où l'on voit qu'il charge son second fils de la pension viagère promise aux petits-enfans par forme d'alimens : donc il confirme l'exhérédation.

Que si l'avocat du roi a dit qu'il y avoit eu des propositions d'accommodement, il n'en faut pas conclure que l'exhérédation soit révoquée, mais que la mère a voulu s'interposer entre ses enfans, pour rendre la paix et l'union à sa famille.

Ces prétendues offres n'ont point été acceptées.

Enfin, en tout cas la sentence est insoutenable.

Ou il falloit confirmer l'exhérédation, ou la détruire.

Mais les juges ne font ni l'un ni l'autre : ils font un testament à l'audience.

Sentence d'ailleurs contraire à celle qui avoit prononcé sur les alimens.

Moyens de l'intimé et de ses enfans.

1.° Il convient d'avoir mérité l'exhérédation.
Mais faute excusable.

Il faut distinguer dans le mariage d'un fils fait contre la volonté de son père, deux espèces d'injures :

L'une faite au père, dont il méprise l'autorité ;

L'autre faite à la famille, qu'il déshonore par une alliance indigne.

De ces deux injures, la dernière ne se trouve pas dans ce mariage, puisqu'il n'avoit rien que d'honorable pour sa famille.

La première même n'y auroit point été, si le père eût mieux aimé demander la nullité du mariage, que de songer uniquement à sa vengeance.

Cependant, quoique les lois romaines ne prononçassent point d'exhérédation en ce cas, il convient de la rigueur de l'ordonnance. Il s'y soumet.

Mais n'étoit-il pas assez puni.

Par vingt ans de bannissement de la maison paternelle :

Par la misère, la pauvreté, la douleur de se voir chargé de quatre enfans, compagnons de son malheur sans l'avoir été de son crime ;

Par le refus des alimens qu'il avoit demandés inutilement ?

Enfin, le père écoute la voix de la nature ; la patience du fils l'emporte sur sa dureté.

Il lui pardonne solennellement. Il l'embrasse en présence de M. d'Angers (1).

Douter de la vérité de ce fait, c'est faire injure à la mémoire de ce grand homme.

Ce n'est pas tout ; il l'admet dans sa maison pendant sa maladie.

Sa mère lui fait donner la bénédiction paternelle ; on convient de ne plus parler de l'exhérédation, d'oublier jusqu'au nom d'un acte odieux.

On travaille même aux partages.

Et enfin, sur de faux prétextes, sur des faits calomnieusement inventés, on fait rendre plainte à la mère, on l'irrite contre son fils.

L'affaire plaidée, on rend justice aux uns et aux autres par une sentence très-judicieuse : on pourvoit à l'intérêt de toutes les parties.

Ce n'est point ici le cas de faire une distinction subtile entre la rémission de la peine et celle de l'offense.

_____

(1) Henri Arnauld, évêque d'Angers.

Le père n'a point fait de protestation ; il a pardonné entièrement.

Par là, le crime et la punition du crime également effacés.

Le dernier acte par lequel on prétend qu'il a confirmé l'exhérédation, n'est point signé. Une paralysie l'avoit privé alors de la liberté de sa main et de celle de son esprit.

Enfin, sa demande à fin de lui permettre de faire preuve, est indubitable.

Réponse aux objections.

La sentence, dit-on, est insoutenable.

Mais 1.° c'est une sentence dont le fils seul auroit droit de se plaindre.

2.° Elle est rendue du consentement des parties.

3.° Elle est très-judicieuse en elle-même.

Quant a nous, la décision de cette cause nous paroît dépendre de l'établissement de trois principes.

Premier principe. L'exhérédation est valable lorsqu'elle est fondée sur une cause constante et légitime. Il n'y en a point de plus juste qu'un mariage contracté sans le consentement des parens. Cette proposition générale ne reçoit aucune distinction.

Ainsi, nous ne distinguerons point avec Balsamon *inter ignobilem et nobilem sponsam*, entre celui qui a pris une femme d'une condition vile, et celui qui a épousé une personne d'un état plus élevé.

Nous ne croyons pas aussi qu'on doive distinguer par rapport à l'exhérédation, si le mariage a été fait avant ou après vingt-cinq ans. Cette distinction a été réjetée par un arrêt rendu sur les conclusions de M. Talon, rapporté dans le Recueil de Bardet.

Second principe. Si l'exhérédation est faite pour cette cause, il est certain que les petits-enfans ne peuvent être admis à la succession de leur aïeul.

Cela est sans difficulté, lorsque leur père est vivant. Il les exclueroit s'il eût été héritier, et ils sont aussi exclus, lorsqu'il est déshérité ; c'est ce qui est décidé par la loi 1. *ff. de Conjungen. cum emancip. Liberis* §. 6. *Nepotem ex eo.... ad bona avi neque vocari neque vocandum esse.*

Il en seroit de même si leur père étoit mort. Il y a une grande différence entre les autres exhérédations et celle qui est fondée sur un mariage fait au mépris de l'autorité paternelle. Dans les premières le délit d'un père n'emporte point une peine contre un fils innocent ; et pour nous servir des expressions de la loi 14, au code *De legitimis hered. Quis patiatur.. paterno vitio prolem innocentem gravari?* Mais dans ce genre d'exhérédation, ce sont des enfans nés *ex infecta radice.* Le crime est puni plutôt que la personne. La loi ne souffre pas que l'on donne à l'aïeul un héritier malgré lui : *Ne invito avo suus heres agnascatur.* Le fils qui se marie sans le consentement de son père, seroit trop légèrement puni, si la privation des biens ne s'étendoit pas à ses enfans.

On convient de cette maxime ; ainsi il ne nous reste plus qu'à rappeler un dernier principe, dont l'application fait tout le sujet de la contestation.

Troisième principe. Il est constant que le père peut remettre et l'injure et la peine.

Il est même certain que cela se présume facilement.

Cette remise doit-elle comprendre l'une et l'autre, ou faut-il la borner à l'injure seule ? C'est la question qui a été agitée dans cette cause.

D'un côté, on peut dire qu'il semble que la distinction entre l'offense et la peine soit contraire à la nature et à la religion ; qu'il n'appartient qu'à la loi, ou tout au plus aux magistrats, qui sont appelés la loi vivante, de condamner sans colère, et de punir sans terme ; que l'exhérédation est un état violent ; que le retour à l'état naturel doit être facile ; que dans le doute sur l'étendue du pardon, *Benignior interpretatio sequenda est.*

De l'autre côté, si la nature pardonne, la justice punit, et cela n'est point contraire à la religion ;

autrement l'ordonnance qui autorise cette peine, contiendroit une disposition absurde, et les ecclésiastiques qui doivent porter à remettre l'injure, seroient les maîtres du sort des familles par rapport à la succession.

On peut ajouter que le père fait la fonction de juge : la loi lui confie ses droits. Il doit en user dans le même esprit.

Enfin, il ne doit pas remettre si facilement une offense qui ne lui est pas particulière, mais qui est en quelque manière publique.

Dans ce combat de raisons opposées, nous pensons, Messieurs, qu'il en a le pouvoir.

1.° La loi 11, §. 1, ff. *De injuriis* décide que l'action pour une injure s'éteint non-seulement par un acte, mais encore lorsqu'on l'a dissimulée, *dissimulatione oboletur*, et cela même à l'égard d'un étranger qui n'a pas la même faveur qu'un fils.

2.° La loi 4, ff. *De adimend. vel transfer. legat.* placée après celle qui établit qu'un legs est censé révoqué par une inimitié grave, porte qu'il est rétabli si l'offense a été oubliée : *Quod si iterum in amicitiam redierunt, et pœnituit Testatorem prioris offensæ, legatum vel fidei commissum redintegratur.*

3.° La loi 5, au code *Familiæ erciscundæ*, s'exprime en des termes qui peuvent encore mieux être appliqués à l'espèce de cette cause : *Si offensam istam clementia flexit, quod licet scripturá non probetur, aliis tamen rationibus doceri nihil impedit.... Novissimam ejus voluntatem arbiter familiæ erciscundæ sequetur.*

Si la loi le décide ainsi pour des esclaves contre lesquels leur maître avoit été irrité, que doit-on décider pour des enfans ?

Ne peut-on pas dire avec un ancien auteur ? *Pietas vicit; vis sanguinis compulit; Natura ipsa quasi amoris manu in Jus suum traxit.* Salvianus, lib. 3. *adversus Avarit.* n. 2 (1).

Enfin, la loi le rend maître et arbitre de la peine

(1) Troisième édition de Baluse, p. 265.

et du pardon. Il peut donç remettre l'une, et accorder l'autre.

Pour savoir quand il est présumé l'avoir fait, les docteurs sont partagés.

Barthole d'un côté, dit que si le père qui a déshérité son fils s'est ensuite réconcilié avec lui, l'exhérédation est abolie.

Jason au contraire, soutient que par un pardon général le père ne remet au fils que le ressentiment, et non la cause de l'exhérédation.

Guimier, sur la Pragmatique-Sanction, adopte cette opinion.

On rapporte des arrêts pour et contre le fils déshérité, à qui son père a témoigné qu'il pardonnoit.

Un arrêt de 1684 lui est favorable.

Deux arrêts, l'un de 1537, l'autre de 1615, paroissent lui être contraires.

Un autre arrêt de 1653 prononce en sa faveur.

Deux autres, dont le premier est de 1656, et le second de 1660, dans la cause de Riolan, ont décidé contre le fils.

Dans l'espèce de ces derniers arrêts, le fils ne se fondoit que sur la seule bénédiction que son père lui avoit donnée en mourant.

De là nous pouvons tirer une distinction qui semble concilier les différens arrêts.

S'il n'y a point d'autre circonstance que la bénédiction donnée par le père mourant, à l'enfant qu'il a déshérité, on peut dire que l'exhérédation subsiste.

Mais si outre cette circonstance, il l'a traité en fils, et lui a témoigné une tendresse paternelle, l'exhérédation est éteinte.

Ici nous voyons, pardon avant la maladie :
Bénédiction pendant la maladie :
Le fils reçu dans la maison :
Paroles données de l'admettre au partage ;
Continuées après le décès du père.
Enfin, les faits attestés par l'avocat du roi.
On peut donc confirmer la sentence, ou du moins

admettre l'intimé à la preuve qu'il demande par sa requête.

Il est fait mention de cette cause dans le Journal des Audiences, tome IV de l'édition de 1733, Livre X, chap. XVII, où l'arrêt est rapporté en ces termes :

LA COUR, avant de faire droit, a ordonné que l'intimé fera preuve des faits énoncés en sa requête, et l'appelant, au contraire, si bon lui semble, dépens réservés.

M.ᵉ Seguineau plaidoit pour Quelier puîné, appelant; M.ᵉ........ pour la mère; M.ᵉ Robert le jeune, pour le fils aîné; et M.ᵉ Cherbourg, pour ses enfans.

TRENTE-SIXIÈME PLAIDOYER.

DU 11 AOUT 1695.

Dans la cause de Louis et Nicolas Forbi, et Barbe Briet.

1.º *Le défaut de présence du propre curé est un moyen d'abus et de nullité contre le mariage d'un majeur comme contre celui d'un mineur.*

2.º *Un majeur peut être admis à se servir de ce moyen et de faits de séduction contre son propre mariage, et contre des engagemens qu'on lui a fait signer.*

3.º *Le père est aussi recevable à interjeter appel comme d'abus d'un pareil mariage, quoique contracté par son fils en majorité.*

Quelque importante que soit cette cause, néanmoins les principes sont si certains, établis par tant d'arrêts dans les causes semblables qui sont portées tous les jours dans votre audience, qu'il semble, que l'on doit la renfermer uniquement dans l'exposition des faits.

Pour les expliquer avec ordre, il est nécessaire de considérer deux temps différens :

L'un avant le mariage ,

L'autre depuis le mariage.

Premier temps avant le mariage.

Arrêtons-nous d'abord sur la première, et suivant la principale des circonstances que l'on doit exa-

miner, quand il s'agit de décider de la validité
d'un mariage.

L'âge, la naissance, la qualité des deux parties.

Barbe Briet est née le 11 décembre 1652 ; le mariage est du 17 janvier 1685 : ainsi elle avoit constamment trente-deux ans accomplis dans le temps de
la célébration.

Sa naissance étoit assez obscure : Jean Briet son
père, orfévre de Sémur, marié deux fois, étoit père
de neuf enfans. L'intimée, fille du second lit. Sa
mère avoit été long-temps servante de Jean Briet
avant que d'être sa femme.

Nuls biens de famille ; point de patrimoine qu'elle
ait pu recueillir. Quelle pouvoit être la fortune d'un
orfévre de Sémur en Auxois ? Et dans cette médiocrité, quelle pouvoit être la part d'un neuvième
enfant ?

Le peu de meubles qu'avoit Jean Briet fut vendu
après sa mort, et ne suffit pas pour payer ses créanciers. Les habitans de la même ville l'ont déclaré dans un procès-verbal fait par le lieutenant-
général de ce siége, à la requête de Louis Forbi.

Les filles de Briet, réduites à la dernière nécessité,
ne subsistoient plus que par leur travail.

Tels ont été les commencemens de la fortune de
Barbe Briet.

Il est vrai qu'elle prétend qu'elle a été plus heureuse dans la suite, et qu'elle a amassé jusqu'à vingt-
cinq mille livres de bien.

Elle attribue cette fortune à des causes inespérées.

La succession d'un oncle, chapelain de l'église
de Notre-Dame à Dijon ; le bonheur qu'elle a eu
d'entrer dans différentes maisons, d'y servir pendant plusieurs années, et d'avoir été enfin récom-
pensée de ses services, d'abord chez la dame de
Béthune, ensuite chez une princesse d'Italie.

VOILA, MESSIEURS, en peu de paroles, ce qui regarde l'origine, la fortune et les biens de l'intimée.

Nicolas Forbi, qu'elle regarde comme son mari,

est né le 4 novembre 1658 ; ainsi dans le temps du mariage, il étoit constamment majeur, âgé de vingt-sept ans accomplis.

Sa naissance, sans être illustre, étoit plus heureuse que celle de l'intimée.

Louis Forbi son père, étoit marchand de blé à Vitry, faisant un commerce assez considérable dans la province de Champagne; allié des meilleures familles de la bourgeoisie, riche, et en état de procurer un établissement avantageux à son fils.

Il est certain que s'il n'y avoit point d'inégalité dans la condition, il y en avoit au moins dans l'âge et dans la fortune des parties.

Passons ensuite à l'examen d'une seconde circonstance, non moins importante que la première, dans ce genre d'affaires.

La conduite et la profession des parties.

Barbe Briet lasse de gagner sa vie par le travail auquel sa pauvreté l'assujettissoit, sort de la ville de Sémur, vient à Paris; et si nous ajoutons foi à la déposition de ceux qui ont été entendus dans le procès-verbal dont nous avons déjà parlé, sa conduite n'y a pas été aussi réglée qu'elle avoit pu l'être dans le lieu de son origine.

Forbi, fils de famille, après avoir passé les premières années de la vie dans la maison paternelle, n'en sort que pour aller étudier en droit à Toulouse.

Il y arrive, à ce qu'il prétend, l'année 1683 ; il y trouve l'intimée. On a eu assez de peine à vous expliquer ce qui l'avoit attirée dans cette ville. Elle prétend que la succession de son oncle avoit été la cause de son voyage; mais pourquoi alloit-elle pour ce sujet à Toulouse? Pourquoi, pour un testament dont il ne devoit lui rien revenir aux termes du testament même, qu'après la mort de sa tante ? Pourquoi, pour un testament dont il ne paroît pas qu'elle ait eu connoissance avant 1685; enfin pour un testament, pour raison duquel elle ne sauroit prouver qu'il y ait eu aucune procédure faite à Toulouse ?

C'est ce qu'il ne paroît pas qu'on ait entièrement éclairci.

Sans s'arrêter davantage à ce fait, il est certain que la connoissance des parties a commencé à Toulouse.

Il est constant encore, qu'ils en sont revenus ensemble à Paris.

Leur retour fut marqué par plusieurs actes importans dont vous avez à prononcer ou la validité ou la nullité.

D'abord en partant de Toulouse, étant à Blaignac, village qui n'en est éloigné que d'une lieue, Nicolas Forbi signe le 4 juillet 1684, un billet payable au porteur au cinq février prochain, valeur reçue de Barbe Briet.

Cette valeur est la somme de douze cents livres.

A Bordeaux, il signe le 7 septembre 1684, une lettre de change qu'il tire sur Viard, agent de son père, au profit du nommé Boloren, dont Barbe Briet exerce aujourd'hui les droits, et qui a servi dans la suite de témoin au contrat et à la célébration du mariage.

Cette lettre de change n'est que de deux cent cinquante-trois livres.

Nicolas Forbi et Barbe Briet arrivent à Paris.

Boloren, porteur de la lettre de change, la fait protester. Il poursuit aussitôt Forbi. Assignation aux consuls. Une remarque importante, est que le domicile de Forbi, marqué par cette assignation, est dans la rue Traversière.

Forbi comparoît aux consuls. Il y déclare qu'il n'a point de moyens pour s'exempter de payer la lettre de change. On le condamne par corps en sa présence.

On exécute rigoureusement cette condamnation.

Le 14 octobre, Boloren le fait arrêter et conduire aux prisons du Fort-l'Evêque. Forbi y demeure pendant deux mois, sans interjeter appel, sans se pourvoir contre la sentence, sans songer aux moyens de payer une somme modique de deux cent cinquante-trois livres, paroissant avoir oublié jusqu'au souvenir de sa liberté.

Pendant qu'il étoit dans cet état, l'intimée songe à l'engager dans d'autres liens.

Elle le fait assigner à l'officialité pour être condamné à exécuter la promesse de mariage; elle suppose qu'il lui en avoit donné une. Cependant celle qu'elle rapporte, et à laquelle elle a pris la précaution de faire ajouter mille écus de peine, n'est que du 28 décembre 1684.

Nicolas Forbi constitue un procureur. Ce procureur se présente au tribunal de l'officialité.

Sentence contradictoire, qui lui donne acte de la reconnoissance par lui faite de ses promesses; et, de son consentement, on le condamne à les exécuter en observant les solennités à ce requises par l'église, pardevant le propre curé des parties.

Cette sentence fut rendue le 16 décembre 1684, pendant que Nicolas Forbi étoit encore dans les prisons du Fort-l'Evêque.

On publie dès le lendemain, à la paroisse de Saint-Roch, un ban qui mérite plusieurs réflexions.

1.º On y dit que le père et la mère de Nicolas Forbi sont décédés.

2.º On y marque le domicile de Nicolas Forbi dans la rue des Vieux-Augustins, paroisse de Saint-Eustache, et celui de Barbe Briet, rue des Moineaux, paroisse de Saint-Roch.

Cette première démarche n'a eu aucune suite; les raisons en sont incertaines.

Mais il paroît seulement qu'on a abandonné la paroisse de Saint-Roch, pour s'attacher uniquement à celle de Saint-Eustache.

Nicolas Forbi étoit toujours en prison; enfin le moment de sa liberté arrive le 27 décembre 1684.

Boloren qui l'avoit fait emprisonner, consent purement et simplement à son élargissement.

Il sort sans payer son créancier, sans lui donner caution, sans avoir fait infirmer le titre en vertu duquel il avoit été arrêté.

D'Aguesseau. Tome III. 6

Le 28, c'est-à-dire le lendemain de son élargissement, il donne une promesse de mariage à l'intimée, et s'engage à lui payer la somme de trois mille livres pour peine de son inconstance ; il déclare même que cette peine ne sera point réputée comminatoire.

Enfin, le 17 janvier 1684, il exécute ses promesses.

Le même jour on passe le contrat ; le même jour on célèbre le mariage.

Les circonstances qui accompagnent l'un et l'autre, sont très-importantes.

Le contrat précédé par des articles qui sont reconnus par-devant notaires, et annexés à la minute du contrat.

Dans ces articles on déclare que,

Barbe Briet apporte en dot vingt-cinq mille livres, savoir vingt mille livres en deniers comptans, et cinq mille livres en meubles et hardes.

On fixe le douaire à quinze cents livres de rente, le préciput à dix mille livres.

On exige de Nicolas Forbi une donation universelle en faveur de Barbe Briet, et on stipule de la part de Forbi, que si la future épouse vient à décéder sans enfans avant lui, il ne rendra que six mille livres à la sœur de Barbe Briet, et qu'à cette fin Barbe Briet lui fera donation du surplus de sa dot.

Le contrat se passe conformément aux articles, excepté qu'on a oublié d'y faire faire par Barbe Briet la donation qu'elle avoit promise de faire par les articles, et qu'on a négligé d'y faire mention de la numération des espèces. On n'a pas cru non plus qu'il fût nécessaire d'attacher au contrat un inventaire des meubles apportés par la future épouse, et qui faisoient néanmoins la cinquième partie de la dot.

Plusieurs témoins, entr'autres le nommé Boloren, assistent à la signature de contrat. Aucun parent.

Le mariage est célébré le même jour dans la paroisse de Saint-Eustache, après la publication d'un ban. On énonce dans l'acte de célébration deux pièces importantes, mais qui ne sont plus rapportées aujourd'hui.

Une dispense de deux bans.

Un consentement qu'on dit être passé par-devant notaires, mais sans en marquer la date, donné par le père et la mère de Forbi, et représenté par Forbi son fils.

On y dit que le domicile de Forbi est rue Coquillière, celui de Barbe Briet, rue des Vieux-Augustins.

Les mêmes témoins qui avoient signé le contrat de mariage, souscrivent l'acte de célébration.

Telles sont toutes les circonstances qui ont précédé le mariage. Voyons maintenant celles qui l'ont suivi.

Second temps depuis le mariage.

La possession d'état qui auroit pu résulter de ce mariage, a été très-courte. Il fut célébré le 17 ; le 23 Forbi donne un billet à Barbe de la Haye, son hôtesse, demeurant rue de la Sourdière, paroisse de Saint-Roch, de cent vingt-trois livres pour ses logemens et nourritures.

Il y a apparence que son départ a suivi de près ce billet : le jour en est incertain.

Mais il est constant que dès le 3 février 1685, Barbe Briet s'est plaint de sa fuite précipitée ; et il falloit déjà qu'elle sût qu'il étoit arrivé à Vitry, puisque c'est en ce lieu qu'elle lui adresse sa lettre.

Son frère, qui prend le nom de Mézieres, l'avoit déjà prévenu par une lettre du 2 du même mois.

Le style de ces lettres et de celles qui les ont suivies, et qui ont été écrites par Barbe Briet et par son frère, à Nicolas Forbi et Louis Forbi, son père, peut paroître assez extraordinaire.

Quoique le mariage fût célébré dès le 17 janvier 1685, cependant on n'en fait aucune mention dans ces lettres. Non - seulement on y trouve un silence profond sur ce fait important ; on y voit même

6 *

quelque chose de plus fort, puisqu'elles ne sont remplies que de prières mêlées de menaces faites par Barbe Briet et son frère à Nicolas Forbi, d'exécuter les promesses de mariage.

Tantôt on lui parle en termes ambigus; on lui mande en général qu'il est obligé de finir ce qu'il a si bien commencé; on lui reproche son infidélité; on le menace de se venger de l'injure qu'il a faite à Barbe Briet.

Tantôt on s'explique plus clairement; Barbe Briet et son frère écrivent et au père et au fils, qu'il y a eu une promesse de mariage donnée par Nicolas Forbi; qu'il s'est soumis lui-même à mille écus de de peine s'il ne l'exécutoit pas : on le presse de l'accomplir, et de payer tous les billets qu'il avoit faits au profit de l'intimée.

Enfin, il y a des lettres où l'intimée entre dans des dispositions d'accommodement, et déclare au père et au fils que s'il veut en user honnêtement, elle lui fera telle composition qu'il voudra, pour que ses frères n'en sachent rien.

Il lui est échappé même dans ces lettres beaucoup d'expressions dont on a prétendu tirer des preuves contre elle pour établir la vérité de son domicile. Nous les expliquerons dans la suite.

Toutes ces lettres ont été écrites depuis le 2 février 1685, jusqu'au 3 juin de la même année.

Elles furent inutiles; il paroît même que Nicolas Forbi ne daigna pas y répondre.

Barbe Briet crut que sa présence feroit ce que ses lettres n'avoit pu faire : elle part pour Vitry; elle y arrive les premiers jours du mois d'août; elle prend la précaution d'y faire d'abord une affirmation de voyage.

Pour mieux poursuivre Nicolas Forbi, elle avoit réuni en sa personne tous les droits de ses créanciers.

Avant que de partir de Paris, Boloren, porteur de la lettre de change signée à Bordeaux par Nicolas Forbi, et pour laquelle il l'avoit fait emprisonner, met son ordre au profit de l'intimée.

Barbe de la Haye, créancière de Nicolas Forbi, pour logemens et nourritures, suivant son billet de cent vingt-trois livres, en avoit fait un transport à Barbe Briet, le 25 juillet 1685.

Enfin, elle avoit en sa possession deux billets, en vertu desquels elle pouvoit agir contre Nicolas Forbi.

Le premier, étoit le billet de douze cents livres, passé à Blaignac à son profit.

Le second, étoit la promesse de mariage du 28 décembre 1684, qui portoit une peine de trois mille livres.

En vertu de tous ces titres, Barbe Briet intente deux demandes différentes en la prévôté de Vitry.

L'une contre Nicolas Forbi fils : elle demande qu'il soit tenu d'exécuter la promesse de mariage, sinon payer trois mille livres, condamné en même temps à payer la somme de douze cents livres contenue dans le billet fait à Blaignac, et celle de deux cent cinquante-trois livres pour la lettre de change de Bordeaux.

L'autre, contre Louis Forbi père, pour le paiement de la somme de cent vingt-trois livres pour les logemens et nourritures fournies par Barbe de la Haye à son fils, qui est un fils de famille, et n'a point de biens acquis; ainsi c'est à son père à le nourrir.

Il est important d'observer deux choses dans la procédure faite à Vitry.

1.º Les qualités que Barbe Briet se donne à elle-même et à Nicolas Forbi.

Elle se dit fille majeure, usant et jouissant de ses droits, demeurant à Paris, rue des Moineaux, paroisse de Saint-Roch.

Elle qualifie Nicolas Forbi, jeune homme à marier, demeurant à Vitry.

Elle soutient que Barbe de la Haye a *nourri et hébergé* (ce sont ces termes) Nicolas Forbi, pendant vingt-cinq jours après sa prison. Cette circonstance aura son application dans la suite.

Louis Forbi comparoît. Il défend son fils; il se défend lui-même.

Il accuse l'intimée d'artifice, de séduction; il discute tous les billets, examine leurs dates, les compare l'un avec l'autre, et prétend faire voir qu'ils sont pleins de faussetés, lésion; c'est un fils de famille qu'on a engagé à les signer.

. L'intimée, pour se défendre, dit que s'il y a eu de la surprise, il n'en faut accuser que Nicolas Forbi; qu'il étoit majeur; que pour elle, c'est une jeune fille mineure, âgée de vingt-deux ans seulement, digne de compassion en toutes manières, soit que l'on considère sa naissance, étant parente de plusieurs conseillers au parlement de Dijon; soit que l'on examine la surprise qui lui a été faite.

Aussitôt Louis Forbi voyant cette variation, une partie qui se dit tantôt mineure tantôt majeure, demande qu'elle soit tenue de rapporter son extrait baptistaire pour assurer la procédure.

Le prévôt de Vitry rend deux sentences, par lesquelles il ordonne que Barbe Briet se purgera par serment du vice de calomnie, et qu'elle justifiera la vérité de son état.

Appel par Barbe Briet au bailliage. Le lieutenant-général la décharge de se purger du vice de calomnie, et confirme le surplus des jugemens de la prévôté, en ce qui concernoit la preuve de la qualité de mineure prise par l'intimée.

Les choses étoient en cet état, lorsque le procureur du roi en la prévôté de Vitry, demande et obtient permission d'informer de la prostitution scandaleuse de Barbe Briet, et des nommés Madreaux chez lesquels elle demeuroit.

Information grave. Décret de prise-de-corps contre Barbe Briet.

Alors, celle qui dans le commencement de la procédure étoit majeure, qui dans la suite étoit devenue mineure, et dans l'un et l'autre temps toujours fille à marier, poursuivant Nicolas Forbi, jeune homme à marier, change une troisième fois de qualité, et fait déclarer au procureur du roi qu'elle est mariée, qu'on ne peut procéder contre elle pour fait de débauche, que sur la plainte de son mari, seul juge de ses actions. Elle lui fait signifier l'acte de célébration de son mariage.

En même temps elle présente une requête au prévôt de Vitry, dans laquelle elle demande permission de faire assigner Louis Forbi père, pour être condamné à lui représenter son mari.

Elle le fait assigner. Sentence du 25 septembre 1685 entre Louis Forbi et Barbe Briet, qui porte que Nicolas Forbi sera assigné à huitaine, pour prendre communication de l'acte de célébration de mariage déposé au greffe ; et cependant, dans quinzaine, Barbe Briet en rapportera un autre bien et dûment légalisé ; sursis à la procédure extraordinaire.

Le 5 octobre 1685, Nicolas Forbi comparoît, déclare qu'il reconnoît qu'il a épousé Barbe Briet, mais qu'il a été surpris, trompé, séduit ; qu'il entend se pourvoir contre tous les actes qu'elle a exigés de lui, surtout contre la célébration du mariage, ouvrage de fausseté, de supposition, d'imposture.

En même temps le père et le fils interjettent appel comme d'abus, par acte du même jour.

Barbe Briet appelle de la procédure extraordinaire, mais ne fait aucune poursuite sur cet appel.

Elle se contente de faire anticiper Louis Forbi et son fils sur l'appel comme d'abus, le 6 décembre 1685.

Après cela, silence profond de part et d'autre pendant dix années entières.

Ce silence est interrompu pour la première fois le 2 février 1695, par une lettre que Barbe Briet écrit au curé de Vitry, sur ce qu'elle dit avoir appris que Nicolas Forbi songe à se marier.

D'abord elle dit qu'elle est sa femme légitime ; et ensuite elle déclare qu'elle consentiroit à un accommodement, s'il vouloit se mettre à la raison, et qu'alors il pourroit se marier à sa fantaisie ; mais qu'il faut se presser de profiter de la bonne dispo-

3

sition dans laquelle elle est, parce qu'elle n'y sera peut-être pas long-temps.

Enfin, les parties reprennent leurs poursuites.

Louis Forbi fait faire un procès-verbal par le lieutenant-particulier de Sémur, pour s'assurer de la vérité de la condition de l'intimée.

Il fait reconnoître ses lettres. Il s'inscrit en faux contre l'acte de célébration de mariage de son fils, en ce qu'il contient l'énonciation de son consentement.

L'intimée déclare qu'elle entend se servir de l'acte en son entier.

Enfin Louis Forbi joint à son premier appel comme d'abus, celui de la sentence de l'officialité.

Nicolas Forbi, pour achever de se mettre en liberté, obtient des lettres de rescision contre le contrat de mariage et tous les autres actes que l'intimée a surpris de lui. Il interjette appel de la sentence des consuls. Il demande l'évocation de l'instance portée en la prévôté de Vitry, afin de terminer toutes les contestations par un même arrêt ; et au surplus il adhère aux conclusions de son père sur l'appel comme d'abus.

Ainsi, vous avez à prononcer sur trois appellations comme d'abus.

La première, de la sentence de l'officialité ;

La seconde, de la dispense de bans ;

La troisième, de la célébration du mariage.

Plus, sur un appel simple de la sentence des consuls sur une demande à fin d'entérinement de lettres de rescision. Et enfin, sur une inscription en faux, subsidiaire.

MOYENS DES PARTIES (1).

Tels sont les chefs de contestation ; tels sont les moyens.

QUANT A NOUS, cette cause se divise naturellement

(1) Les moyens furent expliqués à l'audience, sans avoir été écrits.

en deux parties , parce que le mariage est attaqué en tout autant de manières, par l'appel comme d'abus de la célébration, par des lettres de rescision contre le contrat et les autres engagemens que Nicolas Forbi - prétend lui avoir été surpris.

La première partie, et la plus importante, a pour objet la validité ou la nullité du mariage.

La seconde, et la moins considérable, les lettres de rescision.

PREMIÈRE PARTIE.

Validité du mariage.

Deux questions différentes, toutes deux également essentielles.

L'appel comme d'abus est-il recevable ?

L'appel comme d'abus est-il bien fondé ?

Fins de non-recevoir.

On prétend qu'il suffit d'examiner la qualité de ceux qui se plaignent du mariage, pour les déclarer non-recevables.

C'est un majeur qui, s'accusant lui-même d'infidélité et de parjure, veut rompre les nœuds que lui-même a formés ; on lui oppose la jurisprudence établie par plusieurs arrêts, qui ont déclaré les majeurs indignes d'être écoutés.

On y joint les circonstances particulières du fait, qui forment de nouveaux obstacles à sa demande ; le temps de dix ans ; l'argent qu'il a envoyé ; les lettres qu'il a écrites.

Mais il faut d'abord retrancher ces circonstances particulières.

En premier lieu, le laps de temps ne prouve rien ici, par plusieurs raisons.

1.º L'appel comme d'abus précédent, a tenu toutes choses en suspens.

2.º Nulle possession de l'état ; point d'enfans, point de reconnoissance de la famille ; elle n'est pas même alléguée.

3

3.º Propositions d'accommodement, prouvées par une lettre écrite au curé de Vitry, où l'intimée offre de se désister, pourvu· qu'on offre des conditions raisonnables.

En second lieu, nulle preuve de cet argent envoyé, de ces lettres écrites ; cependant cela étoit essentiel à prouver.

· Ainsi, loin que les circonstances particulières puissent servir à l'intimée, elles lui sont absolument contraires, puisqu'elles prouvent deux choses.

L'une, que l'intimée a offert de se désister de sa demande, et de renoncer à son état.

L'autre, qu'elle a avancé plusieurs faits sans fondement.

Toute la question se réduit donc à examiner si, dans la thèse générale, un majeur peut être reçu à interjeter appel comme d'abus de son mariage.

D'un côté, l'on prétend que ce seroit ouvrir la porte à la légèreté et à la perfidie ; que le majeur qui réclame doit commencer par alléguer sa propre turpitude, en s'avouant parjure ; qu'il ne doit pas profiter d'un crime dont il est complice ; et que, s'il y a quelques formalités omises dans la célébration de son mariage, il doit songer à· réparer ce défaut par une réhabilitation solennelle; que c'est l'unique remède qui lui reste pour assurer en même temps et sa conscience et son honneur.

De l'autre côté, on peut répondre qu'il doit toujours être permis de réclamer contre un engagement criminel où les lois de l'église et de l'état ont été violées : que si l'on permet à un majeur même de se faire restituer contre une obligation extorquée par dol et par surprise, quoiqu'il ne s'agisse que d'une portion de ses biens, on ne peut lui refuser le même droit quand il s'agit d'un contrat par lequel il engage et aliène, pour ainsi dire, sa personne et ses biens.

La multitude des faits et des circonstances que nous avons à vous expliquer, ne nous permet pas de nous arrêter plus long-temps à l'examen de cette question.

Nous nous contenterons de vous dire que nous croyons qu'il seroit difficile de la décider en général, et d'établir comme une maxime certaine, que les majeurs sont toujours non-recevables, ou au contraire qu'ils doivent toujours être écoutés.

La décision de cette difficulté dépend uniquement des circonstances du fait, et des moyens de droit qui sont proposés.

Dans le fait, si un majeur qui s'est marié sans précipitation, sans clandestinité, sans apparence de séduction, dont le mariage est confirmé, ou par la longueur de la cohabitation, ou par la naissance de plusieurs enfans, ou par un long silence, vouloit rompre un pareil engagement, il seroit déclaré non-recevable.

Mais si au contraire ce mariage, quoique contracté par un majeur, paroissoit l'effet de la surprise, un ouvrage de ténèbres, un mystère d'iniquité; s'il s'étoit plaint aussitôt après; si on ne pouvoit lui opposer aucune ratification publique ou particulière, nous croirions alors, que sa qualité de majeur ne devroit pas empêcher de l'écouter.

De même dans le droit, si un majeur ne proposoit que de ces empêchemens que les docteurs appellent *relatifs, personnels, limités*, c'est-à-dire, qui n'ont de force que dans la bouche de certaines personnes, tels, par exemple, que le défaut de publication de bans, qui ne peut être allégué que par ceux qui ont intérêt d'empêcher un mariage, et non par les parties mêmes, ou que le défaut de consentement du père ou de la mère qui ne doit être écouté que quand ils le proposent eux-mêmes; on pourroit lui dire alors que *Leges implorat in quas commisit.*

Et en ce cas, le majeur seroit non-recevable.

Mais lorsqu'il propose au contraire, des moyens indépendans de l'âge et des personnes qui les allèguent, des moyens absolus qui sont capables de rompre et de séparer toutes sortes de mariages ; des moyens qui excitent encore plus le ministère public que l'intérêt des particuliers, qui peut douter que le majeur même ne doive être reçu à les proposer ?

Or quels sont ces moyens ? Ce sont ceux qui annullent toujours un mariage.

L'erreur dans la personne ;

Un vœu solennel ;

Un mariage précédent et subsistant ;

La parenté dans les degrés prohibés.

Un défaut essentiel dans la célébration, tel que le défaut de présence du propre curé.

Tous vos arrêts ont jugé constamment que ces sortes de moyens pouvoient être proposés par des majeurs et pour des majeurs, et surtout celui du défaut de présence du propre curé, parce qu'il se présente plus souvent.

Arrêt de Charlet en 1663, de Paul Meigret en 1664, de Sorin dans la même année, sur les conclusions de MM. Talon et Bignon.

On pourroit citer une infinité d'autres arrêts rendus depuis. Il y en a un sur nos conclusions, l'année dernière à la Tournelle.

Quand même le majeur, en ces cas, ne mériteroit aucune protection par lui-même, il pourroit toujours exciter notre ministère ; et nous n'avons jamais manqué de nous élever contre ces mariages scandaleux, contractés au mépris de toutes les lois divines et humaines.

Il ne reste plus qu'à examiner, si l'on propose dans cette cause de ces moyens qui doivent être écoutés, même dans la bouche d'un majeur.

1.º Dans le fait, nous voyons un majeur de vingt-six ans, qui s'engage à la vérité, mais qui presqu'aussitôt après se plaint de surprise, et qui n'a jamais confirmé son état.

2.º Dans le droit, il allègue un de ces moyens capables de donner atteinte aux mariages des majeurs comme à ceux des mineurs : donc il doit être écouté.

3.º Quand par lui-même il ne pourroit mériter

aucune faveur, le secours de son père suffiroit pour
faire admettre l'appel comme d'abus.

Nous ne disons point ici, que jusqu'à l'âge de
trente ans le fils soit soumis à la puissance paternelle.
Ce sentiment a été proposé par de grands hommes
qui nous ont précédé dans les fonctions du ministère
public.

Néanmoins la jurisprudence contraire l'a emporté.
Ce moyen n'est regardé comme décisif, que lorsqu'il
est proposé par un mineur de vingt-cinq ans.

Mais quoique le défaut de consentement des pères
ne soit pas suffisant par lui-même, pour donner
atteinte au mariage d'un majeur de vingt-cinq ans,
l'autorité paternelle n'est pas absolument éteinte.

Le fils doit requérir ce consentement. Donc il
est nécessaire, au moins pour éviter la peine de
l'exhérédation.

Donc le père peut le refuser. Donc il peut se
plaindre, quand on ne l'a pas consulté. Donc il peut
implorer le secours de la justice. Il peut donc prendre
la voie de l'appel comme d'abus.

MOYENS DU FOND.

Entrons à présent dans l'examen des moyens du
fond; et distinguons les trois appellations comme
d'abus.

1.º L'appel de la sentence de l'official, sur lequel
nous trouvons peu de moyens d'abus.

On dit en premier lieu, qu'il n'y avoit point de
promesse de mariage, parce que celle qui a été
rapportée est postérieure d'onze jours à la sentence
de l'official.

Mais peut-être y en avoit-il d'antérieures; d'ailleurs
les parties les ont reconnues contradictoirement,
en présence du juge. Si elles l'ont trompé par leurs
déclarations, c'est un artifice punissable, mais non
pas un moyen d'abus.

Ce ne sont pas précisément les promesses qui

servent de fondement à la sentence, c'est le consentement donné en présence du juge par Nicolas
Forbi. Il n'a fait qu'en donner acte, et renvoyer
les parties par-devant le propre curé. Rien de plus
juridique.

On dit en second lieu, que la sentence a été
rendue avec un fils de famille, sans voir son extrait
baptistaire.

Mais sa qualité n'est point exprimée dans la sentence. Il n'y avoit point d'opposition de la part du
père, et d'ailleurs il étoit constamment majeur.

Enfin, que la sentence a été rendue précipitam-
ment, pendant qu'il étoit en prison.

Mais l'official l'a-t-il su ?

Ainsi il ne nous paroît pas d'abus dans sa sentence.

2.° A l'égard de l'appel comme d'abus de la dispense de bans, elle n'est point rapportée ; ainsi cet
appel est inutile, et d'ailleurs elle ne pourroit être
abusive pour un majeur de vingt-cinq ans. Dès le
moment qu'elle renvoye au propre curé, c'est à lui
à s'informer du domicile.

3.° L'appel comme d'abus du mariage mérite
beaucoup plus d'attention.

Il est fondé sur plusieurs moyens.

PREMIER MOYEN.

Défaut de consentement du père.

L'intimée prétend d'abord, qu'il faut retrancher
ce moyen, parce que ce consentement a été rapporté, que Nicolas Forbi l'a représenté par-devant
le vicaire de la paroisse de Saint-Eustache.

Mais cette première objection se détruit d'elle-
même, lorsque l'on considère quelle a été la conduite de l'intimée.

S'il est vrai que ce consentement ait été représenté ; ou elle l'a cru véritable, ou elle a su qu'il
étoit supposé, comme il semble qu'elle veuille

insinuer à présent qu'on ne peut pas en soutenir la vérité.

Si elle a su dans le temps du mariage, que ce consentement étoit supposé, elle est donc au moins complice de la fausseté, et elle ne peut pas vous en demander aujourd'hui la récompense.

Si au contraire elle a ignoré la supposition de ce consentement, qu'elle explique donc toutes les démarches qu'elle a faites dans la suite.

Qu'elle commence par nous faire entendre comment il est possible qu'une femme trompée par l'apparence d'un consentement du père de celui qu'elle a épousé, une femme dans l'erreur, mais en même temps dans la bonne foi, abandonnée par celui qu'elle appelle son mari, lui écrive quinze jours après le mariage, pour le presser de le contracter ; qu'elle presse son beau-père, celui dont on lui auroit montré un con-sentement, de faire en sorte que son fils exécute les promesses de mariage qu'il lui a données ; qu'elle le menace de lui faire payer la peine de 3000 livres, s'il ne l'épouse ; qu'elle aille elle-même le poursuivre à Vitry ; que là elle prenne la qualité de fille ma-jeure, et qu'elle donne à Nicolas Forbi le nom de jeune homme à marier, et avec qui ce déguise-ment ? Avec son mari, qui ne pouvoit assurément ignorer son propre mariage ; avec son beau-père, qu'elle auroit eu un juste sujet de croire d'accord et d'intelligence avec son fils pour ce mariage.

Que si elle ne peut jamais rendre aucune raison vraisemblable de ces faits, elle doit donc convenir que ce consentement est faux et supposé ; ce n'est pas tout encore, qu'elle a été instruite, confidente, complice de la supposition : et si cela est, comment peut-elle opposer ce même consentement comme une fin de non-recevoir ?

Il doit donc demeurer pour constant dans le fait, qu'il n'y a point eu de consentement ; et la chose nous paroît si évidente, qu'il est inutile de l'ap-profondir par une inscription en faux, d'autant plus que nous n'avons point ici de pièce qu'il s'agisse

de déclarer fausse. Ce prétendu consentement ne
paroît plus; on a même pris la précaution de ne
le point dater dans l'acte de célébration; on a affecté
de ne point marquer le nom des notaires devant
lesquels on suppose qu'il a été donné.

Ainsi on ne pourroit faire aucune instruction pour
parvenir à la connoissance de cette fausseté, parce
que la pièce fausse n'a peut-être jamais existé.

Il suffit, pour détruire l'induction que l'on prétend tirer de cette énonciation, de faire voir qu'il est
impossible qu'elle soit vraie, et de prouver, par les
propres démarches de l'intimée, que ce consentement
qu'elle allégue, n'a jamais été donné.

Mais parce qu'elle ajoute dans le droit, que ce
consentement n'étoit point nécessaire, et qu'en effet
on ne peut soutenir, suivant la jurisprudence de vos
arrêts, que le mariage d'un majeur fût nul par ce
seul défaut, il faut examiner si nous ne trouverons
point de moyens plus essentiels, et qui soient aussi
décisifs contre les mariages des majeurs, que contre
ceux des mineurs.

SECOND MOYEN.

Séduction.

Quoique ce moyen soit beaucoup plus fort quand
il s'agit d'un mineur, il ne doit pas cependant être
méprisé dans la bouche d'un majeur.

On peut distinguer deux âges.

Le premier âge, de foiblesse, d'erreur, d'égarement, sujet aux surprises, temps exposé aux sé-
ductions. Les mineurs sont sous la protection de la
loi : la présomption est favorable pour eux, contraire
à ceux avec qui ils contractent. Par le seul fait qu'ils
sont-mineurs, et qu'ils se marient sans l'aveu de leurs
parens, l'ordonnance présume qu'il y a un rapt de
séduction.

Le second âge, est un âge de sagesse, de lumières.
Plus de présomption de droit en faveur des majeurs;

au contraire, on présume qu'ils ont agi avec pru‑
dence, qu'ils sont plutôt trompeurs que trompés.
Mais si les présomptions de la loi cessent, celles que
l'on tire des faits sont encore recevables : et comme
les majeurs peuvent être restitués contre toutes sortes
d'actes sur le fondement du dol personnel, de même
dans les mariages ils peuvent proposer les moyens
tirés du dol et de l'artifice, et encore à plus forte
raison pour un majeur qui n'a pas trente ans, parce
que la nécessité de requérir le consentement des
pères, qui dure jusqu'à cet âge, fait présumer une
espèce de foiblesse, et de minorité, pour ainsi dire,
par rapport au mariage.

Vos arrêts ont joint une seconde considération à
celle que nous venons de vous faire. C'est la séduction
commencée en minorité. Arrêts de Brion. Mais elle
ne se trouve pas prouvée dans cette cause. On ne
justifie point que la connoissance des parties ait
commencé avant 1684, et Nicolas Forbi étoit majeur
dès 1683.

Examinons donc les présomptions de fait, par les‑
quelles on prétend établir la séduction.

1.º Inégalité d'âge. Barbe Briet, âgée en 1684
de 32 ans : Nicolas Forbi de 26.

2.º Inégalité de biens.

Nul patrimoine, nulle fortune, nul établissement
de la part de Barbe Briet, fille d'un second lit, qui
avoit huit frères ou sœurs, un père orfèvre dans une
petite ville, une mère servante. Les meubles vendus
après la mort du père, ne suffisent pas pour payer
ses créanciers; les sœurs de Barbe Briet obligées de
gagner leur vie par un travail assidu.

Ce testament d'un oncle qu'elle allégue, est un
titre chimérique.

1.º Il est informe, par conséquent ne prouve
rien.

2.º Quand il seroit en bonne forme, on n'y voit
point l'état du bien : un tiers laissé aux enfans de
Jean Briet, c'est-à-dire, un tiers à partager entre

neuf enfans, ce qui feroit pour elle un 27ᵉ dans la
succession d'un chapelain.

3.° Ce 27ᵉ même est laissé à la charge d'un usufruit.

4.° Enfin, par la date de la lettre de celui qui
envoye ce testament à celui qui l'a donné à l'intimée,
il paroît que cette succession n'étoit point encore
partagée au mois d'août 1685; ainsi elle ne pouvoit
être un avantage considérable au mois de janvier,
temps du mariage. Aussi voyons-nous que dans le
contrat, où l'on n'a pas assurément cherché à diminuer le bien et les prétentions de l'intimée, l'on n'en
a fait aucune mention.

A l'égard de ces pierreries et autres hardes qu'elle
a tant vantées, et que l'on fait monter à 5000 livres,
l'unique preuve de ce fait est une sentence qui condamne Magoulet à les rendre, sinon à 5000 livres.

Mais il y en a eu appel par Magoulet; procès-verbal
de reconnoissance fait en la cour, d'un mémoire de
toutes les hardes, au bas duquel est une reconnoissance donnée par le nommé Broust, que ces hardes
lui avoient été données en nantissement pour 1100
livres.

Depuis ce temps, nulle procédure. Ainsi *adhuc
sub judice lis est.*

De la part de Nicolas Forbi, les biens de son
père, non contestés par l'intimée; marchand, faisant un commerce considérable; une sœur mariée à
un conseiller au siége de Vitry.

3.° Inégalité de conduite.

Nicolas Forbi, jeune homme, fils de famille, ne
sort des bras de ses parens que pour tomber dans le
piége que Barbe Briet lui préparoit.

Barbe Briet de très-mauvaise réputation. Ses concitoyens le déclarent.

Mais pour mieux connoître son caractère, lire les
informations.

Vous voyez, MESSIEURS, ce qui résulte des dépositions des témoins; que c'est une femme déréglée et

scandaleuse ; elle promène sa honte et son libertinage à Paris, à Toulouse, à Vitry.

Dans toutes ces circonstances, ne peut-on pas dire qu'en réunissant ces trois inégalités, d'âge, de biens, de conduite, les présomptions de séduction sont toutes contre elle ?

Cependant il faut avouer que Nicolas Forbi paroît avoir été tellement complice de tout ce qui s'est passé contre lui-même, qu'il semble qu'étant majeur, on doit le considérer plutôt comme criminel que comme la victime de Barbe Briet.

Passons au troisième moyen.

TROISIÈME MOYEN.

Défaut de présence du propre curé.

Ce moyen a deux caractères qui le distinguent de ceux que l'on propose d'ordinaire.

Le premier est, qu'il est également établi et par le concile et par les ordonnances. L'église et l'état, l'empire et le sacerdoce sont parfaitement d'accord sur ce point. Ordonnance de Blois. Déclaration de 1639 (1). Jurisprudence uniforme, personne n'oseroit proposer le contraire; ce seul moyen assure l'exécution de toutes les autres lois qui concernent les mariages.

Le second, que l'on ne distingue point à cet égard entre les majeurs et les mineurs. Il y a des arrêts de 1615, de 1633 pour des majeurs de plus de trente ans. On peut citer encore les arrêts des 18 février et 15 mars 1664. Tous les livres sont pleins de pareils exemples.

C'est une maxime si constante, que l'intimée ne prétend se défendre que par le fait.

C'est ce qui nous reste à examiner.

Le mariage a été célébré dans l'église de Saint-

(1) L'édit de 1695, qui établit aussi la nécessité de la présence du propre curé des contractans, n'est pas cité dans ce plaidoyer, qui fut prononcé en 1694, et l'édit ne fut donné que l'année suivante.

Eustache, après un seul ban publié dans cette paroisse; car on abandonne celui qui a été publié dans celle de Saint-Roch.

Voyons si l'une et l'autre des parties y avoient un véritable domicile.

Commençons par Nicolas Forbi.

1.° En général, il est certain que suivant la régle de droit, un fils de famille n'a point d'autre domicile que celui de son père.

Nicolas Forbi n'avoit ni charge ni occupation qui fît présumer un autre domicile. Nous voyons même qu'aussitôt après le mariage, il s'est retiré dans la maison paternelle.

De cela seul nous pouvons conclure que le curé de Saint-Eustache n'étoit point son véritable curé.

1.° Quand on s'arrêteroit même aux domiciles passagers que Nicolas Forbi a eus en cette ville de Paris, il est facile de faire voir qu'il n'a point demeuré sur la paroisse de Saint-Eustache et dans la rue Coquillière, comme on le suppose dans l'acte de célébration du mariage.

Il est constant par la reconnoissance de l'intimée, qu'il est arrivé avec elle à Paris, au mois d'octobre 1684.

Le 11 octobre, assignation aux consuls, à la requête de Boloren; pièce qui ne peut être suspecte à l'intimée, puisqu'elle exerce aujourd'hui ses droits: il y est dit que l'assignation lui est donnée dans la rue Traversière, lieu de sa demeure.

Le 14, il est conduit en prison. Il y demeure jusqu'au 27 décembre.

Pendant ce temps on fait publier à Saint-Roch un ban, que l'on a abandonné dans la suite, et on le dit domicilié dans la rue des Vieux-Augustins.

Si l'on avoit égard au domicile qu'il avoit avant que d'entrer en prison, il falloit le dire domicilié dans la rue Traversière.

Si l'on vouloit, contre les règles, regarder la prison comme son domicile, se seroit au Fort-l'Évêque.

Mais enfin il sort de prison le 27 décembre, et le 23 janvier 1685, il donne à Barbe de la Haye, son hôtesse, pour logemens et nourritures, un billet de la somme de cent vingt-trois livres.

Or Barbe de la Haye demeuroit constamment rue de la Sourdière, paroisse Saint-Roch.

Il avoit donc demeuré depuis le 27 décembre jusqu'au 22 ou 23 janvier sur la paroisse de Saint-Roch.

Cette preuve est encore fortifiée,

1.º Par les lettres de Barbe Briet et de son frère, qui marquent que l'hôtesse de Nicolas Forbi les presse continuellement de la payer, et qu'enfin elle sera obligée de le faire, comme il paroît qu'elle l'a exécuté par le transport du 25 juillet 1685.

2.º Par les défenses du 20 août 1685, données par Barbe Briet, en la prévôté de Vitry, où elle déclare qu'elle prouvera en temps et lieu, que la cause du billet de cent ving-trois livres fait à Barbe de la Haye, est juste, et qu'elle a nourri et logé Nicolas Forbi depuis sa sortie de prison, vingt-cinq jours entiers.

Il ne reste plus qu'à compter le nombre des jours.

Depuis le 28 décembre, lendemain de l'élargissement de Nicolas Forbi, jusqu'au 23 janvier, il y a vingt-cinq ou vingt-six jours.

Ainsi preuve fournie par l'intimée même, que son domicile passager étoit sur la paroisse de Saint-Roch, depuis le 27 décembre jusqu'au 23 janvier.

Or, c'est vers ce temps que tombe le jour du mariage, célébré le 27 janvier. Donc il n'avoit alors aucun domicile, même passager, sur la paroisse de Saint-Eustache.

Qu'oppose-t-on à une preuve si convaincante?

Un seul certificat, par lequel le sieur marquis de Béthune atteste que Barbe de la Haye a servi la dame comtesse de Béthune, sa mère, depuis 1683 jusqu'au mois de décembre 1685; d'où l'on conclut qu'elle n'a pu loger Nicolas Forbi en décembre et en janvier 1685.

Mais 1.° la qualité et la demeure de Barbe de la Haye sont établies par des actes passés entre elle et l'intimée; par le transport du 25 juillet 1685, et par ses lettres : ce qui ne peut être détruit par un simple certificat.

2.° Le fait attesté par le certificat peut être vrai, et il n'est pas nouveau qu'un domestique ait une chambre en ville, et qu'il y donne un logement.

A l'égard de Barbe Briet :

1.° En général elle n'a aucun domicile fixe : tantôt à Paris, tantôt à Bordeaux, tantôt à Toulouse, tantôt à Vitry.

2.° Dans le temps du mariage, elle ne demeuroit point dans la rue des Vieux-Augustins, paroisse de Saint-Eustache, mais dans la rue des Moineaux, paroisse de Saint-Roch.

C'est elle-même qui en fournit la preuve.

Dans le ban qu'elle fait publier à Saint-Roch, le 17 décembre 1685, et qu'elle a abandonné depuis, parce qu'elle a vu qu'il lui étoit peu avantageux, elle marque son domicile dans la rue des Moineaux.

Depuis le mariage, le 25 juillet 1685, dans le transport qu'elle a pris de Barbe de la Haye, elle se dit demeurante rue des Moineaux; et dans une lettre écrite le 2 juin 1685, elle dit qu'il y a cinq ans qu'elle demeure dans la même maison. C'est un fait qu'elle a répété plusieurs fois à Vitry dans ses répliques.

Donc elle ne demeuroit point sur la paroisse de Saint-Eustache.

Ainsi, ni l'une ni l'autre des parties n'avoit un domicile certain sur la paroisse où le mariage a été célébré.

Les déclarations qu'elle rapporte pour prouver le contraire, sont très-suspectes.

Elles sont données par un des témoins du mariage, et par la femme d'un autre témoin, complices et ministres du crime. Quelle autorité à opposer contre ses propres reconnoissances !

Donc le mariage est nul par l'ordonnance, conforme sur ce point à la disposition du concile de Trente.

Les deux premiers moyens reprennent ici leur force, et étant joints avec le dernier, ils rendent le mariage aussi criminel qu'il est nul.

SECONDE PARTIE.

Lettres de rescision.

1.° Fins de non-recevoir.

On prétend que Nicolas Forbi est encore moins recevable dans ses lettres, que dans son appel.

Mais nous ne trouvons aucunes fins de non-recevoir, qu'on puisse lui opposer.

1.° Les lettres sont obtenues le 24 novembre 1694. Elles sont dans les dix ans, à l'égard de la promesse de mariage et du contrat qui ne sont que depuis le 27 décembre 1684.

2.° A l'égard de la promesse faite à Blaignac et à Bordeaux, en juillet et septembre 1684, il est vrai que les dix ans sont écoulés.

Mais, 1.° l'appel comme d'abus a tenu tout en suspens; il falloit, pour agir, détruire la qualité de femme.

2.° Procédure faite à Vitry, qui a interrompu la prescription.

3.° A l'égard de la sentence des consuls, c'est l'effet de la séduction. Le consentement qu'il a donné à son emprisonnement, marque sa foiblesse, et non sa liberté.

Moyens de rescision au fond.

Tout ce que nous avons dit touchant le mariage, a son application aux lettres de rescision, et fournit des moyens généraux contre tous les engagemens dont il s'agit.

1.° Les présomptions de surprise, de séduction; l'intelligence entre Forbi, débiteur, et Briet, créancière, jusqu'à se laisser même emprisonner.

2.° Point de cause dans aucune de ces obligations.

3.° La qualité de la créancière *meretrix*. C'est le cas de la règle, *Qui non potest donare, non potest confiteri.*

On y ajoute des moyens particuliers à chacune de ces obligations.

1.° Affectation de prendre une lettre de change qui revient ensuite à Barbe Briet, afin d'avoir la contrainte par corps.

2.° Peine odieuse insérée dans une promesse de mariage, et non réciproque.

3.° Sur le contrat de mariage.

1.° Preuve de surprise. Donation universelle. Douaire de quinze cents livres.

On ne fait point faire par Barbe Briet dans le contrat, la donation promise par les articles.

2.° Point de numération de deniers; point d'état des effets; lésion qui règne partout.

Tout ce que nous vous avons expliqué jusqu'ici suffit pour l'intérêt des parties.

Pour l'intérêt public, notre ministère nous oblige de reprendre en ce moment tous les crimes de l'intimée.

1.° Femme prostituée, déjà en décret à Vitry; qui n'ose poursuivre l'appel de son décret.

2.° Convaincue de faussetés réitérées, par le ban publié à Saint-Roch, et ensuite abandonné;

Par le contrat de mariage, et l'acte de célébration. Partout on énonce un faux domicile.

Impostures punissables : après un mariage, elle sollicite, en qualité de fille, le père de consentir au mariage.

Elle se dit tantôt majeure et tantôt mineure.

A l'égard de Nicolas Forbi : il étoit majeur, et a été complice de la plus grande partie de ces crimes;

Il consent à son emprisonnement, pour tirer de l'argent de son père;

Il fait dire dans le ban publié à Saint-Roch, que son père est mort.

Il déclare partout un faux domicile.

Il y a preuve par un des témoins, que ce n'a pas
été sans sa participation que Barbe Briet est venue à
Vitry.

C'est lui qui a représenté le faux consentement de
son père au vicaire de Saint-Eustache; il se charge
par là de ce crime.

A l'égard de ses témoins qui ont assisté à la célébration, ils sont aussi complices.

Ainsi nous estimons qu'il y a lieu,

En tant que touche l'appel de la sentence de l'official, et de la dispense, dire qu'il n'y a abus; ·

En tant que touche l'appel comme d'abus du
mariage, ayant aucunement égard aux faux, dire
qu'il a été mal, nullement et abusivement contracté
et célébré.

En tant que touche l'appel simple de la sentence
des consuls, l'appellation et ce; faisant droit sur les
lettres de rescision, les entériner, et remettre les
parties en tel et semblable état qu'elles étoient avant
les actes dont il s'agit :

Faisant droit sur nos conclusions, décréter de
prise-de-corps Nicolas Forbi et Barbe Briet, et les
témoins d'ajournement personnel.

Nous ne vous proposons pas de les décréter avant
faire droit, parce que le public demande un exemple
sur un tel mariage, que peut-être les parties se dé-
roberoient à la justice par un accommodement, et
que le mariage est nul, indépendamment de ces
crimes.

Onze août 1695, arrêt qui, sur les appellations,
appointe au conseil, et sur lettres en droit et joint.

L'arrêt définitif est du 9 mars 1697.

ENTRE Louis Forbi, seigneur du Sorton et autres lieux, appelant comme d'abus de la prétendue célébration de mariage
de M. Nicolas Forbi et Barbe Briet; dite la Deville, en l'é-
glise de Saint-Eustache de Paris, le dix-sept janvier mil six cent
quatre-vingt-cinq, et de ce qui a précédé et suivi, demandeur
en requête du..... juillet mil six cent soixante-quinze, d'une
part, et ladite Barbe Briet, dite la Deville, intimée et défenderesse d'autre : Et entre Nicolas Forbi, sieur du Chesnoy,
aussi appelant, comme d'abus, de la même célébration de

mariage et de la sentence de l'officialité de Paris du seize décembre mil six cent quatre-vingt-quatre, et purement et simplement de la sentence des consuls de Paris, du onze octobre précédent, et de tout ce qui s'en est suivi, et demandeur en requête du quinze juillet mil six cent soixante-quinze, à fin d'entérinement des lettres de rescision par lui obtenues en chancellerie, le vingt-quatre novembre mil six cent quatre-vingt-quatorze, contre tous les actes et contrats qui ont été exigés de lui, tant sous le nom de ladite Briet, que sous celui de Boloren et autres, et ladite Barbe Briet, intimée et défenderesse. Et entre ledit sieur Forbi père, demandeur en faux, suivant sa requête et acte, reçu au greffe de la cour le treize juillet mil six cent quatre-vingt-quinze, contre ledit prétendu acte de célébration de mariage; en ce que par icelui il est énoncé un prétendu consentement, donne par ledit Forbi père et la demoiselle, sa femme, et ladite Briet, défenderesse. Et entre ladite Barbe Briet, appelante, en adhérant à ses premières appellations, de la plainte, permission d'informer, information, décret de prise-de-corps contre elle décerné par le prévôt de Vitry, le vingt septembre mil six cent quatre-vingt-cinq, et de tout ce qui s'en est suivi, et lesdits Louis et Nicolas Forbi, intimés; et encore entre ledit Louis Forbi, demandeur en requête du vingt-trois mars mil six cent quatre-vingt-dix-sept, et ladite Briet, défenderesse. Vu par la cour la sentence de l'officialité de Paris, du seize décembre mil six cent quatre-vingt-quatre, rendue entre ladite Briet, défenderesse en exécution de promesse de mariage, aux fins de son exploit du douze dudit mois, à ce que ledit Forbi fils fût condamné d'exécuter les promesses confirmées par écrit contre ledit Nicolas Forbi, défendeur; par laquelle acte auroit été donné de la reconnoissance faite desdites promesses par ledit Forbi, et de son consentement; il auroit été condamné les exécuter incessamment, en gardant les ordonnances et les solennités à ce requises par l'église, par le propre curé des parties. L'acte du seize janvier mil six cent quatre-vingt-cinq, par lequel le sieur Cornoüaille, vicaire de Saint-Eustache, certifie que ledit jour lesdits Nicolas Forbi et Briet ont été fiancés et épousés en ladite église. La sentence des consuls de Paris, du onze octobre mil six cent quatre-vingt-quatre, rendue entre sieur Gaspard de Boloren, écuyer, demandeur contre Nicolas Forbi, défendeur, par laquelle ledit Forbi auroit été condamné, de son consentement, payer audit de Boloren la somme de deux cent cinquante-trois livres, avec le profit et intérêts suivant l'ordonnance; autrement et à faute de ce faire seroit contraint par corps, et condamné aux dépens liquidés à trois livres. Les lettres de rescision du vingt-quatre novembre mil six cent quatre-vingt-quatorze, obtenues en chancellerie par ledit Nicolas Forbi, à ce que les parties seroient remises en l'état qu'elles étoient avant ses promesses,

billets et reconnoissances du sept septembre mil six cent
quatre-vingt-quatre, et autres jours suivans, et autres actes
faits en conséquence; la requête du onze juillet mil six cent
quatre-vingt-quinze dudit Nicolas Forbi, à ce qu'en venant
plaider sur son appel de prétendre célébration de mariage, et
de la dispense sur laquelle il a été procédé, il fût reçu appelant en adhérant à ses premières appellations, savoir, comme
d'abus de la sentence de l'officialité de Paris, du seize décembre mil six cent quatre-vingt-quatre, et purement et simplement de la sentence des consuls, du onze octobre précédent;
qu'il plût à la cour évoquer l'instance pendante en la prévôté
de Vitry-le-Français, et entériner les lettres de rescision par
lui obtenues le vingt-quatre novembre mil six cent quatre-
vingt-quatre, contre tous les actes de lui exigés par ladite Briet,
tant sous son nom, que du nommé Boloren, et autres, et les
parties remises en tel et semblable état qu'elles étoient auparavant iceux; et en conséquence, il fût dit qu'il a été mal,
nullement procédé, ordonné, dispensé et célébré pour raison
du prétendu mariage; que icelui seroit déclaré non-valable-
ment contracté, et tous les billets et promesses nuls et de nul
effet; que ledit Forbi seroit déchargé des condamnations contre
lui prononcées par ladite sentence des consuls, et renvoyé des
demandes contre lui formées à Vitry-le-Français, et ladite
Briet et ses complices solidairement condamnés aux dommages
et intérêts, et dépens dudit Forbi, sauf au procureur-général
du roi à prendre plus amples conclusions pour l'intérêt public,
sans préjudice audit Forbi de ses autres droits et actions. La requête du treize dudit mois de juillet mil six cent quatre-vingt-
quinze, dudit Louis Forbi, à ce qu'en conséquence des lettres
de relief d'appel par lui, en tant que besoin seroit, obtenues
sur l'appel par lui interjeté, et qu'il interjetoit comme d'abus
en adhérant à ses premières appellations, tant de la sentence
rendue en l'officialité de Paris, le seize décembre mil six cent
quatre-vingt-quatre, que de la prétendue célébration de mariage d'entre lesdits Nicolas Forbi et Barbe Briet, fait en l'église
de Saint-Eustache, le dix-sept janvier mil six cent quatre-
vingt-cinq, que de tout ce qui a suivi, et en conséquence
ladite célébration de mariage fût déclarée abusive, ensemble ce
qui avoit précédé, et ladite Briet condamnée aux dommages et
intérêts dudit Louis Forbi, sauf au procureur-général du roi à
prendre telles conclusions qu'il aviseroit, sans préjudice audit
Forbi de tous ses autres droits et actions; défenses du cinq
février mil six cent quatre-vingt-quinze, de ladite Briet contre
les lettres de rescision dudit Nicolas Forbi. Arrêt du onze août
audit an, par lequel, sur les appellations, les parties auront
été appointées au conseil, et sur les lettres en droit et joint.
Autre arrêt du sept décembre mil six cent quatre-vingt-seize,
par lequel, sur les mêmes lettres, les parties auroient été appointées en droit et joint; et acte à ladite Briet, de ce que pour

defenses, écritures et productions, elle employoit ce qu'elle
avoit produit en l'instance. Autre arrêt du onze février mil
six cent quatre-vingt-dix-sept, par lequel ledit Nicolas Forbi
auroit été reçu opposant à l'exécution de l'arrêt par défaut du
sept septembre mil six cent quatre-vingt-seize, et en conséquence auroit été ordonné que l'arrêt du onze août mil six
cent quatre vingt-quinze, seroit exécuté selon sa forme et teneur, si fait n'a été, dépens réservés. Causes d'appel comme
d'abus du vingt-neuf mars mil six cent quatre-vingt-quinze,
servant aussi d'avertissement dudit Louis Forbi, contenant ses
conclusions, à ce que, sans s'arrêter à la requête de ladite Briet,
du quinze juillet mil six cent quatre-vingt quatorze, ayant
égard au faux, il fût dit qu'il avoit été mal, nullement et
abusivement ordonné, dispensé et célébré, et en conséquence,
que défenses seroient faites à ladite Briet de se dire femme de
Nicolas Forbi, et qu'elle seroit condamnée aux dommages et
intérêts dudit Forbi, et aux dépens; moyens d'abus servant
aussi d'avertissement, du douze janvier mil six cent quatre-
vingt-seize, dudit Nicolas Forbi, contenant aussi ses conclusions, à ce qu'il soit dit qu'il a été mal, nullement et abusivement ordonné, dispensé et célébré, et en conséquence en
tant que besoin seroit, ayant égard aux lettres de rescision par
lui obtenues le vingt-quatre novembre mil six cent quatre-
vingt-quatorze, les parties fussent remises en tel et semblable
état qu'elles étoient avant le prétendu billet de change de mille
deux cents livres, du quatre juillet mil six cent quatre-vingt-
quatre, et signé par ledit Nicolas Forbi au profit de ladite
Briet, sous le nom de Beloren, par ledit Forbi, le sept septembre ensuivant, la promesse de mariage, sous peine de trois
mille livres par lui faite au profit de ladite Briet, le vingt-huit
décembre mil six cent quatre-vingt-quatre, et les articles de
mariage du cinq janvier mil six cent quatre-vingt-cinq, reconnus par-devant notaires, le dix-sept dudit mois, en ce
qu'ils contiennent quittance de la somme de vingt-cinq mille
livres, et en conséquence sur l'appel de la sentence des consuls du onze octobre mil six cent quatre-vingt-quatre, l'appellation et ce fût mise au néant, émendant, ledit Nicolas Forbi
fût déchargé des condamnations portées par ladite sentence,
de la restitution de ladite somme de vingt-cinq mille livres, et
du paiement des sommes de deux cent cinquante-trois livres,
de celle de mille deux cent cinquante-trois livres, et la condamner aux dommages, intérêts et dépens. Réponses aux
causes d'appel comme d'abus de ladite Briet, du quatre avril
mil six cent quatre-vingt-seize, aux moyens d'abus et d'appel
desdits Louis et Nicolas Forbi. Productions des parties, et
contredits par elles respectivement fournis les onze, douze
juillet et trois août, ceux de ladite Briet, servant de salvations.
Plainte du treize septembre mil six cent quatre-vingt-cinq,
faite par requête au prévôt de Vitry-le-Français, par le procu-

reur du roi audit siége, de la vie scandaleuse de nombre de
femmes et filles, au bas de laquelle est la permission d'informer, dudit juge; information du même jour et jours suivans, faite par ledit prévôt. Arrêt du treize mars mil six cent
quatre-vingt-dix-sept, par lequel auroit été ordonné que la
procédure extraordinaire faite en ladite prévôté de Vitry-le-
Français, contre ladite Barbe Briet, demeureroit jointe à l'ins-
tance-d'entre les parties, pour en jugeant, y avoir tel égard
que de raison, dépens réservés. Requête du dix-sept mai mil
six cent quatre-vingt-seize de ladite Briet, à ce qu'elle fût reçue
opposante en adhérant à ses premières appellations de la
plainte, permission d'informer, information, décret de prise
de corps contre elle décerné par le prévôt de Vitry, le vingt
septembre mil six cent quatre vingt-cinq, et de ce qui s'en est
suivi; ce faisant, procédant au jugement de l'instance, en
mettant l'appellation et ce au néant, et en déchargeant ladite
Briet de la calomnieuse accusation contre elle faite, lesdits
Forbi père et fils fussent condamnés en ses dommages et intérêts; et lui adjuger au surplus ses autres conclusions avec dépens, et lui donner acte de ce que pour causes d'appel, écritures et productions, elle employoit le contenu en sa requête,
au bas de laquelle est l'ordonnance de la cour, portant acte de
l'emploi, seroient les intimés tenus de fournir de réponses,
écrire, produire dans trois jours, et joint. Requête des treize,
quatorze juillet, sept, neuf, treize et quatorze août mil six cent
quatre-vingt-seize, desdits Louis et Nicolas Forbi, employées
pour réponses à causes d'appel, écritures, productions et contredits, suivant ladite ordonnance. La requête du vingt-trois
mars mil six cent quatre-vingt-dix-sept, dudit Louis Forbi, à
ce qu'en tant que besoin est ou seroit, il fût ordonné que sur
ses demandes des...... et treize juillet mil six cent quatre-vingt-
quinze, et autres, que ledit Louis Forbi auroit formées sur
toutes les contestations des parties, et non réglées par arrêt du
onze août mil six cent quatre-vingt-quinze, les parties demeureroient appointées en droit sur icelles, à écrire et produire,
et joint à l'appel comme d'abus, et acte audit Forbi, de ce que
pour écritures et productions sur lesdites demandes et incidens
en dépendans, il employoit ce qu'il avoit écrit et produit en
l'instance, au bas de laquelle est l'ordonnance de la cour par
laquelle les parties auroient été appointées en droit et joint,
et acte de l'emploi. Requête du deux avril audit an, de ladite
Barbe Briet, employée pour écritures et productions, suivant
ladite ordonnance. Acte d'inscription de faux du treize juillet
mil six cent quatre-vingt-quinze, formée au greffe de la cour
par ledit François Forbi contre le prétendu acte de célébration
de mariage dudit Nicolas Forbi, son fils, et ladite Briet, en
l'église de Saint-Eustache, le dix-sept janvier mil six cent
quatre-vingt-cinq, en ce que dans icelui il est énoncé un prétendu consentement donné par ledit Louis Forbi. Requête du

quinze dudit mois de juillet de ladite Briet, à ce qu'en conséquence de sa déclaration qu'elle n'avoit point, et n'avoit point
eu le consentement représenté par ledit Nicolas Forbi, et par
lui retiré, elle fût reçue opposante à l'inscription de faux,
formée par ledit Louis Forbi contre ledit acte de célébration
de son mariage avec ledit Nicolas Forbi, du dix-sept janvier
mil six cent quatre-vingt-cinq; faisant droit sur ladite opposition, la procédure fût déclarée nulle, et ledit Louis Forbi
débouté de sa demande à fin d'inscription en faux, et ordonner
qu'il seroit passé outre au jugement de l'appel comme d'abus,
et le condamner en l'amende et aux dépens. Arrêt du dix-huit
dudit mois de juillet, par lequel l'opposition de ladite Briet
portée par sadite requête, auroit été jointe aux appellations,
pour, en jugeant, y avoir tel égard que de raison. Requête du
vingt-deux dudit mois de juillet, dudit Louis Forbi, contenant
ses conclusions, à ce qu'ayant égard aux faux, il fût dit qu'il
avoit été mal, nullement et abusivement ordonné, dispensé et
célébré, et en conséquence que défenses seroient faites à ladite
Briet de prendre la qualité de femme dudit Nicolas Forbi, et la
condamner aux dommages et intérêts dudit Louis Forbi, et
en tous les dépens, sauf au procureur-général du roi de
prendre telles autres conclusions qu'il aviseroit, ladite requête
dudit Louis Forbi, du vingt-trois mars dernier, à fin de ré-
glement sur toutes ses demandes et conclusions; la requête du
deux avril ensuivant, de ladite Briet, employée pour satisfaire
à l'ordonnance, au bas de ladite requête du vingt-trois mars.
Production nouvelle dudit Louis Forbi, par requête du quinze
juillet mil six cent quatre-vingt-seize. Sommation de la contredire par ladite Briet. Deux productions nouvelles desdits Louis
et Nicolas Forbi, par requêtes des quatorze juillet et six août
audit an. Requête du douze décembre ensuivant, employée
pour contredits contre icelle. Production nouvelle de ladite
Briet, par requête du douze mars mil six cent quatre-vingt-
dix-sept. Requêtes des dix-huit et dix-neuf dudit mois, desdits
Louis et Nicolas Forbi, employées pour contredits. Requête
du deux avril, de ladite Briet, employée pour salvations. Sommation à ladite Briet, de satisfaire à tous les règlemens inter-
venus en l'instance, et suivant iceux, fournir de réponses à
causes d'appel, produire et contredire; conclusions du procureur-général du roi, tout joint et considéré :

LA COUR, faisant droit sur le tout, en tant que touche les
appellations comme d'abus, sans s'arrêter à la requête de ladite
Briet, du quinze juillet mil six cent quatre-vingt-quinze, ayant
aucunement égard aux faux, dit qu'il a été mal, nullement et
abusivement ordonné, dispensé et célébré, et en conséquence
fait défenses à ladite Briet de se dire femme dudit Nicolas Forbi;
et ayant aussi aucunement égard aux lettres de rescision dudit
Nicolas Forbi, a remis les parties en l'état qu'elles étoient

avant le billet du quatre juillet mil six quatre-vingt-quatre, de la somme de mille deux cents livres, la promesse du vingt décembre ensuivant, de trois mille livres, et les articles de mariage et actes de reconnoissance faits en conséquence, des cinq et vingt-sept janvier mil six cent quatre-vingt-cinq; ce faisant, a déchargé ledit Nicolas Forbi du paiement desdites sommes de mille deux cents livres, trois mille livres, et vingt-cinq mille livres portées par lesdits articles de mariage. Et sur les appellations simples interjetées, tant par ledit Nicolas Forbi, de la sentence des juge et consuls, du onze octobre mil six cent quatre-vingt-quatre, que par ladite Briet, de la procédure contre elle faite par le prévôt de Vitry, a mis et met lesdites appellations au néant, ordonne que ce dont est appel sortira effet, et que l'amende consignée par ledit Louis Forbi, pour le faux, lui sera rendue; condamne lesdits Nicolas Forbi et Briet aumôner au pain des prisonniers de la conciergerie du palais, chacun la somme de cent livres, et en chacun une amende de douze livres, et ladite Briet aux trois quarts de tous les dépens envers lesdits Louis et Nicolas Forbi, l'autre quart compensé. Fait ce neuf mai mil six cent quatre-vingt-dix-sept.

TRENTE-SEPTIÈME PLAIDOYER.

PRONONCÉ EN DEUX AUDIENCES, LA DERNIÈRE LE 10
JANVIER 1696.

Dans la cause de M. le prince de CONTY et de Madame
la duchesse de NEMOURS,

Sur l'appel d'une sentence des requêtes du palais,
qui ordonnoit une preuve par témoins sur le temps
où avoit commencé la démence de M. l'abbé d'Orléans, dernier mâle de la maison de Longueville.

1.° *Si la caducité de l'institution emporte la caducité d'une substitution conçue en termes de prières,
et purement fidéicommissaire.*

2.° *Si la clause codicillaire soutient, dans ce cas,
la substitution fidéicommissaire.*

3.° *Si l'auteur de cette substitution, ayant fait un
second testament qui changeoit la disposition du
premier, une donation et plusieurs autres actes, et
ayant été interdit six mois après, pour démence, on
peut admettre la preuve par témoins du fait que la
démence étoit commencée dans le temps de ce dernier
testament et de ces actes.*

PREMIÈRE AUDIENCE.

L'ÉCLAT extérieur qui environne cette cause, les
grands noms des parties qui attendent en suspens le
jugement que vous devez prononcer, et tout ce qui
attire aujourd'hui l'attention, les vœux, le concours

du public, c'est ce que la sévérité de notre ministère nous ordonne d'oublier en commençant ce discours.

Quelque respect que nous ayons pour les parties, nous ne craindrons point de dire d'abord, que nous ne devons plus envisager ici ni la personne d'un prince dans lequel nous honorons avec toute l'Europe, la valeur, la vertu, et le sang de nos rois, ni l'héritière des biens de la maison de Longueville, qui semble apporter ici la faveur de ce nom si précieux à la France; et pour éviter l'écueil également dangereux d'une prévention favorable ou contraire à l'une et à l'autre des parties, nous ne pouvons les considérer aujourd'hui, que comme la justice elle-même les considère.

Dépouillés en sa présence de ces avantages extérieurs, ils viennent déposer à ses pieds l'éclat de leur dignité. Ils soumettent toute leur grandeur à l'empire de la loi, pour attendre de ses oracles la certitude de leur destinée.

Laissons donc à ceux qui ont le bonheur de pouvoir être simples spectateurs d'un si illustre différend, le plaisir de remarquer qu'une cause particulière semble être devenue une cause publique; que l'intérêt d'un seul est regardé comme l'intérêt de tous; et que si les jugemens sont partagés, au moins les vœux et les souhaits se réunissent.

Pour nous, nous osons dire qu'un intérêt encore plus grand et plus élevé, attache aujourd'hui toute notre application. C'est celui que le public doit prendre à la décision d'une cause dans laquelle les lois semblent opposées les unes aux autres; où la volonté du testateur est combattue par une volonté contraire; où sa sagesse et sa démence paroissent également vraisemblables; où la faveur des héritiers testamentaires est balancée par celle des héritiers du sang : et pour dire encore quelque chose de plus, où il s'agit de chercher, de découvrir, d'établir les principes solides de la certitude humaine, par lesquels on peut confirmer pour toujours le véritable état des morts, et assurer après eux, l'exécution de leurs sages volontés.

Le fait qui sert de fondement à ces questions différentes, est une des principales et des plus importantes parties de cette cause.

HENRI D'ORLÉANS, duc de Longueville, a été marié deux fois, et deux fois il a eu l'honneur de renouveler les anciennes alliances de la maison de Longueville avec le sang auguste de nos rois.

Madame DE NEMOURS doit la naissance au premier mariage; et le second, fut suivi de celle de deux enfans, seules et dernières espérances d'une race illustre, qui jusque-là avoit donné à l'état presque autant de grands hommes qu'elle avoit produit de sujets.

JEAN-LOUIS-CHARLES D'ORLÉANS, dont les testamens servent de matière à la contestation que vous avez à décider, étoit l'aîné. Il vint au monde le 10 janvier 1646. Ainsi le 12 janvier de l'année 1671, fut le terme de sa minorité et presque de sa vie civile, puisque toutes les parties conviennent que quelques mois après il mourut en quelque manière, et à lui-même et à sa famille, par une démence qui ne finit qu'avec sa vie naturelle.

CHARLES-PARIS D'ORLÉANS, comte de Saint-Pol, son frère, plus jeune de deux ans, auroit été majeur en l'année 1673, si une mort prématurée ne l'eût enlevé à la fleur de son âge.

Vous vous souvenez encore, MESSIEURS, des différens portraits que l'une et l'autre partie vous ont tracés du caractère de ces deux frères.

Partagés, ou pour mieux dire, opposés sur les autres faits, ils se sont réunis dans celui-ci, et l'on vous a fait observer de part et d'autre;

Que M. l'abbé d'Orléans avoit reçu de la nature des inclinations si peu convenables à la grandeur de sa naissance, qu'il semble qu'elle eût voulu préparer sa famille au malheur qui devoit lui arriver dans la suite. La foiblesse de son esprit répondoit à celle de son tempérament : né pour obéir plutôt que pour commander, incapable de concevoir des vues proportionnées à l'élévation de son état, une avarice indigne de son rang, une légèreté naturelle qui le portoit à changer continuellement de lieu et de demeure, sans autre attrait que celui du changement, ont été les deux plus fortes passions qu'il a fait paroître pendant tout le cours de sa vie raisonnable.

M. le comte de Saint-Pol au contraire, véritablement digne de porter le nom de Longueville, né avec toutes les grandes qualités qui avoient éclaté dans les héros de sa race, sembloit faire revivre en lui le fameux comte de Dunois, dont la mémoire durera autant que la monarchie.

Il semble même que M. l'abbé d'Orléans ait vu sans jalousie cette extrême différence que le mérite mettoit entre lui et M. le comte de Saint-Pol, et que se rendant justice à lui-même, il ait cherché le premier à réparer par ses libéralités, l'injure que la nature avoit faite à M. le comte de Saint-Pol, en lui refusant le nom et la qualité d'aîné.

A peine l'âge et la raison l'eurent rendu maître de sa liberté, qu'il voulut en faire un sacrifice à Dieu, en s'engageant dans la profession religieuse.

Il entra, du vivant de M. le duc de Longueville, son père, dans le noviciat des jésuites; et s'il en sortit après sa mort, il semble qu'il conserva toujours le désir de renoncer aux engagemens du siècle, et de chercher dans l'état d'un simple ecclésiastique, un genre de vie plus conforme à l'obscurité de ses inclinations.

Ses voyages continuels, ou d'autres raisons qui nous sont inconnues, suspendirent pendant quelques années l'exécution de ce dessein.

Sans entreprendre ici de faire une relation exacte de toutes ses courses, nous croyons qu'il suffit de remarquer qu'il passa près de trois années entières à voyager au dedans et au dehors du royaume, arrêtant lui-même les comptes de sa dépense, signant les ordonnances, et vivant avec une économie qu'on auroit de la peine à concevoir dans une personne de son rang, si les comptes que l'on rapporte encore aujourd'hui, n'en rendoient un témoignage irréprochable.

Ce fut dans le cours de ses premiers voyages, qu'à l'âge de vingt-deux ans il commença à donner des marques, ou du peu d'attachement qu'il avoit pour les dignités temporelles, ou de la grande affection qu'il avoit pour M. le comte de Saint-Pol.

Il va à Neufchâtel avec lui; et le 21 mars 1668, dans l'assemblée de ses principaux officiers, il renonce volontairement au plus éclatant de ses titres, et se dépouille de la qualité de comte souverain de Neufchâtel et de Valengin, pour en revêtir M. le comte de Saint-Pol.

Il explique lui-même les motifs qui l'engagent à faire cette donation. L'estime qu'il avoit pour M. le comte de Saint-Pol, dans lequel il trouvoit toutes les grandes qualités qui pouvoient soutenir l'éclat de sa maison; l'affection qu'il avoit pour ses sujets de Neufchâtel, qu'il espéroit de rendre heureux en leur donnant un souverain capable d'imiter les grands exemples de ses ancêtres, et de maintenir son état dans sa première dignité.

C'est ainsi, et presque dans les mêmes termes, qu'il marque les raisons de son choix. Il ajoute qu'il y a déja plusieurs années qu'il a formé ce dessein, *auquel il n'a trouvé d'opposition que dans sa propre famille.*

La seule condition qu'il impose à sa libéralité, est le droit de retour qu'il stipule en sa faveur, en cas que M. le comte de Saint-Pol vienne à décéder avant lui, sans enfans.

Cette première donation est suivie deux jours après, d'une seconde, qu'on ne peut considérer que comme la suite et l'exécution de la première.

Afin de marquer encore mieux qu'il ne regardoit le comté de Neufchâtel que comme un bien qui ne lui appartenoit plus, il donne à M. le comte de Saint-Pol par donation entre-vifs, tout ce qui pouvoit lui être dû, à quelque titre que ce pût être, en qualité de seigneur souverain de Neufchâtel.

Enfin, le même jour il trouve que sa libéralité se renfermeroit dans des bornes trop étroites, si elle ne s'étendoit pas au-delà du comté de Neufchâtel; et dans cette pensée il fait une donation, à cause de mort, à M. le comte de Saint-Pol qui comprend généralement tous ses meubles et tous ses effets mobiliers sans rien réserver ni excepter.

Et comme cette donation devoit avoir son effet dans le royaume, M. l'abbé d'Orléans y déclare expressément que le motif qui le détermine à le faire : est le désir qu'il a *de donner à M. le comte de Saint-Pol plus de moyens de pouvoir continuer à rendre service au roi et à l'état, suivant les bonnes intentions qu'il en a, et qu'il y est obligé par les engagemens de sa naissance.*

Les conditions sous lesquelles cette donation est faite, marquent que l'intention du donateur étoit de faire une espèce de testament. Il y parle du lieu de sa sépulture, et il y règle les cérémonies de ses funérailles. Il charge son donataire de payer plusieurs pensions viagères à quelques personnes de sa maison. Il déclare enfin que cette disposition est sa dernière volonté; qu'il révoque tous autres testamens qu'il pourroit avoir faits; et, pour assurer encore plus l'exécution de cet acte, il y ajoute une espèce de clause codicillaire par laquelle il veut : que *la présente donation, à cause de mort, vaille par cette manière, et par toute autre meilleure forme qu'elle peut et doit valoir et subsister par droit.*

Non content d'avoir rendu M. le comte de Saint-Pol maître de Neufchâtel, et de lui avoir donné tous ses effets mobiliers, il voulut lui assurer le titre de son héritier par un testament revêtu de toutes les solennités que les lois romaines ont introduites.

Après avoir parcouru, en revenant de Neufchâtel, la Bourgogne et la Provence, il revient à Lyon, et il y arrive vers le 26 du mois de septembre 1668.

3

Nous ignorons quel fut précisément le séjour qu'il y fit; mais ce que nous savons certainement, c'est que ce séjour n'a pu être que fort court, puisqu'il n'étoit pas encore arrivé à Lyon le 26 septembre, et qu'il étoit arrivé à Milan le 18 octobre suivant.

Si l'on retranche de ce temps celui qui est nécessaire pour aller de Lyon à Milan, il sera aisé de conclure que M. l'abbé d'Orléans n'a passé tout au plus que huit ou dix jours dans la ville de Lyon.

C'est dans cet intervalle de temps que le testament qui sert de fondement aux prétentions de M. le prince de Conty, a été fait; et, comme cet acte est un des plus importans de ceux que nous avons à examiner dans la suite de cette cause, souffrez, MESSIEURS, que nous nous attachions scrupuleusement à vous expliquer le temps, le lieu, la forme dans laquelle il est passé, et les principales dispositions qu'il contient.

Ce testament est fait le premier octobre de l'année 1668, six mois après la donation de Neufchâtel, et celles qui l'accompagnent.

Il est fait à Lyon, dans la maison des prêtres de l'Oratoire.

Il est revêtu de toutes les solennités prescrites par les lois romaines, et conservées par l'usage des provinces qui se conduisent par les règles du droit écrit.

C'est un testament nuncupatif, c'est-à-dire un testament dicté par le testateur, et signé de lui, en présence de sept témoins et d'un notaire.

De ces sept témoins, il y en a six qui sont prêtres de l'Oratoire; le septième est un ecclésiastique qui n'étoit point de cette congrégation.

Dans la forme, rien ne peut donner atteinte à un acte si solennel. C'est un fait dont toutes les parties reconnoissent également la vérité.

Que si l'on passe de la solennité extérieure de l'acte à la substance des dispositions qu'il contient, on peut y remarquer d'abord le préambule, dont on a relevé tous les termes pour répandre quelques soupçons de suggestion sur le premier testament.

On y observe qu'une des principales raisons qui inspire à M. l'abbé d'Orléans le dessein de faire un testament, est le désir qu'il a d'empêcher qu'après son *décès et trépas, il n'y ait aucun procès ni différend pour sa succession entre ses parens et amis.*

Après avoir rendu compte au public des raisons de sa conduite, il entre dans le détail de ses dispositions.

Et commençant par régler ce qui regarde ses funérailles il défend toutes-sortes de cérémonies. Il ne veut ni pompe, ni oraison funèbre : indifférent sur le lieu de sa sépulture, il désire que son corps soit enterré dans la paroisse du lieu où il décédera. Il règle le nombre des messes et la qualité des prières qu'il souhaite que l'on fasse dire pour lui après sa mort.

Il joint aux dispositions qui concernent sa sépulture, quelques legs pieux. Il donne vingt mille livres aux pauvres de ses terres, et il laisse six cents livres de rente pour y faire tous les ans une mission.

Les domestiques et les autres personnes qui étoient attachés depuis long-temps à sa maison, sont le troisième objet de ses soins. Il leur lègue des pensions viagères. Nous n'observerons qu'un seul de ces legs. C'est celui de dix-huit cents livres de pension viagère qu'il donne au sieur le Porquier ; et nous l'observons, parce que c'est de ce legs qu'on s'est servi pour justifier sa conduite dans le temps du dernier testament.

Ces dispositions sont suivies de deux institutions différentes, l'une particulière, l'autre universelle.

L'institution particulière est faite en faveur de Madame de Longueville, sa mère, pour la somme de trente mille livres : et pour satisfaire à une autre formalité du droit écrit, il institue chacun de ses parens dont l'omission pourroit nuire à son testament, pour la somme de cent livres.

L'institution universelle est composée de plusieurs degrés.

On peut en distinguer jusqu'à quatre.

Le premier est l'institution de M. le comte de Saint-Pol.

Le second comprend les enfans de l'héritier institué. Dans le troisième, Madame de Longueville est appelée au défaut des deux premiers degrés. Et enfin, le testateur la supplie de disposer de ses biens en faveur de Messieurs les princes de Conty.

Mais puisque cette clause fait une des principales difficultés de la cause, et qu'elle sert de fondement aux questions de Droit qui vous ont été expliquées, nous croyons qu'il est de notre devoir de vous la rapporter ici dans toute son étendue, sans y changer aucun des termes essentiels.

Et étant l'institution d'héritier le chef et fondement de tout testament et ordonnance de dernière volonté, le testateur a fait et institué son héritier universel, Charles-Paris d'Orléans, comte de Saint-Pol, son frère puîné, et après lui ses enfans naturels et légitimes, préférant les mâles aux femelles : et venant ledit seigneur comte de Saint-Pol à mourir avant ou après ledit seigneur testateur, sans enfans naturels et légitimes, auxdits cas et chacun deux, ledit seigneur testateur a substitué et substitue vulgairement par fidéicommis, ladite dame Anne-Geneviève de Bourbon sa très-honorée mère ; la suppliant très-humblement de disposer desdits biens, elle venant à mourir, en faveur de Messieurs les princes de Conty ses cousins-germains.

Ce sont les termes dans lesquels et l'institution et les substitutions sont conçues. Vous y observez, Messieurs, les quatre degrés que nous y avons distingués ; M. le comte de Saint-Pol, ses enfans, Madame de Longueville, Messieurs les princes de Conty.

Vous y remarquez encore, d'un côté cette suite, cette liaison, cet enchaînement d'expressions, qui fait que, quoiqu'il y ait plusieurs institutions et

plusieurs substitutions comprises dans ces paroles,
elles ne composent néanmoins qu'une seule et même
clause. Réflexion importante, dont on a prétendu
conclure que toutes ces dispositions, quoique différentes dans l'expression, ne l'étoient pas dans la
volonté du testateur.

Mais vous avez remarqué en même temps d'un
autre côté, que le testateur change tout d'un coup
d'expression à l'égard de Messieurs les princes de
Conty, et qu'après avoir appelé tous les autres institués et substitués directement, il n'appelle Messieurs les princes de Conty que par des paroles
obliques, indirectes, précaires. Et c'est de cette
observation que Madame de Nemours a conclu,
que le testateur a changé à leur égard de volonté,
puisqu'il a changé d'expression.

Enfin, après avoir assuré son testament par l'institution d'héritier, il le confirme par une clause
codicillaire, conçue dans les termes les plus étendus
que le style des notaires a pu imaginer.

Il déclare qu'*il veut que son testament vaille par
droit de testament nuncupatif, et s'il ne veut ou ne
peut valoir par droit de testament, il veut qu'il
vaille par droit de codicille, donation à cause de
mort, et toute autre disposition de dernière volonté,
qui de droit pourra être valable et mieux subsister.*
Et après cette déclaration il révoque tous les testamens antérieurs, et même la donation faite à Neufchâtel le 23 mai 1668, par laquelle il donnoit ses
effets mobiliers à M. le comte de Saint-Pol.

Après vous avoir expliqué la forme et la substance de ce testament, nous croyons qu'il n'est pas
inutile d'observer que dans le temps même qu'il fut
fait, le testateur en leva une expédition qu'il remit,
à ce que l'on prétend, entre les mains de Madame
la princesse de Conty. On ajoute qu'il y joignit le
projet de ce même testament, écrit de sa main,
dans lequel on voit encore aujourd'hui le plan des
principales dispositions qu'il contient.

Ce papier, presque consumé par la longueur du

temps, a été représenté et reconnu aux requêtes du palais.

Il est entièrement écrit de la main de M. de Longueville, qui lui a donné le titre *de ses résolutions sur son testament.*

Une partie de l'écriture est effacée par le temps. Il y a outre cela deux lignes qu'on a effacées avec de l'encre ; mais dans ce qui reste, on ne laisse pas de remarquer encore des fragmens assez longs, pour faire connoître que le testament et le projet s'accordent parfaitement ensemble.

On y trouve la principale clause, c'est-à-dire, celle de l'institution et des substitutions, conçue en termes simples, tels que M. de Longueville pouvoit et devoit les savoir ; mais termes énergiques, qui comprennent en substance tout ce que le notaire n'a fait qu'étendre et revêtir des termes de son art. Et dans ce projet, Messieurs les princes de Conty sont appelés par les mêmes termes de prières qui se trouvent aussi dans le testament. La seule clause codicillaire manque dans cet écrit.

Aussitôt après ce testament, M. l'abbé d'Orléans part de Lyon, arrive à Milan le 15, et traverse une partie de l'Italie, aussi peu occupé du soin de sa dignité dans les pays étrangers, qu'il l'étoit en France. Il paroît que dans ce temps-là même il vouloit faire oublier jusqu'à son nom, puisqu'il le quittoit pour prendre celui d'une terre de la maison de Longueville.

L'année 1668 acheva de s'écouler pendant le cours de ses voyages.

L'année suivante n'est remarquable dans la cause, que par un seul fait, dont on se sert comme d'un point fixe qui dissipe tous les soupçons que l'on pourroit répandre sur l'état de M. l'abbé d'Orléans en 1668, et qui établit invinciblement la preuve de sa sagesse.

Il passa une partie de cette année à Rome, et ce fut là qu'il résolut d'exécuter le dessein qu'il avoit apparemment conçu depuis long-temps, d'entrer dans les ordres sacrés.

Madame de Longueville fut avertie de ce dessein; et soit que sa piété lui persuadât que le caractère d'esprit de M. l'abbé d'Orléans n'étoit pas assez élevé pour pouvoir jamais aspirer dignement aux fonctions redoutables du sacerdoce, soit qu'elle eût d'autres raisons qui n'ont point été expliquées, il est certain qu'au mois d'octobre 1669, elle fit signifier à M. l'archevêque de Paris, qu'elle protestoit formellement contre tous les dimissoires qu'on pourroit avoir surpris de lui pour M. l'abbé d'Orléans, et qu'en cas qu'il n'en eût point encore accordé, elle s'y opposoit entre ses mains, pour les raisons qu'elle expliqueroit dans la suite.

Cette opposition fut formée trop tard. Le dimissoire étoit déjà expédié; et sur la foi de cet acte, en vertu d'une dispense du pape, M. l'abbé d'Orléans reçut en moins de trois semaines tous les ordres sacrés, et fut enfin ordonné prêtre au mois de décembre 1669.

Âgé de vingt-quatre ans, et revêtu du sacerdoce, il n'étoit pas encore émancipé, et ce ne fut qu'au mois de juillet 1670, que la famille fut assemblée pour donner son avis sur son émancipation et sur celle de M. le comte de Saint-Pol, âgé pour lors de vingt-deux ans.

Les parens illustres auxquels ils avoient l'honneur d'appartenir, les jugèrent tous deux capables d'administrer leurs revenus sous l'autorité de M.e Issaly, avocat en la cour, qui fut nommé leur curateur.

Et le 22 juillet 1670, l'avis des parens fut homologué par arrêt de la cour.

Cet arrêt est une époque inviolable dans la cause, que l'une et l'autre partie respectent également.

Jusque-là la sagesse de M. l'abbé d'Orléans n'est pas moins constante par le suffrage de la famille, que par l'autorité de la cour.

Mais on prétend que la nature lui ôta bientôt cette liberté que sa famille lui avoit donnée, pour le réduire à la plus triste et à la plus dure de toutes les servitudes.

Nous n'avons garde d'entrer dès à présent dans l'examen de ce fait important ; et si nous en parlons, ce n'est que pour marquer le moment fatal où tous les faits, qui jusqu'alors paroissent assez certains, commencent à devenir douteux et obscurs entre les parties.

Et pour ne point pénétrer avant le temps, dans cette obscurité, nous nous renfermerons à présent dans une explication simple et abrégée de ces faits, tels qu'ils sont écrits dans les actes dont les deux parties se servent également.

L'émancipation donnoit à M. l'abbé d'Orléans la libre administration de ses revenus, mais elle ne pouvoit s'étendre jusqu'à lui donner le pouvoir d'aliéner ses immeubles.

Cependant il n'avoit presque que ce moyen pour se libérer à l'égard de Madame de Longueville.

Il étoit constant que par une transaction passée dès l'année 1664 entre Madame de Longueville et M. le duc de Retz, comme subrogé-tuteur de Messieurs ses enfans, tous les droits qu'elle pouvoit exercer contre eux, avoient été liquidés et fixés à la somme de neuf cent cinquante mille livres.

Elle offrit de prendre des terres en paiement, et la minorité de Messieurs de Longueville ne leur permettoit pas de faire cette aliénation sans être autorisés par un avis de parens.

Ils furent assemblés le 26 août 1670, et tous unanimement approuvèrent la proposition qui leur fut faite d'abandonner quelques-unes des terres de la maison de Longueville, pour éteindre une dette aussi favorable que légitime.

M. l'abbé d'Orléans demanda lui-même l'homologation de cet avis, et la cour par son arrêt du 2 septembre 1670, lui permit de transiger avec Madame de Longueville, sous les conditions portées par l'avis des parens.

Il semble qu'on ait voulu d'abord exécuter promptement cet arrêt, et nous voyons que l'on nomma des experts pour faire l'estimation des terres qu'on devoit abandonner à Madame de Longueville.

Mais soit que l'on ait trouvé dans la suite quelques difficultés imprévues dans cette estimation, soit que l'ont ait jugé plus à propos de différer l'exécution de ce dessein jusqu'à la majorité de M. l'abbé d'Orléans, qui n'étoit éloignée que de cinq mois, il paroît que ces premiers projets sont demeurés en suspens jusqu'au mois de janvier 1671.

Si l'on veut entrer dans le détail de la conduite de M. l'abbé d'Orléans pendant ce temps-là, c'est-à-dire depuis son émancipation jusqu'à sa majorité, il n'est pas inutile d'observer d'abord, que pendant qu'on obtenoit en la cour l'arrêt qui lui permet de transiger avec Madame de Longueville, suivant l'avis des parens, il étoit déjà parti de Paris le 30 août précédent.

Ne cherchons point encore ici les raisons et les motifs de ce départ. Que ce soit, si l'on veut, un effet de sa légèreté naturelle, ou une sage précaution de sa famille, c'est ce que nous examinerons dans la suite. C'est toujours un fait certain qu'il partit de Paris le 30 août 1670.

C'est dans le cours de ce voyage qu'on prétend que sont arrivés la plupart de ces faits qui vous ont été expliqués, sans les articuler précisément. C'est dans ce temps qu'on soutient qu'il a commencé à donner de tristes, mais d'infaillibles présages du malheur qui lui est arrivé dans la suite, ou pour mieux dire, c'est-là qu'on l'accuse d'avoir donné des preuves trop sensibles de son imbécillité.

Si nous le suivons exactement dans le cours de ses voyages, nous le voyons aller d'abord de Paris à Orléans, accompagné de quelques gentilshommes et d'un petit nombre de domestiques.

Il part dans le carrosse d'Orléans qu'il avoit pris

tout entier pour lui et pour ceux qui l'accompagnoient.

Il arrive le 30 août à Orléans : il y demeure jusqu'au 9 septembre, dans une hôtellerie où sa dépense ne monte qu'à quarante sols par jour pour
lui seul.

Le 9 septembre il va par eau à Tours, de Tours
à Angers, et d'Angers à Nantes ; et dans toutes ces
villes différentes, sa dépense est toujours proportionnée à celle qu'il avoit faite à Orléans.

Le 14 novembre, après avoir employé plus de
deux mois à parcourir les provinces qui sont situées
le long du cours de la rivière de Loire, il paroît
qu'il prit la résolution de revenir à Paris.

Il loue le carrosse d'Angers, et suit sa route ordinaire jusqu'à une journée de Paris, c'est-à-dire,
jusqu'au Gué de Loré, village situé à une demi-
journée de Chartres.

Il y trouve un valet-de-pied de M. le comte
de Saint-Pol, et il prend aussitôt la résolution
de quitter le carrosse d'Angers et de retourner à
Orléans.

Quelle fut la cause d'un changement si subit ?
L'attribuera-t-on à un égarement d'esprit, à un
emportement soudain dont personnne n'a pu empêcher l'effet ? Croira-t-on plutôt que les nouvelles
que M. l'abbé d'Orléans reçut alors de Paris, le
portèrent à prendre une résolution si peu attendue ?
C'est ce que nous ignorons absolument, et qu'on
ne peut découvrir que par conjectures.

Suivons M. l'abbé d'Orléans dans ce retour imprévu ; et voyons quelles ont été ses démarches.

Il loue trois chevaux et trois selles au Gué de
Loré, suivi de deux domestiques seulement ; il
arrive le second jour par un chemin de traverse à
Orléans.

Le reste de ses domestiques continue sa route
jusqu'à Paris, et ne revient le trouver que long-temps
après.

Pour lui nous voyons par les comptes de sa

dépense, qu'il demeure depuis le 20 novembre jusqu'au 29 décembre, c'est-à-dire, l'espace de trente-neuf jours à Orléans dans une hôtellerie, à quarante sols par jour.

Dalmont, son écuyer, et ses autres officiers, viennent l'y trouver à la fin du mois de décembre. Dalmont le quitte le 29 pour retourner à Paris, et le même jour M. l'abbé d'Orléans s'embarque une seconde fois sur la Loire pour revoir encore une fois la ville de Tours ; et enfin, après y avoir demeuré quelques jours, il reprend la route de Paris, et plus constant cette seconde fois que la première, il y arrive le 15 janvier de l'année 1671, étant majeur seulement de trois jours....

Il y a demeuré depuis le 15 janvier jusqu'au 6 mars suivant, c'est-à-dire, près de deux mois ; et c'est dans cet intervalle de temps qu'il a fait tous les actes qui vous ont été expliqués avec tant d'étendue.

Le premier de ces actes est du 16 janvier, c'est-à-dire, le lendemain de son arrivée. Le dernier est du 3 mars, c'est-à-dire, deux jours avant son départ.

Ce premier acte ne peut être considéré que comme l'exécution de ce qui avoit été proposé dès le mois d'août précédent pour le paiement des conventions de Madame de Longueville.

Sa majorité survenue depuis ce temps, abrégeoit une partie des formalités qui auroient été nécessaires pour aliéner le bien d'un mineur.

Ce n'est plus comme autorisé par un avis de parens, qu'il traite avec Madame de Longueville. Sa qualité de majeur le mettoit dans la possession d'une liberté parfaite. Non-seulement il traite pour lui-même, il parle pour M. le comte de Saint-Pol ; il agit, il stipule pour lui, et promet de le faire ratifier aussitôt qu'il sera devenu majeur.

Dispensé par sa majorité, d'attendre les longueurs d'une estimation, instruit par lui-même de la valeur des terres, il en fixe le prix de concert avec Madame de Longueville ; et parce que ce prix n'étoit pas assez considérable pour tenir lieu de la somme de neuf cent cinquante mille livres, il s'engage à payer le surplus, et dès le temps même du contrat il promet de donner quarante mille livres d'argent comptant à Madame de Longueville.

Cet acte est passé le lendemain de l'arrivée de M. l'abbé d'Orléans, avant midi.

A peine fut-il signé, qu'on commença à l'exécuter, en empruntant de M. Voisin la somme de quarante mille livres, par trois contrats de constitution passés les 20 janvier 1671, par M. l'abbé d'Orléans, tant en son nom qu'au nom de M. le comte de Saint-Pol.

Le 31 janvier suivant, il passe un autre acte aussi important que ceux que nous venons de vous expliquer, par rapport aux inductions que l'on tire.

Tout est considérable dans cet acte ; les personnes, le lieu, le notaire, le temps, l'exécution.

Ceux qui le passent, sont, d'un côté M. le prince de Condé, alors duc d'Enghien, comme porteur de la procuration spéciale de M. le prince de Condé son père ; et de l'autre M. l'abbé d'Orléans, qui s'engage, tant pour lui que pour M. le comte de Saint-Pol.

Le lieu où il est passé est l'hôtel de Condé, et le notaire qui en conserve la minute, est celui de la maison de Longueville.

Le temps est le 31 janvier, et la procuration transcrite au bas du projet de ce contrat, auquel on n'a rien changé, est du 15 janvier 1671, jour de l'arrivée de M. l'abbé d'Orléans.

Enfin, l'effet et l'exécution de cet acte ont été de donner à MM. de Longueville en paiement des intérêts de la dot de Madame de Longueville, la baronnie de Nesle pour la somme de cent soixante-dix mille livres, et cette terre est à présent possédée par M. le prince de Conty, auquel elle a été vendue par Madame de Longueville, pendant la curatelle de M. l'abbé d'Orléans, pour la somme de cent dix mille livres.

La donation et le testament qui font la principale difficulté de cette cause, suivent de près ce dernier acte. Il n'y a que trois semaines d'intervalle.

Cet acte est du 31 janvier, et la donation est du vingt-trois février.

Depuis le 23 jusqu'au 26, en quatre jours de temps, M. l'abbé d'Orléans passe douze actes différens.

Le premier est la donation, dont toutes les clauses sont très-importantes.

Après avoir expliqué les anciens motifs qu'il avoit marqués dans les premières donations, l'estime, l'affection qu'il avoit pour M. le comte de Saint-Pol, le désir de contribuer par là à soutenir la dignité de sa maison, il en ajoute encore de nouveaux, tirés du changement qui étoit arrivé dans sa fortune, lorsqu'il avoit embrassé l'état ecclésiastique.

Il donne ensuite tous ses biens à M. le comte de Saint-Pol, mais il ne comprend dans sa disposition que les biens présens ; il n'y fait aucune mention des biens à venir.

Quelque étendue que soit sa disposition par rapport aux biens présens, il se réserve néanmoins l'usufruit de quelques terres, du nombre desquelles est le comté de Dunois, la jouissance de la moitié de l'hôtel de Longueville, une certaine quantité de meubles, et enfin la somme de soixante mille livres une fois payée, avec la liberté de couper quelques bois de haute futaie.

Il impose plusieurs conditions à sa libéralité, sans lesquelles il déclare qu'il n'auroit jamais fait la donation.

La première est que nonobstant la donation, il conservera toujours toutes sortes de droits honorifiques dans les terres dont il se réserve l'usufruit, et qu'il aura la liberté de nommer aux offices et aux bénéfices qui seront vacans.

La seconde condition, est la liberté de pouvoir disposer par testament, du revenu des deux années qui écherront après sa mort.

La troisième, est la loi qu'il prescrit à M. le comte de Saint-Pol, et la nécessité qu'il lui impose d'exécuter tous les contrats qu'il avoit faits, soit avec Madame de Longueville, soit avec M. le prince de Condé, soit avec M. Voisin, de confirmer la décharge qu'il avoit donnée à Madame de Longueville des pierreries énoncées dans l'inventaire, de lui donner une autre décharge de l'obligation de rendre compte de la tutelle, et enfin de l'acquitter de toutes les dettes de la maison.

La dernière et la plus importante, est le droit de retour qu'il stipule en sa faveur et en faveur de Madame de Nemours, en cas que M. le comte de Saint-Pol vienne à décéder sans enfans ; retour, néanmoins, qui ne devoit point empêcher le donataire de disposer des biens qui lui furent donnés.

Le vingt-cinq février, M. l'abbé d'Orléans passe quatre actes différens.

Par le premier, il donne un pouvoir général à Madame de Longueville de conférer en son absence les bénéfices qui sont à sa collation, de nommer ceux qui sont à sa présentation, et de remplir les offices qui sont vacans dans ses terres.

Par les trois autres, il donne des pensions viagères à la demoiselle de Vertus, au sieur chevalier de Montchevreuil, et au sieur Trouillard.

Le vingt-six février est marqué par un grand nombre d'actes, et le seul testament de M. l'abbé d'Orléans suffisoit pour le rendre célèbre.

La forme de ce testament n'est pas moins exempte de soupçons que celle du premier.

Il est passé par-devant notaires, et l'on vous a fait remarquer que les notaires avoient omis d'y insérer la clause ordinaire, que *le testateur leur a paru sain d'entendement.*

On y observe d'abord, qu'une des principales raisons qui le détermine à faire son testament, est la résolution qu'il avoit prise d'entreprendre de longs voyages.

On y observe ensuite, qu'il confirme la donation

qu'il avoit faite trois jours auparavant, et qu'il ne veut disposer que des biens dont il s'étoit réservé la libre possession.

Après quelques legs pieux, et d'autres legs qui ne regardent que les domestiques, et entr'autres le sieur Porquier, qui est légataire dans ce testament de la somme de dix-huit mille livres, il fait M. le comte de Saint-Pol légataire universel, et il révoque tous les testamens qu'il pouvoit avoir faits avant celui-là.

Nous expliquerons dans la suite quel a été le sort et la destinée de ce testament. Achevons d'expliquer les autres actes qui ont été passés par M. l'abbé d'Orléans.

Le même jour il signe cinq démissions de ses gouvernemens; le même jour il donne une procuration aussi étendue et aussi générale qu'elle puisse l'être, au sieur Porquier pour administrer pendant son absence les revenus des biens qu'il s'étoit réservés, à la charge de lui rendre compte de sa gestion de six mois en six mois.

Enfin, huit jours après, le 3 mars suivant, il paroît que le sieur marquis de Beuvron ayant voulu racheter une rente qu'il devoit à la maison de Longueville, ne se contenta pas d'avoir une quittance de M. le comte de Saint-Pol, il voulut encore que la présence de M. l'abbé d'Orléans et sa signature, confirmassent pour toujours la sûreté de son paiement.

Tels sont, MESSIEURS, tous les actes que M. l'abbé d'Orléans a faits pendant son séjour à Paris. Deux jours après le dernier, il est parti dans le carrosse de Lyon avec les mêmes domestiques qui l'avoient accompagné dans ses premiers voyages.

Il paroît que de Lyon il a été d'abord en Provence, et ensuite à Strabourg, et qu'il a pris des eaux en Allemagne vers le mois de septembre. C'est tout ce que nous savons de ses voyages, depuis le 6 mars 1671.

Pendant tout ce temps, il a écrit plusieurs lettres.

Il a lui-même arrêté ses comptes, signé les quittances, les lettres de change, les ordonnances qui étoient nécessaires pour la dépense de sa maison. Dans la plupart on ne voit aucun vestige de ce conseil nécessaire qu'on prétend que sa famille lui avoit donné. Il n'y a que deux ou trois pièces dans lesqu'elles il marque qu'il a pris le conseil et l'avis du sieur Dalmont.

Ainsi se sont écoulés six mois ou environ depuis son départ de Paris; et sans vouloir encore examiner quel étoit alors son véritable état, il est certain qu'au mois d'octobre, on crut qu'il n'y avoit plus d'autre ressource pour prévenir l'éclat que sa démence, ou ancienne ou récente, pourroit faire dans le public, que de l'enfermer dans une abbaye.

On choisit d'abord celle de Hauteselle, où il fut conduit par le sieur de Moucaut, en vertu d'une lettre de cachet du roi. On le transféra ensuite en celle de Chazal-Benoît en Berry, et de là dans le diocèse de Lisieux, où il a demeuré pendant le reste de sa vie.

Quoiqu'il eût perdu entièrement sa liberté, on hésitoit encore à lui ôter publiquement la vie civile par une interdiction juridique.

On différa même jusqu'en l'année 1672, à délibérer dans la famille sur l'ordre que l'on devoit apporter dans l'administration de ses biens.

Ce fut le 19 janvier 1672, que l'on assembla un petit nombre de parens illustres, pour donner leur avis sur l'état de M. l'abbé d'Orléans.

Madame de Longueville, M. le prince de Condé, M. le duc d'Enghien, Madame la princesse de Conty, M. le comte de Saint-Pol, furent les seuls parens qui assistèrent à cette assemblée.

Le résultat de leur délibération, fut qu'en attendant qu'on pût pourvoir autrement aux affaires de M. l'abbé d'Orléans, il falloit se servir des procurations qu'il avoit données avant que de partir au mois de février 1671.

Que Madame de Longueville continueroit de

nommer aux bénéfices et aux offices vacans en vertu du pouvoir que sa procuration lui donnoit.

Que le sieur Porquier administreroit les biens et les revenus comme il avoit fait jusqu'alors, conformément à la procuration du 26 février 1671.

Enfin, au mois de mars 1672, le mal parut tout à fait incurable; et Madame de Longueville eut recours au triste, mais nécessaire remède de l'interdiction.

Elle expose dans la requête qu'elle présenta au roi, que M. l'abbé d'Orléans son fils, *sept ou huit mois après que la tutelle a été finie, et qu'il a eu atteint sa majorité, ayant entrepris divers voyages dans les pays étrangers, à cause des fatigues qu'il a souffertes, et du genre de vie qu'il a mené, se seroit trouvé hors d'état de gouverner ses affaires.*

Toute la famille assemblée fut d'avis de l'interdiction, et la plupart, pour marquer la maladie de M. l'abbé d'Orléans, l'appellent son *infirmité présente*, et parlent *des actions qu'il avoit faites en Allemagne*, termes dont on prétend tirer de grands avantages pour fixer le commencement de la démence.

Avant que de prononcer l'interdiction, le roi commit M. Tubeuf, maître des requêtes, pour interroger M. l'abbé d'Orléans, et pour recevoir les dépositions des domestiques qui étoient auprès de lui.

Cet interrogatoire, ni les dépositions des témoins, ne sont point rapportées aujourd'hui; mais il y a grande apparence que M. l'abbé d'Orléans prononça lui-même sa condamnation par ses réponses, et que les témoins confirmèrent la preuve de la démence, puisque le roi rendit, peu de temps après, l'arrêt de son interdiction.

Madame de Longueville fut nommée curatrice, et vous avez enregistré, MESSIEURS, les lettres patentes qui lui donnent cette qualité.

Tel a été le cours et le terme de la vie raisonnable de M. l'abbé d'Orléans, dans laquelle, comme nous l'avons déjà dit, on peut distinguer deux temps :

L'un, d'une sagesse constante entre les parties, pendant lequel il a fait et les donations de Neuf-châtel, et le testament dont M. le prince de Conty demande l'exécution; et ce premier temps finit au mois d'août 1670, aussitôt après son émancipation.

L'autre, douteux et obscur, plein de ténèbres et d'incertitudes, dans lequel il a fait les donations et le testament dont Madame de Nemours se sert pour détruire celui de l'année 1668; et ce dernier temps commence à son émancipation, et finit vers le mois d'octobre 1671.

Il semble qu'après l'avoir suivi jusqu'à ce moment fatal où il perdit entièrement la vie de la raison, nous pourrions passer tout d'un coup au temps où l a perdu la vie de la nature, puisque son état n'a été, depuis ce moment, qu'une longue mort. Mais comme l'on prétend se servir de quelques actes qui ont été faits dans sa famille après son interdiction, nous croyons qu'il est nécessaire de les expliquer en peu de mots, pour terminer par là le récit des principaux faits de cette cause.

M. le comte de Saint-Pol n'a survécu que peu de temps à l'interdiction de M. l'abbé d'Orléans; et la maison de Longueville reçut, en la même année 1672, deux plaies mortelles, dont la première fit perdre la raison à M. l'abbé d'Orléans, et la dernière ôta la vie à M. le comte de Saint-Pol.

Il fut tué au fameux passage du Rhin; et si la France vit, dans cette occasion, jusqu'où pouvoit aller sa valeur, elle ne le vit que pour augmenter la douleur qu'elle eut de sa perte.

Le droit de retour que M. l'abbé d'Orléans avoit toujours conservé dans toutes les donations qu'il lui avoit faites, devoit avoir lieu par sa mort, et rendre à M. l'abbé d'Orléans, les grands biens dont il s'étoit dépouillé en sa faveur.

La famille fut assemblée pour délibérer sur la

manière dont on devoit exercer ce droit de réversion, au nom de M. l'abbé d'Orléans.

L'on considéra que quoique cette condition eût été imposée au donataire dans la donation du 23 février 1671, on lui avoit pourtant laissé la liberté d'engager et hypothéquer les biens sujets au droit de retour; et la famille crut que suivant cette clause, il falloit commencer par payer les dettes contractées par M. le comte de Saint-Pol.

On étendit même plus loin l'interprétation de cette clause, et l'on décida qu'elle étoit seule suffisante pour autoriser le legs de cinq cents mille livres que M. le comte de Saint-Pol avoit fait en faveur du chevalier de Longueville; et tous les parens assemblés furent d'avis que ce legs devoit être payé sur les biens compris dans la donation du 23 février 1671.

Cet avis fut homologué par un arrêt de la cour.

Madame de Longueville rendit au roi, en qualité de curatrice, la foi et hommage pour les biens compris dans la donation.

Elle obtint un don des droits seigneuriaux, qui fut enregistré en la chambre des comptes.

Depuis ce temps elle a géré la curatelle, jusqu'à sa mort arrivée en l'année 1679.

Après son décès, la curatelle fut d'abord partagée entre M. prince de Condé et Madame de Nemours, et ensuite réunie en la personne de M. le prince de Condé.

C'est à lui qu'on a rendu tous les comptes de la curatelle, et c'est dans ces comptes qu'on rapporte, comme des pièces non suspectes et des titres approuvés, les ordonnances, les lettres de change, les arrêtés de comptes signés par M. l'abbé d'Orléans dans le second temps, c'est-à-dire, dans ce temps que nous avons appelé *un temps de ténèbres et d'incertitudes* entre les parties.

M. l'abbé d'Orléans mourut le 4 février de l'année 1694, âgé de quarante-huit ans, et avec lui s'éteignit pour toujours la race des ducs de Longueville: heureuse dans sa naissance et dans son progrès, par

les actions éclatantes des grands hommes qu'elle a
produits; malheureuse dans sa fin, soit par la mort
prématurée de M. le comte de Saint-Pol, soit par
la vie encore plus triste et plus douloureuse de
M. l'abbé d'Orléans.

Quatorze jours entiers s'écoulèrent après son décès,
sans qu'il parût aucun autre testament que celui
qui est favorable aux prétentions de M. le prince de
Coñty.

Enfin, le 18 février 1694, la veuve du sieur
Porquier apporte au lieutenant-civil deux paquets
cachetés, l'un des armes de la maison de Longueville, l'autre des armes du sieur Porquier.

On trouve écrit sur le premier de ces deux paquets : *Testament de M. l'abbé d'Orléans.*

Et sur le second : *Démission du Gouvernement de
Normandie, et des places de Caen, Dieppe, Pont-
de-l'Arche, et bailliage de Caen.*

La veuve Porquier déclare, que l'une et l'autre
inscription sont de la main de défunt son mari. Elle
ajoute que ces deux paquets ne sont point sortis de
ses mains depuis sa mort, et elle demande qu'on en
fasse l'ouverture.

Le lieutenant-civil ordonne que les parties inté-
ressées seront appelées.

Et le même jour, en présence du conseil de
Madame de Nemours, on ouvre ces deux paquets.
On trouve dans le premier, le testament du 26 février 1671 en minute, mais accompagné de deux
feuilles volantes.

L'une paroît écrite de la main de M. l'abbé d'Orléans, et elle a été reconnue aux requêtes du palais.
Elle contient dix-huit noms, à chacun desquels il y
a une ligne tirée jusques à la somme qui lui répond;
et il paroît que c'étoit un mémoire de legs, que celui
qui l'a écrit vouloit faire à quelques personnes de sa
maison.

L'autre feuille, que l'on a trouvée jointe au testament, est écrite de la main de Porquier, et lui a

donné pour titre : *Projet de codicille que M. l'abbé d'Orléans désire faire en confirmant son testament.*

A la fin de la dernière ligne, on trouve ces mots écrits de la main de M. l'abbé d'Orléans : *A Dalmont, le carrosse et ses appartenances.*

On ouvre le même jour le second paquet, et l'on y trouve cinq démissions en parchemin, de M. l'abbé d'Orléans, signées le même jour 26 février 1671.

La représentation de ce testament n'a pas empêché M. le prince de Conty de demander l'exécution du premier.

Il s'est pourvu le 5 mars 1694, aux requêtes du palais. Il a demandé, comme héritier testamentaire, d'être maintenu dans la possession de tous les biens dont le testateur avoit pu disposer ; et en même temps il a intenté la même action sous un autre nom, en demandant la délivrance *du legs universel.* C'est ainsi qu'il a appelé la disposition dont M. l'abbé d'Orléans se sert pour lui déférer sa succession.

Madame de Nemours, en défendant à cette demande, a déclaré d'abord, qu'elle ne prétendoit point reconnoître la juridiction des requêtes du palais, ni celle de tous les autres juges du royaume pour ce qui regarde Neufchâtel ; et à l'égard des autres biens, elle a soutenu que le testament qui servoit de titre à M. le prince de Conty, étoit caduc, et que d'ailleurs il étoit révoqué par celui de 26 février 1671.

M. le prince de Conty a cherché dans le droit, des moyens pour détruire la première défense ; mais il a été obligé d'emprunter du fait les argumens dont il veut se servir pour attaquer la dernière : et ne pouvant disconvenir qu'un premier testament ne fût révoqué de plein droit par un testament postérieur, il s'est réduit à soutenir que le testateur étoit privé de l'usage de sa raison, et qu'il étoit notoirement en démence six mois et plus, avant le testament de 1671.

Il a articulé ce fait par une requête précise. Il a demandé permission d'en faire preuve. La sentence le lui a permis. Madame de Nemours en a interjeté

appel, et elle demande qu'il plaise à la cour, en
évoquant, en tant que de besoin est ou seroit, le
principal, débouter M. le prince de Conty de sa
demande. C'est à quoi se réduit toute la procédure.

Telles sont toutes les circonstances du fait, telle est
la nature des actes qui vous ont été expliqués. Nous
nous sommes fait une espèce de religion dans une
affaire aussi célèbre qu'elle est importante, de n'o-
mettre aucun des faits que l'on a proposés de part et
d'autre, quelque léger, ou même quelque inutile
qu'il pût paroître; et nous croyons qu'il est de notre
devoir de vous remettre devant les yeux avec la
même exactitude, tous les moyens de l'une et de
l'autre partie.

Madame de Nemours soutient que jamais il n'y eut
de cause ni plus juste dans la rigueur du droit, ni
plus favorable dans les règles de l'équité, que celle
qu'elle soumet aujourd'hui à votre jugement.

Héritière du sang, appelée à la succession de
M. l'abbé d'Orléans son frère, par l'autorité de la
loi, ou, pour mieux dire, par la voix de la nature
même, qu'oppose-t-on à des titres si favorables? Un
acte qui ne subsiste plus, un titre devenu caduc par
la mort de ceux qui avoient été le principal objet de
la volonté du testateur; un fidéicommis inutile, par
le défaut de la condition sous laquelle il avoit été
laissé. Ce n'est pas tout encore, un testament révoqué par deux actes postérieurs, aussi sages que
solennels.

La premiere volonté du testateur n'est point
favorable à M. le prince de Conty, puisque la condition sous laquelle il étoit appelé, n'est jamais
arrivée; et la dernière volonté lui est absolument
contraire, puisque le second testament révoque le
premier.

Pour établir la première proposition, l'on vous a
dit que, sans s'arrêter ici à répandre des soupçons
qui ne se trouveroient peut-être que trop bien fondés
contre le premier testament, sans vouloir chercher
comment un homme qui ne sait pas dans le préam-

bule de cet acte si sa succession appartiéndra à ses parens ou à ses amis, paroît tout d'un coup instruit de ce qu'il y a de plus difficile dans la science du droit, c'est-à-dire, de la nature et de la force des différentes espèces de substitutions : il suffit de s'attacher aux termes mêmes du testament, pour reconnoître que le fidéicommis auquel Messieurs les princes de Conty sont appelés, est devenu absolument caduc par la mort des héritiers.

Le testateur a envisagé plusieurs personnes qui ont été toutes l'objet de sa disposition, mais d'une manière bien différente. S'il jette les yeux sur M. le comte de Saint-Pol, ou sur ses enfans, c'est pour les appeler à sa succession par une institution directe. S'il envisage ensuite Madame de Longueville sa mère, c'est encore pour lui donner tous les droits que l'on peut avoir sur une succession. Il joint, il accumule en sa faveur des genres de substitution très-différens. Il l'appelle vulgairement, et par fidéicommis, c'est-à-dire, que si M. le comte de Saint-Pol n'est point son héritier, il veut donner ce titre à Madame de Longueville; et que quand même M. le comte de Saint-Pol seroit son héritier, il veut encore que s'il meurt sans enfans, ses biens appartiennent à Madame de Longueville. La volonté du testateur lui est également favorable dans l'un et dans l'autre cas. Mais lorsqu'il passe de Madame sa mère à Messieurs les princes de Conty, il semble que sa libéralité diminue, qu'elle se renferme dans des bornes plus étroites, à mesure qu'elle s'étend à des degrés plus éloignés. Son affection suit, pour ainsi dire, l'ordre du sang et de la parenté; et au lieu qu'il avoit voulu que sa succession appartînt, par quelque voie que ce pût être, soit par institution, soit par fidéicommis, à M. le comte de Saint-Pol, à ses enfans, et à Madame de Longueville, il n'appelle Messieurs les princes de Conty que par une seule de ces voies. Il change et de volonté et d'expression à leur égard. Il ne leur défère ses biens, si l'on peut s'exprimer ainsi, que par la médiation de Madame de Longueville.

C'est elle qui doit en disposer en leur faveur :
elle seule est chargée de leur rendre la succession.
Ils ne sont point institués à son défaut, et s'ils
peuvent espérer de recueillir un jour le fidéicommis, c'est un bienfait qu'ils ne devront pas moins
à Madame de Longueville qu'au testateur. En un
mot, l'institution de Madame de Longueville est,
pour ainsi dire, un canal, un passage, un milieu
nécessaire entre le testateur et Messieurs les princes
de Conty. Si ses bienfaits ne peuvent prendre cette
route, si ce canal est interrompu, si ce milieu est
inhabile, les extrémités ne peuvent jamais se rejoindre.
Un obstacle invincible sépare le testateur et ceux
qui sont appelés au fidéicommis.

Cette décision n'est pas seulement écrite dans le
testament même : elle est encore conforme et à l'autorité des lois, et aux sentimens des docteurs.

Au milieu des contrariétés apparentes qui se trouvent souvent entre les textes de droit, et malgré le
conflit des opinions des docteurs, il est encore certaines maximes constantes, invariables, contre lesquelles la subtilité des hommes ne sauroit jamais
prévaloir.

Il y en a deux de cette nature, par lesquelles cette
première question de droit doit être décidée.

La première, est que l'institution d'héritier est
la base, le fondement, l'ame, pour ainsi dire, et
l'essence du testament. Tant que l'institution subsiste, le testament ne peut recevoir d'atteinte. Est-
elle détruite, le testament suit sa destinée; et comme
l'héritier seul est chargé des legs et des fidéicommis, avec lui s'éteint l'espérance des legs et des
fidéicommis.

En vain voudroit-on éluder une maxime si certaine par une distinction plus subtile que solide,
entre l'ancienne jurisprudence et le nouveau droit
établi par le rescrit des empereurs Sévère et Antonin, qui a décidé seulement que le substitué étoit
soumis aux mêmes charges auxquelles l'institué étoit

assujetti. La maxime générale qui veut que la caducité de l'institution entraîne avec soi la ruine du testament, se trouve non-seulement dans les écrits des jurisconsultes postérieurs au rescrit de ces empereurs, mais encore dans les institutes de Justinien ; et on ne présuma jamais qu'une maxime si constante ait été abrogée par le nouveau droit, jusqu'à ce que l'on ait fait voir que les institutes de Justinien ne contiennent pas la dernière jurisprudence.

Que si, malgré toutes ces réponses, on veut emprunter ici l'argument de la loi 14, *Tractabatur*, au digeste *de Testam. Milit.* dans laquelle il semble que la caducité de l'institution n'empêche pas qu'on admette celui qui n'étoit appelé que par une substitution fidéicommissaire, on soutient que cette loi est dans un cas tout à fait singulier ; que c'est un privilége accordé à la faveur de la liberté, et non pas un droit commun établi pour toutes sortes de testamens.

Enfin, on a établi un second principe qui n'est ni moins constant, ni moins essentiel à la décision de la cause, que le premier.

On vous a dit que tous les docteurs convenoient que l'interruption des degrés n'étoit pas suffisante pour anéantir une substitution ; c'est-à-dire que, quoique les premiers substitués viennent à mourir avant l'institué, ceux qui sont dans un degré plus éloigné recueillent la substitution de même que si les biens avoient passé par tous les degrés prescrits par le testateur. Mais en même temps qu'ils établissent ce principe, ils y ajoutent deux conditions également importantes.

L'une, que le testament ait eu au moins une fois son exécution, que l'héritier institué ait fixé, pour ainsi dire, et déterminé pour toujours, la destinée du testament par l'adition de l'hérédité ; sans cela comment des substitués pourroient-ils profiter d'un testament caduc, inutile, anéanti par le défaut d'héritier ?

L'autre, que les substitutions soient de même genre, c'est-à-dire, toutes vulgaires, ou toutes fidei-

3

commissaires. Mais si l'une est vulgaire et l'autre fidéicommissaire, alors l'interruption seule suffit pour leur donner atteinte. Jamais un fidéicommis ne peut devenir une institution ; sa nature y résiste toujours. Jamais on ne présumera que celui qui ne doit recevoir la succession que des mains de l'héritier institué, puisse la recueillir de son chef et des mains mêmes du testateur.

Tellle est la doctrine de tous les docteurs, de Bartole, de Faber, de Peregrinus, de Menochius, d'Alexandre. On ne cite que les plus illustres, tous les autres suivent en foule leur autorité.

Ce n'est point une vaine subtilité de droit, sans aucun fondement de justice ni d'équité.

Cette rigueur apparente est fondée sur la volonté même du testateur.

Lorsqu'il appelle tous ses héritiers de la même manière, alors leur titre est égal, indépendant l'un de l'autre, aussi favorable dans la personne des derniers substitués que dans celle des premiers institués ; et le changement imprévu qui arrive dans l'ordre des degrés, contre l'intention et les vœux du testateur, n'empêche pas que les héritiers les plus éloignés ne soient admis aux défaut des autres.

Mais lorsque le testateur distingue ceux qu'il choisit pour successeurs, par des caractères différens ; lorsqu'il appelle les uns directement, immédiatement, certainement, et les autres par des paroles obliques, indirectes, conditionnelles, le changement d'expression fait présumer le changement de volonté, et c'est-là le jugement que la raison naturelle doit faire porter, à tous les hommes sur cette clause.

Si M. l'abbé d'Orléans eût voulu donner le même droit à Messieurs les princes de Conty qu'à Madame de Longueville, il les auroit institués de la même manière ; il ne se seroit pas contenté de prier Madame sa mère de disposer de ses biens en leur faveur ; il auroit dit qu'en cas qu'elle vint à mourir avant lui, il les instituoit ses héritiers. Cette clause ne lui étoit ni inconnue, ni nouvelle, puisqu'il s'en étoit servi pour déférer sa succession à Madame de Longueville au défaut de M. le comte de Saint-Pol.

Il ne l'a point fait, donc il n'a point voulu égaler Messieurs les princes de Conty à Madame Longueville ; et c'est cependant ce que l'on veut faire aujourd'hui, contre l'autorité des lois, contre le sentiment des docteurs, contre les termes mêmes et la volonté constante du testateur.

Que si l'on cherche un dernier retranchement dans la clause codicillaire, Madame de Nemours soutient que les argumens qu'on en tire, ne sont qu'une vaine couleur qui s'efface et qui disparoît d'elle-même, lorsqu'on la compare avec les véritables principes du droit.

Comment pourroit-on aujourd'hui emprunter le secours de cette clause, après que M. le prince de Conty y a renoncé solennellement dans la première demande qu'il a formée aux requêtes du palais ? Il a pris la qualité d'héritier testamentaire ; il a déclaré par là qu'il vouloit soutenir le testament, non comme un simple codicille ; mais comme une disposition solennelle. Les lois romaines, par lesquelles il soutient que cette cause doit être décidée, lui refusent expressément la faculté de revenir à la clause codicillaire qu'il a abandonnée. Ce retour, ce changement, cette variation lui sont interdits par la disposition précise de la loi 8, au code *de codicillis.*

On ajoute que cette clause, suivant l'avis des docteurs, demeure sans force et sans effet, si le notaire n'en explique les conséquences au testateur. Quelle apparence de croire que le testateur l'ait entendue dans l'espèce de cette clause, lui qui ne savoit seulement pas que sa succession appartenoit à ses parens, et non pas à ses amis.

Mais quand on supposeroit que M. l'abbé d'Orléans auroit été instruit de la nature et des effets de la clause codicillaire, ce seroit inutilement qu'on se serviroit de cette clause pour faire revivre un fidéicommis éteint par la caducité de l'institution.

Le seul domicile du testateur suffiroit presque pour décider cette question. Quoiqu'il ait fait son testament en pays de droit écrit, c'est par les règles du droit coutumier, auquel sa naissance et son domicile le soumettoient, qu'il doit être interprété. Or, dans nos mœurs, la clause codicillaire, qui n'est qu'une suite des subtilités du droit romain, est non-seulement inutile, on peut dire même qu'elle est absurde. Nos testamens ne sont que de véritables codicilles; et, puisque tout l'effet de la clause codicillaire est de faire considérer un testament comme codicille, il seroit aussi superflu que ridicule d'insérer une clause codicillaire dans un acte qui, par sa nature, ne doit être considéré que comme un simple codicille.

Que si l'on veut s'attacher scrupuleusement aux principes du droit écrit, ils ne seront pas plus favorables à l'interprétation que l'on affecte de donner à la clause codicillaire.

Les jurisconsultes romains ne l'ont inventée, suivant la remarque de Jacques Godefroy, que pour suppléer l'omission des solennités rigoureuses du droit. C'est à quoi se réduisent tous ses effets. Elle peut, par exemple, réparer le défaut de l'absence ou de l'incapacité d'un témoin; mais ce seroit en abuser que de vouloir l'étendre plus loin, et de soutenir qu'elle peut suppléer le défaut de volonté, ou réparer un vice essentiel qui attaque la substance même et le corps du testament. *Defectum voluntatis non supplet*, dit encore le même Jacques Godefroy, *nec sustinet defectum in substantiâ testamenti*.

C'est cependant l'extension que l'on veut donner dans cette cause, contre toutes les maximes du droit, à la clause codicillaire.

Quoiqu'il soit constant que M. l'abbé d'Orléans n'a voulu donner ses biens à Messieurs les princes de Conty, que supposé qu'ils fussent acquis à Madame de Longueville, on veut néanmoins supposer ici qu'il a changé de volonté, et qu'il a désiré que sa succession appartînt à Messieurs les princes de Conty;

indépendamment de la condition qu'il avoit imposée lui-même à sa libéralité. Et sur quoi cette présomption est-elle fondée ? Sur ce qu'un notaire insère à la fin d'un testament, une clause que le testateur n'a jamais entendue. Ce n'est pas ainsi que les lois nous ont enseigné l'usage et l'effet de ces clauses codicillaires ; elles en ont distingué de deux sortes. Les unes ne sont que de style, telles que celles qui se trouvent dans le testament de M. l'abbé d'Orléans, et qui ne réparent que le défaut de solennité.

Les autres sont des prières expresses, faites à l'héritier légitime, d'acquitter les legs et les fidéicommis ; et, comme elles contiennent une nouvelle volonté, elles peuvent expliquer ou changer la première. Mais c'est ce qui ne se trouve point dans l'acte dont il s'agit.

Enfin, on porte encore plus loin la fausse interprétation de la clause codicillaire. On veut qu'elle ait pu réparer un vice essentiel qui attaque la substance du testament, c'est-à-dire, le défaut d'institution d'héritier. Et c'est ce qui ne résiste pas moins à la nature de la clause codicillaire, qu'à celle du testament.

Quand même on voudroit donner à cette clause plus d'étendue que les jurisconsultes romains ne lui en ont donné, elle ne pourroit, tout au plus, que substituer Madame de Nemours à M. le comte de Saint-Pol, et faire considérer l'héritier légitime comme s'il eût été l'héritier testamentaire.

Or, si M. le comte de Saint-Pol eût été en état de recueillir la succession, il n'auroit point été obligé de remettre les biens du testateur à Messieurs les princes de Conty, qui ne devoient les recevoir que par les mains de Madame de Longueville. Qui pourra donc se persuader que la clause codicillaire ait plus d'effet par rapport à l'héritier légitime, que le testament n'en auroit eu par rapport à l'héritier testamentaire ?

Après avoir détruit le premier testament par lui-même, et par le défaut de volonté du testateur, Madame de Nemours prétend l'attaquer encore par des actes postérieurs et par une volonté contraire de M. l'abbé d'Orléans.

Depuis le testament de l'année 1668, il a déclaré deux fois sa volonté par deux actes également authentiques, et deux fois elle a paru aussi contraire à M. le prince de Conty, que favorable aux héritiers du sang.

Le premier de ces actes est une donation qu'on peut regarder comme une révocation expresse du fidéicommis fait en faveur de Messieurs les princes de Conty : donation universelle, incompatible par conséquent avec un fidéicommis universel. Ces deux titres se détruisent mutuellement, et, dans le concours, la dernière volonté l'emporte constamment sur la première : donation qui, dans une clause essentielle, a pour objet, après la mort du donateur, Madame de Nemours, en faveur de laquelle il stipule expressément le retour des biens qu'il donne. Quelle preuve plus forte et plus invincible du changement de volonté du testateur, que de voir que dans le même cas où l'on suppose qu'il avoit voulu donner ses biens à Messieurs les princes de Conty, il veut au contraire qu'ils appartiennent à Madame de Nemours !

C'est inutilement qu'on veut introduire une différence inconnue aux législateurs, entre les fidéicommis universels et les fidéicommis particuliers. Les uns et les autres sont l'ouvrage de la seule volonté du testateur. Les uns et les autres s'évanouissent lorsque cette volonté, qui est leur unique fondement, est absolument changée.

Mais ce n'est que par surabondance de droit que Madame de Nemours se sert de ce moyen. Le seul testament de l'année 1671 suffit pour anéantir la première disposition : testament revêtu de toutes les solennités introduites par nos coutumes, qu'on ne combat que par les vains soupçons que l'on a voulu répandre sur l'état et sur la capacité du testateur.

Ce n'est point par des preuves présentes, mais par des espérances de preuves; ce n'est point parce que

l'on sait aujourd'hui, c'est parce que l'on se flatte
de découvrir un jour, que M. le prince de Conty
s'efforce de rendre cette disposition suspecte.

Le testament tout seul se défend par lui-même
contre une prétention si insoutenable. La justice ne
permet jamais qu'à regret de prouver la démence
d'un testateur; et si elle accorde quelquefois cette
preuve, elle veut en trouver les premiers commencemens dans la bizarrerie ou dans l'obscurité de ses
dispositions. Mais lorsque sa volonté n'est pas seulement une loi claire, mais une loi sage, tous les
docteurs regardent le testament même comme une
présomption de force et de liberté d'esprit, à laquelle
on ne peut rien opposer.

Dans l'espèce de cette cause, rien de plus sage ni
de plus judicieux que le testament et les projets de
codicilles qui l'accompagnent. Le testateur a distingué ce qui étoit une résolution formée, de ce qui
n'étoit qu'une légère idée et un commencement de
volonté. Le premier a été la matière de son testament;
le reste n'a servi qu'à faire de simples projets.

Quel est l'héritier que le testateur se choisit dans
ce testament? C'est celui que la coutume lui donne.
Qui osera l'accuser de démence, quand il est aussi
sage que la loi même, et que sa disposition ne tend
qu'à faire ce que la nature auroit fait pour lui, s'il
étoit mort sans faire de testament?

Si ce testament est sage, comme les deux parties
en conviennent, ou il est l'ouvrage du testateur, ou
l'effet de la suggestion.

S'il est l'ouvrage du testateur, comment pourra-
t-on concevoir qu'une disposition si sage ait pu être
dictée par un imbécile?

S'il est l'effet de la suggestion, sur qui pourra
tomber le soupçon de cette fausseté? Sera-ce sur
Porquier? Il n'avoit nul intérêt à détruire le premier
testament : il y étoit légataire d'une pension viagère
de dix-huit cents livres. On ne lui donne dans le
second testament, qu'une somme de dix-huit mille
livres une fois payée. Cette différence est-elle assez

10*

considérable pour le faire regarder comme l'auteur de la suggestion ?

Sera-ce donc sur Madame de Longueville que le soupçon tombera ? Mais osera-t-on l'avancer, sans que le public s'élève contre cette supposition ?

Enfin, qui sont ceux qui profitent de ce dernier testament ? Ce sont les héritiers du sang. Qui sont ceux qui l'attaquent ? Quelque respect que l'on ait pour le prince qui le combat aujourd'hui, il ne peut être considéré que comme un étranger, lorsqu'on le compare avec Madame de Nemours ; et il est inoui qu'on ait jamais accordé la preuve que l'on vous demande aujourd'hui, contre des héritiers du sang.

Mais si ce testament est une loi inviolable, lorsqu'on le considère en lui-même, que sera-ce si on le joint à tous les actes qui le précèdent, qui le suivent, qui l'accompagnent ?

Le testateur a traité avec toutes sortes de personnes, et il a toujours été reconnu capable de s'engager avec les autres, et de les engager avec lui.

Il contracte avec sa famille, dans les actes passés avec Madame de Longueville, avec M. le prince de Condé, avec M. le comte de Saint-Pol.

Il traite avec des étrangers, dans les contrats de constitution qu'il a faits au profit de M. Voisin, et dans la quittance qui a été donnée en sa présence au sieur de Beuvron.

Enfin, il traite avec lui-même dans son testament.

Dans les premiers actes, c'est-à-dire, dans ceux qu'il passe avec sa famille, et dans ceux qu'il passe avec des étrangers, sa sagesse est également reconnue. Et l'on voudra qu'elle soit devenue douteuse dans le seul acte qu'il a passé avec lui-même, si l'on peut s'expliquer ainsi !

Quel testament sera à l'avenir en sûreté ; quel testateur pourra se flatter de dicter une loi inviolable à sa postérité, si des actes de cette nature ne suffisent pas pour le mettre à couvert du soupçon injuste de démence et de foiblesse d'esprit ?

Comparera-t-on la preuve qui résulte de ces actes avec celle qui n'est fondée que sur les dépositions des témoins, et fera-t-on dépendre la certitude humaine dans une matière si importante, du récit peut-être peu sincère, mais toujours douteux et incertain, d'un témoin qui rend compte à la justice d'un fait arrivé il y a plus de vingt-quatre ans ?

Ces actes sont passés avec des personnes dignes du respect et de la vénération de toute la France, qui ne permettent pas de soupçonner qu'ils soient l'ouvrage d'une suggestion étrangère, plutôt que de la propre détermination de M. l'abbé d'Orléans.

Ce ne sont point des étrangers auxquels on peut quelquefois dissimuler le véritable état de celui qui s'oblige. Ce sont les premiers juges et les premiers témoins de la capacité ou de l'incapacité de M. l'abbé d'Orléans.

Madame de Longueville, M. le prince de Condé se seroient-ils contentés de l'engagement d'un homme notoirement incapable de s'engager ?

La substance et la disposition de ces actes ne rend pas un témoignage moins éclatant à la sagesse de M. l'abbé d'Orléans.

Le premier ne fait qu'exécuter ce que tous les parens avoient unanimement approuvé pendant sa majorité.

Doutera-t-on de la sagesse du second, quand on voit le grand nom de celui qui s'unit avec lui pour le signer ?

Les donations, les démissions, les procurations; en un mot, tout ce qui a été fait par M. l'abbé d'Orléans pour se dépouiller de ses biens, ne porte-t-il pas le caractère d'une sage et vertueuse générosité ?

Il n'a fait que ce que font tous les jours dans des maisons moins illustres, les aînés qui se consacrent au service des autels.

Il s'étoit dépouillé dès l'année 1668, du plus

éclatant de ses titres en faveur de M. le comte de Saint-Pol. Il a achevé en 1671, après avoir reçu les ordres sacrés, de consommer son sacrifice, en lui donnant le reste de ses biens. On auroit pu l'accuser, non pas à la vérité de démence, mais d'avarice et de bizarrerie, s'il n'étoit pas entré dans des vues si proportionnées et aux engagemens de son état et à la dignité de sa maison. Et parce qu'il l'aura fait, on voudra le représenter ici comme un homme que sa famille a dépouillé, plutôt qu'il ne s'est dépouillé lui-même, et qui a renoncé, non par choix, mais par nécessité, aux grands biens que la nature lui avoit donnés !

Toutes les circonstances de la cause résistent à cette couleur artificieuse qu'on a voulu y répandre.

Si la famille de M. l'abbé d'Orléans avoit eu cette intention, pourquoi lui faire faire cette multitude d'actes ? un seul pouvoit les renfermer tous. Dispose-t-on ainsi de la volonté et de la signature d'un insensé, et ne se hâte-t-on pas au contraire de profiter du moindre intervalle favorable, pour le dépouiller par une seule signature, parce que ces intervalles sont des momens qui passent, et qui quelquefois ne reviennent jamais.

Si l'on vouloit l'interdire par une donation, pourquoi n'y pas comprendre les biens à venir comme les biens présens ? Pourquoi laisser à un insensé soixante mille livres de rentes, des meubles pour cent mille livres, la moitié de l'hôtel de Longueville ? Pourquoi y ajouter cette condition essentielle, cette faculté de disposer du revenu des deux années qui écherront après sa mort ? Cette réserve peut-elle jamais tomber dans l'esprit d'un autre que du donateur même ? Mais surtout, pourquoi y stipuler le retour en faveur de Madame de Nemours ? Dira-t-on que Madame de Longueville l'a fait par l'amitié qu'elle avoit pour Madame de Nemours ?

C'est en vain que pour soutenir ce système mal imaginé, on vous a dit que M. l'abbé d'Orléans s'étoit dépouillé même de l'usufruit qu'il se réservoit dans la donation, par les procurations qu'il avoit passées. Il en explique lui-même les motifs; c'étoient les grands voyages qu'il alloit entreprendre. Les procurations ne sont ni irrévocables, ni si étendues qu'on vous l'a dit, puisqu'elles chargent Porquier de rendre compte de six mois en six mois.

Enfin, comment fera-t-on entrer dans cette supposition l'acte passé avec le sieur marquis de Beuvron depuis la donation et le testament?

Que s'il pouvoit rester encore après toutes ces réflexions, quelque léger soupçon sur les actes, il seroit suffisamment éclairci par deux moyens qui ne peuvent recevoir de réplique.

Le premier, est la conduite même de M. l'abbé d'Orléans. Le second, le jugement de toute la famille.

La conduite de M. l'abbé d'Orléans, qui a toujours été dans la possession paisible de toute la liberté qui peut convenir à un homme raisonnable jusqu'au jour qu'il a été enfermé.

Maître de ses actions, il a entrepris plusieurs voyages avant le testament, dans lesquels on ne remarque rien qui puisse donner le moindre signe de démence. L'histoire que l'on a composée de ce qui s'est passé au Gué de Loré au mois de novembre 1670, n'est qu'un de ces faits inventés avec art, qui ne se soutiennent que par le talent de l'orateur, et qui sont plus propres à la décoration d'une cause, qu'à sa décision.

Dans le cours de ses voyages, il signe des ordonnances, des lettres de change, des quittances, il arrête des comptes. On trouve une multitude de signatures non suspectes, toutes également dignes d'un homme sage et maître de lui-même. Dira-t-on encore que ces signatures soient l'ouvrage de sa famille? Que si dans le nombre de ces arrêtés de comptes on en trouve un ou deux où il a marqué la présence du sieur Dalmont, son écuyer, c'est une circonstance inutile; et si Dalmont lui avoit été donné comme un conseil nécessaire, seroit-il possible qu'on ne trouvât que ce seul compte où il en fût fait mention ?

Ce n'est pas tout encore. Il écrit plusieurs lettres à Porquier, dans lesquelles il se dépeint tel qu'il étoit, sans artifice, sans déguisement. Si l'on n'y découvre pas un caractère d'esprit fort élevé, on n'y voit rien du moins qui soit une preuve de démence. Ces lettres sont aussi judicieuses que celles qu'il a écrites dans le temps même du testament, dont M. le prince de Conty se sert aujourd'hui ; et s'il étoit aussi sage dans le temps du second testament que dans le temps du premier, en faut-il davantage à Madame Nemours, pour espérer un succès favorable dans cette cause ?

Enfin, la famille entière rend un témoignage avantageux à sa sagesse, non-seulement par tous les actes qu'elle a passés avec lui, mais encore par l'avis qu'elle a donné dans le temps de son interdiction, où tous les parens parlent de la foiblesse de son esprit comme d'une infirmité présente ; par les avis qu'ils ont donnés après la mort de M. le comte de Saint-Pol, par lesquels ils supposent, ils confirment, ils approuvent la donation faite immédiatement avant le second testament ; par les comptes mêmes de Porquier, approuvés de M. le prince de Condé ; enfin, par tous les arrêts qui ont été rendus avec M. le prince de Condé, et qui supposent encore une approbation tacite de la donation.

Si l'on joint à ces témoignages publics, des preuves non écrites de la connoissance particulière que la famille avoit de la sagesse de M. l'abbé d'Orléans ; si l'on considère que Madame de Longueville, sa mère, princesse que sa piété a rendu l'exemple de toute la France, a souffert que M. l'abbé d'Orléans ait dit la messe dans le temps même où l'on prétend qu'il étoit entièrement déraisonnable ; qu'elle ne l'a point empêché de voyager publiquement par toute la France depuis le testament ; qu'enfin, elle a permis qu'on lui écrivît des lettres, dans lesquelles on lui rend un compte exact de ses affaires, lettres auxquelles il répond très-pertinemment, pourra-t-on se persuader qu'une princesse pieuse ait autorisé par sa patience un sacrilége; qu'une mère ait consenti que son fils allât, pour ainsi dire, promener sa folie par toutes les villes du royaume; et qu'enfin, une personne aussi sage que Madame de Longueville, ait voulu qu'on amusât son fils par des consultations frivoles sur ses affaires, auxquelles il n'étoit pas en état de répondre?

A tant de preuves si fortes, si solides, si convaincantes, Madame de Nemours ajoute un seul témoignage plus fort que tous ceux dont elle se sert; c'est celui de M. le prince de Conty. Sans parler de l'incertitude dans laquelle est son conseil sur le temps auquel la démence a commencé, ne suffit-il pas pour le convaincre par lui-même de la capacité de M. l'abbé d'Orléans, de lui opposer qu'il possède cette même terre de Nesle, qui avoit été vendue par M. le prince de Condé à M. l'abbé d'Orléans, en l'année 1671? La vente que Madame de Longueville lui en a faite pendant la curatelle, fait mention de celle qui avoit été faite par M. le prince de Condé à M. l'abbé d'Orléans. En acquérant cette terre il a reconnu la justice du titre en vertu duquel M. l'abbé d'Orléans la possédoit; et s'il sait que ce titre est légitime, peut-il s'empêcher de reconnoître en même temps la sagesse de celui qui l'a passé?

C'est ainsi que Madame la duchesse de Nemours a prétendu vous faire voir que M. le prince de Conty n'a plus de titre, à cause de la caducité du fidéicommis qui ne peut être réparée par la clause codicillaire, et que quand même il auroit un titre, il seroit révoqué, soit par la donation, soit par le testament postérieur; que ce testament est un acte aussi sage que solennel, qui prouve lui seul la sagesse du testateur, mais qui, joint avec les autres circonstances, exclut entièrement la demande que M. le prince de Conty a formée pour être admis à faire une preuve contraire aux principes du droit, aux maximes de l'équité, aux argumens invincibles qui résultent

de la qualité des actes qui environnent ce testament,
de la conduite du testateur, de la reconnoissance de
la famille, et de l'aveu tacite, mais décisif, de M. le
prince de Conty lui-même.

Ainsi la sentence qui lui a permis de faire une
preuve, condamnée par tant de lois différentes, résiste elle-même à toutes sortes de lois. Elle ordonne
la preuve, sans qu'il y ait eu aucun fait précis articulé par les parties. La démence, à proprement
parler, n'est pas un fait; c'est la conséquence que
l'on peut tirer de plusieurs faits déposés par un grand
nombre de témoins. C'étoit donc ces faits qu'il falloit
articuler précisément, au lieu de se contenter de lire
à l'audience un mémoire de trois ou quatre faits peu
importans; mémoire informe, qu'on n'a pas même
osé communiquer. Comment Madame de Nemours
pourra-t-elle faire une preuve contraire, si elle
ignore les faits que M. le prince de Conty prétend
prouver? La raison naturelle, l'esprit et la lettre de
l'ordonnance s'élèvent également contre la sentence
des requêtes du palais, et il semble que tout concourt à
faire voir que la prétention de M. le prince de Conty
est aussi injuste et irrégulière dans la forme et dans
le fond, que celle de Madame de Nemours est légitime et favorable dans l'une et dans l'autre.

M. LE PRINCE DE CONTY prétend au contraire que
tous les principes de droit, toutes les circonstances
du fait s'expliquent ouvertement en sa faveur. Tout
conspire à justifier le jugement célèbre que Messieurs
des requêtes du palais ont prononcé dans cette cause.
On ne l'attaque que par de fausses couleurs, ou par
des vaines présomptions.

Il pourroit se dispenser d'entrer dans l'examen des
questions de droit; elles sont toutes prématurées.
Vous n'avez point à prononcer dès à présent sur le
fond des contestations. La sentence des requêtes du
palais ne peut être considérée que comme un tempérament innocent; un interlocutoire aussi nécessaire

que favorable, qui conserve en leur entier les droits
des parties, qui ne préjuge aucune des questions de
la cause, et qui ne tend qu'à joindre les éclaircissemens du fait aux principes du droit, pour pouvoir
prononcer en même temps sur l'un et sur l'autre.

Mais puisque Madame de Nemours le force malgré
lui de s'engager dans une discussion prématurée, il
soutient que si la rigueur du droit semble d'abord
contraire à son titre, la faveur de l'équité vient heureusement à son secours, et que si l'ancienne jurisprudence est pour Madame de Nemours, il a l'a-
vantage d'avoir pour lui toutes les décisions de la
nouvelle.

Il convient que dans les règles générales, le testament n'est, à proprement parler, qu'une institution d'héritier, et qu'aussitôt que ce qui fait toute
l'essence du testament est anéanti, les autres dispositions, qui ne sont considérées que comme l'accessoire, suivent la destinée de l'institution.

Mais il prétend que cette règle générale n'a point
lieu à l'égard des fidéicommis universels, qui ne
sont, suivant les idées que la lumière naturelle
donne à tous les hommes, que des institutions véritables, déguisées sous le nom de fidéicommis.

Autrefois, vous a-t-on dit, dans le temps de la nais-
sances des substitutions fidéicommissaires, il ne faut
pas s'étonner si la caducité de l'institution suffisoit
pour leur donner atteinte. Alors les fidéicommis
étoient purement personnels. Qu'est-ce qu'un fidéicommis dans sa propre signification? Une dernière
disposition, remise entre les mains d'un héritier institué, dont la bonne foi, l'honneur, la probité
étoient connues du testateur. Dépositaire de ses dernières volontés, il pouvoit même ne pas les exécuter
sans perdre la succession. Et après cela sera-t-on
surpris qu'une disposition si dépendante de la seule
fidélité de l'héritier institué, fût regardée comme
uniquement attachée à sa personne?

Mais depuis que les lois ont assujetti les héritiers
institués à la protestation des fidéicommis; depuis

qu'elles ont décidé que l'indignité, la répudiation, la mort d'un héritier testamentaire chargé de fidéicommis, n'empêchoit pas que ses cohéritiers ne fussent soumis à cette condition, comme il l'auroit été lui-même s'il avoit été en état de recueillir la succession ; enfin, depuis que par le rescrit solennel des empereurs Sévere et Antonin, les substitués ont été assujettis aux charges qui avoient été imposées à l'institué, les fidéicommis n'ont plus été regardés comme des dispositions purement personnelles, les jurisconsultes les ont considérés comme une charge réelle qui affectoit la totalité de la succession, et qui suivoit les biens entre les mains de toutes sortes de possesseurs.

Et parce qu'on pouvoit croire que cette maxime ne regardoit que les héritiers testamentaires, les jurisconsultes, par une interprétation juste et légitime, ont étendu ce principe aux successions légitimes ; et dès le moment qu'un testateur a chargé un seul des héritiers du sang, la loi présume qu'il a voulu charger tous les autres à son défaut. C'est la décision précise de la loi, *si titio* 61. §. 1. ff. *de Legatis* 2°.

Ce seul principe ne suffiroit pas pour détruire tous les argumens de Madame de Nemours? Elle allégue inutilement tous les textes de droit qui décident que l'institution d'héritier est la base et le fondement de tous les testamens, et que sa ruine est suivie de celle de toutes les autres dispositions. On convient du principe, mais on prétend qu'en ce cas les fidéicommis son censés répétés à l'égard de l'héritier légitime ; que succédant aux biens, il doit les prendre avec leurs charges, et que cette présomption est autorisée par Justinien même, dans la loi unique §. 4. cod. *de caduc. toll.* qui en rend cette raison, que la lumière naturelle dicte à tous les hommes ; *neque enim ferendus est is qui lucrum quidem amplectitur, onus autem ei annexum contemnit.*

Que si Madame de Nemours demande encore un texte précis, où il soit expressément décidé que la force de cette présomption générale a lieu, même à

l'égard des héritiers du sang, et que les fidéicommis
sont des charges qui ne les obligent pas moins que les
héritiers testamentaires, M. le prince de Conty soutient qu'il a l'avantage d'avoir en sa faveur une loi
positive, à laquelle on n'a pu opposer aucune réponse,
spécieuse.

C'est le texte des lois 13 et 14 au digeste *de test.
militis.*

L'institution et la substitution vulgaire étoient ca-
duques dans l'espèce de ces lois. Dans l'une, il
s'agissoit du testament d'un soldat; dans l'autre, du
testament d'un simple citoyen. Que deviendra, demande le jurisconsulte, un fidéicommis universel,
dont le testateur avoit chargé l'institué et le substitué, au profit de son esclave, auquel il laissoit en
même temps la liberté.

La réponse semble être faite pour l'espèce que vous
avez à décider.

Si c'est un soldat qui ait fait le testament, le fidéicommis universel sera considéré comme une institution directe, par la faveur de la volonté du testateur;
et cela sans aucune distinction.

Mais si la même question se présente dans le testament d'un simple citoyen, alors on distinguera si
l'héritier institué et le substitué sont morts pendant
la vie du testateur, dans un temps où il a pu savoir
leur mort, et y apporter le remède convenable en
changeant son testament; alors on n'établira aucun
droit nouveau, c'est-à-dire, que le fidéicommis sera
inutile. Mais si le testateur n'a pu savoir le décès des
héritiers institués, ou s'ils sont morts d'après lui avant
l'adition de l'hérédité, en ce cas, on accorde à l'esclave et le fidéicommis et la liberté; car c'est ainsi
qu'on doit entendre ces paroles : *Omnimodo subve-
niendum.*

Jamais on n'a pu faire à la question présente une
application plus juste et plus heureuse que celle de
cette loi. Les héritiers, il est vrai, sont décédés avant
le testateur; M. le comte de Saint-Pol, Madame de
Longueville, l'un héritier institué, l'autre appelée

3

par une substitution vulgaire, ne lui ont pas survécu. Mais le testateur étoit-il en état de réformer son testament, de remédier lui-même à cet accident imprévu, à cette mort inopinée qui renversoit l'ordre qu'il avoit établi dans sa succession? Bien loin de pouvoir le faire, on peut dire qu'il étoit mort lui-même, et ce n'est point ici une expression figurée. C'est ainsi que la loi appelle ceux que la fureur retranche du nombre des hommes raisonnables. L'interdiction étoit prononcée dans le temps de la mort de M. le comte de Saint-Pol. Y eut-il jamais un cas plus semblable à celui de la loi?

Ce n'est point, comme on vous l'a dit, un cas singulier, un privilége extraordinaire, accordé à la seule faveur de la liberté. La glose rejette cette interprétation, et elle décide nettement que cette loi est devenue, par sa justice et par son équité, le droit commun, et la dernière jurisprudence.

Quelle décision peut jamais paroître plus digne d'être reçue dans nos mœurs, que celle d'une loi dans laquelle le jurisconsulte rejette ces vaines subtilités de l'ancien droit, qui faisoient honte à la sagesse et à la gravité des Romains, pour ne s'attacher qu'à la juste et légitime interprétation des volontés du testateur.

Son intention ne peut être douteuse : quand il charge son héritier d'un fidéicommis universel, c'est afin que ses biens passent un jour au fidéicommissaire; et cette intention sera-t-elle inutile, parce qu'une mort imprévue aura enlevé l'héritier dans un temps où le testateur n'est plus en état de corriger l'injustice du sort, pour nous servir des termes d'une loi?

Pourra-t-on s'imaginer que ce circuit et cette suite de degrés entrent nécessairement dans l'exécution des volontés du testateur, et que, si cet ordre est une fois interrompu, il veuille exclure pour toujours, de sa succession ceux mêmes qu'il y avoit appelés expressément?

La vie seule de l'institué pouvoit suspendre l'effet

des libéralités du testateur. Il étoit, pour ainsi dire, un obstacle entre lui et le fidéicommissaire. Quel effet sa mort doit-elle produire, si ce n'est de rapprocher le fidéicommissaire, bien loin de l'exclure?

Si l'institué a été préféré en un sens au substitué, ce n'est que dans l'ordre du temps; mais le substitué a été préféré à l'institué dans la propriété. Et si cela est, il est vrai de dire qu'il a reçu des témoignages moins prompts, mais plus solides, de l'affection du testateur. Dira-t-on qu'une disposition qui marque plus de bienveillance de la part du testateur, ait moins d'effet que celle qui ne donne à l'institué qu'un simple usufruit? Le décès de l'usufruitier éteindra-t-il la propriété dans la personne du fidéicommissaire, et ne sera-t-il pas plus naturel de dire au contraire, que le prédécès de l'héritier institué doit être regardé comme un moyen favorable pour réunir l'usufruit à la propriété, et pour avancer le temps de la restitution?

Toutes ces raisons, communes à tous ceux qui sont appelés par un fidéicommis universel, sont bien plus fortes dans l'espèce de cette cause, si l'on considère que c'est ici un fils qui parle à sa mère, qui oublie en ce moment l'autorité que la loi lui donne de commander dans son testament, pour ne plus se souvenir que du respect que la nature lui inspire pour Madame de Longueville. S'il s'est expliqué par des termes de prières, ce changement dans l'expression ne doit en faire présumer aucun dans la volonté; et la seule conséquence que l'on peut en tirer, c'est que le testateur a eu plus de respect pour Madame de Longueville, mais non pas moins d'affection pour Messieurs les princes de Conty, que pour ses autres héritiers testamentaires.

Enfin, si l'on ajoute à toutes ces observations, que la clause qui appelle Messieurs les princes de Conty, n'est pas une clause distincte et séparée de celle qui institue M. le comte de Saint-Pol et Madame de Longueville: si l'on considère ce tissu, cet enchaînement, cette suite d'expressions, qui ne marque qu'une seule et même volonté, il sera aisé de conclure que, puisque la volonté du testateur a égalé à l'institution le fidéicommis, l'un peut aisément subsister sans l'autre, et que ni la raison naturelle, ni la loi civile, ne souffrent pas que l'on dépouille M. le prince Conty d'une succession que l'une et l'autre lui donnent également.

Mais s'il pouvoit encore rester quelque doute sur cette première question, il seroit facile de le dissiper entièrement par la force et par la vertu de la clause codicillaire : clause à laquelle M. le prince de Conty n'a point renoncé, comme on vous l'a dit, puisqu'il agit dans cette cause, et comme héritier institué, et comme légataire universel. Le testament établit sa première qualité ; la clause codicillaire est le fondement de la seconde.

Après cela, écoutera-t-on les foibles argumens dont Madame de Nemours se sert pour éluder la force d'une cause si efficace ?

Croira-t-on que le testateur n'en a pas connu l'effet ? Quand même un fait de cette qualité pourroit être admis, n'y a-t-il pas des preuves convaincantes dans la cause même, de la connoissance parfaite qu'il en avoit ? Et ne lit-on pas encore cette même clause dans une des donations que M. l'abbé d'Orléans a faite à Neuchâtel ?

Dira-t-on que ces clauses sont inconnues dans le pays coutumier ? Mais il s'agit ici d'un testament fait en pays de droit écrit.

Distinguera-t-on deux sortes de clauses codicillaires dans le droit, contre les termes des lois mêmes, contre les sentimens des docteurs qui n'en reconnoissent qu'une seule, et qui s'accordent tous dans l'explication qu'ils donnent de sa nature et de ses effets ?

Il n'y en a aucun qui ne dise que toutes les clauses codicillaires sans aucune distinction, sont regardées comme une prière faite à l'héritier légitime d'exécuter le testament. C'est ainsi que Bartole, que la glose, que M. Cujas, que M. Faber, que Mantica, en un mot, que tous les auteurs que Madame de Nemours

a cités sur la caducité du fidéicommis, l'ont expliquée.

Ils ont tous prévu le cas dont il s'agit dans cette
cause, c'est-à-dire la caducité de la substitution par
le défaut d'héritier; et tous ceux qui soutiennent que
le fidéicommis est caduc en ce cas, y ajoutent une
exception qui convient parfaitement avec l'espèce de
cette affaire : *Si ce n'est, disent-ils, que le testateur
ait pris la précaution d'insérer une clause codicillaire dans son testament.*

On oppose inutilement au consentement unanime
de tous les docteurs, des arrêts qui n'ont nulle application à la question que vous avez à décider, des
arrêts rendus dans le cas de la prétérition d'un fils de
famille : défaut essentiel, qui, joint à d'autres circonstances, anéantit tout le testament, parce qu'il fait
présumer ou la fureur, ou l'imbécillité du testateur, ou
une ignorance inexcusable, en un mot, un défaut
absolu de volonté. Mais qui pourra dire, après avoir
vu le testament dont il s'agit, que la volonté du testeur n'ait pas été favorable à Messieurs les princes de
Conty?

Il est certain, d'un côté, qu'il a voulu qu'ils fussent
admis à sa succession. De l'autre, il n'est pas moins
constant qu'il s'est servi de la voie que les lois lui ac-
cordoient, pour faire exécuter sa volonté dans tous
les cas. Il en a chargé ses héritiers institués, supposé
que le testament subsistât. Il en a chargé ses héritiers
légitimes par la clause codicillaire, supposé que le
testament fût détruit. Que peut-on opposer à une
volonté si générale, si étendue, si expresse, et pour
nous servir d'une terme consacré par les lois, à une
volonté si *énixe*?

Le titre que M. le prince de Conty soutient n'est
donc point caduc. La volonté de la loi ne le défend
pas moins que celle du testateur.

Ce titre n'est point révoqué. Ni la donation, ni le
testament postérieur, n'ont pu lui donner atteinte.
C'est la seconde proposition qu'on a voulu vous
établir.

D'Aguesseau. Tome III. 11

3

Quand même on supposeroit que la donation auroit été faite dans un temps de sagesse et de liberté d'esprit, elle ne seroit point incompatible avec le premier testament. Une institution et une donation n'ont rien de contraire. L'institution donne la qualité d'héritier, la donation ne sauroit la détruire. Elle peut, à la vérité, diminuer les avantages attachés à cette qualité, priver l'héritier d'une partie des biens, épuiser même toute la succession; mais elle ne peut jamais ôter à l'héritier un titre que la loi seule ou la volonté du testateur peuvent donner et ôter quand il leur plaît.

Un legs universel pourroit, à la vérité, être révoqué par un simple changement de volonté; mais un fidéicommis universel est regardé comme une institution qui ne peut être abrogée que par une volonté aussi solennelle que celle qui l'a produite.

Mais on soutient que sans entrer dans tous ces moyens de droit, le seul fait de démence suffit pour détruire tous les argumens que l'on tire et de la donation et du testament.

Ce fait est presque déjà prouvé par le caractère et par la conduite de M. l'abbé d'Orléans; par l'interdiction qui suit de près son testament, et qui fait présumer qu'il y avoit long-temps qu'il étoit en démence quand on a eu recours à ce dernier remède, enfin, par les actes mêmes dont on se sert pour prouver sa sagesse.

Après de tels commencemens de preuves, pourroit-on refuser à M. le prince de Conty la permission qu'il demande d'ajouter la déposition des témoins à des présomptions si fortes, pour éclaircir entièrement la religion de la justice?

La démence est un fait, et par conséquent elle peut être prouvée par témoins. Ce principe est fondé sur l'autorité des lois, sur la jurisprudence uniforme de tous les parlemens du royaume, sur la raison même.

Qu'oppose-t-on à une maxime dont on est obligé de reconnoître la vérité?

La sagesse du testament? Mais les docteurs mêmes qu'on allègue pour soutenir cette conjecture, s'élèvent contre la prétention de Madame de Nemours, et ils ne regardent ce fait que comme une simple présomption, dont l'unique effet est d'obliger celui qui l'attaque, à la détruire par une preuve contraire.

La faveur des héritiers institués dans ce dernier testament? Mais cette faveur est égale de part et d'autre; elle est même plus grande dans le premier testament que dans le second, puisque le testateur y a joint Madame de Longueville à M. le comte de Saint-Pol, et que par une sage prévoyance de l'avenir, il a voulu immortaliser sa mémoire par des substitutions aussi judicieuses qu'elles sont honorables à sa maison.

Dira-t-on que la seule qualité de celle qui profite du dernier testament, suffit pour exclure la preuve que l'on vous demande aujourd'hui? On ne conteste point à Madame de Nemours la qualité d'héritière du sang. Mais par quelle raison, ou par quelle autorité pourra-t-elle montrer qu'il suffit d'être héritière du sang, pour pouvoir profiter de la dernière disposition d'un imbécille, et pour recueillir le fruit de la volonté prétendue d'un homme qui n'en a point?

Les actes qui accompagnent ce testament, sont autant de témoins qui déposent hautement contre la sagesse du testateur; ils prouvent d'une manière invincible deux faits également importans.

L'un, que le testateur n'y a eu aucune part; qu'il n'y a contribué que de sa signature; que sa famille a voulu profiter d'un reste de liberté qu'elle lui accordoit, pour terminer sous son nom toutes les affaires qui pouvoient regarder Madame de Longueville.

L'autre fait, est que par le moyen de ces actes, la famille de M. l'abbé d'Orléans avoit prononcé contre lui une espèce d'interdiction anticipée, une interdiction de fait, moins solennelle, mais non pas moins efficace qu'une interdiction de droit.

11 *

Doutera-t-on de la vérité du premier fait, lorsque l'on considérera que pour signer le premier et le plus important de ces actes, M. l'abbé d'Orléans arrive le 15 janvier, qu'il le signe le lendemain matin, sans qu'il ait pu en examiner ni les clauses, ni les conséquences; quand on remarquera que M. le prince de Condé avoit signé une procuration dès le 15 janvier, jour de l'arrivée de M. l'abbé d'Orléans, pour passer le contrat de vente de la terre de Nesle; que cette procuration est au bas du projet de ce contrat, auquel dans la suite on n'a rien changé, et que par conséquent l'acte étoit non-seulement résolu, mais écrit et entièrement arrêté avant que M. l'abbé d'Orléans en eût pu avoir aucune connoissance?

Doutera-t-on encore une fois, qu'il n'ait eu que la moindre part à ces actes, lorsque l'on voit qu'il y agit plus pour l'intérêt de Madame de Longueville que pour le sien? C'est pour elle qu'il parle, qu'il stipule, qu'il contracte dans tous ces actes. La donation qu'il fait à M. le comte de Saint-Pol doit être nulle, si la donataire n'exécute tous les contrats que M. l'abbé d'Orléans avoit passés avec Madame de Longueville; s'il ne la décharge non-seulement des pierreries qui avoient été déposées entre ses mains, mais encore du compte de la tutelle. Doutera-t-on après tout cela du véritable auteur de tous ces contrats?

Mais si ce premier fait est certain, le second ne l'est pas moins, et il est encore plus important.

Il paroît évidemment que l'intention de la famille qui connoissoit l'état de M. l'abbé de Longueville, a été de le priver de tous ses biens, pour lui ôter une liberté dont il ne pouvoit plus qu'abuser. Et qui n'en sera persuadé, lorsque l'on voit qu'en trois jours de temps l'aîné de la maison de Longueville renonce tout à coup aux grands biens qui pouvoient lui appartenir; qu'on le dépouille en même temps et de la propriété et de l'usufruit; et que dans un temps où

il étoit à peine majeur, il passe jusqu'à douze actes
différens, par lesquels il s'interdit lui-même et pour
le présent et pour l'avenir?

La donation, les pensions viagères, les démissions
de ses gouvernemens, lui ôtent ses biens présens. Le
testament dont on ne le laisse pas le maître, et qu'on
dépose entre les mains de Porquier, le prive des biens
à venir.

Par la donation, il perd tout droit de propriété. On
ne lui laisse que des réserves inutiles; une somme de
soixante mille livres à prendre sur les fermiers insol-
vables; le revenu de deux années qui écherront après
sa mort.

Les procurations lui font perdre même l'administration de l'usufruit qu'on lui laissoit pour subsister; de
sorte qu'en trois jours de temps, un homme qui pouvoit disposer de deux cent mille livres de rentes, est
réduit à ne pouvoir pas même administrer un usufruit
modique qu'il se réserve.

Bien loin que la multiplicité de ces actes serve à
prouver la sagesse du testateur, c'est ce nombre
même de douze actes passé aussitôt après sa majorité, dans un intervalle de moins de deux mois, qui
sert à montrer combien sa famille a cru devoir prendre de précautions contre lui.

Enfin, tous ces actes peuvent subsister, quand
même on donneroit atteinte au testament, puisqu'ils sont tous avantageux au testateur, excepté ceux
par lesquels il se dépouille de tous ses biens; et ce
sont les seuls que l'on attaque aujourd'hui.

Quelle différence infinie ne doit-on pas faire entre
un contrat et un testament? Le conseil qui fait la
bonté de l'un, fait la nullité de l'autre; et si la docilité de M. l'abbé d'Orléans a pu lui suffire pour
signer un contrat, suffira-t-elle pour faire valoir son
testament?

Il n'est pas nécessaire de répandre ici des soupçons
de suggestion contre ce testament. Qu'il soit l'ouvrage de Porquier, comme il y a beaucoup d'apparence, ou d'un autre domestique dévoué aux intérêts

de M. le comte de Saint-Pol, c'est ce qui pourra se découvrir dans la suite, mais qui est assez indifférent à M. le prince de Conty.

Il lui suffit de prouver qu'il n'est point l'ouvrage de la volonté du testateur, sans aller chercher quelle est la main qui a conduit la sienne.

Après avoir ainsi expliqué les actes en sa faveur, M. le prince de Conty prétend tirer le même avantage des comptes, des lettres, et des autres pièces par lesquelles on tâche de justifier la conduite de M. l'abbé d'Orléans.

Que trouve-t-on dans ces comptes? Des preuves par écrit non-seulement de l'avarice, mais de la légèreté, mais de la bizarrerie, mais de l'égarement d'esprit de M. l'abbé d'Orléans, et avant et après le testament.

C'est-là qu'on voit, avant le testament cette aventure inexplicable de la fuite de M. l'abbé d'Orléans à la vue d'un valet-de-pied de M. le comte de Saint-Pol. Il s'échappe, il disparoît lui troisième, il se dérobe à ses gens. Il demeure caché dans une hôtellerie à Orléans pendant près de quarante jours. Il s'embarque le 29 décembre sur la rivière de Loire pour aller à Tours, et ce n'est qu'avec peine qu'on le ramène enfin à Paris le 15 janvier, pour signer tous les actes qui vous ont été expliqués.

Après le testament, si on lui laisse le pouvoir d'arrêter les comptes de sa maison, pour donner cet amusement à la passion naturelle qu'il avoit pour l'économie, la famille propose le sieur Dalmont pour être l'inspecteur de sa conduite, et lui-même a la docilité de reconnoître qu'il a arrêté ses comptes en présence et par l'avis de ce curateur domestique.

S'il signe des décharges et des lettres de change, s'il écrit à Porquier, partout il peint le désordre et le dérèglement de son esprit.

Quelle apparence qu'en cet état Madame de Longueville eût souffert qu'il eût dit la messe? Aussi n'en rapporte-t-on aucune preuve solide.

Enfin, on vous supplie de joindre à tous ces faits,

ce grand moyen qui se répand sur toutes les parties de la cause, que le commencement de la démence est incertain, qu'il est impossible de présumer qu'elle n'ait commencé que dans le temps que M. l'abbé d'Orléans a été enfermé; que les parens n'ont point marqué ce moment fatal, comme on a voulu vous l'insinuer; que bien loin que l'on puisse se servir ici du suffrage de la famille, c'est de la conduite même de la famille que M. le prince de Conty tire ses plus grands argumens, puisque c'est elle qui a interdit de fait M. l'abbé d'Orléans long-temps avant qu'il le fût de droit; et qu'en un mot, toutes ces approbations prétendues de la donation, ne peuvent nuire à un tiers qui n'y a jamais eu aucune part.

Après toutes ces raisons, on prétend qu'il seroit inutile de s'arrêter à répondre à une pure subtilité, par laquelle on oppose à M. le prince de Conty comme une fin de non-recevoir, qu'il possède la terre de Nesle, qui avoit autrefois été vendue à M. l'abbé d'Orléans par M. le prince de Condé : comme si l'on pouvoit prétendre qu'un mineur qui acquiert une terre est présumé par là confirmer et approuver les titres de celui qui la lui vend, et reconnoître qu'il étoit capable, non pas dans temps de la vente qu'il lui en a fait, mais dans le temps qu'il l'a acquise.

Il ne seroit pas plus nécessaire de répondre à une objection de forme, qui regarde la prononciation de la sentence des requêtes du palais. Si l'on eût consulté pour Madame de Nemours, tous les arrêts qui permettent la preuve de la démence, on auroit vu qu'ils la permettent tous en général, sans articuler aucun fait particulier.

En effet, qui pourroit en fixer le nombre et la qualité, avant que la preuve soit faite? Mais d'ailleurs, il ne s'agit pas tant ici de prouver la démence, que d'en fixer le commencement. C'est là l'unique et le véritable fait qu'articule M. le prince de Conty, et dont la sentence a ordonné la preuve.

En cet état, qui pourroit vous empêcher de confirmer une sentence aussi sage qu'elle est légitime?

Seroit-ce le défaut du premier titre ? Mais il est appuyé sur des fondemens trop solides et trop inébranlables, pour pouvoir jamais recevoir d'atteinte. Seroit-ce la validité du second ? Mais qui pourroit, au milieu de tant de présomptions, le regarder comme un acte valable ; ou du moins qui pourroit refuser à M. le prince de Conty le moyen de donner à ces présomptions le degré de certitude qui leur manque ?

Voilà, MESSIEURS, quel est le véritable état de la contestation sur laquelle vous avez à prononcer.

Nous avons tâché de vous remettre devant les yeux les circonstances principales du fait, et les moyens essentiels qui rendent la décision de cette cause obscure, incertaine, et difficile. Nous tâcherons de découvrir demain les véritables présomptions de la volonté du testateur dans le premier temps, et de sa sagesse ou de sa démence dans le second. Ce sont les deux points essentiels auxquels se réduit toute cette contestation.

SECONDE AUDIENCE.

APRÈS vous avoir expliqué dans la dernière audience, et les circonstances essentielles du fait, et les principaux moyens des parties, nous avouons sans peine que nous ne voyons approcher qu'avec crainte le moment où nous allons être obligés de vous proposer nos sentimens sur une affaire si importante.

Quelque étendue qu'elle soit, nous osons dire qu'elle nous paroissoit facile à expliquer, lorsqu'il n'étoit question que de balancer les moyens de part et d'autre, et non pas de décider de leur force et de leur mérite.

Nous n'avions qu'à opposer un testament à un autre testament, à combattre des lois par d'autres lois, à détruire des faits par des faits; en un mot, il nous suffisoit de rendre la cause douteuse; et il semble qu'aujourd'hui nous soyons obligés de la faire paroître aussi claire et aussi facile à décider, qu'elle paroissoit hier obscure et incertaine.

· Heureux en cet état, si les obligations de notre ministère nous permettoient de douter toujours, et si après vous en avoir représenté les raisons de part et d'autre, il nous étoit permis d'attendre avec le public, la décision que vous allez prononcer, au lieu d'être obligés de la prévenir en quelque manière, et de marcher avant la lumière qui doit nous éclairer.

Mais puisque la loi de notre devoir, bien loin de nous permettre le silence en cette occasion, nous impose l'honorable nécessité de vous parler dans cette cause au nom du public, dont l'intérêt est remis entre nos mains; après vous avoir marqué que si nous n'osons espérer de remplir aujourd'hui toute l'étendue de notre ministère, nous avons du moins assez de connoissance pour en sentir et pour en craindre tout le poids : nous ne différerons pas davantage de vous expliquer d'abord quel est le véritable état dans lequel nous croyons que cette cause doit être renfermée.

· Vous avez à prononcer sur l'appel d'une sentence des requêtes du palais, qui permet à M. le prince de Conty de prouver par témoins, que M. l'abbé d'Orléans étoit en démence six mois et plus avant le testament.

Madame de Nemours y joint une requête à fin d'évocation du principal. Elle prétend qu'il y a lieu dès à présent d'infirmer la sentence, et de débouter M. le prince de Conty de la demande principale qui fait le sujet de la contestation entre les parties.

Quoique la sentence des requêtes du palais ne prononce en apparence qu'un interlocutoire, il est certain néanmoins qu'elle juge une grande partie des questions principales de cette cause. Et pour en être convaincu, il suffit de considérer que la défense de Madame de Nemours a deux parties différentes. Elle soutient d'abord que M. le prince de Conty n'a point de titre; et elle ajoute ensuite, que, quand il en auroit un, il seroit révoqué par un testament postérieur, auquel la preuve par témoins ne sauroit donner atteinte.

Si la première défense de Madame de Nemours est

juste et légitime, si elle peut prouver que le testament dont M. le prince de Conty emprunte tout son droit, soit une disposition caduque et inutile, la seconde défense devient superflue; et si l'on avoit une fois décidé que M. le prince de Conty n'a point de titre, vous prévoyez, MESSIEURS, quelles seroient les conséquences infaillibles que l'on pourroit en tirer. S'il n'a point de titre, il n'a point de qualité; s'il n'a point de qualité, il n'a plus d'action et s'il n'a plus d'action ni d'intérêt dans cette cause, comment l'admettroit-on à prouver un fait qui devroit lui être absolument indifférent, puisque quand même la démence seroit certaine, ce seroit Madame de Nemours qui en profiteroit, parce qu'elle ne serviroit qu'à faire voir que M. l'abbé d'Orléans est mort sans faire de testament?

Mais au contraire, lorsqu'on entre dans l'examen de cette révocation; lorsqu'on admet M. le prince de Conty à prouver qu'elle a été faite par un imbécille, on suppose qu'il a un intérêt solide, une action légitime, une qualité certaine, un titre subsistant; et c'est ce qu'ont fait Messieurs des requêtes du palais. Ils n'ont pas, à la vérité, prononcé expressément sur la qualité de M. le prince de Conty : ils n'ont pas décidé formellement que le premier testament n'étoit pas un titre caduc; mais ils l'ont décidé tacitement en recevant sa demande, qui ne pouvoit avoir d'autre fondement solide que le testament même; et c'est ainsi que la cour prononce souvent sur les fins de non-recevoir, sur des prescriptions opposées par une des parties. En admettant l'action que l'on prétend éteinte ou prescrite, elle condamne ou la fin de non-recevoir, ou la prescription; et ce jugement tacite n'est ni moins fort ni moins décisif, que si elle avoit prononcé expressément et formellement sur l'un ou sur l'autre.

Nous croyons donc pouvoir conclure de toutes ces réflexions, qu'on doit considérer la sentence des requêtes du palais, non comme une simple sentence préparatoire qui conserve tous les droits et tous les moyens des parties en leur entier, mais comme une

sentence qui préjuge la première question de la cause,
c'est-à-dire, la validité du titre, et qui prononce un
interlocutoire sur la seconde, c'est-à-dire, sur la révocation de ce même titre.

L'appel de cette sentence a donc porté par-devant
vous le fond, le principal des contestations ; et telle
est la condition des parties qui paroissent dans votre
audience, que si vous infirmez la sentence, vous pro-
noncerez en même temps un jugement définitif sur
le fond même de la contestation ; et si vous la con-
firmez au contraire, vous laisserez la dernière partie de la cause en suspens, jusqu'à ce que la déposition
des témoins ait éclairé la religion de la justice. Ainsi
les avantages des parties sont si inégaux dans cette
occasion, que l'une peut gagner absolument sa cause,
et ne peut jamais la perdre entièrement, au lieu que
l'autre peut tout perdre, et ne sauroit tout gagner.

Après vous avoir expliqué la véritable décision de
la sentence, qui ne nous paroît pas aussi innocente
qu'on a voulu vous le persuader, nous suivrons
l'ordre naturel que les deux principales questions de la
cause présentent à l'esprit, et nous examinerons dans
les deux parties de ce discours les deux testamens qui
en font tout le sujet. Le premier est-il caduc ? Le
second a-t-il été capable de révoquer le premier ?
C'est à quoi se réduit toute cette contestation.

Pour traiter avec quelque ordre la première
question, c'est-à-dire, la caducité du fidéicommis,
nous considérerons ce fidéicommis sous les deux
faces différentes sous lesquelles l'une et l'autre des
parties vous l'ont proposé.

Nous examinerons d'abord le fidéicommis en
lui-même, séparé de tout le reste du testament.
Nous tâcherons de pénétrer dans l'esprit du testateur,
de sonder la profondeur de sa volonté, et nous ne
croirons pas encore qu'il nous suffise de l'avoir reconnue, si elle ne nous paroît conforme aux maximes
du droit, et aux règles inviolables de la jurisprudence romaine.

Nous considérerons ensuite le fidéicommis joint

à la clause codicillaire, dont nous essayerons de vous expliquer en peu de mots l'origine, la nature et les effets.

Mais sans nous arrêter plus long-temps au plan et à la division de cette cause, entrons d'abord dans l'examen du fidéicommis considéré en lui-même, et indépendamment des autres clauses du testament; et puisque les jurisconsultes romains reconnoissent eux-mêmes qu'il n'y a rien ni de plus abstrait ni de plus subtil dans tout le droit; que les questions qui regardent la nature et la force des substitutions, souffrez, MESSIEURS, que pour nous expliquer aussi clairement que la difficulté de la matière peut le permettre, nous supposions ici quelques principes généraux par lesquels on peut connoître l'espèce et la qualité de la substitution sur laquelle vous avez à prononcer.

Une loi juste et solennelle déféroit toutes les successions aux héritiers du sang, et les fondateurs du droit romain ont cru que pour les en dépouiller, il falloit faire une loi qui ne fût ni moins juste ni moins solennelle que la première. Et parce qu'il auroit été aussi absurde qu'impossible de faire une loi générale qui dérogeât à cette loi naturelle qui appelle les héritiers du sang, l'on donna à chaque particulier une fois en sa vie l'autorité de législateur. Mais en même temps qu'on le revêtissoit de ce caractère, on lui imposoit la nécessité de proposer son testament non comme un acte domestique, mais comme une loi authentique et solennelle. Tout le peuple étoit témoin de ces lois particulières, comme des lois qui regardoient l'intérêt public. Ce n'est pas tout encore; le testament n'étoit pas seulement une loi publique pour les solennités extérieures, il l'étoit encore par les termes dans lesquels il devoit être conçu. Le testateur qui dictoit une loi inviolable à sa famille, devoit parler de la même manière que le législateur qui proposoit une loi à tout le peuple romain. Et de là vint cette nécessité rigoureuse, qui n'a été abrogée que par l'empereur Constantin, de se servir dans les institutions d'héritiers, et dans les legs mêmes, de paroles consacrées à l'usage des lois ; paroles que les jurisconsultes appellent termes directs, termes impératifs, dignes de la majesté et de la puissance d'un législateur.

La mort prématurée des héritiers institués, ou le refus qu'ils faisoient de prendre la qualité d'héritiers, éludoit souvent l'exécution de cette loi. Ce fut pour remédier à cet inconvénient, que l'on inventa l'usage des substitutions directes et vulgaires, pour soutenir par une longue suite d'héritiers l'exécution de la volonté du testateur. Personne n'ignore la nature de ces substitutions. Elles n'étoient, à proprement parler, qu'une seconde institution, ou si l'on veut, l'institution d'un second ou d'un troisième héritier, en cas que les premiers ne recueillissent point les biens du testateur, soit par le défaut de pouvoir, ou par celui de volonté.

A cette voie, qui fut la seule permise jusqu'à la fin de la république, on en ajouta une seconde dans le temps des premiers empereurs. Au lieu que jusqu'alors les testateurs n'avoient parlé qu'en commandant, ils commencèrent à se servir de prières, par lesquelles ils supplioient l'héritier institué de rendre leur succession, ou une partie de leurs biens à celui qu'ils vouloient choisir.

La loi qui n'avoit pas encore autorisé cette disposition, n'imposoit d'abord aucune nécessité de l'accomplir. Comme la pudeur, la bonne foi, l'équité naturelle en avoient été le seul fondement, elles formoient aussi les seuls liens qui engageoient l'héritier à l'exécuter ; et s'il trahissoit les dernières volontés du testateur, il se déshonoroit sans perdre la succession.

Auguste fut le premier des empereurs qui vengea les testateurs de cette perfidie. Il fit une nécessité inviolable de ce qui n'étoit dans son principe qu'un engagement d'honneur ; et les fidéicommis commencèrent dès-lors à être aussi fréquens que les legs et les autres dispositions directes.

Si les termes des prières dans lesquels ils étoient conçus, étoient moins solennels ; ils étoient p'us utiles que les termes directs qui faisoient l'essence du testament. Ils pouvoient être adressés non-seulement aux héritiers institués, quand il y avoit un testament, mais même aux héritiers légitimes quand il n'y en avoit point. La faveur de la volonté étoit si grande dans cette disposition, qu'il semble qu'on auroit craint d'y donner atteinte, si l'on eût fait dépendre son exécution de la moindre solennité.

L'usage des fidéicommis porta les jurisconsultes à distinguer deux sortes de substitutions : car nous ne parlons point ici de la substitution pupillaire, qui n'a nulle application à cette cause.

La première espèce de substitution fut celle qu'ils appelèrent *directe* et *vulgaire*, à cause de son usage commun et permis à tous les testateurs, à l'égard de toutes sortes d'héritiers.

La seconde, fut celle que nous avons nommée *substitution fidéicommissaire*, mais que les jurisconsultes expriment presque toujours par le terme seul de *fidéicommis*.

Il n'est pas inutile de s'arrêter ici à comparer exactement ces deux genres de substitutions. Leurs caractères différens sont absolument essentiels à la décision de cette cause.

La substitution vulgaire, n'est, comme nous l'avons déjà dit, qu'une véritable institution d'héritier, *secunda hæredis institutio*, disent tous les jurisconsultes : seconde institution, qui ne demande pas moins de solennités que la première, et qui ne donne pas moins de droit sur la totalité de la succession. L'une est pure et simple ; l'autre est conditionnelle, et elle ne doit avoir son effet qu'au défaut de l'institution. De là vient que toutes les fois que cette condition essentielle vient à manquer, c'est-à-dire, toutes les fois que l'héritier institué recueille la succession, la substitution vulgaire s'évanouit, *aditâ hereditate evanescit*, disent encore toutes les lois ; et ce seroit avancer un paradoxe dans la jurisprudence, de soutenir en général, que l'hérédité peut être recueillie et par l'institué, et par celui qui lui est substitué vulgairement.

Ainsi cette substitution a, pour ainsi dire, un double caractère.

Comme institution, elle doit être revêtue de toutes les solennités que le droit civil a établies pour la validité des testamens.

Comme seconde institution, elle ne peut jamais avoir d'effet que lorsque le premier institué n'est point héritier ; condition essentielle, à laquelle la destinée d'une substitution vulgaire est inséparablement attachée.

La substitution fidéicommissaire a deux caractères directement opposés à ceux qui font toute l'essence de la substitution vulgaire.

Premièrement, elle peut être faite par toutes sortes d'expressions.

Tout ce qui explique, disons mieux, tout ce qui fait présumer la volonté du testateur, suffit pour soutenir cette espèce de substitution.

Mais ce qui la caractérise encore davantage, et qui fait mieux connoître combien la nature est opposée à celle de la substitution vulgaire, c'est qu'au lieu que l'une est éteinte sans retour aussitôt que le premier héritier a recueilli les biens, l'autre au contraire n'a son effet que lorsqu'il les recueille.

Elles sont donc faites sous deux conditions directement opposées.

L'une suppose qu'il n'y ait point d'héritier, l'autre suppose au contraire qu'il y en ait un.

L'existence de l'héritier institué anéantit la substitution vulgaire ; l'existence de l'héritier institué fait subsister la substitution fidéicommissaire. L'une disparoît dans le temps que l'hérédité est acquise ; l'autre au contraire, emprunte sa force de l'addition de l'hérédité. Ce qui fait cesser l'une, conserve l'autre ; et ce qui est un défaut essentiel dans la substitution vulgaire, est une condition nécessaire pour l'exécution du fidéicommis.

Comparons maintenant la clause du testament de M. l'abbé d'Orléans, avec ces notions claires et certaines de la nature des substitutions.

Mais pour le faire plus facilement, reprenons ici les termes mêmes de la clause, et tâchons d'en découvrir le véritable sens :

Etant l'institution d'héritier le chef et fondement de tout testament et ordonnance de dernière volonté ,...... a fait et institué son héritier universel Charles-Paris d'Orléans, comte de Saint-Pol, son frère puîné, et après lui ses enfans naturels et légitimes, préférant les mâles aux femelles : et venant ledit seigneur comte de Saint-Pol à mourir avant ou après ledit seigneur testateur, ses enfans naturels et légitimes, auxdits cas et chacun d'eux, ledit seigneur testateur a substitué et substitue vulgairement, par fidéicommis, ladite dame Anne-Geneviève de Bourbon, sa très-honorée mère; la suppliant très-humblement de disposer desdits biens, elle venant à mourir, en faveur de Messieurs les princes de Conty, ses cousins germains.

Vous voyez, MESSIEURS, que l'intention du testateur a été de faire quatre différens degrés d'héritiers, ou plutôt de successeurs.

Il nomme d'abord M. le comte de Saint-Pol, son héritier : voilà le premier degré d'institution, et il le charge d'une substitution au profit de ses enfans; mais comme ce cas n'est point arrivé, nous pouvons retrancher le second degré, et passer immédiatement au troisième, qui est celui de Madame de Longueville.

Comment est-elle substituée à M. le comte de Saint-Pol? L'intention du testateur ne peut être douteuse. Il marque lui-même qu'il veut qu'elle soit substituée *vulgairement* et par *fidéicommis*. Développons ces expressions, et substituons la chose à la place des termes qui la signifient. Quelle a été l'intention de M. l'abbé d'Orléans, quand il a dit qu'il substituoit *vulgairement* et par *fidéicommis ?* Ne cherchons point l'explication de cette clause ailleurs

que dans la clause même. Il a marqué le cas où la
substitution vulgaire devoit avoir lieu, et le cas où le
fidéicommis devoit avoir son effet.

*Et venant ledit sieur comte de Saint-Pol à dé-
céder avant le testateur;* voilà le cas de la substitution
vulgaire, *si prior heres, heres non erit;* ou, *après
le testateur sans enfans,* voilà le cas de la substitution fidéicommissaire, c'est-à-dire, que si M. le comte
de Saint-Pol ne peut être son héritier, Madame de
Longueville le doit être; et si au contraire, M. le
comte de Saint-Pol, après avoir été son héritier,
vient à mourir sans enfans, il rendra les biens du
testateur à Madame de Longueville, comme chargé
de fidéicommis.

Le dernier degré de substitution qui comprend
Messieurs les princes de Conty, n'est pas plus difficile à
expliquer que les deux précédens. Il suffit de lire les
termes dans lesquels il est conçu, pour reconnoître
que ce n'est qu'un simple fidéicommis.

La suppliant, etc.
Tous les termes de cette clause marquent évidemment que le testateur n'a voulu faire qu'une simple
substitution fidéicommissaire.

1.º On y voit les termes de prières, consacrés par
le droit à l'usage des fidéicommis; termes qui ne
peuvent jamais convenir à une substitution vulgaire.
Elle n'est, comme nous venons de le dire, qu'une
seconde institution aussi solennelle que la première,
et par conséquent elle ne peut être faite par des paroles obliques, précaires et indirectes, telles que celles
dont s'est servi M. l'abbé d'Orléans.

2.º On y remarque que le testateur y a exprimé le
cas dans lequel elle devoit avoir lieu; et ce cas est uniquement et précisément celui de la substitution fidéicommissaire.

Reprenons encore ici les termes du testament, *La
suppliant,* etc. *Elle venant à mourir,* etc.
Ce n'est donc qu'au moment de sa mort que le testateur la charge de rendre ses biens à Messieurs les

princes de Conty. Il suppose donc qu'elle aura recueilli sa succession pendant sa vie. Or, comme nous
l'avons déjà observé, ce cas est directement opposé à
celui de la substitution vulgaire, qui suppose au contraire, que le premier héritier ne recueille jamais la
succession.

En un mot, les termes de ce fidéicommis sont les
mêmes que ceux de la loi, *Epistolam* 75. §. *Mulier.*
au digeste *ad Senatusconsult. Trebell.* que le jurisconsulte appelle des paroles de fidéicommis. *Fidéi-*
commisit in hæc verba : *Rogo te ut id quod ad te ex*
bonis meis pervenerit, facias pervenire ad filium
tuum.

Que si l'on dit que le testateur n'a changé d'expression que par le respect qu'il avoit pour Madame
sa mère :

Premièrement, on peut dire que ce respect ne l'empêchoit pas de substituer dans tous les cas Messieurs les
princes de Conty à Madame sa mère. Où seroit en cela
le défaut de respect ? Comme fils, il doit tout à sa
mère ; la loi naturelle ne lui permet pas d'avoir d'autres sentimens. Comme testateur, il ne lui doit rien ;
la loi civile soumet tout à sa disposition. Sa libéralité
purement gratuite à l'égard de Madame de Longueville, n'a point d'autres règles que sa volonté : et qui
pourra se persuader que Madame de Longueville eût
été offensée de se voir obligée dans tous les cas de laisser les biens de M. l'abbé d'Orléans, son fils, à Messieurs les princes de Conty, c'est-à-dire, à ses héritiers
naturels, à ceux que la nature, que la loi, que leur
élévation et leur mérite auroient dû lui faire souhaiter
pour successeurs ?

Mais d'ailleurs nous ne pouvons connoître sa pensée
que par ses expressions, qui en sont les images naturelles. Il s'est exprimé d'une manière différente :
donc il a eu une volonté différente ; et l'on ne peut
jamais regarder cette clause que comme une véritable
substitution fidéicommissaire.

Examinons maintenant si la caducité de l'institution suffit pour anéantir une telle substitution, ou si

cé défaut peut être réparé par les présomptions de
la volonté du testateur.

Quelque opposition qu'il y ait entre les maximes
qui vous ont été proposées par les deux parties sur
cette difficulté, nous avons au moins cet avantage
qu'elles sont enfin convenues de deux principes généraux, que nous pouvons supposer comme des règles
de droit établies par les lois, expliquées par les docteurs, et confirmées dans cette cause par la reconnoissance de l'une et de l'autre des parties.

Le premier principe est que tant que le testament
subsiste, la seule interruption des degrés ne suffit
pas pour interrompre le cours et le progrès d'une
substitution; et que lorsqu'un degré vient à manquer,
celui qui le suit prend sa place, et entre dans tous
ses droits.

Ainsi, par exemple, supposons que M. le comte
de Saint-Pol, en cas qu'il mourût sans enfans, ait
été simplement chargé de rendre les biens du testateur à Madame de Longueville, et que Madame de
Longueville eût aussi été chargée de les rendre à son
tour à Messieurs les princes de Conty, la mort de
Madame de Longueville, arrivée avant celle de M. le
comte de Saint-Pol, n'auroit pas exclu pour toujours
Messieurs les princes de Conty de la succession ; au
contraire, ils seroient entrés en sa place, et auroient
reçu les biens de M. l'abbé d'Orléans des mains de
M. le comte de Saint-Pol, au lieu de les recevoir
des mains de Madame de Longueville.

Ce principe est fondé sur la maxime commune,
Substitutus substituto, est substitutus instituto ; et
quoique la loi 27 et la loi 41. *ff. de Vulg. et Pupill.
Subst.*, n'établissent cette maxime que dans les substitutions vulgaires, le sentiment des docteurs l'a
étendu avec raison aux substitutions fidéicommissaires. M. Cujas le décide ainsi formellement, non-
seulement dans la consultation qui vous a été citée,
mais encore dans son commentaire sur la loi 27. *ff.
De Vulg. et Pupill. Subst.*; et la raison qu'il en rend
est prise de la nature même et du principal caractère

12 *

de la substitution fidéicommissaire, qui n'a point de
règle ni plus sûre ni plus inviolable que la volonté
du testateur.

Or, il est évident que quand le testateur a établi
plusieurs degrés dans sa succession, ce n'est pas pour
exclure les plus éloignés, mais pour ne les appeler
qu'après ceux qui les précèdent dans l'ordre de l'écriture (c'est l'expression des lois), comme dans celui
de la bienveillance et de l'affection du testateur.
Ainsi, bien loin que l'interruption, ou plutôt, si l'on
peut s'exprimer ainsi, la défaillance d'un degré plus
proche puisse priver le degré qui le suit, du droit
que le testateur lui a donné sur sa succession, elle
ne sert au contraire qu'à le rapprocher davantage,
et à retrancher les obstacles qui retardoient ou qui
diminuoient ses espérances.

Nous ne rapporterons point ici les opinions des
autres docteurs. Il faudroit citer presque tous ceux qui
ont écrit sur ces matières. Nous nous contenterons
de remarquer que M. Maynard a recueilli plusieurs
arrêts du parlement de Toulouse, qui ont confirmé
cette maxime par leur autorité, et que M. Faber, qui
s'élève lui seul dans son livre *De Erroribus Prag-
maticorum*, contre le sentiment unanime des autres
docteurs, avoue de bonne foi, dans son code, que
la question a été jugée conformément à l'opinion commune, par le sénat de Chambéry.

. Le second principe, encore plus important et plus
essentiel à la décision de cette cause que le premier,
est celui dont toutes les parties sont demeurées d'accord dans les dernières répliques, que dans les
règles générales la destinée du testament est attachée
à celle de l'institution d'héritier ; que les legs particuliers sont, pour ainsi dire, entraînés par la ruine
de l'institution, et que la rigueur du droit regarde
comme morts sans testament ceux qui, après en avoir
fait un, n'ont pas eu le bonheur de revivre dans la
personne de l'héritier institué.

Mais on prétend qu'on doit faire une exception
générale en faveur des fidéicommis universels.

Il est certain d'abord que cette proposition peut paroître contraire à un grand nombre de lois, qui supposent comme un principe certain qui ne souffre ni distinction ni exception , que le défaut d'héritier est un vice qui attaque tellement la substance et le corps du testament, qu'il ne laisse subsister aucune de ses dispositions. Toute la force, toute la vertu, toute la puissance de cette loi se dissipe, lorsque celui qui en étoit et le fondement et le premier motif n'est plus en état d'en profiter. Ce sont les termes des jurisconsultes que l'on vous a cités tant de fois : *Si nemo subiit hereditatem, omnis vis testamenti solvitur*, L. 181. ff. *De Regulis Juris.* L. 9. ff. *De Test. Tutelâ.*

On ne peut soutenir l'exception que l'on vous a proposée contre des lois si générales, que par deux couleurs différentes; et ce sont en effet les seules que l'on a expliquées, quoiqu'on ne les ait pas distinguées, comme nous sommes obligés de le faire ici, pour les examiner.

La première, la plus naturelle, et la seule à laquelle il semble qu'on se soit réduit dans les répliques, est de supposer que telle est aujourd'hui la faveur des fidéicommis, qu'ils affectent les biens. Ils ne sont plus personnels, vous a-t-on dit; ils sont devenus réels. Il suffit de posséder la succession du testateur, soit en vertu de son testament, soit en vertu de la loi, pour être obligé d'acquitter cette charge. On présume toujours que le testateur a voulu l'imposer à ses héritiers légitimes, quoiqu'il ne les en ait pas chargés expressément. C'est le changement que les empereurs Sévère et Antonin ont introduit dans le droit. Avant eux, la règle générale étoit contraire aux fidéicommis; mais depuis le rescrit plein de justice et d'équité que ces empereurs ont donné sur cette matière, on prétend que les héritiers légitimes sont chargés, comme les autres, de rendre les biens laissés à titre de fidéicommis.

La seconde couleur, dont il semble que l'on veuille se servir, a été de soutenir que la substitution fidéi-

commissaire pouvoit se changer en substitution directe par une présomption légitime de la volonté du
testateur ; qu'il arrive souvent, dans le droit, que
celui qui n'étoit appelé que par des termes de prières,
est regardé comme le véritable et l'unique héritier,
Perinde ac si directò ei data esset hereditas, et c'est
ce que l'on a appuyé de l'autorité des lois 13 et 14
au digeste *De Test. Militis.*

C'est donc à ces deux couleurs que nous devons
nous attacher. Examinons si elles ont autant de
solidité que d'apparence; et commençons par établir
les fondemens de cette présomption de droit, qui
charge souvent d'un legs ou d'un fidéicommis celui
qui n'en étoit point expressément chargé par le
testateur.

Nous distinguerons d'abord trois différentes espèces, dans lesquelles cette question peut être proposée.

La première, est lorsqu'un testateur a fait dans son
testament plusieurs degrés d'héritiers, et qu'il a chargé
le premier d'un fidéicommis, sans avoir répété la
même disposition dans les degrés suivans. Supposons,
par exemple, que dans le testament dont il s'agit, où
nous voyons plusieurs degrés d'institution, M. l'abbé
d'Orléans eût chargé M. le comte de Saint-Pol d'un
fidéicommis, et qu'ayant ensuite appelé Madame
de Longueville à sa succession, il ne lui eût point
imposé la même charge, auroit-on dû présumer
qu'il auroit voulu l'en exempter, ou, au contraire.
que son intention auroit été de l'y soumettre comme
l'héritier du premier degré ?

Si nous interrogeons les jurisconsultes, ils nous
répondent tous, qu'anciennement, dans le temps
d'une jurisprudence rigoureuse, où l'on craignoit de
donner trop d'étendue aux présomptions et conjectures, de peur de substituer les pensées et les vues
des juges à celles des testateurs, et de détruire la loi
par une interprétation contraire à son esprit, on
auroit décidé, suivant la lettre et l'écorce du testament, qu'il n'y avoit que le premier degré de chargé,

puisque le testateur n'avoit point chargé nommément
tous les autres. Et sans chercher ici scrupuleusement
le progrès de cette jurisprudence, il suffit de remarquer que les empereurs Sévere et Antonin ont décidé
que les fidéicommis seroient regardés en ce cas,
comme une charge réelle qui affectoit toute la succession; et que quoique les substitués eussent l'avantage de la recueillir, ils ne devoient pas être traités
plus favorablement que l'institué. Au contraire, il
paroissoit d'autant plus juste de les soumettre à la
prestation des fidéicommis, qu'il sembloit que le
testateur les avoit moins aimés que l'institué : et
puisqu'il avoit voulu charger celui qui recevoit le
premier les marques de son affection, comment ceux
qu'il n'a aimés qu'après lui, auroient-ils pu se dispenser de subir cette charge et d'accomplir cette
condition ?

Tels furent les motifs de la sage décision de ces
empereurs, qui fut étendue aux cohéritiers par les
jurisconsultes ; mais qui n'avoit encore pour objet
que les héritiers testamentaires, entre lesquels il est
certain que la répétition tacite et présumée d'un fidéicommis a toujours lieu.

Le second cas, ou la seconde espèce dans laquelle
cette question peut être agitée, est lorsqu'au contraire celui de la succession duquel il s'agit n'a point
fait de testament solennel, et qu'il s'est contenté
de charger de fidéicommis, un de ses héritiers
légitimes.

Alors, si celui qui est seul chargé par le testateur,
répudie la succession, et que sa part accroisse à son
cohéritier, sera-t-il obligé d'acquitter le fidéicommis
dont cette portion étoit grevée ? Présumera-t-on que
l'intention du testateur ait été de l'y soumettre dans
ce cas comme son cohéritier qui en étoit nommément
chargé ?

Le jurisconsulte Julien croyoit qu'il devoit en être
déchargé ; mais le rescrit des empereurs Sévère et
Antonin changea entièrement la face de la jurisprudence ; et par une juste interprétation de ce rescrit,

Ulpien corrigea la décision de Julien, et répondit que ce cohéritier légitime devoit être considéré comme s'il étoit substitué à son cohéritier, et que succédant, pour ainsi dire, à sa place, et entrant dans ses droits, il devoit succéder aux charges qui lui étoient imposées, et acquitter pour lui le fidéicommis : *Et hic quasi substitutus, consequetur accrescentem cum suo onere portionem.*

Enfin, il y a un dernier cas plus difficile que les deux autres, et c'est celui où il faut passer d'un genre de succession à un autre, et des héritiers testamentaires aux successeurs légitimes. Un testateur a chargé les héritiers qu'il a choisis lui-même dans son testament, de legs et de fidéicommis. Tous ces héritiers meurent avant lui, ou du moins avant que de recueillir sa succession. Présumera-t-on que ces legs et ces fidéicommis sont une charge imposée aux héritiers du sang? La répétition tacite et présumée aura-t-elle lieu, lorsqu'il faut passer de la succession testamentaire à la succession légitime? C'est la véritable espèce et l'importante question de cette cause.

Si nous étions dans le premier cas; s'il ne s'agissoit que de savoir si le substitué est obligé de rendre le fidéicommis, dont l'héritier institué avoit été seul expressément chargé, la loi décideroit clairement la question, parce qu'il s'agiroit toujours du même genre de succession, que le testateur seroit présumé avoir voulu assujettir aux mêmes conditions dans tous les degrés.

Si nous étions dans le second cas, et si la question ne se traitoit que par rapport à des héritiers légitimes, dont l'un eût été expressément chargé de fidéicommis, pourroit-on hésiter à prononcer la même décision dans le second cas que dans le premier, puisque l'on y trouveroit les mêmes principes, les mêmes motifs, la même équité, et qu'il ne faudroit point sortir d'un seul genre de succession, dans lequel la prévoyance du testateur paroît comme renfermée?

Mais ici, toutes les circonstances sont entièrement

différentes. Il ne s'agit pas de décider qu'une charge imposée à un genre de succession se répand sur tous ceux qui la recueillent ; mais de savoir si une charge qui n'a été imposée qu'à la succession testamentaire, pourra se répandre sur ceux qui recueillent la succession légitime ; si l'on présumera que l'esprit et l'intention du testateur a été de comprendre et de renfermer dans sa disposition, non-seulement les héritiers testamentaires qu'il institue, mais même les héritiers légitimes qu'il déshérite; ou si au contraire, chaque genre de succession forme, si l'on peut s'exprimer ainsi, un cercle et une sphère différente, hors de laquelle on ne peut étendre ni l'intention du testateur, ni les effets de sa disposition.

Pour approfondir encore plus cette question, tâchons de pénétrer jusque dans le fond des motifs des lois qui admettent cette présomption de volonté, lorsqu'il ne s'agit que d'engager un seul genre d'héritiers à acquitter les fidéicommis, dont un d'entre eux est chargé expressément.

Si nous cherchons quels sont ces motifs, nous n'en trouverons que deux principaux, auxquels nous croyons qu'on doit s'arrêter.

Le premier, est le pouvoir ; le second, la volonté du testateur.

Son pouvoir est constant dans l'un et dans l'autre cas, soit qu'il s'agisse des héritiers testamentaires, ou des héritiers légitimes.

Dans le premier cas, lorsqu'il a fait un testament, qui peut douter qu'il ne puisse charger de fidéicommis ceux qu'il a honorés, comme parlent les lois, du titre et de la qualité d'héritiers ?

Dans le second, lorsqu'il laisse la disposition de ses biens à l'autorité de la loi, et qu'il donne à ses héritiers tout ce qu'il ne leur ôte pas; pour peu qu'on soit instruit des principes du droit, l'on ne doutera point qu'il ne puisse obliger les héritiers du sang à la restitution d'un fidéicommis.

Et dès le moment que son pouvoir est constant, sa volonté ne peut plus paroître douteuse. Il a pu imposer également à tous ses héritiers, la même nécessité de rendre un fidéicommis. Il ne l'a fait expressément qu'à l'égard d'un seul ; mais il n'a pas laissé d'avoir en vue tous les autres. Il a. cru avoir suffisamment marqué son intention, en chargeant nommément les premiers institués, ou un des cohéritiers. En un mot, il a envisagé tout le genre de succession qui devoit avoir lieu après sa mort. C'est, pour ainsi dire, le corps de la succession, plutôt que chacun des héritiers en particulier, qu'il a considéré, qu'il a chargé, qu'il a assujetti à la prestation du fidéicommis. En un mot, il a pu le faire, et il est vraisemblable qu'il l'a voulu ; et quoique cette présomption puisse être détruite par d'autres circonstances, comme les lois nous en fournissent plusieurs exemples, cependant elle passe pour la vérité, jusqu'a ce qu'elle soit effacée par des preuves encore plus fortes.

Voyons maintenant si nous pouvons trouver les mêmes raisons, les mêmes motifs, les mêmes couleurs, lorsqu'il faut passer d'un genre de succession à un autre, et étendre aux héritiers du sang une charge qui n'a été imposée qu'aux héritiers testamentaires.

Peut-on dire d'abord, que le testateur ait pu dans ce cas charger les héritiers légitimes d'un fidéicommis, dans un temps où nous supposons qu'il ne les a point encore envisagés ; ou bien loin de les envisager, il n'avoit en vue que ses héritiers testamentaires ? Dira-t-on, quand on séparera cette clause de la clause codicillaire, qu'il a prévu que tous ses héritiers testamentaires mourroient avant lui, et qu'il a bien voulu au moins en ce cas laisser sa succession aux héritiers du sang ? Mais n'est-il pas visible au contraire, qu'il ne regardoit que ses héritiers institués ; qu'il avoit oublié ses héritiers légitimes, et qu'il n'avoit point jeté sur eux ce regard favorable qui est nécessaire pour soutenir un fidéicommis ? Car enfin, pour rendre un fidéicommis valable, il faut que le testateur ait laissé quelques marques de sa bienveillance

à ceux qu'il en charge ; sans cela sa volonté est superflue, ses prières sont inutiles, ses désirs sont impuis-
sans.

Mais si l'on peut à peine y trouver un fondement
solide pour établir le pouvoir du testateur, comment
pourroit-on y découvrir une présomption probable
de sa volonté ? Qui pourra se persuader qu'il a eu en
vue les héritiers du sang, dans le temps qu'il les
prive de sa succession ? Et comment prétendra-t-on
qu'il a envisagé l'une et l'autre succession, puisque
si ses vœux avoient été exaucés, si l'événement n'avoit
pas trompé ses espérances, il n'auroit jamais laissé
de succession légitime ?

Il est donc visible que les lois que l'on vous a citées,
n'ont aucune application à l'espèce de cette cause. Il
est vrai que l'on admet souvent dans le droit une répétition de fidéicommis tacite et présumée ; mais on
ne l'admet qu'en deux cas, c'est-à-dire, lorsqu'il ne
s'agit que d'obliger un héritier institué d'acquitter
les fidéicommis dont un autre hériter institué étoit
chargé, ou d'assujettir à la même loi le cohéritier
légitime de celui qui avoit été expressément chargé
de fidéicommis.

C'est en vain que l'on oppose à cette maxime que
nous croyons tirée de la source même de la jurisprudence, la loi unique, Cod. de Caduc. toll. Loi
qui ne regarde que les différens degrés d'héritiers
testamentaires, comme il seroit facile de le prouver,
si l'on pouvoit entrer à l'audience dans cette discussion.

C'est inutilement que l'on se sert de l'autorité du
texte obscur de la loi 2. §. ult. ff. de suis et legit.
Hered. que Bartole appelle locum scabiosum, dans
laquelle il semble qu'on oblige l'héritier légitime à
rendre le fidéicommis dont l'héritier testamentaire
étoit chargé.

Deux des plus grandes lumières du droit, c'est-à-
dire, M. Cujas et M. le président Faber, ont tous
remarqué, que si cette loi s'entendoit comme on a

voulu vous l'expliquer, elle seroit directement contraire aux principes les plus certains de la jurisprudence.

L'un, plus hardi et plus décisif (c'est M. Faber),
retranche absolument ces paroles qui sont à la fin de
cette loi, *Cum onere fideicommissi.*

L'autre, plus modéré et plus instruit encore des
véritables maximes du droit, dit que l'héritier institué avoit apparemment renoncé en fraude du
fidéicommissaire, et que sa répudiation, suivant les
maximes de la jurisprudence romaine, avoit acquis un
droit à celui qui pouvoit exiger le fidéicommis. Mais
sans entrer dans cette discussion, il suffit de remarquer que cette espèce est toute différente de celle
dont il s'agit. Dans l'une, l'héritier avoit survécu au
testateur ; et quoiqu'il eût renoncé à la qualité d'héritier, il n'avoit pu le faire en fraude du fidéicommissaire. C'étoit une prévarication que le préteur
punissoit par un édit solennel dont nous lisons encore
la disposition dans le titre du digeste, *Si quis omissâ
causâ testamenti.* Mais dans l'espèce de cette cause,
l'héritier est mort avant le testateur ; l'institution est
véritablement caduque, et l'on ne peut proposer cette
présomption nouvelle que l'on allègue pour soutenir
le fidéicommis, sans attaquer ce qu'il y a de plus
certain dans la jurisprudence.

Enfin, s'il pouvoit rester quelque doute sur cette
première question, il suffiroit pour le dissiper entièrement, de remarquer que si cette présomption avoit
lieu, la clause codicillaire seroit absolument inutile.
Quel est l'unique effet de cette clause ? Nous le dirons
dans un moment. C'est de charger les héritiers légitimes de l'exécution des volontés du testateur, au défaut des héritiers testamentaires. Or, s'il étoit vrai
que de droit, aussitôt qu'un genre de succession
seroit chargé par le testateur, l'autre genre entre
dans ses obligations, et succède à ses charges sans
aucune volonté expresse du testateur, quel pourroit
être l'usage, la nécessité, le prétexte même de la
clause codicillaire, au moins par rapport au fond des

dispositions du testateur ? Concluons donc que puisque toutes nos lois la désirent si formellement, elles nous apprennent que sans cela on ne présume point que le testateur ait voulu passer d'une espèce d'héritiers à une autre, et que ses successeurs légitimes, pour lesquels il montre tant d'éloignement en leur préférant une longue suite de successeurs testamentaires, soient devenus à la fin l'objet de son affection et le dernier terme de sa volonté.

Que si l'on passe à la seconde couleur qu'on a voulu donner à cette cause ; si l'on prétend qu'il est inutile de recourir à cette fiction de droit, par laquelle les fidéicommis sont présumés répétés en certains cas, même à l'égard de l'héritier légitime, parce que dans l'espèce de cette cause, il s'est fait une conversion favorable, un changement naturel de la substitution fidéicommissaire en substitution directe, nous croyons pouvoir dire avec beaucoup plus d'assurance, que cette proposition est inouie dans toute la jurisprudence romaine, et qu'elle résiste à la nature de ces deux substitutions, qui sont si opposées l'une à l'autre, qu'il est impossible de faire cette conversion sans vouloir réunir les deux contraires, et rejoindre les extrémités les plus opposées.

En effet, on ne l'autorise que par la décision singulière des lois 13, et 14, ff. *lib.* 29. *de Test. Militis;* et comme cette autorité est une des principales dont on se sert pour prévenir l'effet de la caducité du fidéicommis, permettez-nous, MESSIEURS, de nous arrêter encore un moment en cet endroit, pour vous faire connoître quel est, suivant l'avis des docteurs les plus éclairés, le véritable sens et la juste application de ces lois.

Dans la première, §. 4. il s'agit du testament d'un soldat, qui, après avoir fait une institution et une substitution directes, avoit donné la liberté à son esclave ; et, voulant couronner en lui ses bienfaits, il avoit chargé ses héritiers de l'un et de l'autre degré, de lui rendre sa succession par fidéicommis.

3

La mort enleva et l'héritier institué et le substitué, avant qu'ils eussent pu acquérir l'hérédité.

L'esclave se plaignit aux empereurs de l'injustice du sort, qui lui faisoit perdre en même temps l'espérance presque certaine de la qualité de libre, et de celle d'héritier.

Les empereurs voulurent qu'il jouît de l'une et de l'autre, de la même manière que si l'une et l'autre lui eussent été laissées en termes directs. La volonté du soldat étoit une loi supérieure, dans son testament, à toutes les autres lois ; et on ne pouvoit pas douter qu'il n'eût voulu que son esclave eût en même temps et la liberté et la succession.

Jusque-là il n'y a rien qu'on ne puisse regarder comme un privilége accordé à la qualité de soldat.

Mais le jurisconsulte Mœcien demande dans la loi suivante, si l'on peut admettre quelque chose de semblable dans le testament d'un simple citoyen ; et il répond que cela ne pouvoit être reçu qu'avec distinction. Et voici quelle est celle qu'il propose.

Si l'héritier institué et substitué sont morts pendant la vie du testateur ; s'il a été averti de leur mort, et qu'il n'ait point changé son testament, il ne faut point introduire de droit nouveau, *Nihil novi statuendum :* le testateur a dû savoir les lois, et, puisqu'elles déclarent le fidéicommis caduc avec l'institution, il est censé avoir voulu s'y soumettre par cette seule raison qu'il n'a pas fait un autre testament. Mais s'il a ignoré la mort des héritiers institués, et si elle n'est arrivée qu'après son décès, avant l'adition de l'hérédité, il faut secourir l'esclave en toute manière, *Omninò subveniendum.*

Nous observerons d'abord, en passant, que cette loi fournit encore un argument invincible contre la première couleur que nous venons d'examiner et par laquelle on a voulu réparer et couvrir, pour ainsi dire, la caducité de l'institution.

S'il étoit vrai, comme on l'a soutenu, que les héritiers légitimes, par une présomption générale

de la volonté du testateur, entrent de plein droit à
la place des héritiers testamentaires, et les représentent entièrement, pourquoi falloit-il accorder un
privilége au soldat ? Pourquoi falloit-il inventer une
distinction nouvelle en faveur du simple citoyen ?
Dans l'un et dans l'autre cas, on auroit toujours
présumé que le testateur avoit voulu imposer la
charge du fidéicommis aux successeurs légitimes,
au défaut des successeurs testamentaires. Ainsi la
mort de l'institué et du substitué, soit pendant la
vie, soit après le décès du testateur, n'auroit fait
que changer la personne de celui qui étoit chargé
du fidéicommis, mais elle n'auroit point éteint le
fidéicommis. Quand même le testateur auroit su le
prédécès des héritiers institués, il n'auroit pas dû
changer son testament, puisqu'il devoit savoir que,
suivant cette conjecture si souvent alléguée en faveur
de M. le prince de Conty, le fidéicommis étoit
toujours censé répété à l'égard même des héritiers
légitimes. Cependant nous voyons qu'on accorde un
privilége au soldat, et qu'on cherche des couleurs
et des distinctions pour le simple citoyen. Et tout
cela ne prouve-t-il pas invinciblement la maxime
que nous avons établie, c'est-à-dire, que l'on ne
passe point facilement d'un genre de succession à
un autre ; qu'un obstacle éternel sépare les successeurs légitimes des héritiers testamentaires, si la
volonté du testateur ne les réunit par la clause codicillaire? Sans cela ils reçoivent les biens de la main
de la loi, et non pas de celle de l'homme ; et par
conséquent toutes les charges que l'homme y avoit
imposées s'évanouissent et disparoissent avec celui
qui en étoit seul chargé par le testateur.

Mais revenons à l'explication de notre loi, sur
laquelle on prétend fonder cette conversion favorable
de la substitution fidéicommissaire en substitution
vulgaire, c'est-à-dire, du fidéicommis en institution.

La première difficulté que nous croyons devoir
examiner sur cette loi, consiste à savoir quel est

le véritable sens de ces paroles, *Omninò subve-niendum.*

Signifient-elles qu'il faut donner et la liberté et la succession à l'esclave, ou simplement la liberté ?

Cette question est décidée par le même jurisconsulte, dans une autre loi qui est rapportée sous le titre du digeste *de fidéicommissariis libertatibus,* L. *Antoninus* 42.

L'espèce de cette loi est la même que celle de la loi que nous examinons.

L'institué et le substitué meurent avant que d'avoir accepté la succession qu'ils devoient l'un et l'autre restituer à un esclave du testateur ; et le même jurisconsulte Mœcien dit, que l'on distingue entre le soldat et le simple citoyen : pour le testament du soldat, *Libertas et Hereditas ;* pour les testamens des simples citoyens, *Satis habuit libertatem confirmare.*

C'est le même jurisconsulte qui parle dans l'une et dans l'autre loi. La loi *Tractabatur,* qui paroît plus générale, est du livre 4 de son traité des fidéicommis. La loi *Antoninus* est du livre 7 du même traité. Quelle apparence, que s'il eût voulu dire dans le livre 4 que l'esclave obtient en même temps et la succession et la liberté, il eût décidé au contraire dans le livre 7, qu'il ne peut aspirer qu'à la liberté ?

Nous n'avons point de règle plus sûre pour l'interprétation des lois qui paroissent contraires l'une à l'autre, que d'expliquer une loi générale par une loi particulière, et de limiter une loi antérieure par une loi postérieure. Ici ces deux maximes conspirent également en faveur de l'interprétation que nous vous proposons. La loi *Tractabatur* est générale et indéfinie ; elle s'explique par ces termes, *Omninò subveniendum.* La loi *Antoninus* est particulière ; elle détermine précisément le sens de ces paroles à la seule concession de la liberté. La première est antérieure, la seconde est postérieure, et pourroit déroger à la première, quand même elles auroient quelque chose de contraire.

. Telle est l'interprétation que de grands docteurs ont donnée à cette loi. C'est ainsi que Raphaël de Cume, dont M. Cujas a si fort estimé les répétitions, c'est ainsi que Balde, c'est ainsi que M. Cujas lui-même, l'ont entendue.

. Il est vrai que la glose et Bartole sont d'un autre avis ; mais la glose est condamnée par Bartole même, parce qu'elle porte trop loin la décision de cette loi, comme nous l'observerons tout à l'heure ; et Bartole n'allégue, pour prouver son sentiment, que des raisons plus propres à établir l'opinion contraire.

. Mais dans ce combat de gloses et de commentaires, nous avons heureusement un interprète, à l'autorité duquel tous les autres doivent céder.

C'est le livre des Basiliques, dans lequel on ne trouve point la loi *Tractabatur*, et où on lit au contraire la loi *Antoninus*. Or, de cela seul, nous croyons pouvoir recueillir l'interprétation la plus sûre qu'on puisse donner à la loi qui fait une des principales difficultés de cette cause. Pourquoi de deux lois assez semblables qui sont dans le digeste, n'en trouve-t-on qu'une dans les basiliques ? Cela ne peut être arrivé que par deux raisons, qui toutes deux répondent également à l'objection que l'on prétend tirer de la loi *Tractabatur*.

Il est visible que ce retranchement a été fait, ou parce qu'on a jugé que la seconde de ces lois expli-quoit la première, et que, quoiqu'elles eussent le même esprit, l'expression de l'une étoit néanmoins plus claire que celle de l'autre : et si cela est, il est évident que ces deux lois étant semblables, ne donnent à l'esclave que la liberté : ou parce que l'on a sup-posé que la dernière loi corrigeoit la première ; et si cela est, la seule disposition que l'on puisse trouver dans tout le droit, favorable à M. le prince de Conty, est une disposition que les plus sains inter-prètes du droit ont regardée comme une disposition inutile, abrogée, effacée par une disposition postérieure qui rétablissoit le droit commun.

Ainsi les basiliques fournissent un argument invincible contre l'autorité douteuse et incertaine de la loi *Tractabatur*.

Car, ou cette loi ne s'entend que de la liberté, comme la loi *Antoninus*, et alors elle est inutile. Ce n'est pas assez dire, elle est contraire aux prétentions de M. le prince de Conty.

Ou cette loi s'entend même de la succession, et alors elle est véritablement favorable à ceux qui s'en servent ; mais sa faveur disparoît, lorsqu'on la compare avec une loi postérieure, qui l'abroge, et qui est regardée par les empereurs et par les interprètes du droit, comme la seule décision que l'usage ait autorisée.

En un mot, ou c'est une loi inutile, ou c'est une loi abrogée.

Allons plus loin. Quand même on voudroit donner une plus grande étendue à cette loi, et soutenir que le jurisconsulte a décidé que l'esclave devoit être déclaré non-seulement libre, mais héritier testamentaire : supposons encore que cette loi ne soit point détruite par une décision postérieure ; quelle conséquence pourroit-on tirer d'un cas aussi favorable que celui de la liberté ? Ne sait-on pas combien elle a fait introduire de priviléges, d'exceptions, de distinctions contre les maximes les plus certaines du droit ?

En effet, si l'on vouloit donner une autre interprétation à cette loi, il faudroit effacer une infinité d'autres lois, qui, depuis le temps de ce jurisconsulte, ont établi comme une maxime certaine, que les fidéicommis s'évanouissent s'il n'y a point d'héritier institué capable de les soutenir.

Papinien le suppose comme un principe incontestable dans la loi 39. §. *Heres institutus. ff. de adm. et peric. Tut.* Et dans la loi *Cohered.* 41. §. 3. *ff. de Vulg. et Pupill. Subst.*

Les empereurs Valérien et Gallien, qui vivoient

long-temps après le jurisconsulte Mœcien, puisqu'il a
écrit sous les Antonins, ces empereurs, disons-nous,
marquent expressément dans la loi *Eam quam* 14.
Cod. *de fidéicomm.*, que c'est une règle générale,
même à l'égard des fidéicommis universels, que
lorsqu'il y a un testament, le défaut d'addition d'hérédité rend les autres dispositions inutiles. *Tunc
enim locum habet quod regulariter traditur, ea quæ
in Testamento relinquuntur, si ex Testamento non
adeatur hereditas, non valere, cum verbis relictâ
directis adiri potuit hereditas.*

Enfin, pour retrancher ici beaucoup d'autres citations (on pourroit en faire sans nombre) les institutes
de Justinien suffiroient pour décider cette difficulté.
Cet empereur y rassemble tous les cas dans lesquels
un père de famille est censé mourir sans testament,
et il y comprend expressément celui de la distinction
marquée par le jurisconsulte dans la loi *Tractabatur
de testamento militis.*

*Si quis aut noluerit heres esse, aut vivo testatore,
aut post mortem ejus, antequam hereditatem adiret,
decesserit..... in his casibus paterfamilias intestatus
moritur.* Instit. *quid mod. Test. Infirm.* §. 2.

Quel est le cas dans lequel on veut que la loi *Tractabatur* décide en général que le fidéicommissaire est
admis, quoique l'institution soit caduque? C'est lorsque l'héritier est mort après le décès du testateur,
avant l'addition de l'hérédité. Quel est le cas dans
lequel Justinien décide que le père de famille meurt
sans testament, et par conséquent, que la succession
appartient aux héritiers du sang? C'est précisément
le même cas de l'héritier institué, qui meurt après le
testateur.

Par conséquent, ou la loi de Mœcien doit être
renfermée dans le cas particulier d'un esclave; ou si
l'on veut qu'elle soit générale, elle est contraire au
texte des institutes, et sans difficulté abrogée par Justinien.

Et afin que l'on ne dise pas que cette décision peut
bien faire voir que le testament est inutile, mais

13*

qu'elle ne prouve pas que le fidéicommis soit anéanti, Justinien nous apprend encore dans les institutes, que lorsqu'on laisse un fidéicommis par un testament, il faut que le testament contienne une institution d'héritier, sans cela le fidéicommis est inutile.

C'est dans le titre *de fideicommiss. hered.* §. 2. *Imprimis igitur sciendum est opus esse ut aliquis recto jure Testamento heres instituatur, ejusque fidei committatur ut eam hereditatem alii restituat : alioqui inutile Testamentum in quo nemo heres instituitur.*

Texte qui paroît si précis, qu'il est difficile de pouvoir soutenir la maxime contraire, après une telle autorité.

Joignons-y le suffrage de tous les docteurs, de ceux mêmes que l'on a cités pour M. le prince de Conty, et surtout de Cujas, de Peregrinus, d'Antoine Faber, de Mantica : et disons enfin que nous n'en trouvons aucun qui soit d'un sentiment contraire, si ce n'est la glose condamnée par Bartole.

Que si malgré tant de raisons soutenues par une foule d'autorités, on veut encore faire valoir ici cet argument commun à tous ceux qui demandent la restitution d'un fidéicommis, c'est-à-dire, les conjectures, les présomptions de la volonté du testateur, qui est censé avoir voulu qu'en toutes manières et dans tous les cas le fidéicommis fût recueilli par ceux auxquels il est destiné, nous répondrons à cette difficulté par les premiers et les plus grands principes de la saine jurisprudence.

Premièrement, que cette volonté, quand même on pourroit la supposer, est une volonté impuissante, stérile, inefficace, parce qu'elle ne suit pas l'ordre marqué par la loi. Tout homme qui fait un testament, exerce à la vérité la puissance et la fonction d'un législateur ; mais ce caractère qu'il a reçu de la loi est toujours soumis à la loi même. Or la loi a établi une forme inviolable dans laquelle elle veut qu'il exprime ses volontés. S'il se dispense de suivre ses règles, il commence dès-lors à mépriser la loi de laquelle il emprunte toute son autorité ; et la loi reprenant un pouvoir qu'elle n'avoit fait que lui prêter, se venge de son mépris, en lui refusant le secours nécessaire d'une interprétation favorable, à laquelle ses expressions ne peuvent donner aucun prétexte.

Mais en second lieu, il n'est pas vrai qu'on puisse alors présumer aucune volonté dans le testateur. Il ne lui est pas permis d'ignorer les lois. Il savoit, ou il devoit savoir, qu'elles lui offroient un remède assuré, une précaution suffisante dans les termes de la clause codicillaire. Il ne s'en est pas servi. Il a donc confié le sort des fidéicommissaires à l'héritier institué. C'est à sa destinée qu'il a attaché la leur. On ne présume point qu'il ait voulu substituer en leur place les héritiers légitimes, lorsqu'il n'a pas fait la seule disposition dans laquelle la loi découvre, reconnoît et autorise cette présomption.

Mais si la caducité de l'institution est toujours suivie de celle du fidéicommis, quand on considère le testament comme testament, doit-on décider le contraire, quand on le regarde comme codicille ? C'est la seconde question de droit qui nous reste à examiner, par rapport à la validité du titre de M. le prince de Conty.

Souvenez-vous, s'il vous plaît, MESSIEURS, en cet endroit, des termes dans lesquels cette clause est conçue. Nous les répétons ici, afin de pouvoir examiner plus facilement et sa nature et ses effets.

Déclare qu'il veut que son testament vaille par droit de testament nuncupatif ; et s'il ne vaut, ou ne peut valoir par droit de testament, il veut qu'il vaille par droit de codicille, donation à cause de mort, et toute autre disposition de dernière volonté, qui de droit pourra être valable et mieux subsister.

Les termes de la clause sont très-étendus. Ils comprennent tous les genres de dispositions, et ils marquent suffisamment que le testateur a voulu que sa dernière volonté fût exécutée sous quelque forme qu'on pût l'envisager.

Il semble d'abord que la seule lecture de cette

clause suffise pour décider la contestation en faveur
de M. le prince de Conty.

Le seul moyen qui rende le fidéicommis inutile,
c'est la caducité de l'institution. Or ce moyen cesse
dès le moment que l'on regardera le testament comme
un codicille. Bien loin qu'il soit nécessaire de trouver
dans un acte de cette nature une institution d'héritier, elle seroit nulle si elle y étoit faite ; et la plus
grande faveur, ou plutôt la plus grande condescen-
dance des jurisconsultes, se borne à convertir en
fidéicommis universel, ce qui porte dans un codicille
les marques et le caractère d'une institution directe ;
et puisque l'institution d'héritier est non-seulement
inutile, mais défendue dans un codicille, ne peut-on
pas conclure avec raison que la caducité de l'institution ne sauroit anéantir les autres dispositions qui se
trouvent dans cet acte ?

Quelqu'apparence de vérité qu'il y ait dans cette
proposition, on l'attaque par un grand nombre d'objections qui paroissent très-considérables.

On vous a dit d'abord que M. le prince de Conty
ne pouvoit plus emprunter aujourd'hui le secours de
la clause codicillaire, après y avoir renoncé solennellement. Telle est, vous a-t-on dit, la disposition
rigoureuse du droit civil, dans la loi 8. cod. *de*
codicill. qui décide que la variation et l'inconstance
sont défendues en cette matière, et que celui qui a
une fois pris la qualité d'héritier testamentaire, ne
peut plus agir en vertu de la clause codicillaire, qui
suppose que le testament ne subsiste pas.

Mais premièrement, nous pourrions demander ici
à ceux qui proposent ce moyen, quelle est la loi,
quelle est l'ordonnance qui règle cette procédure
parmi nous d'une manière si rigoureuse : et quoique
pour la décision des questions de droit, qui sont
maintenant soumises à votre jugement, nous soyons
obligés de suivre l'autorité, ou plutôt la raison des
lois romaines ; qui pourra se persuader que pour
régler la procédure qui se fait aux requêtes du palais,
il soit nécessaire d'aller consulter les formules et termes

des actions que le droit avoit scrupuleusement introduites, et qui parmi nous se règlent par des principes
plus équitables ?

Nous pourrions encore soutenir avec beaucoup de
raison, que nous ne sommes pas précisement dans le
cas de cette loi : qu'elle suppose deux droits réunis
dans la même personne ; l'un, en vertu d'une institution directe ; l'autre, en vertu d'une substitution
oblique et fidéicommissaire que la clause codicillaire
fait présumer : et les empereurs Arcade et Honorius
obligent celui qui a ces deux titres différens, de s'arrêter à un seul. Le choix lui est libre dans le temps
qu'il intente son action ; la variation lui est interdite,
aussitôt qu'il a fait son choix.

Mais ici M. le prince de Conty n'a point encore
fait d'option, il a réuni ces deux droits dans sa demande, sans s'attacher à l'un plutôt qu'à l'autre. Il a
demandé d'être maintenu comme héritier testamentaire, et il a aussi agi en vertu de la clause codicillaire, puisqu'il a demandé la délivrance du legs contre
Madame de Nemours qui est l'héritière *ab intéstat*.

On ne peut encore le priver ni de l'une ni de l'autre
action, et nous pouvons dire même qu'il n'y auroit
pas plus de raison de le priver du droit qu'il a en
exécution de la clause codicillaire, que de celui qu'il
prétend avoir en vertu de l'institution. Il a choisi l'un
comme il a choisi l'autre. Il a réuni et confondu ces
deux qualités en sa personne ; et, si le raisonnement
qu'on lui oppose étoit juste, il devroit perdre l'une
et l'autre, parce qu'il les a prises toutes les deux.

Tout ce que Madame de Nemours pourroit conclure de cette loi dans l'espèce particulière de la cause,
c'est que M. le prince de Conty devroit être obligé à
faire son option dans un temps, et à déclarer s'il veut
regarder le titre dont il demande l'exécution, ou
comme testament, ou comme codicille. Alors sa prétention auroit quelque couleur. Mais, quant à présent, on ne peut point dire que M. le prince de Conty
ait renoncé à aucun de ses droits, puisqu'il les a proposés tous deux également.

3

La seconde objection que l'on fait contre la clause codicillaire, ne, nous paroît pas plus difficile à détruire.

On a cité l'autorité d'un docteur qui a fait un traité singulier de la clause codicillaire, dans lequel il marque qu'elle n'a point d'effet si sa force et sa nature ne sont expliquées par le notaire. Quelle apparence, dit-on, qu'elle ait été expliquée à un homme qui n'avoit pas encore appris à distinguer ses parens de ses amis, comme il paroît par le préambule de son testament.

Le principe que cet auteur établit pourroit être fort justement contesté; mais quand même nous l'admettrions, quelle en seroit la conséquence?

Supposons qu'il faut que le notaire explique la force et les effets de la clause codicillaire, ne présumera-t-on pas toujours qu'il l'a fait, et fera-t-on dépendre l'exécution des dernières volontés de la preuve d'un fait de cette qualité? Si l'on proposoit dans votre audience un tel moyen, et qu'on articulât que le notaire n'a point expliqué l'effet de cette clause au testateur, pourriez-vous, MESSIEURS, en admettre la preuve? Tout ce qui est de la substance et de l'essence de l'acte, ne se prouve-t-il pas par l'acte même; et, quand un testateur est sage et raisonnable, l'intérêt du public souffriroit-il qu'on permît de prouver qu'il n'entendoit pas les clauses qu'il a lui-même signées?

Que l'on dise tant que l'on voudra, que cette clause est une clause de style, c'est pour cela même que l'on présume encore davantage que le testateur l'a entendue; et, si l'on se donnoit cette liberté, on demanderoit bientôt à prouver qu'un testateur sage et raisonnable n'a pas compris l'essence et les conséquences d'une clause dérogatoire, d'une révocation générale; et personne n'a plus d'intérêt que Madame de Nemours à soutenir que l'on ne doit pas permettre de prouver qu'un testateur n'a pas entendu ce qu'il a signé comme son testament.

Vous voyez donc, MESSIEURS, que cette objection

n'est pas moins contraire à l'intérêt particulier de Madame de Nemours qui la propose, qu'à l'utilité publique. Passons aux autres argumens que l'on a faits contre la clause codicillaire, argumens beaucoup plus importans que ceux que nous venons de vous expliquer.

On vous a dit qu'il falloit distinguer deux sortes de clauses codicillaires; les unes vagues et générales, comme celle dont il s'agit, dont l'unique effet est de suppléer les défauts de solennité, et jamais ceux de volonté. Les autres précises, expresses et particulières, par lesquelles un testateur prie nommément ses héritiers légitimes d'exécuter sa dernière volonté; et comme cette dernière espèce de clause codicillaire est une nouvelle volonté du testateur, il est sans difficulté qu'elle peut réparer dans le testament, le défaut de sa volonté.

On a appuyé ce raisonnement de l'autorité de Jacques Godefroy sur le code Théodosien, qui remarque comme une maxime certaine, que la simple clause codicillaire ne sauroit suppléer le défaut de volonté, ni réparer les vices qui attaquent la substance du testament.

Ici ces deux circonstances se trouvent réunies.

Défaut de volonté, puisque Messsieurs les princes de Conty ne sont appelés que sous une condition qui n'est point arrivée.

Vice essentiel qui attaque la substance de ce testament. Peut-on en trouver un plus grand que la caducité de l'institution, qui selon tous les jurisconsultes, est le fondement, la base, l'ame du testament?

Avant que de répondre à cette objection, qui est la seule qui puisse avoir quelque couleur, nous sommes obligés de reprendre en peu de paroles les principes généraux que le droit a établis sur la nature et l'effet des codicilles, pour en faire ensuite une juste application à la clause codicillaire.

Sans chercher ici l'origine de cette disposition, c'est-à-dire, du codicille, que l'on peut justement appeler le testament du droit des gens, le seul en

effet que nous ayons conservé dans notre usage, contentons-nous de remarquer qu'un codicille n'est autre
chose qu'une prière adressée par un homme mourant,
à son héritier, par laquelle il lui demande l'exécution
d'une volonté moins solennelle qu'un testament. Delà vient que suivant les premiers principes de la jurisprudence romaine, les termes directs, les paroles
impératives sont absolument inconnues dans cette
espèce de disposition ; et au lieu qu'ils sont nécessaires dans les testamens, ils seroient vicieux dans
les codicilles. Le testateur commande, mais celui qui
fait un codicille prie. L'un ordonne, comme revêtu
de l'autorité que la loi lui donne. L'autre supplie, en
vertu du seul pouvoir que la nature semble avoir
attaché aux prières des mourans.

Arrêtons-nous à cette idée juste et naturelle d'un
codicille ; elle ne peut être contestée que par ceux
qui n'ont aucune teinture des premiers élémens du
droit civil. Tout codicille est naturellement et essentiellement une prière *énixe*, une volonté suppliante,
adressée à ceux qui ont déjà le titre d'héritiers.

A la vérité cette prière est toujours sûre d'obtenir
ce qu'elle demande ; cette volonté est certainement
efficace, et l'on peut dire des testateurs ce que l'on
a dit autrefois des rois, qu'ils commandent quand ils
prient. Mais c'est toujours une prière, toujours une
volonté suppliante, et c'est ce qui la distingue essentiellement du testament.

Comme il y a deux sortes d'héritiers, les uns testamentaires et les autres légitimes, il y a aussi deux
sortes de codicilles, et leur différence est fondée sur
la différente qualité des personnes auxquelles ces
prières, qui font toute l'essence des codicilles, sont
adressées.

Les codicillés de la première espèce sont ceux qui
sont faits (comme parlent les lois) *ad Testamentum,*
qui sont regardés comme une suite, comme un accessoire, comme une dépendance du testament ; parce
qu'en ce cas c'est à l'héritier institué seul que le testateur adresse ses prières. De là vient que cette espèce

de codicille suit la nature et la destinée de l'acte auquel il est attaché ; et comme elle subsiste, si le testament subsiste, elle s'éteint aussi avec le testament.

Mais il y a une seconde espèce de codicilles indépendans du testament, et ce sont ceux que tout homme qui a la capacité de tester, fait sans faire de testament ; et au lieu que dans les premiers, le codicille est regardé par les jurisconsultes comme une prière adressée à l'héritier institué, dans les derniers il est toujours considéré comme une prière faite à l'héritier légitime.

Cette distinction est clairement établie dans la loi 16. ff. *de Jure Codicillor.*, où le jurisconsulte l'explique en ces termes : *Et ut manifestius dicam, intestato patrefamilias mortuo, nihil desiderant Codicilli, sed vicem Testamenti exhibent ; Testamento autem, jus sequuntur ejus.*

Telle est la nature du codicille, telles sont ses différentes espèces ; et cela supposé, nous croyons pouvoir dire que rien ne paroît plus facile que d'expliquer les effets de la clause codicillaire.

Qu'est-ce qu'une clause codicillaire ? C'est une disposition qui a la force de changer un testament en un codicille ; de substituer à une loi absolue, une prière souvent plus efficace ; de faire que ce qui ne pourroit valoir comme testament dans la rigueur du droit, puisse être exécuté comme codicille dans les régles de l'équité.

Mais comme nous avons distingué deux sortes de codicilles, les uns attachés au testament, les autres indépendans du testament, quel sera l'effet de la clause codicillaire dans cette conversion favorable qu'elle fait d'un testament en un codicille ? Sera-ce d'en faire un codicille qui suive la nature et la destinée du testament, ou au contraire un codicille qui subsistera par lui-même sans aucune relation nécessaire avec un autre acte, sans aucune dépendance d'un testament ?

Il n'est pas difficile, mais il est très-important de répondre à cette question.

Nous disons d'abord que la réponse n'est pas difficile, parce qu'il est évident que jamais la clause
codicillaire ne peut faire un codicille de la première
espèce, c'est-à-dire, un codicille qui soit inséparablement attaché à la destinée du testament; car
puisque c'est ce testament même auquel elle donne
la forme et la nature d'un codicille, à quel testament
demeureroit-il attaché, puisqu'il n'y en a plus, et
que le testateur n'y a ajouté cette clause importante,
que pour suppléer au défaut du testament, pour
prendre sa place pour être exécuté comme volonté
énixe, en cas que le testament ne pût avoir son effet
comme volonté solennelle? Or, s'il est absurde de
dire que la clause codicillaire puisse jamais faire
d'un testament un codicille qui soit du nombre de
ceux que la loi appelle *Appendicem et sequalem
Testamenti*, que nous reste-t-il à conclure, si ce n'est
que la force et la vertu de cette clause consiste précisément à faire un codicille de la seconde espèce,
c'est-à-dire, de ceux qui existent par eux-mêmes, sans
emprunter leur vie et leur être du testament?

Nous disons en second lieu qu'il est important de
répondre à cette question, quelque facile qu'elle soit
à décider, parce que de cette seule réponse on peut
tirer d'un côté tous les principes qui regardent la
clause codicillaire, et de l'autre, la solution de
toutes les objections par lesquelles on prétend la
rendre inutile dans l'espèce de cette cause.

En effet, si telle est la nature de la clause codicillaire, qu'elle rende le testament auquel elle est
ajoutée entièrement semblable à un Codicille qui
subsisteroit sans l'appui d'un testament, la définition
de cette clause sera la même que celle de ce codicille. Or quelle est celle de cette espèce de codicille,
si ce n'est, comme nous l'avons déjà touché en passant, une prière adressée par un mourant à son
héritier légitime, par laquelle il le conjure d'accomplir ses dernières volontés? Car puisque tout
codicille est essentiellement une supplication faite
à l'héritier, et qu'il y a deux sortes d'héritiers, les

uns testamentaires, les autres légitimes ; dès le moment que cette supplication ne pourra plus s'adresser à l'héritier testamentaire, parce que la clause codicillaire suppose qu'il n'y en aura point, il faudra nécessairement qu'elle ait pour unique objet l'héritier légitime.

Toute la nature et la force de la clause codicillaire est donc renfermée dans ces deux principes qu'on n'auroit pas dû nous obliger de prouver ici : l'un, que cette clause est faite pour suppléer au défaut de l'héritier testamentaire, et par conséquent qu'elle suppose nécessairement qu'il n'y en a plus : l'autre qu'elle a l'effet de substituer l'héritier légitime à la place de l'héritier testamentaire, par ces prières efficaces et énergiques que tout testateur est présumé adresser à ses héritiers du sang, par les seuls termes de la clause codicillaire.

Quelle est la conséquence naturelle de cette définition et de ces principes ? Qu'il ne faut point distinguer, comme on a voulu le tenter dans cette cause contre les textes les plus clairs du droit civil, contre le consentement unanime de tous les docteurs, sans en excepter un seul, deux sortes de clauses codicillaires, les unes expresses, formelles, souverainement efficaces, qui sont adressées nommément aux héritiers du sang ; les autres, vagues, générales, clauses de style plutôt que de volonté, qui ne pourroient tout au plus que réparer quelques défauts de solennités.

On convient que si la clause codicillaire que nous examinons, étoit conçue comme celles de la première espèce, la prétention de Madame de Nemours ne seroit pas soutenable, et qu'elle seroit sans difficulté chargée du fidéicommis envers M. le prince de Conty.

Mais on prétend que la clause codicillaire du testament de M. l'abbé d'Orléans, n'étant conçue qu'en termes généraux, elle ne contient aucune prière formelle qui impose à Madame de Nemours la nécessité de la restitution.

Premièrement, nous demanderions volontiers à ceux qui proposent cette distinction, dans quelle source ils l'ont puisée. Est-ce dans les textes de droit? Est-ce dans les sentimens des docteurs ? Est-ce enfin dans la jurisprudence des arrêts? On n'a pu jusqu'à présent citer aucune loi qui l'établisse, aucun docteur qui la suive, aucun arrêt qui la confirme. Arrêtons-nous un moment à peser la force de cet argument. Quoiqu'il soit négatif, il forme presque une espèce de démonstration dans la question que nous examinons.

S'il étoit vrai que cette distinction des deux espèces de clauses codicillaires fût connue dans le droit, ce seroit sans difficulté un premier principe, et une maxime fondamentale dans cette matière ; mais si cela étoit, comment seroit-il possible que l'exactitude scrupuleuse du conseil de Madame de Nemours, qui a porté ses recherches jusqu'aux lois les plus inutiles et les plus éloignées de l'espèce présente, n'auroit pu trouver dans tout le droit aucun texte, au moins obscur et équivoque, d'où l'on pût tirer par une interprétation douteuse cette distinction importante sur laquelle roule toute la défense de Madame de Nemours ? Comment ce principe si utile et si nécessaire, auroit-il échappé aux jurisconsultes dans ce nombre infini de lois qui regardent les testamens? Comment Justinien n'en auroit-il fait aucune mention dans ses institutes ? Comment les anciens et les nouveaux interprètes du droit, féconds en distinctions, fertiles en questions, auteurs d'une infinité d'opinions nouvelles, qui souvent résistent au texte des lois, n'auroient-ils point imaginé cette différence essentielle entre les différentes espèces de clauses codicillaires ?

Qu'on ne dise point ici que la seule comparaison de quelques lois suffit pour faire sentir cette distinction. Dans les unes, comme par exemple, dans la la loi *Titia* 13. *ff. De inoff. Testam.* les héritiers *ab intestat* sont nommément et expressément priés par le testateur d'accomplir les dispositions de son testament. Dans les autres, comme dans la loi 8,

Cod. *De Codic.*, le testateur dit simplement qu'il
veut que son testament vaille comme codicille , *Pro
Codicillis etiam id valere ;* et que de ces deux formules différentes on peut et l'on doit conclure qu'une
clause codicillaire est souvent très-différente d'une
autre.

Ceux qui font cette difficulté oublient qu'il ne s'agit
pas ici d'examiner la formule, mais l'effet de la clause
codicillaire.

S'il ne s'agissoit que de la formule , leur division
seroit très-imparfaite : non-seulement on pourroit en
distinguer de deux espèces ; on pourroit même en
compter jusqu'à cinq ou six , dont nous avons les
exemples dans le digeste ; et M. Cujas nous apprend,
avec tous les autres docteurs , que le nombre n'en
est point déterminé ; qu'il ne s'agit point , en cette
matière, d'une formule fixe et inviolable, qui consiste dans un certain arrangement de paroles. La
bonne foi qui préside à ces dispositions , dont elle a
heureusement inventé l'usage pour adoucir la rigueur
du droit, ne souffre pas qu'on les renferme dans des
bornes si étroites. Toute expression, toute conjecture
même qui pourra faire présumer que le testateur a
voulu que son testament fût exécuté , quand même
l'héritier institué ne seroit pas en état de le soutenir,
est suffisante pour tenir lieu d'une véritable clause
codicillaire.

Mais ici qu'est-ce que nous cherchons ? Ce n'est
point la formule , c'est l'exécution , c'est l'effet de la
clause codicillaire. Or , en ce point toutes les clauses
codicillaires sont égales ; c'est ce que nous n'avons
prouvé jusqu'ici que par un argument négatif
tiré du silence des lois et des docteurs. Il faut le
prouver à présent , et par les principes du droit ,
et par l'autorité des jurisconsultes, et par le sentiment des interprètes : trois argumens positifs qui
achèveront de mettre cette vérité dans tout son jour.

Les principes du droit peuvent-ils être douteux,
après toutes les réflexions que nous avons déjà faites ?

Reprenons la suite de nos propositions. La clause codicillaire réduit le testament à l'état d'un codicille.
Tel est son effet naturel dans la formule même que
l'on cite comme l'exemple des clauses codicillaires
vagues, générales, imparfaites : c'est la première proposition que nous avons expliquée. Le codicille que
cette clause substitue au testament est un codicille
indépendant de tout testament. Seconde proposition. Tout codicille indépendant du testament est
une prière adressée à l'héritier légitime, et ne peut
être autre chose. Car enfin, il n'y a dans le droit
que deux sortes de dispositions ; des dispositions
directes, absolues, impératives; des dispositions obliques, précaires, suppliantes. Un codicille n'est point
certainement une disposition de la première espèce;
il appartient donc uniquement à la seconde. Donc,
par une conséquence infaillible, puisque la clause
codicillaire fait un codicille subsistant par lui-même,
et qu'un codicille de cette qualité est une prière
faite à l'héritier du sang ; toute clause codicillaire
n'est autre chose qu'une prière, ou expresse ou im-
plicite, mais toujours également efficace, que le testateur adresse à ceux que la nature lui destine pour
successeurs.

Il y a donc à la vérité deux espèces de codicilles,
l'un adressé à l'héritier du sang, l'autre adressé à
l'héritier institué ; mais il ne peut y avoir qu'une
clause codicillaire, parce qu'elle suppose nécessairement le défaut de l'héritier, et que par conséquent
elle ne peut avoir pour objet que l'héritier du sang.

A qui parle le testateur quand il dit : *Je veux,
je souhaite, je désire que mon testament soit exécuté
comme codicille ?* Est-ce à l'héritier institué? Non;
car il suppose dans ce moment, qu'il n'y en a point
en état de recueillir le fruit de ses bienfaits. C'est
donc toujours à l'héritier du sang. Qu'il le fasse
en termes exprès, ou par une clause générale, il
est toujours vrai qu'il le fait dans l'un et dans l'autre
cas ; et par conséquent l'exécution de ses volontés
sera toujours également inviolable.

Joignons l'autorité des lois à la force des principes, et sans en faire ici une foule de citations, attachons-nous à un seul texte, qui achève d'établir entièrement la maxime sur laquelle nous appuyons uniquement notre opinion. Tout homme, dit Ulpien, qui fait un codicille, doit être considéré comme s'il avoit institué pour héritiers tous ceux à qui ses biens appartiendront après sa mort : *Paterfamilias, qui testamenti factionem habet, et codicillos faceret, perinde haberi debet ac si omnes heredes ejus essent, ad quos legitima ejus hereditas vel bonorum possessio perventura esset. L. 3. ff. de jure codicill.*

Rien n'est plus clair ni plus décisif que cette loi. La force du codicille consiste uniquement en ce que les héritiers légitimes sont regardés comme héritiers testamentaires. Pourquoi cela? Parce que le testateur leur donne ce qu'il ne leur ôte pas, ayant droit de le leur ôter. *Dedit, dùm non ademit,* dit ailleurs le même Ulpien. Or la clause codicillaire fait un véritable codicille, donc, son effet est de substituer les héritiers du sang à ceux du testament. C'est donc uniquement à eux qu'elle est adressée.

Enfin, si ce principe pouvoit encore être douteux, il suffiroit d'ouvrir tous les interprètes du droit sans exception; on n'en trouveroit pas un seul qui ne l'ait supposé, ou qui ne l'ait confirmé expressément. Mais laissons cette foule d'auteurs, pour n'envisager que les deux plus grandes lumières du droit; l'un en Italie, l'autre en France; Bartole et Cujas.

Quelle décision peut être plus formelle que celle du premier, quand il dit sur la loi première ff. *de jure codicill. Ista sunt paria, relinquere à venientibus ab Intestato, et dicere, si non valet Jure Testamenti, valeat Jure codicillorum.* C'est la même chose de charger nommément les héritiers *ab intestat* de l'exécution d'un testament, ou de dire : *Si mon testament ne vaut pas comme testament, je veux qu'il vaille comme codicille.* Pouvoit-il condamner

D'Aguesseau. Tome III. 14

la distinction nouvelle des deux genres de clauses codicillaires ?

M. Cujas ne s'explique pas moins précisément que Bartole, quand il dit sur le titre du cod. *de fidéi-comm.*, que si le testament est caduc, les fidéicommis qui y sont laissés ne sont point dus par les héritiers du sang : *Addendum tamen, deberi, si ab intestato succedentes rogati probentur, vel rogati intelligantur ex generali et simplici sermone testatoris, vel ex clausulâ codicillari.*

Vous voyez, Messieurs, que ce grand interprète du droit, égale, comme Bartole, la clause codicillaire à la prière expresse faite aux héritiers du sang, et qu'il auroit regardé la distinction que l'on vous a proposée, comme un paradoxe dans les principes du droit.

Nous nous arrêtons avec peine à prouver avec tant d'étendue un principe si certain; mais comme c'est de ce point capital que dépendent tous les argumens de Madame de Nemours, il étoit absolument nécessaire de le confirmer par toutes ces réflexions, après lesquelles il n'y a rien de plus aisé que de répondre aux difficultés qu'on oppose à la clause codicillaire.

Ceux qui ont défendu les intérêts de Madame de Nemours conviennent que si nous trouvions dans le testament de M. l'abbé d'Orléans, une prière expresse, adressée aux héritiers du sang, la cause de M. le prince de Conty seroit indubitable. Or nous avons montré par les principes du droit, par l'autorité des lois, par le sentiment des docteurs, que c'est la même chose, de prier nommément ses héritiers, et de les prier en général par la clause codicillaire. Où peut donc être la difficulté?

Répondons néanmoins avec un peu plus d'étendue aux deux principales objections, par lesquelles on veut éluder la puissance et l'efficace de cette clause.

Nous les avons déjà observées en passant.

L'on dit en premier lieu, que la clause codicillaire ne peut réparer qu'un défaut de solennité, et non pas un défaut essentiel dans la substance du testament, tel qu'est la caducité de l'institution.

Après les principes que nous avons établis, trois réflexions très-courtes suffiront pour détruire entièrement cette première objection.

Premièrement, il est si peu vrai que la clause codicillaire ne puisse pas remédier au défaut essentiel de la caducité de l'institution, que c'est précisément pour cela qu'elle a été introduite. C'est uniquement, comme nous l'avons déjà dit tant de fois, pour substituer l'héritier légitime à l'héritier testamentaire. Si l'institution n'étoit pas caduque, la clause codicillaire seroit inutile; et l'on veut que ce qui la fait subsister la détruise, et qu'elle soit impuissante précisément dans le cas pour lequel on emprunte son secours.

Allons plus loin, et ajoutons en second lieu, que pour peu que l'on consulte les principes naturels, on conviendra que ce qui distingue un testament d'un codicille, une institution d'un fidéicommis, c'est une pure solennité du droit civil, qui ne consiste que dans le terme *héritier*. Qu'est-ce qu'un testament? *directa hereditatis datio*. Qu'est-ce qu'un fidéicommis universel? *obliqua hereditatis datio*. Tous les deux ont cela de commun, que c'est une donation des biens du testateur. En quoi diffèrent-ils? En ce que l'un se fait en termes impératifs, et l'autre en termes de prières. Or qu'est-ce que tout cela, sinon une simple formalité, qui par la rigueur des principes emporte néanmoins, comme nous l'avons expliqué, la caducité du testament? Si donc l'on convient que la clause codicillaire a la force de réparer les défauts de solennités, il faut convenir qu'elle peut ici remédier à la caducité du testament, puisque cette caducité n'a pour principe qu'une rigoureuse solennité.

Enfin, et c'est la troisième réflexion que nous opposons à cette objection, il est certain que le défaut de solennité rend l'institution nulle, inutile, caduque, tout de même que le prédécès de l'héritier institué. Or si l'on est obligé de reconnoître, que lorsque ces

14 *

deux défauts sont joints ensemble, c'est-à-dire, celui de la solennité à celui de la caducité qu'elle entraîne après elle, la clause codicillaire soutient le testament et l'empêche de tomber ; par quelle raison voudra-t-on qu'elle ne puisse réparer le défaut de caducité, quand ce défaut se trouve seul ? Quoi ! le testateur aura voulu que cette clause ait son effet, supposé qu'un défaut de formalité donne atteinte à son testament ; et il ne l'aura plus voulu, supposé que le prédécès de l'héritier institué trompe ses justes espérances ! Mais ne passons pas encore à l'examen de sa volonté ; et pour achever de dissiper jusqu'aux moindres doutes qui pourroient demeurer encore dans l'esprit sur cette objection, joignons à toutes ces raisons les sentimens précis des docteurs.

Que dit M. Cujas sur cette question ? Quels sont les cas où il marque que la clause codicillaire doit avoir son effet ? *Si Testamentum destituatur, si injustum prononcietur, si rumpatur, si irritum fiat, omnia quæ sunt in Testamento scripta, debebuntur, Jure fideicommissi, ab heredibus legitimis.* C'est sur la loi 77. §. *Filius matrem.* ff. *de Legatis* 2.° S'arrête-t-il au seul cas de défaut de solennités, ou plutôt quels cas ne comprend-il point dans ces termes si étendus ? Un testament abandonné, un testament non solennel, un testament rompu, un testament caduc. Voilà quels sont, suivant ce docteur, les testamens, auxquels la clause codicillaire apporte un remède efficace. Il repète presque la même chose sur la loi *Titia* 13. ff. *de inoff. Testam.* Il n'excepte que le seul cas de l'inofficiosité, dans lequel le testateur étant présumé furieux, ne peut faire ni un testament ni un codicille.

Comment s'expliquent tous les auteurs que Madame de Nemours elle-même a cités sur la question de la caducité ? Mantica dit précisément que, *Ea vis est Clausulæ, ut successores intestati videantur rogati.*

Peregrinus explique la même chose en d'autres termes.

Menochius dans son conseil 106, établit nettement l'exception de la clause codicillaire dans le cas de la caducité.

Nous serions infinis, si nous voulions rapporter tous les auteurs qui ont soutenu cette opinion : il y en a presque autant que d'interprètes du droit, et nous ne croyons pas qu'il y ait aucune proposition plus universellement reçue dans toute la jurisprudence, que celle que nous supposons ici. Il semble même, et nous n'ajouterons plus que cette seule observation, il semble que le jurisconsulte Paulus ait voulu prévenir et lever ce doute dans la loi 29. §. 1. ff. *Qui Testam. Fac. post.* Il examine l'effet de ces paroles : *Hoc testamentum volo esse ratum quâcunque ratione poterit*, et il décide que l'intention du testateur a été de faire exécuter son testament, *Etiamsi intestatus decessisset.* Donc tout ce qui peut le faire mourir sans testament, défaut de solennité, prédécès, repudiation de l'héritier institué, naissance d'un posthume, tout a été prévu, tout est compris, tout est renfermé dans l'intention du testateur : il a cru pourvoir suffisamment à tous ces cas par la clause codicillaire.

L'on ajoute en second lieu, et l'on ajoute avec beaucoup de raison, que la clause codicillaire ne peut suppléer le défaut de volonté. Comment pourroit-elle subsister sans la volonté, puisqu'elle est le pur ouvrage de la seule volonté? C'est la faveur seule de la volonté, qui, contre la rigueur du droit, la produit, la soutient, la rend inviolable. Il étoit inutile d'appuyer un principe aussi incontestable par l'autorité du savant, de l'illustre Jacques Godefroy.

Mais quelle conséquence peut-on tirer de ce principe contre la clause codicillaire ? Soutiendra-t-on que la volonté de M. l'abbé d'Orléans ne soit pas favorable à Messieurs les princes de Conty ? Mais quelle volonté fut jamais plus expresse ? Il prie instamment Madame sa mère de leur rendre ses biens; il est vrai que s'il en étoit demeuré là, un événement imprévu auroit pu interrompre la suite et les progrès de ses

desseins. Il est vrai que la mort de l'héritier chargé
de restitution auroit fait évanouir le fidéicommis ;
nous croyons l'avoir suffisamment prouvé. On auroit
fait valoir inutilement la force de sa volonté, s'il ne
s'étoit pas servi de la seule voie que les lois lui permettoient, s'il n'avoit point marqué que son intention
étoit de charger ses héritiers légitimes de ce fidéicommis. Mais il l'a marqué clairement par la clause
codicillaire. Il a pu le vouloir ; il l'a voulu. Ce n'est
pas tout encore ; il l'a voulu dans la forme prescrite
par les lois. Que manque-t-il à sa volonté pour avoir
son entière exécution ?

Que si l'on veut encore révoquer en doute la volonté du testateur : sans répéter ici toutes les raisons
que l'on vous a expliquées de la part de M. le prince
de Conty, et que nous tâchâmes hier de remettre
devant vos yeux, nous nous attacherons à un seul raisonnement, auquel nous croyons qu'il est difficile de
répondre.

Supposons pour un moment que le testateur ait
voulu ce que Madame de Nemours prétend qui a été
l'objet de sa volonté, et voyons si cette supposition
n'est pas entièrement destituée de vraisemblance.

Il est déjà certain que si l'ordre qu'il a établi entre
ses dispositions eût pu avoir lieu, il a voulu que
Messieurs les princes de Conty recueillissent ses biens
par la voie du fidéicommis. Mais en cas que les
héritiers institués viennent à prédécéder, il faut supposer, avec Madame de Nemours, qu'il a cessé de
vouloir que sa succession passât à Messieurs les
princes de Conty, c'est-à-dire que ce n'est plus une
suite et un ordre de degrés prescrits par le testateur. C'est une condition véritable et une condition si nécessaire, que son défaut peut rendre le
fidéicommis inutile, et anéantir toute sa disposition.

Développons à présent cette pensée, et tâchons
de la rendre sensible en très-peu de paroles.

Qu'est-ce donc que M. l'abbé d'Orléans a voulu ?
Que si M. le comte de Saint-Pol, ou Madame de
Longueville pouvoient recueillir sa succession, ils la

rendissent toute entière à Messieurs les princes de
Conty; mais que si l'un et l'autre venoient à mourir
avant lui, Messieurs les princes de Conty fussent
privés de sa succession; et cela dans le temps que
par la clause codicillaire il charge les héritiers du
sang d'exécuter ses dernières volontés au défaut des
héritiers testamentaires.

C'est comme si un testateur disoit : *Je charge mon
héritier de remettre mes biens entre les mains de
Mævius ; mais si mon héritier meurt avant moi,
je veux que mes biens soient laissés à mes héritiers
légitimes*

Or, qu'y auroit-il de plus absurde et de plus inconcevable que cette volonté? L'héritier institué étoit un
milieu, un obstacle, une espèce de digue qui suspendoit, qui retenoit le cours des bienfaits du testateur, tout prêts à se répandre sur le fidéicommissaire;
et, parce que ce milieu ne subsiste plus, parce que
cet obstacle est retranché, parce que cette digue est
rompue, la source de la libéralité du testateur tarira
tout d'un coup; il perdra de vue l'objet de sa tendresse, parce que cet objet sera plus proche de ses
yeux. Il l'aimoit quand il étoit éloigné de lui; il cesse
de l'aimer dans le moment qu'il n'y a plus rien qui
l'en sépare.

Mettons encore ce raisonnement dans un plus
grand jour. L'ordre de l'institution, l'ordre de l'écriture sont l'image et la preuve de l'ordre, de l'affection
et de la volonté du testateur. Cela supposé, quel est
celui que M. l'abbé d'Orléans a le mieux aimé? C'est
M. le comte de Saint-Pol. Quel est l'héritier qui le
suit dans l'ordre de sa tendresse? C'est Madame sa
mère. Après elle se présentent Messieurs les princes
de Conty, et enfin, dans le quatrième degré, les
héritiers du sang qu'il pouvoit encore priver de ses
biens par une longue suite de substitutions et auxquels il est présumé avoir pensé dans la clause codicillaire.

Il a donc préféré Messieurs les princes de Conty
aux héritiers du sang, et il les a préférés dans le

3

temps qu'il espéroit avoir deux héritiers avant eux ; et l'on veut que dans le temps où personne ne les précède dans l'affection du testateur, il les ait exclus en faveur de ceux qu'il n'a envisagés qu'après eux, c'est-à-dire en faveur des héritiers légitimes. Il les préféroit aux héritiers du sang, quand ils ne tenoient que le troisième rang dans l'ordre de ses dispositions ; il cesse de les préférer depuis qu'ils ont commencé à remplir le premier.

. Voilà donc à quoi se réduit son intention, dans le sens que lui donne Madame de Nemours : *Je veux que Messieurs les princes de Conty recueillent ma succession, supposé qu'un autre les précède dans la succession de mes biens ; mais si personne ne les précède, je ne veux plus alors qu'ils puissent être censés appelés à la qualité d'héritiers, et je laisse mes biens à mon héritier légitime.*

. Si cette volonté ne peut être vraisemblable ; si toutes les démarches que l'on fait pour parvenir à cette interprétation sont autant de suppositions impossibles ; si l'on n'y trouve que ténèbres, contradictions, absurdités, que nous reste-t-il à conclure, si ce n'est que l'intention du testateur est expresse, que sa volonté est certaine, et que par conséquent c'est ici le véritable cas où la clause codicillaire doit avoir lieu, puisqu'elle n'a été inventée que pour prêter la main à une volonté prête à succomber sous la rigueur du droit ?

Reprenons donc ici la suite de nos principes. Il y a deux sortes de codicilles, les uns adressés à l'héritier institué, les autres confiés aux soins de l'héritier légitime ; mais il n'y a qu'une espèce de clause codicillaire, parce qu'elle ne peut jamais avoir pour objet que l'héritier du sang. La raison, la loi, les docteurs, tout concourt à établir que cette clause est, essentiellement et par sa nature, une prière faite par un mourant à ses héritiers légitimes ; sa faveur, sa force, son autorité sont si grandes, qu'elle peut non-seulement réparer le défaut des solennités, mais venir au secours de la caducité du testament. Il n'y à que le seul défaut de volonté qu'elle ne puisse pas couvrir; mais jamais il n'y a eu de volonté plus claire que celle qui paroît dans l'espèce de cette cause. Donc la clause codicillaire doit être considérée comme un moyen décisif qui lève toutes les difficultés que la question de la caducité pourroit avoir fait naître.

Malgré la suite et l'enchaînement de ces propositions, l'on a fait encore deux objections, l'une ancienne, l'autre nouvelle, auxquelles il est juste de satisfaire pour achever tout ce qui regarde cette partie de la cause.

La première, que les clauses codicillaires n'ont pas lieu parmi nous, parce que tous nos testamens ne sont que de véritables codiciles.

La seconde, fondée sur l'autorité de quelques lois, dans lesquelles il est dit que si un testateur pensant n'avoir qu'un héritier légitime, le charge de quelques fidéicommis, on n'oblige point le nouvel héritier qui paroît après sa mort, de les acquitter; mais ils demeurent réduits à la moitié, qui ne tombe que sur celui qui en a été nommément chargé par le testateur; d'où l'on conclut que, puisque M. l'abbé d'Orléans ayant deux héritiers, M. le comte de Saint-Pol et Madame de Nemours, n'en a grevé qu'un expressément de fidéicommis, l'autre doit en être déchargé.

La première objection seroit plausible, si elle étoit proposée par le conseil de M. le prince de Conty; mais il est surprenant que le défenseur de Madame de Nemours ait cru pouvoir en faire un moyen dans sa cause.

Il est vrai que les causes codicillaires sont inconnues; c'est trop peu dire, elles sont absurdes dans un codicille, et par conséquent dans nos testamens qui sont de vrais codicilles.

Mais, premièrement, il s'agit ici d'un testament fait en pays de droit écrit, et suivant les usages, les formes, les solennités de ce droit. Cette réponse pourroit suffire. Allons plus loin, et montrons qu'il faudroit tirer de ce raisonnement une conséquence toute contraire aux intérêts de Madame de Nemours.

Accordons à ceux qui ont fait cet argument tout ce qu'ils demandent. La clause codicillaire n'a point lieu dans les codicilles. Tous nos testamens sont des codicilles. Le testament même que nous examinons ne doit être regardé que comme un codicille. Mais quelle sera la conclusion que l'on doit attendre de toutes ces suppositions? La voici, suivant tous les principes de droit. Si c'est un codicille, il n'y a plus d'institution d'héritier; cet acte n'en est pas susceptible. S'il n'y a plus d'institution, donc toutes les dispositions directes se changent en dispositions obliques; donc l'institution de M. le comte de Saint-Pol et de Madame de Longueville devient fidéicommis. Si elle n'est plus regardée que comme un fidéicommis, donc elle est de même nature que la disposition qui appelle Messieurs les princes de Conty. Si elle est de même nature, il n'est plus besoin de recourir à une conversion de substitution fidéicommissaire en substitution directe. Si cette conversion est inutile, si les institutions et les substitutions portées par le testament sont toutes de même genre, donc, par une conséquence nécessaire, reconnue même par un conseil de Madame de Nemours, l'interruption des degrés ne peut donner atteinte à la dernière substitution; donc celui qui est substitué au second héritier est censé substitué au premier; donc la disposition n'est point caduque; donc le testament subsiste par lui-même; et, en effet, quand on dit qu'il seroit absurde d'admettre une clause codicillaire dans un codicille, ce n'est pas qu'elle fût contraire à l'esprit et à la nature du codicille, mais c'est qu'elle y seroit superflue. Tout son effet se termine à faire d'un testament un codicille. Pourquoi l'ajouteroit-on à ce qui n'est et ne peut être qu'un codicille? Ce seroit une disposition dérisoire, par laquelle le testateur diroit : *Je veux que mon codicille vaille comme codicille.*

Il n'en faut pas davantage pour confirmer la vérité

de ce que nous avons dit d'abord, que ce moyen est un moyen déplacé qui auroit eu beaucoup d'apparence dans la bouche de M. le pr.nce de Conty, mais qui, dans celle de Madame de Nemours, ne sert qu'à former un argument invincible contre elle.

Achevons en peu de mots tout ce qui regarde cette question, par la réponse que nous croyons devoir faire à la dernière objection, qui n'a été proposée que dans deux factums qu'on nous a remis entre les mains depuis deux jours.

Retraçons d'abord ici l'espèce des lois sur lesquelles elle est fondée.

Un homme qui croit n'avoir qu'un héritier, et qui cependant en a deux, fait un codicille dans lequel il charge de fidéicommis le seul héritier qu'il connoissoit. Après sa mort, il paroît un second héritier. On demande premièrement, s'il pourra être soumis à la prestation des fidéicommis pour la part et portion qui lui appartient (1). On demande ensuite si son cohéritier, que le testateur a chargé expressément de fidéicommis, devra les acquitter entièrement comme s'il étoit seul héritier, ou s'il n'en devra que la moitié.

Sur la première question, Papinien ne doute pas qu'il ne faille décharger ce nouveau cohéritier absolument inconnu au testateur. Il trouve la seconde plus difficile, et, cependant par équité, il se détermine à croire qu'il faut réduire les fidéicommis à la moitié.

Nous n'examinons point ici si cette interprétation a autant de solidité que de subtilité; si elle seroit reçue dans nos mœurs; et si on ne trouveroit pas plus de vraisemblance dans des conjectures absolument opposées à celles de Papinien; en un mot, si l'on ne devroit pas décider, que puisque le testateur a bien voulu charger de fidéicommis l'héritier qu'il

_____

(1) Loi 77. §. 29. ff. *de Legat.* 2.° La loi 19. ff. *de jure codicill.* est encore dans une espèce semblable.

3　　　　　　　　　　　＊

connoissoit, on doit présumer qu'il en auroit chargé, à plus forte raison, celui qu'il ne connoissoit pas, et qu'il est difficile de concevoir qu'il eût retranché, en faveur d'un inconnu, la moitié du legs qu'il faisoit au fidéicommissaire.

Sans vouloir combattre des présomptions par des présomptions contraires, et effacer une couleur par une autre, supposons que l'interprétation de Papinien soit la seule juste, la seule équitable, la seule conforme aux principes du droit : nous avouons que, dans cette supposition même, il n'est pas facile de deviner la conséquence que l'on peut en tirer pour la décision de cette cause.

Il y a une différence si grande entre l'une et l'autre espèce, qu'il est surprenant qu'on ait eu seulement la pensée d'en faire l'application au testament que nous examinons.

Quelle est la raison sur laquelle se détermine Papinien, et après lui M. Cujas ? C'est uniquement l'ignorance du testateur : *Cùm existimaret ad solam consobrinam suam bona perventura.* Quel est le principe de cette décision ? Il est aisé de le saisir.

Les fidéicommis ne sont appuyés que sur la volonté ; c'est elle qui en est l'ame et le fondement. Or, on ne peut présumer aucune volonté par rapport à celui que le testateur ne connoissoit pas, et qu'il ne croyoit pas avoir pour héritier. Peut-être auroit-il chargé cet héritier de fidéicommis, comme celui qui lui étoit connu. Peut-être aussi auroit-il diminué les charges de sa succession, s'il eût prévu qu'elle dût être partagée entre plusieurs personnes. Sa volonté est incertaine, et il faudroit qu'elle fût certaine pour assurer l'exécution entière du fidéicommis. Dans le doute, on épargne l'héritier ; et, ne pouvant connoître certainement l'esprit du testateur, on se rapproche autant qu'il est possible de celui de la nature et de la loi, qui parlent en faveur des héritiers du sang.

Voyons maintenant si ce principe a quelque rapport avec l'espèce présente. Cette ignorance si déci-

sive, disons mieux, cette ignorance, principe unique
de la décision de Papinien, se trouve-t-elle dans
cette cause? Dira-t-on que M. l'abbé d'Orléans ait
ignoré le nombre et la qualité de ses héritiers ; qu'il
ait erré, ou dans le fait, en croyant que Madame
de Nemours n'étoit pas sa sœur ; ou dans le droit,
en se persuadant que sa sœur n'étoit pas aussi
proche de lui que son frère, et aussi capable de
lui succéder ?

Ce n'est pas tout encore : non-seulement on ne
peut présumer que M. de Longueville n'ait pas connu
ses véritables héritiers ; on peut même démontrer
qu'il est impossible qu'il ait eu d'autre personne en
vue dans la clause codicillaire, que Madame de
Nemours.

Suivons toujours nos premières idées. La clause
codicillaire est une prière adressée aux héritiers légitimes. M. l'abbé d'Orléans n'en avoit que trois de
cette qualité ; M. le comte de Saint-Pol, Madame de
Longueville, Madame de Nemours. Il parle aux deux
premiers dans l'institution, il les charge nommément
du fidéicommis fait à Messieurs les princes de Conty.
Il parle à la dernière dans la clause codicillaire. Pourquoi cela ? parce qu'un des principaux cas pour lesquels cette clause est ajoutée, est celui de la caducité
de l'institution, c'est-à-dire, du prédécès des deux
héritiers institués. Donc, il y a un cas dans lequel il
suppose ses deux premiers héritiers hors d'état d'entendre ses prières et d'obéir à sa parole, et cependant
il ne laisse pas de prier et de faire entendre sa voix. A
qui peut-elle donc s'adresser, s'il est vrai qu'il ait
pour objet les héritiers légitimes, et qu'il y en ait
deux de morts ? N'est-il pas évident qu'elle ne peut
regarder que le troisième héritier, le seul qui existe,
c'est-à-dire, Madame de Nemours, et par conséquent, comme nous l'avons déjà dit, qu'elle est presque nommément chargée par le testateur ?

Après cela nous ne répondrons point à plusieurs
objections semblables à celles que nous venons d'examiner, comme, par exemple, à celle que l'on tire

des testamens nuls par la prétérition d'un fils de
famille, dans lesquels les arrêts ont jugé avec raison
que la clause codicillaire ne pouvoit avoir aucun effet;
mais par les mêmes principes que nous avons établis,
c'est-à-dire, parce que l'on suppose en ce cas, ou
qu'il n'y a point eu de volonté, ou que s'il y en a eu
une, elle étoit injuste. Ici la volonté est certaine; ici
la volonté est juste. Le pouvoir du testateur et sa
volonté marchent d'un pas égal, et soutiennent également sa disposition.

Au lieu de se jeter dans toutes ces questions inutiles, on auroit pu en traiter deux, qui auroient eu
un plus grand rapport avec la véritable nature du
testament.

L'une auroit été de savoir si M. le prince de Conty
n'est pas obligé d'attendre la mort de Madame de
Nemours pour former sa demande; et nous aurions
cru, sur cette question, qu'un fidéicommis, dont la
restitution n'est point suspendue expressément par le
testateur, est un fidéicommis présent, qui peut se
demander aussitôt après le décès de celui qui l'a fait.
Et d'ailleurs, quand il ne seroit exigible qu'après la
mort de Madame de Nemours, le droit seroit toujours acquis dès à présent à M. le prince de Conty,
et il pourroit demander la confirmation de ce droit
par tous les moyens qui servent à le soutenir. Ainsi le
délai n'empêcheroit pas qu'il ne fallût toujours examiner la question de la preuve par témoins.

La seconde question se seroit réduite à savoir si
Madame de Nemours n'auroit pas au moins droit de
demander la détraction de la quarte trébellianique;
mais cette question nous auroit paru prématurée. Elle
regarde l'exécution et non pas la validité du titre,
et il ne s'agit aujourd'hui que d'en examiner la
validité.

Telles sont, MESSIEURS, toutes les réflexions que
nous avons cru devoir faire sur la première partie de
cette cause, c'est-à-dire, sur ce qui regarde le titre
de M. le prince de Conty. Elles se réduisent à cette
proposition unique, que la rigueur du droit rendroit

l'institution caduque, et par conséquent le fidéicommis, si la clause codicillaire ne lui prêtoit un secours
favorable, suivant les règles de l'équité.

Passons maintenant à l'examen des titres de Madame de Nemours. Voyons s'ils dérogent à ceux de
M. le prince de Conty, et si le testament qu'il soutient, n'étant pas caduc, est au moins révoqué par les
actes qui l'ont suivi.

Le premier de ces actes est la donation. Le second
est le testament du 26 février 1671.

Nous ne nous étendrons point sur ce qui regarde
le premier. Il pourroit faire la matière d'une longue
dissertation, qui consisteroit à savoir dans quels cas
une donation révoque un legs ou un fidéicommis, et
s'il y a quelque différence en cette matière, entre les fidéicommis singuliers, et les substitutions universelles.
Nous nous contenterons de dire en général, qu'il
paroît assez difficile de faire subsister en même temps
une donation universelle, et un fidéicommis universel, qui ont deux objets différens. Il est vrai que
la donation n'étoit que des biens présens, et que
le fidéicommis comprenoit les biens à venir; mais
d'un autre côté, on voit dans la donation, que
M. l'abbé d'Orléans stipule un droit de retour en
faveur de Madame de Nemours après lui, et par conséquent il semble que Messieurs les princes de Conty
auroient cessé d'être l'objet de son affection et de
sa volonté.

Sans nous étendre davantage sur cette question,
nous croyons qu'elle doit se décider par le même
fait de démence par lequel on attaque le testament
qui suit la donation. Si cet acte est l'ouvrage d'un
insensé, la donation a le même défaut; il n'y a que
trois jours d'intervalle entre l'un et l'autre. Si
M. l'abbé d'Orléans étoit sage dans le temps du testament, il l'étoit dans celui de la donation : s'il étoit
imbécille en faisant le second de ces actes, il l'étoit
en signant le premier. Joignons donc la donation
au testament; et puisqu'on ne prétend détruire ce
dernier acte qui révoque constamment le premier

testament, que par le seul moyen de la démence
du testateur, entrons dans cette grande et importante question, plus difficile que toutes celles que
nous avons examinées jusqu'à présent, vraiment digne de l'attention du public, et encore plus de celle
de la justice.

La capacité générale de faire des actes est fondée
sur une loi naturelle. Celle de faire un testament
est l'effet d'une loi civile, qui accorde aux hommes
une espèce de consolation de leur mortalité, en leur
permettant de revivre, pour ainsi dire, en la personne de leurs successeurs, et de se procurer une
image et une ombre d'immortalité par une longue
suite d'héritiers, qui puissent être un monument
éternel de la sagesse et de la puissance du testateur.

Et comme la capacité de chaque homme est établie sur l'une et sur l'autre de ces lois, il y a deux
sortes de causes qui peuvent l'en priver : les unes
sont fondées sur une raison naturelle, qui suffit seule
pour anéantir ou pour suspendre la puissance du
testateur; les autres, quoiqu'établies aussi sur une
raison naturelle, ont besoin de l'autorité de la loi
civile, pour détruire cette liberté de s'engager et de
disposer, que la loi donne à tous les hommes après
un certain âge.

Ainsi, par exemple, c'est une loi purement naturelle, qui n'a pas besoin du secours d'aucune loi
positive, que celle qui prive les furieux et les imbécilles de la faculté de tester. Malgré le silence des
législateurs, il sera toujours vrai de dire qu'un insensé ne pourra jamais faire une disposition valable.
Tant que la raison subsistera parmi les hommes, le
consentement de toutes les nations autorisera cette
maxime; et par une conséquence nécessaire de ce
principe, il est manifeste que, même avant le temps
de l'interdiction, le furieux est absolument hors
d'état de faire un testament valable. Ce n'est pas
l'autorité du magistrat c'est celle de la nature même
qui prononce son interdiction. Le juge ne fait, pour

ainsi dire, que la déclarer; mais elle est établie, indépendamment de son ministère, dès le commencement de la démence.

Il n'en est pas de même à l'égard du prodigue.
Quoique la cause de son interdiction soit tirée d'une
raison naturelle, qui ne souffre pas qu'on remette la
destinée d'une famille entre les mains d'un homme qui
n'a la propriété de son bien que pour la perdre, et
qui n'en use que pour en abuser : cependant, comme
cette raison ne produit pas une incapacité absolue,
il faut que l'autorité de la loi civile confirme celle de
la loi naturelle; et jusqu'à ce que le ministère du
juge ait fixé l'état du prodigue, il peut encore jouir
de la liberté commune à tous les hommes.

Cette différence, qui n'a pas besoin de preuve,
est clairement marquée dans les .§§. 1 et 2. Instit.
Quibus non est permissum facere testamentum.

Un furieux, dit Justinien, dès le moment qu'il
est en cet état, ne peut faire un testament, de même
qu'un impubère. L'un a perdu le jugement, l'autre
ne l'a pas encore : *Testamentum facere non possunt
impuberes, quia nullum eorum animi judicium est;
item furiosi, quia mente carent.*

Mais un prodigue ne perd ce pouvoir que du jour
qu'on lui a ôté l'administration de ses biens : *Pro-
digus, cui bonorum suorum administratio interdicta
est, testamentum facere non potest; sed id quod ante
fecerit quàm interdictio bonorum suorum ei fiat,
ratum est.*

Quelle est la conséquence naturelle que l'on peut
tirer de ce premier principe, dont la vérité est reconnue par tous les docteurs qui ont écrit sur ces
matières ?

Que lorsque l'on prétend qu'un testament est nul
par l'incapacité de celui qui l'a fait, on doit distinguer entre un furieux et un prodigue.

À l'égard du prodigue, si le testament est antérieur à l'interdiction, sa disposition ne peut plus
être attaquée. En vain demanderoit-on à prouver

que la cause de l'interdiction, c'est-à-dire, la prodigalité, la dissipation, le désordre des affaires
précèdent le testament, puisque quand même ces
faits seroient prouvés, le testament ne seroit pas
moins en sûreté : quelque certains qu'ils soient,
ils peuvent bien servir de fondement à une interdiction, mais ils n'emportent pas de plein droit une
interdiction.

Au contraire, lorsqu'il s'agit du testament d'un
furieux, quoiqu'il soit fait avant l'interdiction prononcée, la cause des héritiers testamentaires n'est
point encore en sûreté ; et puisqu'il faut nécessairement que la fureur ait précédé l'interdiction qui
ne fait que la déclarer, et que la fureur toute seule
est suffisante pour détruire le testament, on peut
encore demander à faire preuve de ce fait. La raison
en est évidente. Dans ces occasions, c'est le fait,
c'est la démence, c'est la fureur même qui prononce,
pour ainsi dire, l'interdiction.

En un mot, la prodigalité, quelque certaine qu'elle
soit, ne suffit pas pour rendre le prodigue incapable.
La démence constante et prouvée, interdit de plein
droit le furieux.

De là vient que dans l'une la preuve testimoniale
est rejetée, parce qu'à l'égard du prodigue l'interdiction est plus de droit que de fait ; et comme elle
ne s'établit que par une sentence, elle ne peut donc
être prouvée que par la sentence même : au lieu qu'à
l'égard du furieux, l'interdiction est plus de fait
que de droit, et par conséquent elle peut être prouvée par tous les argumens qui sont reçus pour établir
la vérité des faits de quelque nature qu'ils puissent
être.

Ainsi, par rapport au prodigue, il n'y a qu'une
seule interdiction ; c'est celle que le juge prononce :
mais à l'égard du furieux, il y a pour ainsi dire,
une double interdiction et une double incapacité,
l'une naturelle, et l'autre civile ; et quoique la première ne soit ni si solennelle ni si publique que la
seconde, elle est néanmoins la plus forte, ou pour

mieux dire, la seule réelle et véritable, puisque la
seconde ne fait que suivre et imiter la première,
et que le magistrat semble n'interposer son jugement
que pour joindre l'autorité de la loi à celle de la
nature.

La seconde interdiction, que nous appelons civile,
ne peut se prouver que par écrit, c'est-à-dire, par
le jugement même qui la déclare plutôt qu'il ne la
forme; la première, au contraire, se prouve rarement
par écrit, et parconséquent elle peut et doit être
prouvée par témoins.

Que si l'on oppose à ce premier principe, tiré de
la comparaison que nous venons de faire du furieux
et du prodigue, qu'il est impossible d'admettre cette
preuve sans attaquer les premiers élémens du droit
et de l'ordonnance, qui ne souffrent pas que l'on
affoiblisse l'autorité des actes par la preuve testimoniale, nous croyons qu'il est aisé de répondre à
cette objection, par une distinction aussi solide que
la première, et que nous supposons ici comme un
second principe qui ne peut être révoqué en doute.

L'on doit considérer deux choses dans toutes
sortes d'actes, et surtout dans les testamens.

La première, est la substance de l'acte, les dispositions qu'il contient, ajoutons-y même sa forme
et sa solennité.

La seconde, est la capacité de celui qui le passe.
En un mot, ou l'on s'attache à l'acte en lui-même,
ou l'on envisage la personne qui l'a signé.

Lorsqu'il ne s'agit que de l'acte, lorsqu'il n'est
question que de la vérité de ce qu'il contient, c'est
alors que l'on peut soutenir comme une règle générale, que l'on n'admet point la preuve testimoniale
contre ce qui est écrit dans un acte authentique; et
cela par deux raisons : la première est la maxime
ordinaire, qu'on ne met jamais en balance la preuve
testimoniale avec la preuve par écrit, quand il s'agit
d'un fait qui doit être la matière d'un acte; et la
seconde, que la preuve est parfaite par l'acte même.

Ainsi, par exemple, lorsque l'on a omis de marquer dans un testament, qu'il a été lu et relu, dicté, nommé, etc., ce seroit inutilement que l'on demanderoit à prouver que le testament a été effectivement lu et relu, dicté et nommé, parce que l'utilité publique veut que l'on ne cherche point ailleurs que dans le testament même, la preuve d'un fait de cette qualité. C'est ainsi que M.e Charles Dumoulin s'en explique sur l'art. 68 de la coutume de Sens : *Quia consuetudo requirit hanc probationem ex ipso testamento.*

Mais lorsqu'on ne s'arrête pas à la substance ou à la solennité de l'acte ; lorsqu'on révoque en doute la puissance, la capacité, l'état d'un testateur, qui pourroit soutenir que l'acte seul peut en être une preuve légitime ?

Dira-t-on que lorsqu'on révoque en doute si un homme étoit majeur ou mineur dans le temps qu'il s'est engagé, on ne consultera que l'acte même qu'il a passé ; et, s'il y a fait une fausse déclaration, s'arrêtera-t-on à cette fausseté, parce qu'elle est écrite dans un acte ? N'ira-t-on pas au contraire chercher dans les registres publics la véritable preuve du fait qui est contesté ; et, si ces registres sont perdus, n'admettrez-vous pas ce mineur, suivant l'ordonnance, à prouver, même par témoins, qu'il étoit encore mineur dans le temps qu'il a contracté ?

En un mot, ce sont deux choses très-distinctes et très-séparées, que la vérité de l'acte et la capacité de celui qui l'a fait. L'une est certaine, incontestable, prouvée par l'acte même ; mais à l'égard de l'autre, l'acte la suppose et ne la prouve pas, si ce n'est que l'on ne dise que le notaire en est le juge, et que l'on ose soutenir, que quoiqu'il ne soit, pour ainsi dire, que l'instrument, que l'organe, que l'interprète du testateur, il décide néanmoins de son état et de sa capacité.

Mais si cette proposition ne peut être soutenue ; si vos arrêts ont permis de prouver l'incapacité du testateur, quoique le notaire ait marqué qu'il étoit

sain d'entendement, sans même avoir recours à
l'inscription de faux, que doit-on décider dans l'espèce de cette cause, où ces mêmes paroles ne se
trouvent point, et où le notaire n'a parlé que de la
santé du corps et non pas de celle de l'esprit? Quoiqu'on ne puisse tirer aucune conséquence de cette
omission, pour faire présumer la décence, par toutes
les raisons qui vous ont été expliquées, elle sert
néanmoins à lever ce scrupule que quelques auteurs
ont eu, lorsque le notaire avoit déclaré que le testateur étoit sain d'esprit et d'entendement.

Nous passons légèrement sur un fait de cette qualité, et nous revenons à la suite des principes que
nous croyons devoir établir pour la décision de cette
seconde partie de la cause.

Le testament, considéré en lui-même, n'est donc
point une preuve de la capacité du testateur. Le notaire n'en est point le juge; et comment pourroit-il
l'être, lui qui ne voit le testateur qu'un moment?
Pénétreroit-il en un instant dans le fond de son
cœur et dans le secret de son ame? La folie et la
sagesse sont également invisibles, si on les considère
en elles-mêmes; elles ne se découvrent que par les
paroles et les actions extérieures, et souvent ces actions sont suspendues pendant un intervalle de temps
beaucoup plus considérable qu'il n'en faut pour faire
un testament.

Concluons donc, puisque la capacité du testateur
est, pour ainsi dire, un fait extérieur et étranger à
l'acte même dont le notaire ne peut être le juge,
que le testament seul ne suffit pas pour exclure la
preuve testimoniale, parce qu'en un mot, ce n'est
point précisément l'acte qu'elle attaque, c'est la personne, ou plutôt elle attaque principalement le testateur; et si elle attaque le testament, ce n'est qu'indirectement et par conséquence.

C'étoit peut-être par rapport à la preuve de cette
capacité du testateur, que les premières lois romaines
exigeoient ces solennités si scrupuleuses des testamens. Ce n'étoit pas seulement pour les rendre plus

authentiques, que l'on vouloit qu'ils eussent tout le peuple romain pour témoin; c'étoit encore pour rendre la capacité du testateur entièrement certaine par le témoignage de tous ses concitoyens, qui se seroient élevés contre le testateur, s'ils n'eussent pas tous reconnu sa sagesse et sa capacité.

Mais depuis que les testamens sont devenus secrets et domestiques, que parmi nous la présence de deux notaires, ou d'un notaire et de deux témoins, suffit pour les rendre authentiques, on ne peut pas dire qu'un si petit nombre de témoins, qui souvent ne connoissent pas le testateur, et qui lui sont encore peut-être plus inconnus, puissent empêcher une preuve plus parfaite et plus solennelle.

Quand une fois l'état du testateur est justement douteux, il faut que le grand nombre de témoins que l'on entend sur un fait de cette qualité, supplée, pour ainsi dire, à ce qui manque à l'acte même, et qu'ils fassent après la mort du testateur, ce que tout le peuple romain, témoin des testamens, faisoit autrefois pendant sa vie, c'est-à-dire, qu'ils publient hautement ou la sagesse ou la démence du testateur.

Tous les docteurs ont suivi unanimement cette opinion, et l'on n'en a cité aucun qui ait entrepris de la combattre.

Vos arrêts l'ont confirmée en plusieurs occasions, et l'on a été obligé d'en convenir de la part de Madame de Nemours. Mais l'on prétend, et nous croyons qu'on le prétend avec raison, qu'on ne doit pas en faire une maxime si générale qu'on ne puisse jamais refuser la preuve par témoins.

La contrariété qui se trouve sur ce point dans la jurisprudence de vos arrêts, suffit pour établir la véritable maxime que l'on doit suivre dans la décision de ces questions.

Il y en a qui l'admettent, et c'en est assez pour montrer qu'en général la preuve est souvent admissible.

Il y en a qui la rejettent, et leur autorité fait voir qu'elle n'est pas toujours admissible.

Supposons donc, comme une vérité constante sur laquelle nous nous sommes peut-être trop étendus, qu'en général, c'est abuser des maximes, que de prétendre faire rejeter la preuve testimoniale par la règle commune : *Contrà scriptum testimonium, non scriptum testimonium non admittitur.*

Tels ont été les principes que nous avons eu l'honneur de vous proposer dans la cause de Bonvalet; et ce ne fut que sur le fondement de ces circonstances particulières, que nous crûmes qu'il n'étoit pas juste de recevoir la requête par laquelle on demandoit permission de faire preuve par témoins de la démence du testateur.

Examinons donc les circonstances particulières, et les présomptions importantes que l'on oppose dans cette cause à ces maximes générales.

Nous pouvons en distinguer de deux sortes; les unes sont tirées du testament même; les autres sont prises des contrats et des faits qui le précèdent, qui l'accompagnent, et qui le suivent.

Mais avant que d'entrer dans cet examen, nous croyons devoir faire une observation générale et commune à toutes ces présomptions.

Il ne s'agit point ici de décider dès à présent quel a été le véritable état de M. l'abbé d'Orléans lorsqu'il a fait son testament. Vous n'êtes point obligés de prononcer sur les preuves que l'on allégue de part et d'autre, soit pour établir sa sagesse, soit pour prouver sa démence; ce n'est point là le véritable état de cette cause.

Si vous étiez dans la nécessité de prononcer dès aujourd'hui sur la validité de ce second testament; si l'on ne pouvoit plus ni attendre, ni espérer d'autres éclaircissemens sur les faits qui sont douteux, obscurs, équivoques dans cette cause, alors il ne faudroit point chercher le certain, mais se contenter de ce qui seroit moins douteux. Au défaut d'une vérité claire et évidente, il seroit nécessaire de s'attacher à une lueur et

3

à une apparence. Ne pouvant trouver de preuves convaincantes, l'on seroit réduit à chercher des probabilités; et, dans l'impossibilité de découvrir certainement le vrai, on seroit forcé de s'arrêter au vraisemblable.

Mais bien loin d'être dans cet état, on vous demande la permission de faire la preuve d'une démence entière, notoire, et connue généralement de tous ceux qui approchoient de M. l'abbé d'Orléans.

Ainsi d'un côté, il semble qu'il suffit à celui qui demande la preuve de rendre la cause douteuse et incertaine, de combattre des faits par des faits, d'affoiblir les preuves, d'atténuer les présomptions, de diminuer la force et le poids des inductions et des conjectures qu'on lui oppose.

S'il peut parvenir à montrer que tous les argumens de Madame de Nemours ne sont point invincibles, que les actes, que les lettres, que la conduite de M. l'abbé d'Orléans, en un mot, que toutes les circonstances de la cause peuvent être interprétées en sa faveur, non pas à la vérité d'une manière absolument décisive, mais du moins capable de balancer les interprétations que Madame de Nemours leur donne, on ne peut pas, sans injustice, lui refuser une preuve qui ne tend qu'à assurer les présomptions de l'une et de l'autre partie, à fortifier les argumens, à donner aux preuves ce caractère d'évidence et de vérité qui leur manque.

De l'autre côté, il ne suffit pas à Madame de Nemours de faire voir que les argumens qu'elle propose ont plus de force que ceux de M. le prince de Conty, que ses présomptions ont plus d'apparence, et que ses conjectures sont plus probables. Cela pourroit lui suffire, si vous étiez obligés de décider cette cause dans l'état où elle est aujourd'hui; mais il faut encore qu'elle montre que ses preuves sont de telle nature qu'elles excluent toute preuve, toute présomption contraire; qu'il est impossible d'expliquer les faits qu'elle oppose, disons plus, qu'il est impossible de les supposer, sans en conclure certainement, invin-

ciblement, incontestablement, que M. l'abbé d'Orléans a joui d'une entière liberté d'esprit, et que ce
seroit inutilement qu'on admettroit la preuve de sa
prétendue démence, puisque cette preuve seroit non-
seulement impossible, mais détruite dès à présent
par la force et l'évidence des argumens de Madame
de Nemours.

Sans cela, elle peut bien rendre cette cause douteuse, obscure, incertaine; mais elle ne la rendra pas
plus favorable pour elle. Au contraire il semble que
par là même elle travaillera plutôt pour M. le prince
de Conty que contre lui. Ce doute, cette obscurité,
cette incertitude, c'est précisément ce qui doit vous
porter, non pas à confirmer dès à présent le premier
testament pour M. le prince de Conty, comme on
vous a dit que vous pouviez le faire, mais à admettre
la preuve par témoins.

Voilà, MESSIEURS, quel est le point unique où se
réduit cette contestation; telle est la règle par laquelle nous croyons devoir juger de la force des présomptions que nous allons vous expliquer. Si elles
excluent tout doute raisonnable, nous croyons dès
à présent qu'il y a lieu de rejeter la preuve. Si elles
laissent encore un très-grand sujet de douter, si les
propres argumens de Madame de Nemours deviennent des présomptions contre la sagesse du testateur,
alors nous croirons, sans peine, que l'effet naturel de
ce doute est d'inspirer le désir de l'éclaircir par une
preuve qui deviendra en ce cas aussi juste que nécessaire.

Après avoir fait cette première réflexion, qui convient également à toutes les présomptions que nous
avons à examiner, entrons d'abord dans celles que
l'on emprunte du testament même.

Ce testament, vous a-t-on dit, porte le caractère
de la capacité parfaite du testateur; la sagesse et la
faveur de sa disposition sont des obstacles invincibles, des barrières insurmontables qui s'opposent
à la prétention de M. le prince de Conty.

La sagesse est constante. Il n'y a ni obscurité, ni

singularité, ni contradiction dans toutes les clauses de cet acte. Il récompense ses domestiques, il donne le surplus de son bien à M. le comte de Saint-Pol, son frère. La raison et la sagesse même auroient-elles pu faire une disposition plus judicieuse?

La faveur de cette disposition n'est pas moins certaine. Elle ne tend qu'à remettre les choses dans le droit naturel. Qu'y a-t-il de plus favorable que le retour au droit commun? La loi même qui défère les biens aux plus proches parens, n'est ni plus sage ni plus favorable que ce testament.

Si l'on a quelquefois admis les héritiers du sang à la preuve par témoins contre un testament qui les prive d'une succession que la nature leur destinoit, il est inoui qu'on ait étendu ce privilége aux étrangers.

Telles sont les présomptions que Madame de Nemours emprunte du testament, et qui méritent, par leur importance, qu'on les examine avec attention.

Il faut convenir d'abord que la sagesse d'un testament est, sans difficulté, une présomption très-forte de la sagesse d'un testateur. Ce fut par l'autorité de cette présomption que le sénat de Rome confirma autrefois un testament fait par un insensé, parce qu'il n'y avoit rien que de raisonnable dans sa disposition. L'on présuma vraisemblablement qu'elle avoit été faite dans un intervalle lucide, et l'on oublia la démence certaine du testateur, pour n'envisager que la sagesse constante du testament. C'est encore par une semblable couleur, que l'empereur Léon le philosophe a décidé, dans sa Novelle 39, que le testament d'un prodigue interdit devoit être exécuté, pourvu qu'il ne contînt rien qui fût indigne de la sagesse d'un bon père de famille.

Mais, quelque favorable que soit cette présomption, elle n'a point les caractères qui sont nécessaires pour former une présomption invincible, capable d'exclure toute preuve contraire; aucune loi ne l'autorise précisément; et, d'ailleurs, elle n'est point

fondée sur un fait qui ait une liaison essentielle et
nécessaire avec la sagesse du testateur. Sur quoi
est-elle appuyée ? Sur ce seul raisonnement. *Le
Testament est sage ; donc, celui qui l'a fait l'étoit
aussi.* Mais il reste toujours à examiner qui est
celui qui l'a fait ; s'il est le véritable ouvrage du
testateur, ou si l'on peut soupçonner que d'autres
que lui y aient eu part. En un mot, avant que de
prouver la sagesse du testateur par le testament
même, il faut commencer par établir que le testament a été fait par celui dont il porte le nom ; et
c'est ce que le testament seul ne sauroit jamais
prouver.

Quelle est donc la force, quel est l'effet naturel
de cette présomption ? Bien loin d'exclure la preuve,
c'est cette présomption même qui en établit la nécessité ; puisque si le testament contenoit des dispositions absurdes, impossibles, extravagantes, il ne
faudroit, pour le détruire, presque point d'autres
preuves que le testament même.

Si la preuve est nécessaire, c'est principalement
lorsque la disposition du testateur n'a rien de contraire à la raison ; et toute la faveur de cette présomption se réduit à obliger celui qui la combat à
prouver la démence du testateur : au lieu que si le
testament même s'élevoit contre son auteur, s'il étoit
le premier témoin de la foiblesse de son esprit, ce
seroit à l'héritier testamentaire à prouver la sagesse
du testateur.

Cette distinction est clairement marquée par deux
lois précises qui établissent le principe que nous
venons de vous proposer.

Dans l'une, nous voyons que la disposition du
testateur étoit absurde. Il avoit commandé à son
héritier de jeter ses cendres dans la mer : on demande
au jurisconsulte, s'il pouvoit être obligé d'accomplir
cette condition ; et le jurisconsulte dit qu'il faut
commencer par examiner si le testateur étoit sage
quand il a imposé à son héritier une condition si
contraire à la piété ; mais que si l'héritier peut

dissiper ce soupçon par des preuves solides, il doit être admis à la succession, sans être obligé d'obéir à cette volonté absurde du testateur : *Hoc prius inspiciendum est, ne homo qui talem conditionem posuit, neque compos mentis esset. Igitur si perspicuis rationibus hæc suspicio amoveri potest, nullo modo legitimus heres de hereditate controversiam facit scripto heredi.* L. 27. ff. *de Condit. Institut.*

Dans l'autre au contraire, un père avoit fait une disposition sage, son fils ne pouvoit l'attaquer que par la démence dont il l'accusoit. Les empereurs Dioclétien et Maximien lui imposent la nécessité de prouver ce fait : *Asseverationi tuæ mentis eum compotem fuisse negantis, fidem adesse probari convenit.* L. 5. Cod. *de Codicill.*

Ajoutons à ces réflexions et à ces autorités, que malgré toutes ces raisons, il seroit peut-être difficile d'attaquer le testament de M. l'abbé d'Orléans par une preuve par témoins, si cette disposition étoit un testament olographe.

La présomption seroit alors toute entière en faveur de la sagesse du testateur. Nous dirions, comme dans l'affaire de Bonvalet, où nous trouvions cette circonstance importante, qu'il est très-difficile de pouvoir supposer dans un insensé, assez de patience, de docilité, de soumission, pour écrire de sa main un testament qui contiendroit une longue suite de dispositions. Quoiqu'il fût peut-être dangereux de décider en général, que jamais la preuve de la démence ne sauroit être admise contre un testament olographe, qui ne contient rien que de sage et de raisonnable, il faudroit au moins avouer que cette preuve ne pourroit être accordée que fort rarement, et dans des circonstances singulières.

Mais ici s'agit-il d'un testament olographe, comme dans l'affaire de Bonvalet, et d'un testament dans lequel le testateur ait fait une espèce d'inventaire et de mémoire exact de ses biens ; d'un testament qui soit revêtu de toutes les marques sensibles de la volonté, de la sagesse, de la capacité du testateur ?

Nous n'y trouvons que sa simple signature ; c'est la seule part que l'acte prouve certainement qu'il y ait euè ; le reste est une présomption qui peut être combattue, et souvent même vaincue par d'autres présomptions.

Aussi tous les docteurs qui ont examiné quelle étoit la force et l'autorité de cette conjecture qui se tire de la sagesse du testament, sont entrés dans la distinction que nous vous avons proposée. Ceux mêmes que l'on a cités pour Madame de Nemours, c'est-à-dire, Mantica et Boëtius, regardent la sagesse du testament comme une simple présomption qui, pour se servir de leurs termes, *rejicit onus probandi in Adversarium;* et le seul principe que nous puissions suivre dans cette matière, parce que c'est le seul que la raison et l'autorité nous enseignent également, se renferme dans cette proposition :

Ou le testament contient des dispositions sages et judicieuses, qui forment une présomption de la sagesse du testateur ; et alors, c'est à celui qui l'attaque à prouver qu'il étoit en démence lorsqu'il a fait cette disposition ;

Ou, au contraire, le testament par lui-même fait naître des soupçons très-violens de foiblesse et d'égarement d'esprit ; et en ce cas, c'est à l'héritier institué à soutenir son titre par la preuve de la sagesse du testateur.

Nous n'en dirons pas davantage sur ce premier moyen. Passons à la faveur de l'héritier institué, et examinons si elle est plus capable d'arrêter dans son principe, la demande de M. le prince de Conty.

Nous pourrions demander d'abord, s'il est vrai que vous ayez à prononcer entre M. le prince de Conty d'un côté, et de l'autre un héritier du sang, institué dans le testament de M. l'abbé d'Orléans, qui réunisse en sa personne le choix du testateur à la volonté de la loi, et qui, dans cette double qualité, mérite une faveur particulière.

Est-ce M. le comte de Saint-Pol qui propose ce moyen ? Il auroit sans difficulté ces deux qualités. Il seroit héritier par la loi de la nature, il le seroit encore par la loi du testateur. Mais il est mort long-temps avant M. l'abbé d'Orléans. Avec lui s'est éteinte cette faveur qui lui étoit particulière. Madame de Nemours n'a point succédé à cette prérogative qui distinguoit M. le comte de Saint-Pol de tout autre héritier du sang. Elle n'a point été appelée par la volonté du testateur ; et, si le dernier testament peut lui être avantageux, c'est uniquement par la clause qui révoque le premier. Elle ne doit être considérée ici que comme un héritier légitime qui veut détruire un testament par un autre, afin de faire voir que M. l'abbé d'Orléans est mort sans testament, et par conséquent que sa succession lui appartient.

Ainsi cette faveur de l'héritier du sang, qu'on a tant fait valoir, n'est pas différente dans cette cause de la sagesse du testament, et le moyen est précisément le même que celui que nous venons d'examiner. Il ne pourroit être nouveau que dans la bouche de M. le comte de Saint-Pol.

Mais supposons qu'il le proposât lui-même, et qu'il le proposât avec cette double faveur qui lui seroit propre, ce moyen seroit-il aussi puissant qu'on l'a prétendu de la part de Madame de Nemours ?

Nous pourrions dire ici, qu'il est assez surprenant qu'un moyen si victorieux n'ait point été prévu, ni par Menochius dans son Traité des Présomptions, ni par Mantica dans son Traité des Conjectures pour l'interprétation des dernières volontés, et qu'on soit réduit à l'impossibilité de citer aucun auteur qui ait proposé cette fin de non-recevoir que l'on prétend si invincible. Nous pourrions même demander à ceux qui l'allèguent, les raisons de ce silence des docteurs. Nous ajouterions, pour mettre la difficulté dans un plus grand jour, qu'il n'y a rien de si commun dans ces auteurs, que la présomption générale et ordinaire qui se tire de la faveur des héritiers du sang. C'est ainsi, par exemple, que pour examiner la force d'une clause dérogatoire, ces auteurs cherchent quelle est la qualité des héritiers institués dans le testament où cette clause n'est point répétée; et que quelques-uns veulent qu'on la supplée, si les héritiers du sang sont appelés par le second testament.

Nous pourrions alléguer une infinité d'exemples semblables ; et, après cette observation, nous demanderions toujours pourquoi cette présomption si commune, si naturelle, si favorable, a été si généralement oubliée par tous les docteurs.

Que pourroit-on nous répondre sans s'écarter des principes de la raison, si ce n'est que ce sont deux questions bien différentes que celle dans laquelle il s'agit de découvrir la volonté du testateur, et celle dans laquelle il faut décider de sa capacité ? Dans la première, l'on emploie avec succès la faveur personnelle des héritiers ; et comme elle est plus grande dans les héritiers du sang que dans les autres, on se sert utilement de cette circonstance pour s'assurer de la force et de l'efficacité de la volonté du testeur. Dans la dernière, au contraire, cette faveur est impuissante ; et cette circonstance est inutile, parce qu'avant d'examiner quelle est la volonté de l'auteur du testament, et quelle en doit être la juste interprétation, il faut commencer par établir qu'il avoit une volonté, qu'il étoit capable de vouloir, de disposer, d'ordonner. Or, cette capacité est absolument indépendante du nom et de la qualité de ceux qui paroissent avoir été l'objet de sa disposition. Quand il ne sera question que du degré de volonté, on présumera facilement quelle a été plus ardente pour des héritiers du sang que pour des étrangers. Mais quand il s'agira du fait, pour ainsi dire, de la volonté même, alors la faveur des héritiers ne formera plus aucune présomption invincible, parce qu'il est évident que si l'on peut suppléer en faveur des héritiers du sang, un défaut d'expression ou de solennité, rien ne peut jamais réparer, même à leur égard, un défaut absolu, une absence entière de volonté.

Mais allons plus loin , et jugeons de la vérité de cette maxime par ses conséquences.

Si elle est une fois reçue dans l'usage, s'il est vrai que l'on doive décider de la sagesse ou de la démence du testateur , par la faveur des héritiers qu'il paroît avoir choisis , quels inconvéniens , quels abus le public ne doit-il pas craindre à l'avenir dans les testamens des personnes dont la capacité peut être douteuse? Sera-t-il difficile de prêter le secours d'une volonté étrangère à un homme auquel l'excès du mal, les approches de la mort ou la démence formée, auront ravi l'usage de la sienne ? Manquera-t-on de moyens pour composer avec art une disposition sage et judicieuse, à laquelle le testateur, soit par surprise, soit par foiblesse, aura contribué de sa seule signature ? Et si un seul des héritiers légitimés se trouve institué dans ce testament, en vain les lois auront décidé qu'un insensé est incapable de dicter une loi inviolable à sa postérité; en vain la raison naturelle aura appris à tous les hommes, que la démence est un fait qui ne peut presque se prouver que par témoins : on opposera à la raison et à la loi que le testament est sage , et qu'il y a un héritier du sang qui soutient, par sa faveur, toute la disposition.

Disons mieux , et avouons que ce moyen pourroit être considérable , s'il ne paroissoit qu'un seul testament.

Mais l'espèce de cette cause est toute différente. Le testateur avoit fait un premier testament , dans lequel il avoit institué des héritiers aussi favorables que dans le dernier. M. le comte de Saint-Pol n'étoit pas moins appelé que dans le second. Madame de Longueville l'étoit après lui , et enfin Messieurs les princes de Conty.

La faveur est donc égale de part et d'autre. Si Madame de Nemours prétend que le dernier testament doit être soutenu par le seul nom de M. le comte de Saint-Pol , M. le prince de Conty peut répondre que ce même nom se trouve à la tête du

premier testament, et que sa faveur y est augmentée par le nom de Madame de Longueville,
héritière du sang comme lui, et mère du testateur.
Que si l'on dit qu'à la vérité les héritiers étoient
également favorables, mais qu'ils avoient plus d'intérêt à faire subsister le dernier testament parce que
M. le comte de Saint-Pol n'y étoit chargé d'aucune
substitution, c'est au contraire précisément par cette
raison que ce premier testament est plus favorable.

Le premier effet de cette substitution est d'appeler Madame de Longueville, et de joindre,
comme nous venons de le dire, la faveur qui lui
est personnelle à celle de M. le comte de Saint-Pol.

Le second, est de déférer les biens à Messieurs
les princes de Conty, et le testateur, qui voyoit
que Madame de Nemours n'avoit point d'enfans, et
que quand elle en auroit eus, ils n'auroient jamais
porté son nom, ne devoit-il pas naturellement souhaiter que ses biens appartinssent à des princes
dont le nom illustre relevoit si avantageusement
l'éclat et la dignité du sien ?

Si donc le second testament est plus favorable
que le premier par rapport à l'intérêt des héritiers
du sang, le premier réciproquement a plus de faveur
que le second, par rapport aux vœux, aux inclinations du testateur ; et dans ce combat de deux faveurs
opposées, osera-t-on soutenir que celle des héritiers
soit si grande qu'elle doive l'emporter absolument
sur celle du testateur ? Et dans quelles circonstances ?
Dans un temps où il ne sagit pas de savoir dans le
doute quel testament doit être préféré, mais uniquement de décider s'il sera permis de lever ce
doute, de dissiper ces nuages, de répandre le jour
et la lumière dans une cause obscure, douteuse et
incertaine.

Enfin, sans nous étendre en de plus longues dissertations, cette question semble précisément décidée
par la loi dernière au ff. *De injusto rupto.* Un testateur avoit fait un testament où il avoit apparemment
institué des héritiers étrangers. Il tomba en démence

et rompit les tables de son testament, *Tabulas (Testamenti) incidit* : les héritiers du sang soutenoient que le testament étoit révoqué de plein droit, dès le moment que le testateur lui-même l'avoit lacéré. Les héritiers institués prétendoient que le testateur étoit tombé en démence, et qu'il avoit fait cette lacération dans un des accès de sa fureur. Le jurisconsulte décide que si le fait est véritable, le testament n'est point révoqué.

Vous voyez donc, MESSIEURS, que les présomptions qui résultent de l'acte même, peuvent bien imposer à M. le prince de Conty la nécessité de faire la preuve qu'il demande ; mais qu'elles ne peuvent jamais lui en interdire le droit.

Examinons maintenant si les autres présomptions, qui sont, pour ainsi dire, hors du testament même, sont des preuves incontestables de la sagesse de M. l'abbé d'Orléans ; et souvenons-nous toujours de la réflexion importante que nous avons faite d'abord, que pour donner à ces présomptions le caractère de certitude qui leur est nécessaire, il faut non-seulement qu'elles soient probables, mais qu'elles excluent en même temps tout doute raisonnable et légitime.

Pour les examiner avec plus de netteté, permettez-nous, MESSIEURS, de faire une supposition qui peut donner un grand jour à cette dernière partie de la cause.

Nous venons de vous expliquer les inductions que l'on tire du testament même ; supposons pour un moment que ce testament se trouve aujourd'hui tout seul, détaché des autres actes qui l'accompagnent, destitué de leur secours, sans aucun autre appui que celui de sa sagesse et de sa faveur ; et supposons que dans cet état M. le prince de Conty demande à prouver, tant par titres que par témoins, l'imbécillité, la foiblesse d'esprit du testateur.

La décision de la cause seroit-elle en ce cas fort difficile ?

Nous vous dirions d'abord, qu'il faut distinguer

trois temps dans la vie de M. l'abbé d'Orléans ; un
premier temps, d'une sagesse constante et certaine
entre les parties, qui finit peu après son émancipation ; un second temps, d'une démence prouvée,
reconnue, perpétuelle, aussi longue que le reste de
sa vie, et ce second temps, de l'aveu même de Madame t Nemours, commence au mois d'octobre 1671 ;
e , un troisième temps, plein de ténèbres et d'obscurités, et c'est celui qui sépare les deux autres temps :
c'est cet intervalle entre la sagesse et la fureur que
Madame de Nemours veut ajouter au temps de sagesse, et que M. le prince de Conty veut joindre au
temps de la fureur.

Et après avoir distingué ces trois temps, nous vous
dirons que, soit que l'on considère ce qui a précédé
cet intervalle douteux, soit que l'on s'attache à ce qui
l'a suivi, il seroit difficile de ne pas concevoir des
présomptions violentes, capables d'autoriser, et de
prévenir même en quelque manière la preuve. testimoniale.

Et quelles seroient ces présomptions ?

Nous vous représenterions d'abord un homme qui,
suivant le propre langage de Madame de Nemours,
avoit reçu de la nature un esprit simple, des inclinations basses, une humeur particulière, une avarice
sordide, une légèreté, une inconstance, une instabilité
qui ne pouvoit être satisfaite que par des voyages
continuels, aussi inutiles pour lui que contraires à la
dignité de sa naissance ; un homme qui se réduit par
un intérêt vil et méprisable, à l'état de ses domestiques ; qui ne porte le nom de Longueville que pour
le déshonorer dans tous les lieux où son inconstance
le promène, et qui, se rendant justice à lui-même,
quitte ce grand nom dont il ne peut soutenir l'éclat,
pour prendre le nom inconnu de Meru ; un homme
qui entre dans le noviciat des jésuites, et qui en sort
peu de temps après ; qui s'engage dans les ordres
sacrés, contre le sentiment et malgré l'opposition de
Madame sa mère qui le croyoit indigne d'un si saint
ministère.

16 *

Continuons de faire ici la peinture de son caractère, et n'y ajoutons aucun trait qui ne parte de la
main même de Madame de Nemours, soit dans ses
défenses, soit dans les pièces qu'elle rapporte : joignons donc à ces marques constantes de la foiblesse
d'esprit naturel à M. de Longueville, ce qui vous a
été dit sur le sujet de son premier testament; qu'il
ne savoit pas si sa succession devoit appartenir après
sa mort à ses parens ou à ses amis. Cette pensée a
paru si considérable à ceux qui l'ont proposée, qu'ils
ne se sont pas contentés de l'expliquerdans les plaidoyers, elle est encore imprimée dans les factums.
Ce n'est pas tout encore, comment vous a-t-on fait
considérer le premier testament? Comme un testament suggéré, qui ne pouvoit être l'ouvrage d'un
esprit aussi simple que celui de M. l'abbé d'Orléans.
Tantôt c'est la demoiselle des Vertus, tantôt c'est le
sieur Trouillard qui l'a fait faire, et jamais ce n'est
M. l'abbé d'Orléans qui l'a fait. Si l'on en croit le
défenseur de Madame de Nemours, il faut distinguer
deux parties différentes dans ce testament, le préambule et les dispositions : le préambule, plein d'ignorance et d'égarement d'esprit, puisque le testateur
déclare que son principal motif est de prévenir les
procès que sa succession pourroit exciter *entre ses
parens et ses amis :* les dispositions, qui sont l'ouvrage d'un jurisconsulte très-éclairé, parfaitement
instruit de la nature des substitutions ; et dans ce partage que l'on fait du testament, ce qui est plein non-
seulement d'erreur, mais d'extravagance, on l'attribue
à M. l'abbé d'Orléans ; et ce qui est l'ouvrage d'une
sagesse et d'une prudence consommée, on le regarde
comme l'effet d'une suggestion étrangère.

Allons plus avant. Comment a-t-on justifié dans
votre audience, les épargnes honteuses de M. l'abbé
d'Orléans; la bizarrerie, l'indignité de tous ses voyages,
les obscurités, les bassesses qui se trouvent dans ses
lettres ? On n'y a point opposé de réponse à laquelle
on se soit tant attaché, que la comparaison que l'on a
faite des deux temps, c'est-à-dire, de celui du premier

et de celui du second testament. Est-ce là justifier M. l'abbé d'Orléans dans un des deux temps, ou plutôt l'accuser dans tous les deux, sinon d'une démence entière, au moins d'une grande foiblesse d'esprit, qui, dans un homme de cette qualité, n'est pas bien éloignée de l'imbécillité?

Achevons de vous marquer ici le caractère de M. l'abbé d'Orléans, tel que Madame de Nemours l'a fait tracer elle-même.

A peine M. l'abbé d'Orléans est-il émancipé, qu'on agite une affaire très-importante pour lui; il s'agit du paiement de la dot de Madame sa mère. On dresse des avis de parens; on lui donne pouvoir de transiger avec elle sous certaines conditions; et, dans le temps même qu'on fait tous ces préparatifs, que l'on présente au parlement une requête sous son nom, pour consommer cet ouvrage, nous le voyons partir subitement pour un voyage inutile; et quelles sont ses démarches dans ce voyage? Ne parlons point de son avarice, qui paroît partout. Après avoir demeuré neuf jours à Orléans, douze jours à Tours, environ autant à Saumur, sans dessein, comme sans utilité, après avoir parcouru quelques provinces situées sur la rivière de Loire, il prend la résolution de revenir à Paris dans le carosse d'Angers. Il suit la route ordinaire; il arrive au Gué de Loré à une journée de Paris : là, il trouve un valet-de-pied de M. le comte de Saint-Pol, et aussitôt nous le voyons retourner brusquement sur ses pas, avec tant de précipitation, qu'à peine trouve-t-on trois chevaux pour lui et pour deux domestiques qui le suivent. Le reste de sa maison continue sa route et arrive à Paris; et pendant ce temps il retourne à Orléans : il y demeure trente-huit jours de suite dans une hôtellerie, à quarante sols par jour; et s'il en repart, c'est pour s'embarquer le 29 décembre sur la rivière de Loire.

Quelle affaire importante l'oblige à s'exposer aux rigueurs de l'hiver, au péril de la navigation, dans une saison si incommode? Le désir de voir la ville de Tours, qu'il avoit déjà vue, où il avoit demeuré

3

douze jours, et d'où il n'étoit parti que le 23 septembre, environ deux mois auparavant : il y demeure dix jours, et revient enfin à Paris le 15 janvier.

Ne relevons point ici toutes les circonstances de ces voyages. Mais comment peut-on expliquer ce changement soudain et inopiné qui le porte à quitter la route de Paris, à retourner à Orléans, à y passer trente-huit jours entiers, à aller ensuite à Tours? Dira-t-on que c'est affaire ou curiosité? Mais jusqu'à présent on n'a pu ni découvrir l'un, ni rendre l'autre vraisemblable.

Peut-on imaginer d'autre cause de ce changement, qu'un égarement d'esprit de M. l'abbé d'Orléans, ou une précaution de sa famille, qui évitoit autant qu'elle le pouvoit de le faire paroître à Paris sans nécessité? Et parce qu'il falloit encore attendre deux mois pour parvenir à sa majorité (temps dont vous verrez dans la suite que l'on a profité aussitôt qu'il est arrivé), il y a tout sujet de présumer que sa famille trouva qu'il revenoit trop tôt, et qu'elle lui laissa la liberté de retourner sur ses pas, pour achever d'attendre le temps où l'âge, plutôt que la raison, le rendroit capable de contracter.

Si l'on ne suppose l'une ou l'autre de ces raisons, le fait du Gué de Loré nous paroît inexplicable. Il est inutile de s'arrêter ici à examiner laquelle est la plus vraisemblable : peut-être auroit-on de la peine à prouver que la cause de ce retour imprévu eût été une véritable fureur, un emportement, un dérèglement d'esprit, dont personne n'a été le maître; parce qu'il y a peu d'apparence que, si les choses eussent été réduites à cette extrémité, une famille aussi illustre eût laissé M. l'abbé d'Orléans, pendant trente-huit jours, à Orléans sans ses principaux officiers, comme cela paroît prouvé par les comptes. Mais si cette première raison n'est pas suffisamment établie, on ne peut en imaginer d'autre que la seconde. Elle s'accorde parfaitement avec les autres circonstances, et ce valet-de-pied de M. le comte de Saint-Pol, que

M. l'abbé d'Orléans trouva au Gué de Loré, et à la vue duquel il disparoît, fait présumer avec beaucoup de raison, qu'apparemment il apportoit quelque ordre de la famille, qui fut cause du prompt départ de M. l'abbé d'Orléans.

Que l'on ne dise point, pour répondre à un fait si important, qu'on trouve une pareille circonstance dans ses voyages du premier temps ; car outre que la réponse n'est pas avantageuse à Madame de Nemours, comme nous l'avons déja dit, nous ne trouvons point un tel exemple dans tous les comptes de ce temps-là. Nous y voyons bien que M. l'abbé d'Orléans, en parcourant une province, retourne plusieurs fois dans une même ville ; mais qu'ayant pris la résolution de revenir à Paris, ayant suivi depuis soixante lieues la route ordinaire dans un carrosse public, à une journée de Paris, il change tout à coup de dessein, qu'il parte, à la vue d'un domestique de M. le comte de Saint-Pol, et qu'il s'échappe dans un équipage aussi peu convenable à sa qualité de prêtre et de duc de Longueville, lui troisième, ayant loué d'un côté des chevaux, et de l'autre des selles, c'est, encore une fois, ce qui n'a point d'exemple dans tout le cours de ses premiers voyages.

Représentez-vous donc, Messieurs, un homme de ce caractère dans tout ce qui précède le temps que nous avons appelé un intervalle douteux entre la sagesse et la démence, mais joignez-y tout ce qui a suivi ce même intervalle ; et qu'y trouvez-vous d'abord ?

Deux choses également constantes.

L'une est la démence, l'imbécillité, la fureur de M. l'abbé d'Orléans.

L'autre, l'incertitude du temps où elle a commencé.

La première ne peut être révoquée en doute, et la seconde est-elle moins certaine ?

Rien ne peut fixer ici le commencement de la démence, si l'on détache cette cause des actes.

Tout ce que Madame de Nemours allègue pour le déterminer est ce qui le rend encore plus incertain.

Elle se sert de la requête présentée par Madame de Longueville ; elle allègue l'autorité des parens. Examinons si l'une et l'autre de ces preuves est suffisante.

Reprenons ici les termes mêmes de la requête de Madame de Longueville. Elle expose au roi que M. l'abbé d'Orléans, son fils, sept ou huit mois après que la tutelle a été finie, et qu'il a atteint l'âge de majorité, ayant entrepris différens voyages dans les pays étrangers, qui ont altéré sa santé, s'est trouvé hors d'état d'administrer ses affaires.

Nous ne pouvons pas nous dispenser de remarquer ici l'incertitude, l'embarras, l'obscurité de ces expressions, qui semblent d'abord aussi favorables à M. le prince de Conty qu'à Madame de Nemours ; car si la démence a commencé sept ou huit mois après la tutelle finie, le testament que Madame de Nemours soutient se trouvera placé dans le temps fatal marqué dans cette requête. La tutelle est finie par l'émancipation. L'émancipation est du 22 juillet 1670 ; le testament est du 26 février 1671 : il se trouve donc au-delà des sept mois portés par la requête.

Si au contraire on ne commence à compter ce temps que du jour de la majorité, M. l'abbé d'Orléans n'aura été véritablement en démence que vers le mois d'août 1671, ou vers le commencement de septembre.

Ces deux dates se contredisent et se détruisent mutuellement.

Mais supposons même, comme en effet cela paroît plus vraisemblable, que Madame de Longueville ait voulu s'attacher à la dernière, alors Madame de Nemours, qui emprunte son autorité, ne s'accordera pas avec elle, et par conséquent cette autorité ne servira qu'à rendre le commencement de la démence encore plus incertain.

Dans quel temps Madame de Nemours prétend-elle que M. l'abbé d'Orléans est tombé en démence ? C'est, si on l'en croit, au mois d'octobre 1671, en allant de Strasbourg à Sarrebourg, qu'un accident imprévu, une frayeur soudaine, éteignit pour toujours la lumière de sa raison.

Dans quel temps, au contraire, Madame de Longueville, suivant l'explication que Madame de Nemours donne à ses paroles, fixe-t-elle sa démence ? Sept ou huit mois après le 12 janvier 1671 ; c'est-à-dire, qu'il étoit furieux au commencement de septembre au plus tard. Quand on achèveroit même le huitième mois, il finiroit le 12 septembre, et par conséquent, une des lettres que Madame de Nemours rapporte pour justifier la sagesse de M. l'abbé d'Orléans seroit écrite dans le temps de la démence, puisqu'elle n'est que du 18 septembre.

Il n'y a donc rien de plus incertain dans la cause que le point essentiel, c'est-à-dire, le commencement de la démence.

L'avis des parens est une conjecture encore plus foible pour l'établir.

Il est vrai, comme on vous l'a dit, qu'ils se servent du terme d'*infirmités présentes*. Mais on n'a pas pris garde qu'ils s'en servent deux fois, au mois de janvier et au mois de mars. Si l'on prenoit ce mot *présentes* à la rigueur, et si l'on admettoit l'induction subtile que l'on veut en tirer, il s'ensuivroit que les parens se seroient contredits eux-mêmes, puisqu'ils se sont servis du même terme en deux temps différens ; et si le mot *présentes*, dans l'avis du mois de mars, excluoit tout le temps passé, ils n'auroient pu s'en servir dans le mois de janvier précédent. Mais ce terme n'enferme aucune exclusion du passé ; et la preuve en est claire, puisqu'on ne peut douter de la démence de M. l'abbé d'Orléans, dès le temps qu'il a été enfermé par ordre du roi. Ce temps remonte jusqu'au mois d'octobre 1671 ; et par conséquent, cette expression n'est pas suffisante pour fixer, pour déterminer précisément le temps du commencement de la démence.

On ajoute qu'il y a quelques-uns des parens qui disent, pour confirmer leur avis, que M. l'abbé d'Orléans a commis des actions peu réglées en Allemagne; donc il n'en a point commis auparavant : fausse conséquence, semblable à la première; foible et légère présomption.

Mais non-seulement, MESSIEURS, il n'y a rien qui puisse fixer certainement le commencement de la démence; nous ajouterons même que la raison naturelle suffit pour faire voir qu'on ne peut justement la fixer au temps que M. l'abbé d'Orléans a été enfermé.

Il est incertain jusqu'où elle remontera; mais il est certain dès à présent, ou du moins il est plus que probable, qu'elle remonte plus loin.

Qui pourra se persuader que sur la première action de folie, on se soit porté tout d'un coup à une telle extrémité, à l'égard d'un homme du nom et de la naissance de M. l'abbé d'Orléans?

Il n'y a que l'impossibilité de dérober ce triste spectacle aux yeux du public, ou le défaut de sagesse et de conduite, qui puisse obliger une famille à prendre la pénible résolution de faire éclater en même temps et sa douleur et sa honte.

L'un ou l'autre peuvent-ils jamais convenir à une famille aussi illustre que celle de M. l'abbé d'Orléans? Dira-t-on qu'elle ait manqué de moyens pour différer de faire un éclat si fâcheux; qu'elle n'ait pu faire ce que de simples particuliers font tous les jours dans les familles les plus obscures? Ne pouvoit-on pas, par un jugement secret et domestique, l'enfermer pour un temps dans une terre, dans une maison à la campagne.

Soutiendra-t-on que des personnes aussi élevées au-dessus du commun des hommes par l'étendue de leurs lumières que par la grandeur de leur naissance, n'aient pas pensé à prendre une précaution si sage; à attendre un délai qui ne pouvoit être que salutaire, et qu'elles aient manqué ou de prudence ou de conseil, dans une occasion où les sentimens naturels servent de prudence, et où la seule tendresse maternelle est au-dessus des plus sages conseils?

Que si, ni le pouvoir, ni la volonté n'ont pu manquer en cette occasion aux parens illustres de M. l'abbé d'Orléans, le public pourra-t-il douter qu'ils n'aient différé autant qu'ils ont pu, de faire à M. l'abbé d'Orléans un affront dont la honte rejaillissoit en quelque manière sur eux, et qu'il n'y ait eu que la seule nécessité et le désespoir de la guérison du malade qui les ait portés, après plusieurs délais, à recourir enfin à l'autorité du roi; à lui avouer le malheur qui leur étoit arrivé, à obtenir de lui une lettre de cachet pour enfermer M. l'abbé d'Orléans? Et qu'on ne dise point que cela s'est fait sans éclat. Y en a-t-il un plus fâcheux pour des personnes de ce rang, que d'être obligées d'apprendre au roi même leur infortune? L'exécution d'un tel ordre pouvoit-elle se faire sans que le public en fût informé; et pouvoit-on se flatter que tout un monastère fût un témoin muet de la démence et de l'imbécillité d'un homme de ce rang?

L'interdiction la plus formelle est moins éclatante qu'un tel remède. Souvent un interdit conserve la liberté de sa personne; on n'enferme pas même tous les imbécilles; il n'y a que les furieux contre lesquels on use de cette sévérité.

Réunissons donc toutes ces circonstances; rappelons tout ce qui a précédé cet intervalle douteux entre la sagesse et la démence; le caractère d'esprit de M. l'abbé d'Orléans, sa légèreté, ses voyages, ses égaremens; joignons-y tout ce qui a suivi, et surtout cette remarque importante, que rien ne fixe ici le commencement de la démence, qu'au contraire tout semble conspirer à faire présumer qu'elle a commencé long-temps avant le moment où elle a éclaté dans le public par la détention de M. l'abbé d'Orléans: et après cela, pourrions-nous douter que

dans toutes ces circonstances, si le testament paroissoit tout seul dans cette cause, la preuve par témoins
ne dût être admise par l'autorité de la justice?

Si l'on pouvoit en douter, il faudroit en même
temps décider que jamais cette preuve ne peut être
reçue; que quelque présomption qu'on allègue, le seul
testament se défend toujours par lui-même, et détruit par avance tout ce qui semble devoir s'opposer
à son exécution.

Mais si cette proposition est aussi absurde qu'insoutenable; si le public a un intérêt solide de s'opposer
à la supposition des testamens; si la loi ne peut jamais
prêter son pouvoir à un insensé, ni donner le caractère
de législateur à un imbécille, il faut aussi convenir que
jamais la preuve n'auroit pu être plus favorablement
reçue, que dans toutes les circonstances où la cause
se trouveroit réduite; où l'on verroit ce que nous ne
saurions trop répéter, parce que c'est le point décisif
de la cause : d'un côté, la démence constante, et de
l'autre, une impossibilité certaine de pouvoir en fixer
le commencement par aucune autre preuve que celle
qui résulte des dépositions des témoins.

Il ne nous reste donc plus qu'à examiner si tout
ce qui environne le testament peut changer l'état de
la cause, et suppléer ce qui lui manque; c'est-à-dire,
prouver invinciblement que la démence n'étoit pas
encore commencée dans le temps que le testament a
été fait.

Nous réduirons ces circonstances à trois principales; les actes solennels passés par M. l'abbé
d'Orléans, sa conduite personnelle; le jugement et
l'approbation de la famille.

Nous pouvons faire d'abord deux réflexions générales sur toutes ces circonstances.

Premièrement, c'est une vérité qui n'a pas besoin
de preuve, que la sagesse ou la démence sont deux
qualités de l'esprit aussi invisibles que l'esprit
même; et, comme nous ne connoissons l'esprit des
autres hommes que par leurs paroles ou leurs actions extérieures, ce n'est aussi que par cette voie

que l'on peut découvrir les dispositions de ce même esprit.

Mais parmi ces actions, qui sont, pour ainsi dire, les signes naturels des affections de l'ame, il y en a de deux sortes.

Les unes sont tellement personnelles, si attachées, si inhérentes, pour ainsi dire, si étroitement unies à la personne même, qu'il est impossible de supposer qu'elle les ait faites, sans reconnoître sa sagesse et sa capacité.

Ainsi, par exemple, qu'un magistrat ait rempli exactement tous les devoirs de la justice; qu'il ait exercé toutes les fonctions de la magistrature publiquement, sagement, continuellement, pourroit-on douter en ce cas qu'il n'eût eu assez de lumière et de jugement pour faire une dernière disposition? et admettroit-on la preuve par témoins contre une présomption aussi forte et aussi invincible que celle que nous vous proposons?

Il en seroit de même de toute autre fonction publique faite dans le temps même du testament. La nature de ces fonctions ne permet pas que l'action de celui qui les remplit, puisse être suppléée par un ministère étranger.

Mais il y en a d'autres qui, tout au contraire, peuvent être l'ouvrage d'une volonté étrangère, et qui ne demandent pour être faites que la simple patience de celui qui les fait.

Ainsi, par exemple, s'il s'agit d'un contrat, on peut souvent prétendre que celui qui l'a passé n'y a contribué que de sa signature; le reste a pu être suppléé par le conseil, par le secours, par le ministère d'un autre; en un mot, il n'y a rien dans cette action, à la considérer en elle-même, qui soit nécessairement et certainement l'ouvrage de la seule volonté de celui qui signe l'acte.

La seconde réflexion, qui n'est qu'une suite de la première, est que l'on doit faire une grande distinction entre les contrats et les testamens. La loi suppose que les uns sont des actes tellement propres à la personne qui les passe, que le défaut de sa volonté ne peut jamais y être suppléé ; au lieu que les autres ne demandent pas un égal degré de sagesse, de lumière, et même de volonté.

L'on s'est élevé de la part de Madame de Nemours, contre cette distinction entre la capacité qui est nécessaire pour faire un contrat, et celle que la loi désire dans celui qui fait son testament. On l'a regardée comme une distinction non-seulement nouvelle, mais contraire à tous les principes du droit.

Mais, bien loin qu'elle soit ou nouvelle ou injuste, nous croyons au contraire pouvoir dire, qu'elle est aussi ancienne que la jurisprudence même, et que sans elle on ne sauroit soutenir une grande partie de nos plus saintes lois.

Nous ne chercherons point à la prouver par une longue énumération de tous les cas où elle est clairement établie par le droit ; nous n'en expliquerons que deux qui sont connus de tout le monde, et qui la démontrent d'une manière invincible.

Personne n'ignore que, suivant les régles du droit romain, les pupilles mêmes, avant l'âge de quatorze ans, pouvoient contracter valablement, pourvu que l'autorité de leur tuteur intervînt dans le contrat. Nous ne disons point que le tuteur pouvoit s'obliger en leur nom ; nous disons (et c'est un principe qui est connu de tous ceux qui ont lu seulement les institutes de Justinien), que les pupilles mêmes s'obligeoient utilement avec l'autorité de leur tuteur ; cependant ils ne pouvoient encore faire de testament.

Mais pour ne point sortir de la jurisprudence française, qui doute que tous les contrats qui sont faits par les mineurs de vingt-cinq ans, ne soient bons en eux-mêmes ; qu'ils ne produisent une obligation légitime ; et que, jusqu'à ce qu'ils soient détruits par la voie de la restitution en entier, ils ne soient exécutés comme les actes passés avec des majeurs ? Ils peuvent engager leurs biens par toutes sortes de contrats ; les lois de l'église et de l'état les

regardent même comme capables de contracter valablement les plus importans, les plus solennels et les
plus inviolables de tous les engagemens, comme le
mariage et la profession religieuse. Cependant, dans
le temps qu'il leur est permis de disposer non-seulement de leurs biens et de leur fortune, mais encore
de leur personne et de leur état, la même loi les déclare incapables de donner leurs biens par testament.

Ajoutons à ce premier exemple une autre preuve de
la même distinction, qui n'est ni moins certaine ni
moins convaincante. On peut s'engager par procureur;
et lorsque la procuration est générale, on suit tellement
la foi de celui à qui on la confie, que sans le savoir,
sans le vouloir même expressément, on entre dans
toutes sortes d'obligations; mais qui oseroit soutenir
que l'on peut faire un testament par procureur ? et
quelque confiance qu'un testateur eût dans la probité
et dans les lumières de son conseil, pourroit-il souscrire à une loi qu'il n'auroit pas faite lui-même?

Le testament, si l'on veut, sera sage, raisonnable,
plein de justice et d'équité; le testateur l'aura même
approuvé par avance, en permettant à son conseil
de le lui faire : la disposition est nulle, parce qu'un
testament ne doit pas être seulement un acte judicieux, il doit être essentiellement et nécessairement
l'ouvrage du jugement et de la raison du testateur
même.

Ce n'est donc point ici une de ces distinctions
subtiles qui résistent à la lumière naturelle, et qui
ne sont soutenues que par la seule autorité du législateur.

On peut dire que quoiqu'elle soit écrite dans toutes
les lois, la raison en avoit fait une loi avant la loi
même; et c'est ce qui fait qu'elle est universellement
reçue partout où l'on a quelque idée de la jurisprudence.

Mais quelle est la différence naturelle qui produit
cette distinction entre les contrats et les testamens?
Nous croyons qu'il n'est pas difficile de la concevoir.

Il est essentiel à la société des hommes qu'il y

ait des contrats ; il n'est pas nécessaire qu'il y ait des
testamens. Jamais un état, une république, une ville,
n'a subsisté sans le secours d'aucun engagement ; il y
a plusieurs états, plusieurs républiques, plusieurs
villes, qui ont refusé pendant long-temps à leurs
citoyens l'autorité de faire des testamens. Les fondemens de la société civile, du commerce, de la
police, du gouvernemeut, seroient ébranlés si l'on
rendoit les engagemens difficiles à contracter ; au
contraire, la société, le commerce, la police, le
gouvernement des états subsisteroient sans testamens.

La faculté de s'engager est conforme au droit naturel, au droit des gens, au droit civil.

La liberté de tester est une invention du droit des
gens, autorisée par le droit civil ; mais qui paroît
contraire au droit naturel, qui par la mort dépouille les hommes de tous les droits qu'ils avoient
sur leurs biens.

Le contrat est toujours favorable, le testament est
souvent odieux ; et jamais il n'y a eu de jurisprudence
où cette proposition ait été plus véritable que dans
le droit français.

Tels sont les caractères naturels qui distinguent
les contrats des testamens. Nous étonnerons-nous
après cela si les lois ont permis aux hommes de disposer de leurs biens, et plutôt et plus facilement,
pâr un contrat que par un testament ?

Dans le contrat, la moindre capacité suffit, parce
qu'il est conforme au droit commun, et que d'ailleurs
on peut s'en rapporter à la foi de celui avec lequel
oh traite : on peut prendre un conseil, et signer
sans savoir précisément à quoi l'on s'engage, par la
confiance, que l'on a dans la probité dans les lumières et dans l'expérience de celui que l'on consulte.

Mais dans un testament, il faut que ces lumières,
cette expérience, cette capacité, se trouvent dans
celui qui le fait. Il n'est pas, à la vérité, défendu
à un testateur de prendre un conseil ; mais le conseil

ne regarde point la substance de l'acte, il ne regarde
que la forme. C'est au testateur à penser, à délibérer, à examiner, à se consulter, à s'interroger
lui-même, en un mot, à vouloir : le jurisconsulte
ne lui donne ses avis que pour prêter à ses pensées
les termes des lois, et pour joindre, pour ainsi dire,
la forme extérieure à la matière et à la substance
de l'acte qui doit être produit par la seule volonté
du testateur.

Après avoir fait ces réflexions générales sur les
contrats, et sur les autres actions par lesquelles on
peut prouver la sagesse ou la démence, examinons
maintenant quelle est l'induction qu'on peut tirer
des différens actes qui ont été passés par M. l'abbé
d'Orléans.

Rappelez, s'il vous plaît, MESSIEURS, toutes les
circonstances du temps, et la manière dans laquelle
ces actes sont passés.

Le temps.

1.° La majorité de M. l'abbé d'Orléans : il est majeur le 12 janvier 1671. Le premier acte est du 16,
au retour de ce voyage dans le cours duquel est arrivé
l'incident du Gué de Loré.

2.° Tout l'intervalle du temps dans lequel on passe
vingt-un actes depuis le 15 janvier jusqu'au 6 mars,
n'est que de deux mois dix jours. Il semble qu'il
ne soit revenu que pour les passer; à peine arrive-
t-il, qu'il signe le premier; à peine a-t-il signé le
dernier, qu'il part subitement.

La manière.

On peut les considérer d'abord en général, et les
envisager ensuite en particulier. Lorsqu'on les considère d'abord en général, le premier, coup d'œil

suffit pour reconnoître qu'ils tendent tous deux à deux buts différens.

L'un, de régler toutes les affaires qui pouvoient regarder Madame de Longueville.

L'autre, de dépouiller entièrement M. l'abbé d'Orléans.

Le premier de ces desseins s'exécute par la transaction du 16 janvier 1671, et par les contrats de constitutions qui l'accompagnent, où l'on voit que M. l'abbé d'Orléans donne quarante mille livres d'argent comptant, et abandonne plusieurs terres pour le paiement de Madame de Longueville.

On peut dire qu'il s'exécute encore par l'acte fait avec M. le prince de Condé, qui ne regarde que le paiement des arrérages de la dot.

Enfin, il s'exécute par la donation faite à M. le comte de Saint-Pol, dans laquelle il y a trois clauses importantes, qui regardent uniquement Madame la duchesse de Longueville.

La première, est l'obligation imposée au donataire d'exécuter tous les actes que M. l'abbé d'Orléans avoit passés avec Madame sa mère pour le paiement de sa dot.

La seconde, l'obligation de confirmer la décharge qu'il lui avoit donnée des meubles et des pierreries contenues dans l'inventaire.

La troisième, l'obligation de la décharger de la tutelle.

Le second dessein, c'est-à-dire, celui de dépouiller M. l'abbé d'Orléans de tous ses biens, paroît manifestement.

1.º Dans la donation universelle?

2.º Dans les donations particulières qu'il fait à quelques domestiques :

3.º Dans le testament :

4.º Dans les démissions :

5.º Dans les procurations qu'il donne pour l'administration de ses biens réservés.

Il est vrai qu'il est dit, dans les procurations,
qu'elles seront révocables quand il plaira à M. l'abbé
d'Orléans ; mais cette condition étoit de droit,
comme l'obligation de rendre compte : et il résulte
toujours de tous ces actes passés depuis le 23 février
jusqu'au 26, qu'en trois jours de temps un majeur
qui possédoit plus de trois millions de biens, ne
conserve plus aucune propriété ; qu'il ne lui reste
plus aucun effet considérable dont il puisse disposer,
et qu'il se dépouille même de l'administration de
l'usufruit qu'on lui réserve.

On prétend que ce fait n'a rien d'extraordinaire ;
que tous les jours on voit de pareils exemples dans
des maisons inférieures à celle dont il s'agit, et qu'il
n'est pas surprenant que des aînés, entrant dans
l'état ecclésiastique, renoncent à leurs biens en faveur
de leurs cadets.

Mais premièrement, sans vouloir examiner s'il y a
autant d'exemples de cette générosité qu'on a voulu
vous le persuader, en trouvera-t-on dans les circonstances particulières de cette cause ?

Un aîné d'une maison illustre renonce, non pas
à la possession de quelques terres considérables,
comme une principauté ou un duché, mais à tous
ses biens, ne se réservant qu'une somme de soixante
mille livres et un simple usufruit. Il s'interdit lui-
même, pour ainsi dire ; et s'il peut disposer de
quelque chose, ce n'est que de ce qui écherra après
sa mort. Ce n'est pas tout encore. En quel temps
fait-il une donation si considérable ? Est-ce dans
un âge avancé ? A peine est-il majeur, qu'il se hâte
de se dépouiller.

De quoi est suivie cette donation si immense ?

D'un testament en faveur du donataire même. Et
pourquoi ce testament est-il fait ? Ce n'est point en
faveur du testateur et pour sa consolation, comme
parlent les lois, puisqu'il en avoit déjà fait un qui
paroissoit plus conforme aux inclinations qu'il devoit
avoir, où même M. le comte de Saint-Pol étoit

17*

institué. C'est uniquement en faveur et pour l'intérêt du seul légataire universel, qui ne trouve d'autre avantage dans ce changement que la décharge des substitutions, et l'espérance des successions qui pouvoient échoir dans la suite à M. l'abbé d'Orléans.

Après vous avoir expliqué les deux vues principales qui se présentent naturellement à tous ceux qui examinent ces actes en général, entrons dans le détail, et réunissons ici toutes les circonstances que l'on vous a expliquées de part et d'autre.

1.º La transaction passée avec Madame de Longueville.

Observez, s'il vous plaît, MESSIEURS, sur cet acte, qu'il est impossible de présumer que M. l'abbé d'Orléans ait pu seulement lire les longues dispositions qu'il contient.

Il arrive à Paris le 15 janvier au soir, il signe cet acte le lendemain matin.

Qu'on ne dise point que cet acte étoit tout dressé avant le départ de M. l'abbé d'Orléans, et qu'il y avoit même un avis de parens qui lui permettoit de le passer. Les choses étoient chargées depuis ce temps là : on proposoit alors de faire faire une estimation des terres par des experts; dans la suite, ce sont les parties qui ont fait elles-mêmes l'estimation. Ainsi ce n'étoit plus le même acte qu'on avoit autrefois résolu de passer : c'étoit un acte tout nouveau, qui demandoit une longue méditation; et en effet, on s'est enfin réduit à vous dire qu'il n'est pas surprenant que M. l'abbé d'Orléans ait signé cet acte sur la foi de son conseil, puisque des personnes très-sages font tous les jours la même chose. Mais si cela est, il n'en faut pas davantage pour faire voir que cet acte n'est d'aucune conséquence, puisqu'il ne justifie point invinciblement la sagesse de celui qui l'a signé.

Il n'est pas nécessaire, pour faire admettre la preuve que l'on vous demande, de démontrer que

tous les actes prouvent la démence de M. l'abbé
d'Orléans; il suffit de faire voir qu'ils ne sont pas des
signes certains de la sagesse et de la liberté de son
esprit.

2.º Les contrats de constitutions qui suivent cet
acte, n'ont pas plus de force et d'autorité que l'acte
même; ils n'en sont que la suite et l'exécution.

3.º La vente de la terre de Nesle, faite par M. le
prince de Condé, à M. l'abbé d'Orléans, n'a rien qui
soit plus personnel que les actes précédens, et qui ne
puisse être suppléé par le ministère d'autrui. Vous
vous souvenez même, MESSIEURS, de cette circonstance importante qui peut faire présumer que
M. l'abbé d'Orléans n'y a contribué que de sa signature. Le projet de cet acte étoit tout dressé avant
l'arrivée de M. l'abbé d'Orléans. La procuration de
M. le prince de Condé pour le signer est du 15 janvier; elle est au bas de ce projet, auquel on n'a rien
changé dans la suite : et quoiqu'on ait différé de
signer l'acte jusqu'au 31 janvier, il est toujours
constant qu'il étoit tout dressé indépendamment de
la volonté de M. l'abbé d'Orléans.

4.º La donation faite à M. le comte de Saint-Pol
par M. l'abbé d'Orléans, réunit les deux faits principaux de tous ces actes, c'est-à-dire, le dessein de
donner une entière décharge à Madame de Longueville, et celui de dépouiller entièrement M. l'abbé
d'Orléans de la propriété de ses biens.

On s'est servi de plusieurs moyens pour effacer
cette couleur qui est répandue sur cette donation;
mais comme ils ne regardent pas moins les autres
actes que celui-là, nous différons d'y répondre,
jusqu'à ce que nous ayons achevé de vous expliquer
les circonstances particulières des actes qui suivent.

5.º Les pensions viagères ne demandent encore
qu'une simple signature.

6.º Il en est de même des démissions des gouvernemens.

7.º Nous vous avons déjà expliqué le testament,

mais nous ne saurions nous dispenser d'ajouter ici que les projets qui l'accompagnent, ne servent qu'à le rendre encore plus suspect.

De ces projets, il y en a un qui est écrit de la main de M. l'abbé d'Orléans, et l'autre, de la main de Porquier : tous deux contiennent un mémoire de legs faits à différentes personnes. Il y a trois mots ajoutés dans le dernier, de la main de M. l'abbé d'Orléans, par lesquels il donne à Dalmont, son écuyer, son carrosse et ses appartenances.

Aucun de ces legs, excepté celui de Porquier, ne s'accorde pour la somme avec ceux qui sont écrits dans le testament. Il est même assez difficile de concevoir par quelle raison ces projets de codicilles se sont trouvés enfermés dans le même paquet que le testament.

On dit que c'est parce qu'ils devoient servir pour le réformer. Mais pourquoi ne les avoit-on pas suivis en le faisant ? car il est presque impossible qu'ils soient postérieurs au testament.

Mais pour retrancher toute sorte de recherches inutiles sur un fait de cette qualité ; ou l'on supposera que ces projets sans date sont antérieurs au testament, ou l'on prétendra au contraire qu'ils sont postérieurs à cet acte. Si l'on suppose qu'ils sont antérieurs au testament, alors il semblera que l'intention de M. l'abbé d'Orléans n'ait été que de faire un codicille, en confirmant le testament de 1668. Car souvenez-vous, s'il vous plaît, MESSIEURS, qu'un de ces projets est intitulé ? *Projet de codicille que M. l'abbé d'Orléans désire faire, en confirmant son testament.* Or si le second n'étoit point encore fait, on ne peut entendre ces paroles que du premier ; et si cela est, ce projet marqueroit une volonté contraire au dernier testament, qui, bien loin de confirmer le premier, le détruit et l'anéantit presque entièrement.

Que si l'on prétend que ces projets sont postérieurs

au dernier testament, il faut donc supposer qu'ils
ont été faits ou le lendemain, ou deux ou trois jours
après. Le testament est fait le 26 février : il a été déposé entre les mains de Porquier, avec les projets
qui l'accompagnent, avant le départ de M. l'abbé
d'Orléans. Or il est constant qu'il est parti sept jours
après ce testament. C'est donc dans cet intervalle,
qu'il faut qu'il ait dressé ou fait dresser ces projets
de codicilles; et quelle plus grande preuve peut-on
désirer, ou de l'incertitude de sa volonté, ou de
l'ignorance dans laquelle il étoit du dernier testament
qu'il avoit signé peu de jours auparavant?

Qui pourra expliquer cette circonstance? Mais
achevons de rappeler ici les faits qui regardent les
autres actes.

8.º Les procurations données, ou à Madame de
Longueville, ou à Porquier, bien loin d'être inex-
plicables, si l'on ne suppose la sagesse, semblent
confirmer encore davantage les soupçons de la démence, puisque par là, la famille de M. l'abbé d'Orléans se mettoit en état de n'avoir plus à craindre
qu'il abusât de l'administration des revenus qu'on lui
avoit laissés.

Enfin, le remboursement du sieur marquis de
Beuvron, auquel il assiste, n'est qu'un acte où sa
signature seule suffisoit.

Telles sont les réflexions générales et particulières
que l'on peut faire sur les circonstances de ces actes
considérés en eux-mêmes.

Voyons maintenant quelle peut être leur autorité,
pour exclure la preuve testimoniale.

Premièrement, ce ne sont point de ces actions
personnelles qui sont tellement propres à celui qui
les fait, qu'elles ne puissent être suppléées par un
autre. Il a suffi à M. l'abbé d'Orléans de conserver
encore assez de liberté ou de docilité d'esprit pour
signer; il n'en falloit pas davantage pour les rendre
parfaits.

Secondement, tous ces actes, à la réserve de la donation et du testament, ne sont que de simples contrats, pour lesquels la loi ne demande ni le même degré de volonté, ni la même capacité que pour les testamens.

Troisièmement, ce sont des contrats passés par un homme, sinon actuellement imbécille, au moins très-proche de cet état de fureur et de démence où il a passé le reste de ses jours ; démence, encore une fois, dont le commencement est incertain, et qui peut remonter jusqu'au temps de ces actes. Est-ce trop de sept ou huit mois, ou même d'une année, pour examiner la qualité de la démence dans un homme du rang de M. l'abbé d'Orléans, pour attendre, pour procurer sa guérison ? Et si l'on convient que l'on a dû différer au moins pendant cet intervalle, à l'enfermer, alors la plus grande partie de ces actes tombera dans ce temps, et la foiblesse de cette présomption paroîtra évidemment.

En un mot, si la démence est une fois prouvée, rien n'est plus facile que d'expliquer comment tous ces actes auront été passés. Ces deux faits n'auront rien d'incompatible. Est-il impossible qu'un homme ait signé des actes, et qu'il ait été imbécille dans le temps qu'il les a signés ? Mais au contraire, la signature de ces actes peut être supposée, sans exclure le fait de démence, et par conséquent, ce n'est point une présomption invincible.

Enfin, ces contrats excluent-ils toutes sortes de doutes ? L'interprétation que M. le prince de Conty leur donne, en supposant que la famille a eu en vue de profiter des restes de docilité que M. l'abbé d'Orléans pouvoit conserver encore, pour terminer une partie des affaires de la maison de Longueville, et pour les mettre ensuite dans une interdiction réelle et véritable, quoiqu'elle ne fût pas encore prononcée ; cette interprétation, encore une fois, n'est-elle pas aussi vraisemblable, lorsqu'on la compare avec le caractère de M. l'abbé d'Orléans, que la supposition de cette générosité prétendue, à laquelle Madame de Nemours veut attribuer la donation et les actes qui l'accompagnent ?

Pour en être convaincu, ne peut-on pas se servir ici de l'argument que les plus grands orateurs ont souvent employé avec succès, pour découvrir dans des causes obscures et douteuses, la lumière de la vérité ?

Supposons pour un moment que la famille de M. l'abbé d'Orléans ait voulu différer de recourir au triste remède de l'interdiction. Cette première supposition n'a rien qui ne soit probable à l'égard de toutes sortes de familles ; mais on peut dire que la grandeur de la maison dans laquelle nous supposons ce dessein, eût donné un degré de vraisemblance qui porte presque le caractère de la vérité.

Supposons encore que dans ce dessein, elle veuille néanmoins prendre des précautions contre celui qu'elle regarde comme imbécille ; qu'elle veuille lui lier les mains, le mettre hors d'état et de se nuire à lui-même et de nuire aux autres ; que devoit-elle faire dans cette supposition, qui n'est qu'une suite de la première ? Ne devoit-elle pas commencer d'abord par lui faire perdre la propriété de ses biens, par une donation authentique ? Mais parce qu'il n'étoit pas juste de le réduire à de simples alimens (ce que l'on ne pouvoit faire que par une interdiction solennelle), ne falloit-pas lui réserver un usufruit considérable, et pro-portionné à la grandeur de sa naissance ?

Ne devoit-on pas ensuite le porter à donner par un testament, des récompenses à ses domestiques, pour les attacher à son service dans un temps où il ne se-roit plus en état de leur donner des marques de son affection ?

N'étoit-ce pas une suite du même conseil de fa-mille, de lui faire signer des procurations pour se rendre maître de l'usufruit qu'on lui laissoit ?

Et enfin, ne devoit-on pas lui donner une espèce

d'inspecteur et de curateur domestique, sans lequel il ne pût arrêter même les comptes de la dépense de sa maison ? Voilà toutes les précautions que la prudence pouvoit inspirer dans le cas que nous supposons, pour ménager en même temps et l'honneur et l'intérêt de la famille de M. l'abbé d'Orléans.

Ce que l'on devoit faire, si l'on avoit eu cette pensée, nous trouvons qu'on l'a fait effectivement dans l'espèce de cette cause.

Donc nous pouvons conclure avec vraisemblance, que la famille a eu cette pensée; et pouvons-nous même en douter, losrque nous voyons que le plan de ces actes semble avoir été tellement fait dans la vue de la démence, que lorsque la démence devient tout à fait notóire, on n'a pas besoin de rien changer à ce plan ? Il subsiste dans son entier, et la famille assemblée est d'avis que Madame de Longueville et Porquier continuent d'agir en vertu des procurations de M. l'abbé d'Orléans, quoiqu'elle sût sans difficulté, que ces procurations étoient nulles, au moins dans le temps de l'avis des parens, par l'imbécillité de celui qui les avoit données.

Ce que la famille a fait expressément dans ce temps là, et lorsque la démence ne pouvoit plus être dissimulée, pourquoi ne voudra-t-on pas qu'elle l'ait fait tacitement, dans un temps où l'on espéroit encore de pouvoir cacher l'état de M. l'abbé d'Orléans?

Qu'oppose-t-on à des présomptions si naturelles? L'on dit en premier lieu, que si la famille eût eu le dessein qu'on lui suppose, il étoit inutile de faire un si grand nombre d'actes avec M. l'abbé d'Orléans, il falloit commencer par la donation, et traiter ensuite plus sûrement avec M. le comte de Saint-Pol.

Mais on n'a pas pris garde que cette suite d'actes étoit nécessaire pour la fin qu'il paroît qu'on se proposoit en ce temps-là.

M. le comte de Saint-Pol étoit mineur; il ne pouvoit donner une décharge valable à Madame sa mère,

ni contracter avec elle un engagement solide et irrévocable. Quand même il auroit été majeur, il n'auroit pu la décharger de l'obligation de rendre compte.
Il falloit donc que la donation assurât tous ces actes
et toutes ces décharges, en imposant au donataire la
condition essentielle et inviolable de confirmer tous
ees actes, et d'approuver toutes ces décharges.

Mais d'ailleurs, ne peut-on pas dire que si l'on
suppose une fois cet unique fait dont la vraisemblance
ne peut être révoquée en doute, que la famille a
voulu cacher pendant un temps considérable la foiblesse d'esprit de M. l'abbé de Longueville, il ne
sera pas difficile de comprendre pourquoi il a signé
tous ces actes.

C'étoient des actes, ou nécessaires, ou utiles et
avantageux à sa famille. Il falloit bien les lui faire
signer, jusqu'à ce qu'il fût solennellement interdit.

Mais quelle conséquence peut-on en tirer à l'égard
d'un acte purement volontaire, et que la loi ne permet que pour la seule consolation du testateur, et
non pas pour l'intérêt de sa famille?

Tout se réduit donc à savoir si l'on peut supposer
ce fait unique, que la famille a différé pendant sept
ou huit mois à faire éclater le malheur qui étoit arrivé à M. l'abbé d'Orléans.

Encore une fois, cette unique supposition peut
être le dénouement général de toutes les difficultés
auxquelles nous nous arrêtons.

Mais si tous ces actes, ou plutôt toutes les présomptions qui résultent de ces actes, peuvent être
détruites par un fait aussi facile à présumer, et aussi
aisé à prouver que celui-là, qui pourra croire que
ces présomptions soient assez fortes pour faire rejeter
la preuve par témoins?

On dit en second lieu, que si M. l'abbé d'Orléans
eût été véritablement imbécille; il étoit superflu de
lui laisser un revenu de soixante mille livres de
rente. Il est encore moins facile d'accorder cette supposition avec la réserve de soixante mille livres, de

la moitié de l'hôtel de Longueville, d'un grand nombre de meubles, et enfin de la faculté de disposer par testament de deux années de revenus qui écherront après sa mort.

Mais premièrement, pour ce qui regarde l'hôtel de Longueville, et les meubles qui y étoient, peut-on trouver étrange qu'on ait conservé à l'aîné de la maison de Longueville le logement qui lui appartenoit dans la maison de ses pères?

Et à l'égard de la faculté de disposer d'une certaine portion de ses biens, elle a pu lui être conservée, comme nous l'avons déjà dit, pour assurer les récompenses qu'on vouloit donner à ses domestiques.

On ajoute qu'il est inconcevable qu'un autre que le donateur ait stipulé le droit de retour en faveur de Madame de Nemours.

Mais il suffit pour empêcher que cette présomption ne soit invincible, qu'elle puisse être expliquée; et c'est ce que l'on a fait de la part de M. le prince de Conty, en vous disant qu'on avoit pris cette précaution pour empêcher que Madame de Nemours ne revînt un jour contre ces actes.

Enfin, on vous a dit comme un dernier moyen général qui se répand sur tous les actes, qu'il n'y a point d'apparence que Madame de Longueville, que M. le prince de Condé, eussent voulu traiter avec un imbécille; qu'il est encore plus absurde et plus injuste de prétendre qu'ils eussent voulu abuser de son imbécillité; et qu'enfin le public a intérêt d'empêcher qu'on admette une preuve testimoniale contre des preuves aussi fortes, puisque si cela est une fois admis, nul testament ne pourra être en sûreté.

Il suffit de reprendre la distinction que nous vous avons proposée entre les contrats et les testamens, pour répondre à toutes ces objections.

1.º Tous ces contrats peuvent être bons, soit parce que personne ne les attaque, ou ne peut les attaquer, soit parce qu'ils sont la plupart avantageux à M. l'abbé d'Orléans, et que l'utilité que sa famille en reçoit, a suffi pour l'engager jusqu'à ce qu'il ait été véritablement interdit.

2.° Il n'est point nécessaire d'accuser ici la mémoire d'une princesse dont toute la France a connu et révéré la vertu, pour soutenir que tous ces actes ont pu être faits avec sa participation, sans néanmoins que M. l'abbé d'Orléans ait été en état de faire un testament.

Dira-t-on qu'un père, qu'un tuteur, qu'un mari, se rendent coupables d'une suggestion criminelle, quand les personnes qui sont soumises à leur autorité signent, sous la foi de leurs lumières et de leur sagesse, des actes dont ils n'entendent souvent ni la force ni la conséquence ?

Il est vrai que, dans la thèse générale, des actes de la qualité de ceux qui sont rapportés aujourd'hui, sont de puissantes présomptions en faveur de la sagesse du testateur ; mais nous sommes bien éloignés de cette thèse générale. Il ne s'agit point ici du testament d'un homme qui soit mort dans la possession de son état. Première raison de différence.

Les actes que l'on rapporte sont proches de la démence publique et constante. Seconde raison.

Enfin, tous ces actes peuvent être expliqués, et forment une présomption, sinon nécessaire, au moins vraisemblable, de la foiblesse d'esprit du testateur.

Si le public a intérêt qu'on n'admette pas légèrement la preuve testimoniale, ce même intérêt demande aussi qu'on ne la rejette pas légèrement : les suites et les conséquences sont presque égales.

Mais enfin, cette question ne s'est-elle jamais présentée ? Est-il nouveau, que, malgré l'autorité des contrats, l'on ait admis la preuve par témoins ?

Vous en avez, MESSIEURS, deux exemples illustres dans vos registres.

Il n'y en a point de plus fort que l'arrêt rendu

dans la cause du sieur Pajet, dans lequel nous voyons que l'on a fait remonter la preuve de la démence plusieurs années avant l'interdiction ; et cela, non pour détruire un testament, mais pour donner atteinte à des contrats mêmes, quoique les créanciers pussent alléguer en leur faveur, et leur bonne foi et leur ignorance.

Si la preuve a été reçue quand il a été question de détruire les contrats mêmes, peut-on la refuser dans une cause dans laquelle il ne s'agit que de les expliquer, etc. ?

Passons maintenant à la seconde présomption, tirée de la conduite de M. l'abbé d'Orléans.

1.º Il faut retrancher celle que l'on tire de ce que Madame de Longueville lui a laissé célébrer la messe. Nulle preuve de ce fait. Il paroît seulement qu'on a fourni un calice pour son service ; mais que peut-on conclure de là, si ce n'est qu'on a dit la messe devant lui.

2.º Il a arrêté des comptes, à la vérité ; mais tous ces comptes ont été revus depuis le premier mars jusqu'au 15 juillet 1671, en présence de Dalmont : cela est prouvé par la décharge de Pernis. Donc il est plus que vraisemblable que Dalmont étoit préposé pour lui servir d'inspecteur. Nulle autre explication vraisemblable ; et si cela est, c'est une preuve, que dès le premier mars, deux jours après le testament, on ne le croyoit pas capable d'arrêter un compte.

3.º Il a signé des lettres de change et des ordonnances ; mais parmi ces lettres de change ; on en trouve une d'une forme très-extraordinaire.

4.º Il a écrit plusieurs lettres, mais à Porquier seulement. On convient que ces lettres sont pleines de répétitions, d'attention basse, d'une avarice indigne ; mais elles ne sont point absolument insensées.

Il seroit nécessaire d'entrer dans un fort grand

détail, pour savoir si tous les faits qui sont dans ces lettres, marquent une connoissance parfaite de l'état de ses affaires ; mais ce qui est certain , c'est que l'argument des lettres est fort équivoque, puisqu'il en a écrit une au mois de novembre, depuis qu'il a été enfermé, laquelle est pour le moins aussi sage que celles du temps précédent.

D'ailleurs, une des lettres rapportées par Madame de Nemours, tombe dans le temps de la démence, si l'on en croit Madame de Longueville.

Enfin, troisième présomption, jugement de la famille, donation toujours supposée valable ; les ordonnances, les comptes, les lettres de change, ont toujours eu l'approbation de la famille.

Mais 1.º Pour ces ordonnances, si le fait de Dalmont est véritable, il ne faut pas s'étonner qu'elles aient été approuvées : on savoit comment les choses s'étoient passées.

2.º Personne n'a attaqué la donation, et ne pouvoit effectivement l'attaquer.

Toutes ces approbations feront-elles préjudice à un tiers ?

Sur la forme de la sentence des requêtes du palais, il suffit d'observer :

1.º Que l'ordonnance oblige bien à articuler un fait précis, mais non pas les preuves de ce fait. Ici le fait est la démence ; les preuves de ce fait sont les circonstances que chaque témoin dépose : il faut toujours distinguer entre un fait unique et particulier, et un fait général qui s'étend sur plusieurs autres.

2.º C'est ainsi que vos arrêts ont interprété l'ordonnance.

Arrêt de Pajet, du 25 février 1681.

Arrêt de Bossu, du 21 juin 1675.

Arrêt de Joyeuse, du 5 mars 1681.

Arrêt de Bordeaux Champagnac, du 23 mars 1683.

Arrêt de Bergeret, du 6 septembre 1687.

3.º La démence est constante. Il ne s'agit que d'en prouver le commencement.

4.º L'argument de Madame de Nemours prouve trop. S'il falloit articuler ces circonstances, afin qu'on pût prouver le contraire, il s'ensuivroit qu'on ne pourroit prouver que ce qui est articulé. Or cette conséquence seroit absurde. Donc, on ne peut rien conclure de ce raisonnement.

Ajoutons enfin deux raisons générales :

L'une, que le doute sur les faits est un motif pour permettre d'en faire la preuve;

L'autre, que l'inconvénient de la refuser est sensible; nul inconvénient au contraire à l'admettre.

Les conclusions n'ont pas été écrites. On voit qu'elles tendoient à confirmer la sentence dont étoit appel, sans s'arrêter à la requête de Madame de Nemours. Elles furent adoptées sur-le-champ par l'arrêt suivant, du 10 janvier 1696.

ENTRE dame Marie d'Orléans, duchesse de Nemours, appelante de la sentence rendue aux requêtes du palais, le vingt-neuf mars mil six cent quatre-vingt-quinze, et demanderesse en requête signifiée le vingt-six avril suivant, en ce qu'en prononçant sur ledit appel, et mettant l'appellation et ce au néant, évoquer en tant que besoin est ou seroit le principal, et y faisant droit, sans avoir égard à la requête de l'intimé et défendeur ci-après nommé, du seize février mil six cent quatre-vingt-quinze, à fin de permission de faire preuve des faits y énoncés, le débouter de sa demande en délivrance de legs, et faire mainlevée à ladite dame des saisies, oppositions et empêchemens faits à la requête dudit intimé et défendeur, ès mains des débiteurs et fermiers de la succession dudit sieur duc de Longueville, avec condamnation de dommages et intérêts et dépens, sauf à le rendre responsable des débiteurs au cas d'insolvabilité, d'une part ; et François-Louis de Bourbon, prince de Conty, prince du sang, intimé et défendeur, d'autre, sans que les qualités puissent nuire ni préjudicier. Après que Baille, avocat de l'appelante et demanderesse, et Nivelle, avocat de l'intimé et défendeur, ont été ouïs pendant *vingt-deux au-diences*, ensemble d'Aguesseau, pour le procureur-général du roi :

LA COUR, sans s'arrêter à la requête à fin d'évocation du principal, a mis et met l'appellation au néant; ordonne que ce dont a été appelé sortira effet; condamne l'appelante en l'amende de douze livres et aux dépens.

SECOND PLAIDOYER. (1)

Dans la cause de M. le prince de CONTY et de Madame
la duchesse de NEMOURS ;

Sur l'appel interjeté par Madame de NEMOURS, de la
sentence définitive, rendue aux requêtes du palais,
en faveur de M. le prince de CONTY.

*Il s'agissoit de savoir, 1.º si l'on pouvoit renouveler
les questions de droit jugées en 1696, et si, en supposant que les choses fussent encore entières, elles
devoient être décidées de la même manière.*

*2.º Si le grand nombre d'actes signés par M. l'abbé
d'Orléans, dans le temps où il avoit fait un second
testament, étoit une preuve de sa sagesse, ou du
dessein que ses parens avoient de le mettre dans un
état d'interdiction, ayant connoissance de sa démence.*

*3.º S'il y avoit une preuve suffisante de sa démence
dans ce temps, par la déposition des témoins.*

PREMIÈRE AUDIENCE.

QUELQU'ÉCLAT que le nom des parties, le nombre
des questions, la vaste étendue des faits, ayent donné

_____

(1) Pour ne point séparer tout ce qui concerne cette immense affaire, on a, conformément à la première édition,
réuni le second plaidoyer, postérieur de deux années.

à cette cause, nous croyons néanmoins pouvoir dire d'abord, que rien ne la rend ni plus singulière ni plus importante, que la nature et la qualité de la principale question qui est aujourd'hui soumise à votre jugement.

Vous avez à prononcer, non pas sur une de ces questions d'état où il s'agit de la naissance où de la condition des parties (qualités extérieures écrites dans des registres publics, conservées dans des monumens authentiques, et dont la principale preuve se tire de l'autorité de la loi même), mais sur une de ces questions douteuses et difficiles, dont l'unique sujet est une qualité invisible qui se dérobe souvent à la vue des témoins les plus éclairés ; une disposition intérieure, dont les actes et les écrits ne sont qu'une image obscure et imparfaite, en un mot, où il s'agit de décider de l'état de l'ame, beaucoup plus que de celui du corps.

Si cette question paroît difficile lorsqu'on la considère en général, que sera-ce lorsqu'on l'examine dans l'espèce présente, où celui, dont l'état fait la principale matière de cette contestation, ne peut plus ni justifier sa raison accusée, ni donner lui-même des preuves de sa démence ? La personne nous manque dans l'examen de la qualité la plus personnelle de toutes. Ce n'est point une sagesse ou une démence présente qui fait le sujet de cette cause : c'est une sagesse ou une démence passée ; et vous n'avez pas seulement à décider d'une qualité invisible, mais encore d'une qualité qui n'est plus.

Et comment en décider, dans le conflit des actes contraires les uns aux autres, dans le combat des témoins qui s'attaquent et se détruisent mutuellement ? Ce n'est pas tout encore : non-seulement les actes sont balancés par d'autres actes, non-seulement les témoins sont combattus par d'autres témoins ; mais ce combat se passe dans chaque acte, cette contrariété se trouve dans chaque témoin comparé avec lui-même. Telle est ou l'incertitude des preuves, ou l'habileté des défenseurs des parties, qu'il n'y a, dans

3

cette cause, aucun acte, aucun témoin qui ne fournisse tour à tour des armes à l'une et à l'autre partie. Vous avez vu plusieurs fois dans le cours d'une longue plaidoirie, la même voix qui sembloit un jour se déclarer expressément pour la sagesse, s'élever le lendemain et se faire entendre aussi fortement pour la démence, et, au milieu de cette égalité d'avantages où chacun semble avoir prouvé le fait qu'il avoit avancé, la vérité s'obscurcit, les ténèbres s'augmentent au lieu de se dissiper, et tout ce qui reste aux spectateurs d'un combat si opiniâtre, c'est le doute, l'obscurité, l'incertitude.

Enfin, comme si c'étoit peu d'avoir à décider une question de fait si difficile et si étendue, on y ajoute encore les questions les plus subtiles de droit, et après avoir opposé des actes à d'autres actes, des témoins à d'autres témoins, on fait naître un combat semblable entre les lois, entre les docteurs, et le droit ne devient pas moins douteux que le fait.

Tel est, MESSIEURS, l'important sujet de votre délibération, capable de nous troubler par sa difficulté, de nous effrayer par sa grandeur, de nous arrêter même à la seule vue de son immensité, si nous ne consultions que nos propres forces, et si nous n'étions soutenus par la grande et pénible attention que la cour a donnée à cette longue affaire; si nous ne savions qu'elle est aussi instruite que nous du détail de tous les faits, et si nous n'étions persuadés que notre ministère se réduit uniquement dans cette occasion, à réunir, à concilier les faits différens, et à remettre devant vos yeux, comme en un seul coup de pinceau, les images vives et précises des principales circonstances qui doivent servir de matière à votre jugement.

Pour le faire avec l'ordre que demande un si vaste sujet, nous distinguerons d'abord trois temps, ou trois époques différentes, dans la vie de M. l'abbé d'Orléans.

Dans le premier, la sagesse est certaine et constante entre les parties.

Dans le second temps, elle devient douteuse ; une des parties l'attaque et la combat, l'autre la soutient ; et ce temps comprend tout ce qui s'est passé depuis le mois de juillet de l'année 1670, jusqu'au mois d'octobre de l'année suivante, dans lequel la fureur de M. l'abbé d'Orléans obligea sa famille à le faire enfermer.

Enfin dans le troisième, on trouve la même certitude que dans le premier ; mais dans l'un, c'est la sagesse qui est reconnue par les deux parties ; et dans l'autre, c'est la démence. Ainsi les extrémités des trois temps que nous distinguons dès l'entrée de cette cause, sont également lumineuses, le milieu seul est obscur et couvert de nuages. C'est cette obscurité, ce sont ces nuages qu'il s'agit aujourd'hui de dissiper entièrement, pour ajouter ce temps douteux et équivoque, ou au temps certain de la sagesse, ou au temps certain de la démence.

Ces trois temps ne sont pas seulement considérables par rapport à l'état de M. l'abbé d'Orléans, ils le sont encore par rapport aux actes qui font une des plus importantes parties de cette cause.

Dans le premier, nous trouvons le premier testament, c'est-à-dire, le titre, le fondement des demandes de M. le prince de Conty, et le sujet de toutes les questions de droit que l'on a traitées dans cette cause.

Dans le second, nous découvrons le second testament, la donation, et tous les autres actes qui l'accompagnent, c'est-à-dire, une des principales preuves ou de la force ou de la foiblesse d'esprit de M. l'abbé d'Orléans.

Enfin dans le dernier, nous observons une infinité d'actes par lesquels on prétend, que d'un côté l'on a confirmé ceux qui avoient été faits dans le second temps, et que de l'autre on a opposé des obstacles invincibles à tous ceux qui oseroient dans la suite attaquer ces mêmes actes.

Mais sans nous arrêter plus long-temps à marquer les avantages de cette distinction qui se feront assez

sentir dans toute la suite de cette cause, ne différons
pas davantage à entrer dans l'explication des faits,
et commençons par ceux qui regardent le premier
temps, c'est-à-dire, tout ce qui s'est passé depuis la
naissance de M. l'abbé d'Orléans, jusqu'au mois de
juillet 1670, que sa sagesse commence à devenir
suspecte dans cette cause.

Si nous parlions devant des juges moins instruits,
nous expliquerions d'abord l'état de la famille de
M. l'abbé d'Orléans. Les deux mariages de M. le duc
de Longueville, son père, tous deux également illustres par l'honneur qu'il eut de renouveler deux
fois les anciennes alliances de sa maison avec le sang
auguste de nos rois. Nous observerions que Madame
de Nemours doit la naissance au premier de ces mariages ; que le second fut suivi de celle de deux enfans, Jean-Louis-Charles d'Orléans, né en 1646,
dont l'état est maintenant soumis à votre jugement ;
Charles-Paris d'Orléans, comte de Saint-Pol, né
en 1648. Nous tracerions ensuite le portrait et le
caractère de ces deux frères, caractères si différens,
que l'un sembloit né pour servir, l'autre pour commander ; l'un condamné par la nature à l'obscurité
de la retraite ; l'autre destiné par l'élévation de son
génie, encore plus que par celle de sa maison, à
remplir les places les plus éminentes ; en un mot,
l'un aîné par l'injustice de la naissance ; l'autre véritablement aîné par la préférence juste et naturelle
qui est due au mérite et à la vertu.

Mais tous ces faits vous sont parfaitement connus ;
nous les avons même déjà expliqués dans le temps
de l'arrêt interlocutoire, et nous sommes ici accablés
d'une si grande multitude de circonstances nécessaires, que nous croyons devoir retrancher d'abord
toutes celles qui servent plus à l'ornement qu'à la
décision.

Nous nous contenterons donc de vous dire que
M. l'abbé d'Orléans conçut dès son enfance le désir
de se consacrer tout entier aux fonctions ecclésias-

tiques. Après une éducation convenable à la grandeur de sa naissance, sa première démarche, à l'âge où il auroit pu briller dans le monde, fut d'entrer dans le noviciat des jésuites, pour y renoncer entièrement aux engagemens du siècle.

Soit que sa santé ne lui permît pas de supporter la vie simple et pénible de la religion, soit par dégoût ou par inconstance, il est certain qu'il n'y demeura pas long-temps ; mais il en sortit sans perdre l'esprit de sa première vocation qui le portoit à l'état ecclésiastique ; il en conserva l'habit, et il en reçut enfin le caractère.

Il joignoit à cette inclination naturelle une passion violente pour les voyages, non-seulement par un motif de curiosité commun à tous les hommes, mais par une espèce d'inconstance et d'inquiétude qui lui étoit propre, et qui le portoit à changer souvent de lieu, sans autre dessein que celui d'en changer.

Nous apprenons par les comptes de sa dépense, qu'il employa presque toutes les années 1667, 1668, 1669, à aller de ville en ville, de province en province, suivi d'un petit nombre de domestiques, retournant souvent dans les mêmes lieux qu'il venoit de quitter, vivant avec une frugalité et une parcimonie peu proportionnée à l'éclat de son nom, souvent même honteux de le porter, et affectant de prendre celui de Meru, pour avoir la liberté de voyager comme un simple particulier, content de promener en tous lieux son oisiveté inquiète et laborieuse.

La Champagne, la Bourgogne, le Lyonnois, la Provence, l'Italie, furent les provinces et le pays qu'il parcourut dans ses longues courses. Mais sans nous arrêter à vous faire un journal exact et un itinéraire suivi de ses voyages, attachons-nous seulement à vous expliquer les principaux actes qu'il y a faits, et les actions qui seules peuvent les rendre considérables dans cette affaire.

Trois de ses voyages sont marqués par trois actes ou trois actions éclatantes, qui les distinguent également ment.

Le premier est celui qu'il fit au mois de mars 1668, dans la souveraineté de Neufchâtel.

Ce fut-là qu'il commença le premier, à réparer l'injure que la nature avoit faite à M. le comte de Saint-Pol, en le faisant naître après lui. Plein de ce détachement parfait, de cette humilité profonde qui convient à ceux qui se consacrent aux fonctions ecclésiastiques, et en même temps sensible à la grandeur et à la dignité de sa maison, il fait à Neufchâtel trois donations en faveur de M. le comte de Saint-Pol. Il lui donne d'abord la souveraineté de Neufchâtel et de Valengin : il y ajouta ensuite par un second acte les revenus qui étoient échus dans le temps de la donation. Plus impatient] de se dépouiller du titre de souverain, que M. le comte de Saint-Pol ne l'étoit d'en être revêtu, il déclara même qu'il auroit consommé cet ouvrage long-temps auparavant, sans les oppositions qu'il avoit trouvées dans sa propre famille. Rien ne manque à la solennité de ces deux actes : un grand nombre de témoins, tous les principaux officiers de Neufchâtel, le chancelier, le gouverneur, le lieutenant-général, les maires des villes y assistent. Enfin, pour couronner ses dons en la personne de M. le comte de Saint-Pol, il joint à ces deux premières donations entre-vifs, une donation à cause de mort, de tous les meubles et effets mobiliers qui lui appartiendront au jour de son décès, à la charge d'acquitter quelques legs, et de payer ses frais funéraires, dans lesquels, conservant encore ce même caractère de modestie et d'humilité chrétienne, il défend toute sorte de pompe et de cérémonie funèbre.

Le second voyage est marqué par un acte, non pas, à la vérité, plus éclatant que le premier, mais plus important et plus essentiel dans cette cause.

C'est le testament qui sert de titre à la prétention de M. le prince de Conty. Vous vous souvenez, Messieurs, de toutes les observations que l'on vous a faites sur cet acte, de tout ce que l'on vous a fait remarquer sur le temps, sur le lieu dans lequel il est passé, sur sa solennité extérieure, sur les dispositions et les clauses qu'il renferme.

Il est passé au mois d'octobre de l'année 1668, dans un temps où M. l'abbé d'Orléans, âgé de vingt-deux ans, ne pouvoit disposer, suivant la coutume de Paris, lieu de son domicile, que de ses meubles et de ses acquêts.

Lyon est le lieu qu'il choisit dans le cours de ses voyages, pour y faire cette disposition solennelle de ses biens. Il y demeure cinq jours pour achever cette affaire importante, et il la consomme dans la maison des prêtres de l'Oratoire.

Il satisfait exactement à toutes les formalités que le droit prescrit pour la perfection des testamens. Sa volonté est revêtue de tout ce qui peut la rendre solennelle ; elle est écrite dans un testament que l'usage des pays de droit écrit appelle *testament nuncupatif,* c'est-à-dire, un testament ouvert et public. Sept témoins, dont il y en a six, prêtres de l'Oratoire, le signent avec le notaire qui le reçoit ; du côté de la forme, on convient que la disposition ne peut recevoir d'atteinte.

Cet ouvrage de sa volonté paroît avoir été le fruit d'une méditation précédente. On rapporte encore aujourd'hui un projet de testament écrit de la main de M. l'abbé d'Orléans, auquel il a lui-même donné ce titre : *Mes Résolutions sur mon Testament.* Il est vrai qu'on trouve dans ce mémoire deux lignes entièrement effacées, et qu'on a prétendu que la rature étoit récente ; mais comme ce fait n'a pas été approfondi, il suffit de l'observer en passant, et de vous dire ensuite qu'on remarque dans ce projet les principales clauses et presque toutes les dispositions du testament ; et, ce qui est de plus remarquable, c'est qu'on y lit la clause de l'institution et du fidéicommis exprimée en termes simples, et tels que la lumière naturelle peut les fournir à ceux qui n'ont aucune teinture des principes du droit, mais dont le sens s'accorde parfaitement avec l'esprit de la même clause, telle qu'elle est écrite, en termes plus propres, dans le testament que nous allons vous expliquer dans sa substance, après vous l'avoir fait envisager dans sa forme.

Nous ne nous arrêterons point à vous faire une longue énumération des legs et des autres dispositions particulières qu'il contient; passons tout d'un coup aux deux clauses principales qui font la matière des questions de droit que l'on agite dans cette affaire.

Mais auparavant, n'oublions pas une observation que l'on a cru très-importante, que l'on a faite deux fois en cette audience, et dans le temps de l'interlocutoire, et dans la dernière plaidoirie. On vous a fait remarquer les termes du préambule de ce testament, dans lequel il paroît qu'un des motifs qui obligent le testateur à le faire, c'est de prévenir les procès et différends qui pourroient survenir après son décès, *sur sa succession entre ses parens et amis;* termes importans, d'où l'on prétend conclure qu'un testateur qui ne savoit pas si sa succession devoit appartenir à ses parens ou à ses amis, n'étoit guère en état de comprendre et de pénétrer la force des clauses qui se trouvent dans la suite de son testament.

Après cette première observation, entrons dans l'explication des deux clauses principales, c'est-à-dire, de la clause qui concerne l'institution, et de la clause codicillaire.

Dans la première, le testateur a envisagé quatre personnes différentes, qui ont été successivement l'objet de sa disposition; M. le comte de Saint-Pol, les enfans qu'il pourroit avoir, Madame de Longueville, Messieurs les princes de Conty.

M. le comte de Saint-Pol est, suivant l'ordre de la nature et celui du testament, le premier héritier institué.

Le testateur, suivant toujours ce même ordre, appelle après lui, dans la même forme d'institution, les enfans qui naîtront de lui, préférant les mâles aux femelles.

Et si l'ordre de la nature est troublé; si les vœux

et la prévoyance du testateur sont trompés ; si M. le comte de Saint-Pol meurt avant ou après le testateur, et meurt sans enfans, en ce cas, Madame de Longueville lui est substituée en toutes les manières possibles, vulgairement et par fidéicommis ; c'est-à-dire, que si M. le comte de Saint-Pol meurt avant le testateur, et qu'il ne soit point son héritier, Madame de Longueville recueillera la succession du testateur à titre de substitution vulgaire ; et que si au contraire M. le comte de Saint-Pol survit au testateur et meurt sans enfans, il sera obligé de rendre les biens à Madame de Longueville, par forme de fidéicommis.

Enfin, les vues du testateur se portent encore plus loin, et il ne donne pas à Madame sa mère une propriété irrévocable ; il la charge de fidéicommis envers Messieurs les princes de Conty, en faveur desquels il la supplie de disposer de sa succession.

Voilà, MESSIEURS, quel est l'ordre et l'économie de cette clause d'institution. Il ne nous reste plus que de vous en rapporter les termes mêmes, pour vous en donner une pleine et parfaite connoissance.

Et, étant, l'institution d'héritier, le chef et fondement de tous testamens et ordonnances de dernière volonté, le testateur a fait et institué son héritier M. le comte de Saint-Pol ; et après lui ses enfans naturels et légitimes, préférant les mâles aux femelles ; et venant ledit seigneur comte de Saint-Pol à mourir sans enfans, avant ou après le testateur, auxdits cas et en chacun d'eux, ledit seigneur testateur a institué, vulgairement et par fidéicommis, dame Anne-Geneviève de Bourbon, sa mère, la suppliant très-humblement de disposer de ses biens, elle venant à mourir, en faveur de Messieurs les princes de Conty, ses cousins-germains.

Vous voyez, MESSIEURS, dans les termes de cette clause, tout ce que nous vous avions observé par avance. Vous y remarquez les quatre degrés qui suivent et se succèdent l'un à l'autre dans l'ordre des

volontés·du testateur ; les trois premiers degrés appelés directement à la succession, et le dernier appelé
seulement en termes de fidéicommis : c'est à quoi
se réduit l'idée simple et précise de cette clause
importante.

Celle qui la suit ne l'est pas moins pour la décision de cette cause. C'est la clause codicillaire ;
clause par laquelle M. l'abbé d'Orléans veut que *si
sa dernière disposition ne·peut valoir par droit de
testament, elle vaille par droit de codicille, donation à cause de mort, et toute autre disposition de
dernière volonté, qui de droit pourra être valable et
mieux subsister.*

C'est par cette clause, conçue dans les termes
mêmes que nous venons de vous rapporter, que
M. l'abbé d'Orléans finit son testament ; et c'est aussi
par là que nous finirons ce qui regarde ce second
voyage, pour passer au dernier, dans lequel nous ne
trouvons point de donations illustres comme dans le
premier ; un testament solennel comme dans le second, mais une action célèbre de la vie de M. l'abbé
d'Orléans, que l'on prétend un monument éternel
de sa sagesse et de sa capacité dans le temps du premier testament ; nous voulons dire, son ordination
et sa promotion à la prêtrise.

Il choisit la capitale du monde et de la religion,
pour s'y consacrer entièrement au sacerdoce ; et,
pendant que Madame de Longueville s'opposoit à
son ordination, entre les mains de M. l'archevêque
de Paris, il fut ordonné prêtre à Rome, au mois de
décembre 1669.

Il revint en France en 1670. Il fit d'abord quelque séjour à Coulommiers ; et ce fut dans ce lieu
qu'il célébra la messe de paroisse le jour de Pâques,
et qu'il y administra la communion à tous les habitans
de ce lieu. Il vint ensuite à Saint-Maur, où il demeura jusqu'au 18 de juillet. Ce fut pendant le séjour
qu'il y fit, que toute sa famille assemblée jugea à
propos de lui donner, aussi bien qu'à M. le comte de
Saint-Pol, la libre administration de ses biens.

Le roi leur accorda, à l'un et à l'autre, des lettres d'émancipation adressées à la cour, et, par un arrêt du 22 juillet, elles y furent entérinées sur le consentement unanime des parens illustres de Messieurs de Longueville.

A peine lui eut-on donné cette preuve publique et ce témoignage solennel de sa sagesse, que, si l'on en croit le conseil de M. le prince de Conty, il obligea sa famille à s'en repentir, par les tristes, mais infaillibles présages qu'il donna à Saint-Maur, de la perte prochaine de sa raison.

C'est donc précisément en cet endroit que finit le premier temps de la vie de M. l'abbé d'Orléans.

Nous avons jusqu'à présent marché dans la lumière, nous y avons observé les voyages de M. l'abbé d'Orléans, nous y avons remarqué les actes éclatans qui les distinguent. Jusqu'ici tout est certain et constant entre les parties; mais à présent tout va devenir douteux et incertain. Nous entrons dans une région de ténèbres où nous ne pourrons entrevoir la vérité qu'au travers d'un voile épais, jusqu'à ce que vous ayez dissipé les nuages qui l'environnent.

Dans ce second temps, nous trouvons comme dans le premier, des voyages et des actes, mais des voyages et des actes si équivoques, que les uns les regardent comme une preuve invincible de la sagesse de M. l'abbé d'Orléans, et que les autres s'en servent au contraire comme d'une espèce de démonstration évidente de sa démence.

Tous les faits qui les regardent se partagent naturellement en trois classes ou trois parties différentes.

Il y en a qui précèdent le dernier testament de M. l'abbé d'Orléans; il y en a qui l'accompagnent; il y en a qui le suivent.

Ceux qui le précèdent sont presque nécessaires; ceux qui l'accompagnent sont absolument essentiels; ceux qui le suivent sont utiles. Attachons-nous à cet ordre, et commençons par les circonstances qui précèdent le temps du dernier testament.

3

Nous vous avons dit que le conseil de M. le prince de Conty prétend que ce fut à Saint-Maur que l'on vit en même temps la sagesse de M. l'abbé d'Orléans diminuer par degrés, et sa démence croître par un progrès aussi sensible que funeste. Nous vous proposerons dans la suite de cette cause, les preuves par lesquelles on prétend établir ce fait, et celles que Madame de Nemours leur oppose; contentons-nous à présent de suivre les démarches de M. l'abbé d'Orléans, autant qu'elles nous sont connues par les actes et par la preuve littérale.

Après avoir passé environ trois mois à Saint-Maur, il vient à Paris. Il y demeure jusqu'à la fin du mois d'août. Il en part le 3o août, pour entreprendre le voyage de la rivière de Loire, voyage fameux dans cette affaire; voyage dont le sujet, le motif, et la fin, sont devenus une des questions de la cause; voyage enfin qui a produit cette multitude prodigieuse de témoins, qui ont fait naître, dans chaque ville de la route de M. l'abbé d'Orléans, le même partage, la même opposition, le même combat sur sa sagesse ou sa démence, qui se passe aujourd'hui dans le tribunal de la justice.

Pendant que M. l'abbé d'Orléans entreprend ce voyage, sa famille délibère sur une des plus importantes affaires de sa maison, sur le paiement des grandes sommes qui étoient dues à Madame de Longueville. On permet à M. l'abbé d'Orléans et à M. le comte de Saint-Pol de lui abandonner des terres, suivant l'estimation qui en sera faite. L'avis des parens est homologué par un arrêt du 2 septembre 1670 : mais ce projet n'a eu d'exécution qu'après la majorité de M. l'abbé d'Orléans et son retour à Paris. Ainsi, rien ne nous empêche de le suivre dans sa route, et de parcourir en peu de mots les principales provinces qui furent les témoins, ou de la force ou de la foiblesse de son esprit.

Il part par un carrosse de voiture, accompagné d'un aumônier, d'un gentilhomme, de deux valets de chambre. Il arrive à Orléans. Il va demeurer à une hôtellerie assez obscure, qu'on appelle l'*Hôtellerie de la Charrue*. Il y passe neuf jours. Il continue sa marche, passe à Blois; demeure douze jours à Tours, autant à Saumur; se détourne pour aller voir le Château de Richelieu, reprend ensuite le cours de la rivière de Loire, s'arrête quelque temps à Angers, descend jusqu'à Nantes où il fait un séjour de trois semaines. Il en repart le 12 novembre. Il revient à Angers, et la rigueur de la saison l'obligeant à finir ses voyages, il prend la résolution de revenir dans le sein de sa famille. Il se sert de la voiture publique, et il arrive jusqu'au Gué de Loré à une journée de Paris. Il y trouve un valet-de-pied de M. le comte de Saint-Pol, et tout d'un coup il change de dessein, ou volontairement ou malgré lui. Il abandonne son premier projet. Il reprend la route d'Orléans; il loue trois chevaux d'un côté, trois selles de l'autre; et, suivi de deux de ses domestiques, pendant que les autres continuent leur route vers Paris, il retourne sur ses pas, et par un chemin de traverse, il arrive le soir même à Orléans.

Voilà, MESSIEURS, quel est le grand fait du Gué de Loré, dont on a relevé toutes les circonstances avec tant d'art dans les deux différentes plaidoiries de cette cause. Est-il nécessaire que nous retracions en cet endroit, les couleurs que l'on a données de part et d'autre à ce fait important ? Elles ont été trop vives pour être si promptement effacées. D'un côté, vous a-t-on dit, il n'y a rien d'extraordinaire dans ce changement de route et de dessein. Les premiers voyages de M. l'abbé d'Orléans fournissent mille exemples semblables d'une pareille inconstance. On le voit retourner souvent dans les mêmes lieux, sortir d'une ville comme s'il ne devoit plus la revoir; y revenir peu de temps après : et qu'y a-t-il en cela qui ne soit ordinaire à tous ceux qui ne voyagent que par le seul attrait du plaisir de voyager ? De l'autre côté, on vous a dit plusieurs fois, tantôt que ce changement soudain étoit une véritable preuve de la démence de M. l'abbé d'Orléans, incapable de suivre constamment un même projet : emporté par un caprice, une légèreté, une impression subite, il suit au hasard les saillies d'une imagination déréglée. Il commence un voyage et ne l'achève pas ; il part pour aller coucher à Paris, et il va coucher à Orléans; et le désordre de sa marche est une peinture fidèle de l'égarement de son esprit. Tantôt on a attribué cet événement aux ordres supérieurs de la famille de M. l'abbé d'Orléans qui ne lui permettoient pas encore de paroître à Paris. On vous l'a représenté comme une de ces ames foibles et timides, qui ayant secoué le joug de la raison, ne respectent plus que celui de la force et de la crainte, et qui ne pouvant plus se gouverner elles-mêmes, deviennent nécessairement les esclaves des autres hommes.

Nous n'examinons point encore quelle est celle de toutes ces couleurs qui doit seule passer pour conforme à la vérité ; nous nous contentons de vous les expliquer pour vous faire connoître l'importance de ce fait ; et après cette légère digression, nous reprenons avec M. l'abbé d'Orléans la route des villes de la rivière de Loire, qu'il va voir une seconde fois.

Son séjour à Orléans fut plus long cette seconde fois que la première. Il y passe trente-neuf ou quarante jours, et c'est à la fin de ce séjour qu'il fait écrire par son aumônier cette lettre importante, cette pièce nouvelle que Madame de Nemours prétend seule capable de faire décider cette cause en sa faveur.

Le sieur Métayer, aumônier de M. l'abbé d'Orléans, qui l'avoit suivi dans ce dernier voyage, et qui après l'avoir quitté au Gué de Loré pour venir jusqu'à Paris, étoit venu le retrouver à Orléans dans le commencement du mois de décembre, est celui qui est chargé d'écrire cette lettre.

Il écrit au sieur de Sainte-Beuve, docteur de Sorbonne, et lui mande que M. l'abbé d'Orléans, à la veille de son départ pour Tours, retenu par quelques affaires, n'a pu lui écrire lui-même, mais qu'il l'a chargé de le faire, pour le prier d'avoir le même attachement pour son service qu'il avoit eu jusqu'alors, et de prendre communication d'un projet qui regarde un traité que M. l'abbé d'Orléans faisoit avec M. le comte de Saint-Pol, son frère; que le sieur Porquier doit mettre ce projet entre ses mains, et qu'ils le concerteront ensemble. Il ajoute que, pour marquer au sieur de Sainte-Beuve combien ses services passés étoient agréables à M. l'abbé d'Orléans, et combien il en désire la continuation, il lui accorde une pension de mille livres dont le sieur Dalmont lui donnera le brevet.

Non content d'avoir donné ordre à son aumônier d'écrire cette lettre, M. l'abbé d'Orléans y ajoute trois lignes de sa main, pour approuver tout ce qui y étoit expliqué. Voici quels sont les termes mêmes dans lesquels son approbation est conçue :

Tout ce que M. Métayer vous mande de mes intentions, est vrai. Adieu, sans adieu. Diligentez tout, afin qu'avec joie je puisse dire : In viam pacis. *Tout à vous, votre serviteur J.-L.-Ch. d'Orléans, prêtre.*

Cette lettre est datée du 28 décembre 1670. Elle est accompagnée du brevet de pension, écrit et signé de la main de M. l'abbé d'Orléans, et l'une et l'autre furent portés par le sieur Dalmont, son écuyer, qui partit pour Paris le lendemain 29 décembre 1670.

Le même jour M. l'abbé d'Orléans s'embarque sur la rivière de Loire pour retourner à Tours. Il y séjourne dix jours, et enfin le dixième janvier, deux jours avant sa majorité, il part de Tours par un carrosse de voiture, et arrive le 15 au soir à Paris, majeur de cinq jours.

Son arrivée est le dernier fait de ceux qui précèdent le temps du testament, et le premier de ceux qui regardent le temps du testament même. Mais avant que de nous engager dans leur explication, nous sommes obligés de joindre ici aux circonstances des faits qui ont précédé le temps du testament, le fait important de quelques ordonnances signées par M. l'abbé d'Orléans, pour la dépense de sa maison, et de quelques mémoires arrêtés, soit par lui, soit par Madame de Longueville, pour des aubes et des chasubles qu'on lui avoit fournies dès le mois de juillet de l'année 1670.

Vous avez entendu, Messieurs, quelle est la conséquence que l'on tire de ces faits. On prétend en conclure qu'il y a preuve par écrit, que M. l'abbé d'Orléans a célébré la messe dans le temps même dans lequel M. le prince de Conty soutient qu'il étoit dans un état de démence actuelle et formée.

Passons maintenant à l'explication des circonstances du fait, qui regardent le temps même du testament.

Nous comprenons dans ce temps, tout ce qui s'est passé depuis le 15 janvier 1671, jour de l'arrivée de M. l'abbé d'Orléans, jusqu'au 5 mars de la même année, jour de son départ de Paris.

C'est dans cet intervalle de temps que sont renfermés les principaux actes dont on s'est servi d'abord pour faire rejeter la preuve de la démence, et dont on se sert aujourd'hui pour établir la preuve de la sagesse de M. l'abbé d'Orléans.

On y trouve d'abord un grand nombre d'actes qui concernent l'administration économique de ses biens, des ordonnances signées, des mémoires et des comptes arrêtés ; et parmi ces mémoires, il y en a dans lesquels il est fait mention d'un calice et de livres achetés pour l'usage de M. l'abbé d'Orléans.

Mais on y observe ensuite ces actes plus importans, dont on vous a parlé tant de fois de part et d'autre, et dont vous êtes si parfaitement instruits, qu'il nous suffira de les parcourir légèrement, plutôt pour vous en rappeler l'idée que pour vous la donner.

Aussitôt après l'arrivée de M. l'abbé d'Orléans

à Paris, et dès le lendemain matin, il signe une transaction avec Madame de Longueville, sa mère, tant en son nom, que comme se faisant et portant fort de M. le comte de Saint-Pol, par laquelle il lui abandonne plusieurs terres en paiement des sommes qui lui étoient dues : il lui promet une somme de quarante mille livres en deniers comptans, et peu de jours après, il l'emprunte par différens contrats de constitution.

Ce premier acte est suivi, quinze jours après, d'un autre acte passé avec M. le prince de Condé, alors duc d'Enghien, comme fondé de procuration de M. le prince de Condé, son père, par lequel il cède à M. l'abbé d'Orléans, tant pour lui que pour M. le comte de Saint-Pol, la terre de Nesle, pour demeurer quitte d'une somme de cent soixante mille livres, à laquelle se montoient différens intérêts que M. le prince de Condé devoit à la succession de feu M. le duc de Longueville.

Ce fut en cet état, qu'après avoir fini deux des plus grandes affaires de sa maison, M. l'abbé d'Orléans fit en faveur de M. le comte de Saint-Pol les deux principaux actes de cette cause (la donation et le testament), actes par lesquels il acheva de consommer la preuve de sa sagesse, selon les uns, et de sa démence, selon les autres.

Tout est important dans la donation.

Sa date : Du 23 février 1671, trois jours avant le testament.

Les motifs : Le désir de procurer à M. le comte de Saint-Pol les avantages temporels auxquels le donateur avoit renoncé.

Les biens dont il dispose : Qui sont tous les biens présens du donateur.

Les réserves qu'il y fait : Un usufruit de plus de soixante mille livres de rente, une somme de soixante mille livres une fois payée, avec l'habitation dans la moitié de l'hôtel de Longueville, la moitié des meubles, le droit de nommer aux offices et bénéfices vacans.

La faculté de disposer par testament ou autrement, du revenu des deux années qui écherroient après sa mort ; les conditions et les charges imposées à sa libéralité ; l'obligation d'acquitter le donateur de toutes sortes de dettes, d'entretenir et d'exécuter les contrats passés avec Madame de Longueville, et d'approuver tout ce qui avoit été fait, géré et administré par elle en qualité de tutrice.

Enfin, le droit de retour stipulé en faveur du donateur, en cas que M. le comte de Saint-Pol vînt à mourir avant lui sans enfans, et au profit de Madame de Nemours, en cas que M. le comte de Saint-Pol ne mourût qu'après M. l'abbé d'Orléans.

Telles sont, MESSIEURS, toutes les circonstances qui accompagnent cette donation ; mais M. le comte de Saint-Pol ne fut pas le seul objet de la libéralité de M. l'abbé d'Orléans. Il accorda deux jours après, trois brevets de pension viagère à la demoiselle de Vertus, au chevalier de Montchevreuil, et au sieur Trouillard.

Après avoir disposé de tous ses biens présens en faveur de M. le comte de Saint-Pol, après avoir récompensé le zèle de plusieurs personnes attachées à son service, il ne lui restoit plus que de disposer, par un testament, des biens qu'il s'étoit réservés.

C'est ce qui fut exécuté par l'acte du 26 février 1671, dont le motif est le dessein qu'avoit le testateur d'entreprendre incessamment de longs voyages, et dont la disposition simple et judicieuse se réduit à quelques legs pieux, à des legs de domestiques, et à un legs universel en faveur de M. le comte de Saint-Pol.

Et afin que ce dernier testament ne parût pas moins l'ouvrage du testateur que le premier, il est arrivé que comme le premier se trouve précédé d'un projet qui contient ses principales dispositions, le second a paru aussi accompagné de deux projets qui semblent prêter leur secours et tendre la main à ce testament.

En effet, lorsque cet acte fut apporté chez le lieutenant civil, après la mort de M. l'abbé d'Orléans, par la veuve du sieur Porquier qui en avoit été le dépositaire, on trouva dans la même enveloppe deux écrits informes et sans date, dont l'un est écrit de la main du sieur Porquier, et commence par ces termes : *Projet de codicille que M. l'abbé d'Orléans désire faire, en confirmant son testament.*

Après quoi on lit dix-huit articles de legs faits à des Domestiques; et à la fin, on y trouve ces mots de la main de M. l'abbé d'Orléans : *A Dalmont, le carrosse et ses appartenances.*

L'autre ne contient que dix-huit noms, et une somme qui répond à chacun; et c'étoit apparemment un autre mémoire de legs, dont les sommes ne s'accordent point avec celles du testament.

Outre ces projets qui furent remis, à ce que l'on prétend, entre les mains de Porquier avec le testament, il paroît que M. l'abbé d'Orléans lui confia encore cinq démissions de ses gouvernemens, qu'il signa le même jour, sans que, depuis, ces démissions aient jamais été d'aucun usage, soit par la mort prématurée de M. le comte de Saint-Pol, soit par d'autres raisons qui nous sont inconnues.

Soit que l'absence prochaine de M. l'abbé d'Orléans l'obligeât à prendre lui-même toutes ces mesures avant son départ, soit que la foiblesse de sa raison obligeât sa famille à prendre ces précautions contre lui, il est certain toujours que, dans l'une et dans l'autre supposition, il ne lui restoit plus rien à faire après la donation et le testament, que de laisser des procurations pour administrer les biens qu'il s'étoit réservés; il le fait aussi la veille et le jour même du testament.

Il donne une procuration à Madame de Longueville pour nommer aux offices et aux bénéfices.

Il en donne une autre au sieur Porquier pour le gouvernement ordinaire de son bien, à la charge de lui rendre compte de six mois en six mois.

Enfin, il arrête lui-même un état des gages et des pensions de ceux qui composoient sa maison; il signe un mémoire des aumônes qu'il vouloit faire, et il assiste, deux jours avant son départ, à un remboursement qui fut fait par le sieur comte de Beuvron à M. le comte de Saint-Pol.

Tels sont, MESSIEURS, tous les actes qui environnent, qui défendent, ou qui attaquent le testament au milieu desquels il est placé.

Le premier de ces actes est passé le lendemain de l'arrivée de M. l'abbé d'Orléans; le dernier signé deux jours avant son départ; tous renfermés dans un cercle de deux mois moins dix jours.

Le dernier fait, compris aussi dans cet espace, et par lequel nous finirons le récit des circonstances qui regardent le temps du testament est un fait nouveau, que l'on prétend avoir prouvé, et par une preuve par écrit et par une preuve testimoniale. C'est cette circonstance remarquable du départ de M. l'abbé d'Orléans, qu'il eut l'honneur de saluer le roi et prendre congé de lui avant que de partir.

Achevons en peu de paroles tout ce qui nous reste à expliquer de ce temps douteux et incertain de la vie de M. l'abbé d'Orléans.

Vous l'avez suivi dans toute sa conduite extérieure, telle qu'elle est écrite dans les actes, et avant le dernier testament, et dans le temps même de ce testament : il ne nous reste plus, pour achever ce second temps, que de vous le représenter tel qu'il a paru dans les voyages et dans les actes qui ont suivi le testament.

Il part de Paris le 5 mars 1671. Il prend la route de Lyon. Son train, son équipage, sa suite, sont presque les mêmes que dans ses premiers voyages; c'est-à-dire, que son train et son équipage se réduisent à un carrosse de voiture, sa suite est composée de trois gentilshommes et de deux ou trois valets de chambre. Il arrive à Lyon ; il parcourt le Dauphiné, la Provence, passe en Bresse, va en Allemagne, séjourne à Strasbourg et à Sainte-Marie-aux-Mines, jusqu'au temps que sa fureur a éclaté.

Pendant tout ce temps il signe trois sortes d'actes,

ou plutôt il fournit par écrit trois sortes de preuves de son état.

Les unes sont tirées de quelques actes de pure libéralité, comme une présentation à un bénéfice, une remise de droits seigneuriaux à M. de Montifaux, doyen de la chambre des comptes ; un don de la succession d'un bâtard, au sieur Desgoureaux, son gentilhomme ; actes qu'il a signés dans les lieux où il s'est trouvé, et qui ont été ensuite contresignés à Paris par le secrétaire de ses commandemens.

Les autres sont prises de plusieurs actes de simple administration. On rapporte un grand nombre de comptes arrêtés, d'ordonnances, de lettres de change qu'il a signées. Nous n'entrerons point à présent dans le détail de toutes ces pièces, de la manière dont elles sont écrites, ni des circonstances qui les accompagnent. Nous les examinerons toutes dans la suite de cette cause, par rapport à la question d'état. Il suffit aujourd'hui de les indiquer en passant.

Enfin, les dernières sont des lettres que M. l'abbé d'Orléans a écrites au sieur Porquier, lettres dans lesquelles on prétend qu'il a fait un portrait fidèle du caractère de son génie, aussi éloigné de la démence que de l'élévation d'esprit, mais entièrement conforme à ce qu'il étoit dans le premier temps où sa sagesse est reconnue par l'une et l'autre partie.

Nous voici parvenus à la fin de ce second temps. Nous avons passé au travers des nuages qui le couvrent. Nous vous avons marqué les principales circonstances qui ont précédé, accompagné, suivi le second testament, et nous sommes enfin arrivés à ce temps, plus clair et plus lumineux, où finit l'incertitude de cette cause, et où la démence de M. l'abbé d'Orléans commence à devenir entièrement ·certaine.

Il entreprit de faire une mission à Sainte-Marie-aux-Mines : et soit que des terreurs soudaines et des frayeurs inopinées l'aient fait tomber tout d'un coup dans l'excès de la démence, comme le prétend Madame de Nemours ; soit que le progrès funeste d'un mal qui avoit commencé long-temps auparavant, les fatigues de ses voyages, les travaux excessifs qu'il entreprit, aient fait dégénérer son imbécillité en fureur, comme le soutient M. le prince de Conty, il est toujours certain que M. l'abbé d'Orléans tomba dans des accès d'emportement et d'extravagance qu'il n'étoit plus possible de dissimuler. On envoie plusieurs courriers à Paris, porter ces tristes nouvelles à sa famille, qui fut réduite à la douloureuse nécessité de faire enfermer M. l'abbé d'Orléans. Il fut conduit d'abord dans l'abbaye de Hauteseille en Lorraine, et transféré ensuite à Chesal-Benoît, et enfin, au monastère de Saint-Georges, où il a survécu à sa raison et à lui-même pendant près de vingt-trois années.

Quoiqu'il eût perdu entièrement l'usage de la raison, il n'étoit pas encore entièrement privé de la vie civile. Sa famille voulut douter encore quelque temps de son malheur. Quatre mois s'écoulèrent apparemment dans l'espérance de sa guérison. On se contenta même, au mois de janvier 1672, de convoquer à l'hôtel de Longueville une assemblée secrète et domestique des parens les plus proches et les plus illustres, pour donner quelque ordre aux affaires de M. l'abbé d'Orléans.

Dans cette assemblée, à laquelle Madame la princesse de Conty assista, il fut résolu qu'en attendant qu'il plût à Dieu de rétablir la santé de M. l'abbé d'Orléans, Madame de Longueville et le sieur Porquier continueroient d'agir suivant les procurations qu'il leur avoit laissées en partant; et cependant on règle le nombre des domestiques et des religieux qui demeureroient auprès de M. l'abbé d'Orléans; on destine une somme certaine, tous les ans, pour son entretien et celui des domestiques qu'on lui donne.

Le mal de M. l'abbé d'Orléans parut enfin incurable, et l'on se vit forcé, après bien des ménagemens, d'emprunter l'autorité de la loi pour le priver de la vie civile, dont la nature l'avoit déjà privé avant le ministère du juge.

Madame de Longueville s'adressa au roi; elle lui

expliqua le malheur de son fils, et sa douleur. On
prétend découvrir dans sa requête le temps du commencement de la démence. Les termes vous en ont
été lus et dans la première et dans la seconde plaidoirie. Elle expose au roi que M. l'abbé d'Orléans,
sept ou huit mois après que la tutelle a été finie, et
qu'il a atteint la majorité, ayant entrepris divers
voyages dans les pays étrangers, s'est trouvé hors
d'état de gouverner ses affaires, à cause des fatigues
qu'il a souffertes, et du genre de vie qu'il a mené.

Le roi ordonne que les parens seront assemblés.
Ils s'assemblent. Tous unanimement estiment qu'il y
a lieu de prononcer l'interdiction de M. l'abbé d'Orléans; les uns ajoutent qu'ils sont de cet avis à cause
de ses infirmités présentes; les autres, à cause des
actions peu réglées qu'il a commises en Allemagne;
termes importans que l'on relève avec grand soin de
la part de Madame de Nemours, pour faire voir que
l'infirmité de M. l'abbé d'Orléans n'étoit pas aussi
ancienne que M. le prince de Conty le prétend.

On ne se contente pas du suffrage des parens; un
commissaire du roi se transporte à l'abbaye de Chesal-
Benoît pour interroger M. l'abbé d'Orléans; il entend
ses domestiques : et après toutes ces formalités,
le roi prononce l'interdiction de M. l'abbé d'Orléans.

Bientôt après, le ciel frappa la maison de Longueville d'une plaie encore plus sensible que la première.

La seule espérance de cette illustre maison, le
dernier rejeton de cette race si féconde en héros,
mourut les armes à la main, et la France regarda sa
mort comme une perte publique.

Cet accident imprévu obligea la famille de s'as-
sembler une seconde fois, pour régler ce qui regardoit l'administration des biens revenus à M. l'abbé
d'Orléans, en vertu de la clause de retour écrite
dans la donation qu'il avoit faite à M. le comte de
Saint-Pol.

On les confia, comme le surplus des biens de

M. l'abbé d'Orléans, aux soins de Madame de Longueville, que le roi avoit nommée curatrice. On supposa dans cette assemblée la donation du 23 février 1671, comme un titre qui devoit avoir son exécution; Madame de Longueville rendit au roi la foi et hommage pour les biens compris dans la donation, comme M. le comte de Saint-Pol l'avoit déjà rendue. Le roi lui fit la même remise des droits de relief qu'il avoit faite à M. le comte de Saint-Pol. Enfin, la donation a eu, dans la famille, une pleine et entière exécution; et c'est de ce fait important que l'on prétend tirer aujourd'hui des fins de non-recevoir contre la prétention de M. le prince de Conty.

Madame de Longueville meurt en l'année 1679 : la curatelle se divise après sa mort, entre M. le prince de Condé et Madame de Nemours.

On examine les anciens comptes de Porquier dans le conseil de la curatelle : on y approuve toutes les ordonnances, tous les mandemens, tous les arrêtés des comptes signés par M. l'abbé d'Orléans.

Enfin, après vingt-trois années d'une vie plus triste que la mort, M. l'abbé d'Orléans finit ses jours, et avec lui s'éteignit pour toujours le grand nom de Longueville.

Aussitôt après son décès, la veuve du sieur Porquier apporte son testament, avec les démissions des gouvernemens, et les projets qui l'accompagnent; on l'ouvre chez le lieutenant-civil. Madame de Nemours entre en possession de tous les biens, comme héritière du sang. M. le prince de Conty forme sa demande contre elle, en vertu du premier testament. Il demande à être maintenu en possession des biens dont M. l'abbé d'Orléans a pu disposer. Madame de Nemours lui oppose pour défenses que son titre est caduc, et qu'il est révoqué, soit par la donation, soit par le dernier testament. On agite plusieurs questions de droit, longues, importantes, difficiles. Enfin, M. le prince de Conty, pour retrancher l'obstacle du dernier testament, articule le fait de démence. Il demande à prouver, que dans le temps de ce testament, et six mois et plus auparavant, M. l'abbé d'Orléans étoit notoirement hors de son bon sens, et dans une aliénation d'esprit formée dès ce temps-là, et connue de tous ceux qui l'approchoient. Après une longue plaidoirie, Messieurs des requêtes du palais, premiers juges de ce célèbre différend, ordonnent, avant faire droit, que M. le prince de Conty fera preuve des faits contenus dans sa requête, sans préjudice à Madame de Nemours de faire la preuve contraire, si bon lui semble.

L'appel de cette sentence est porté devant vous. Madame de Nemours demande l'évocation du principal. La cause est plaidée pendant vingt-deux audiences ; et par arrêt contradictoire, sans s'arrêter à la demande de Madame de Nemours à fin d'évocation du principal, vous avez confirmé la sentence.

Jamais sentence ne fut plus pleinement exécutée. Soixante-seize témoins d'un côté, quatre-vingt-cinq de l'autre, rendent des témoignages contraires sur l'état de M. l'abbé d'Orléans.

La cause est portée une seconde fois aux requêtes du palais. Elle y est plaidée pendant près de six mois. Madame de Nemours récuse M. de Machault qui avoit fait l'enquête. Sa récusation n'est pas jugée pertinente. Elle interjette appel de la sentence qui ordonne que M. de Machault demeurera juge ; et pendant qu'elle poursuit son appel, l'on ordonne un délibéré sur le registre. On délibère pendant onze matinées, et enfin on rend la sentence définitive, par laquelle on ordonne l'exécution du premier testament en faveur de M. le prince de Conty ; et parce que ce jugement porte qu'il seroit exécuté nonobstant l'appel, en donnant caution, M. le prince de Conty a présenté une caution qui a été reçue par une dernière sentence.

Madame de Nemours a aussi interjeté appel de ce jugement ; elle attaque également les trois sentences rendues par Messieurs des requêtes du palais, et

elle conclut en même temps dans ses trois appellations.

Telles sont, MESSIEURS, toutes les circonstances du
fait et de la procédure qui forment le sujet de la plus
immense-cause qui ait jamais été portée à votre audience : heureux si nous pouvions nous flatter de vous
en avoir donné une juste idée, et si nous pouvions
en aussi peu de paroles vous remettre devant les
yeux toutes les raisons de l'une et de l'autre partie,
sans rien diminuer de leur force et de leur poids,
par la brièveté et la précision avec laquelle nous serons obligés de vous les rapporter. Mais si nous ne
pouvons approcher de la perfection que nous ne
faisons que découvrir de loin, et entrevoir avec
peine, nous nous consolerons du moins par la per-
suasion dans laquelle nous sommes, que, comme la
pénétration et l'exactitude de ceux qui ont parlé
avant nous, n'ont rien laissé à désirer pour la défense
des parties, l'application presque continuelle, l'attention pénible et laborieuse que vous leur avez
données, vous ont mis en état de suppléer à tous les
défauts dans lesquels la foiblesse de nos lumières,
et la vaste étendue du sujet pourroient nous faire
tomber.

MADAME DE NEMOURS vous a dit, que quoique
deux fois vaincue, elle ait encore à combattre aujourd'hui le préjugé considérable d'une sentence
contradictoire, elle ose néanmoins se promettre un
succès avantageux, persuadée qu'une première victoire peut être souvent un augure assuré dans le cours
de la fortune, mais qu'elle n'est jamais un préjugé
décisif dans l'ordre de la justice, dans lequel il s'agit
d'examiner tout de nouveau, et de peser au poids
du sanctuaire tous les moyens des parties; comme si
cet examen n'eût jamais été fait par les premiers
juges.

La Providence même avoit permis que ces premiers juges, dont elle étoit obligée de combattre
aujourd'hui l'autorité, lui aient fourni eux-mêmes

des armes invincibles contre leur jugement; soit parce qu'ils n'ont eu aucun égard aux causes justes et légitimes de récusation qu'elle avoit proposées contre l'un d'eux; soit par la précipitation avec laquelle ils ont rendu la sentence définitive; soit enfin parce qu'oubliant en ce moment les règles ordinaires de la justice, ils ont donné la provision contre le titre, et la possession contre l'état. Ainsi cette sentence qu'on oppose avec tant de confiance à Madame de Nemours, se détruit par elle-même; et loin de la menace d'une perte certaine, elle doit être regardée au contraire comme une espèce de préjugé en sa faveur, puisqu'elle ne sert qu'à faire voir qu'aussitôt que l'on veut se déclarer contre Madame de Nemours, on tombe dans une contravention manifeste aux lois naturelles et aux ordonnances du royaume.

Mais sans attaquer ce jugement par la forme, il suffit de l'envisager dans le fond, pour être persuadé de son injustice.

Deux propositions également certaines font le partage des moyens de Madame de Nemours.

L'état de M. l'abbé d'Orléans ne peut plus être douteux, sa sagesse est assurée par des preuves incontestables : c'est la première proposition.

Quand même cet état pourroit être incertain, les moyens de droit viennent heureusement au secours des circonstances du fait, et prouvent évidemment que ce seroit en vain que M. le prince de Conty auroit prouvé la démence de M. l'abbé d'Orléans, puisque même en ce cas, il n'auroit point de titre en vertu duquel il pût jouir de la victoire, et qu'il n'auroit combattu que pour l'intérêt de Madame de Nemours : c'est la seconde proposition.

L'état de M. l'abbé d'Orléans ne peut plus être contesté; et comment oseroit-on le révoquer en doute, dans le temps que la preuve par écrit et la preuve par témoins se réunissent en sa faveur, et forment un obstacle invincible aux prétentions de M. le prince de Conty ?

Quelle preuve par écrit fut jamais plus concluante

et plus décisive que celle qui est rapportée par Madame de Nemours.

Que l'on suive toutes les démarches de M. l'abbé d'Orléans; que l'on examine ce qui précède, ce qui accompagne, ce qui suit le dernier testament, on trouvera dans ces trois temps une infinité d'actes, un grand nombre de titres, une multitude d'argumens invincibles qui rendent un témoignage éclatant à la capacité du testateur.

Dans le premier temps, tout parle en faveur de la raison et de la sagesse de M. l'abbé d'Orléans; le suffrage unanime des parens qui attestent sa capacité dans deux occasions importantes; l'autorité de deux arrêts de la cour, qui, en homologuant les avis des parens, est devenue elle-même un des témoins de la liberté d'esprit de M. de Longueville; le seul silence de Madame sa mère, qui souffre qu'il célèbre publiquement les mystères les plus augustes de la religion, qu'on lui fasse des ornemens convenables à sa naissance, pour s'acquitter avec plus de dignité d'un si saint ministère; enfin, qui ne témoigne d'inquiétude que sur la célébration d'un mariage dans lequel elle craignoit qu'on n'eût surpris M. l'abbé d'Orléans, et qui demeure tranquille sur la célébration publique, assidue, continuelle de la messe : en faut-il davantage pour assurer son état dans ce premier temps? Et cependant ce ne sont pas là toutes les preuves de Madame de Nemours.

M. l'abbé d'Orléans n'a pas besoin, vous a-t-on dit, d'avoir recours à des témoignages étrangers, pour faire voir quelle étoit alors l'intégrité de sa raison : sa conduite en fournit des preuves authentiques.

A peine est-il émancipé, qu'il exerce par lui-même l'administration et le gouvernement de ses biens. Il arrête des comptes, il signe des ordonnances; il fait plus, il prévoit dès le mois de décembre 1670, ce qui ne devoit être exécuté qu'à la fin du mois de février 1671, c'est-à-dire, la donation qu'il avoit dès-lors résolu de faire à M. le comte de Saint-Pol. Il fait écrire au sieur de Sainte-Beuve, dont la Sorbonne a également admiré autrefois et la doctrine et la vertu, une lettre par laquelle il le prie d'examiner le projet de cet acte, d'en concerter toutes les clauses avec le sieur Porquier, son trésorier. Il joint à cette prière des marques affectives de sa reconnoissance ; il lui donne un brevet de pension, écrit et signé de sa main, pour la somme de mille livres. Si ces affaires l'empêchent d'écrire lui-même cette lettre importante, il charge son aumônier de ce soin, et il ajoute à la fin de la lettre trois lignes de sa main, pour assurer le sieur de Sainte-Beuve de la vérité de tout ce que son aumônier lui mandoit, et pour servir de preuve au reste de la lettre.

Bien loin que les preuves diminuent en approchant du temps du testament, elles croissent au contraire, elles se fortifient à mesure qu'on avance vers ce terme fatal, où l'on prétend que la légèreté d'esprit de M. l'abbé d'Orléans avoit dégénéré en une imbécillité parfaite et consommée.

Tantôt on le voit traiter avec Madame de Longueville, sa mère, s'engager non-seulement pour lui-même, mais encore pour M. le comte de Saint-Pol, et consommer par différens actes qui concourent à la même fin, la plus grande et la plus importante affaire de sa maison.

Tantôt il contracte avec M. le prince de Condé ; il accepte une terre en paiement des sommes que ce prince lui devoit. C'est dans l'hôtel de Condé même qu'il signe ce contrat. Rien ne manque ni à la dignité du lieu, ni à la solennité de l'acte.

Libéral et généreux à l'égard des personnes attachées à son service, il les récompense par plusieurs brevets de pensions viagères.

Réglé dans l'administration de ses biens, dispensateur exact de ses revenus, il entre dans tous les détails du père de famille le plus diligent ; il signe des états de dépense ; il arrête les comptes de ses officiers ; il achète des livres convenables à sa profession. Le fonds de ses menus - plaisirs devient une espèce de rente annuelle et perpétuelle que sa charité affecte au soulagement des pauvres. Egalement attentif à ce qui regarde la décence du service divin, il enrichit sa chapelle d'ornemens et de vases sacrés pour la célébration de la messe. Sont-ce là les actions, les démarches, les occupations d'un insensé, et n'y reconnoît-on pas au contraire des traits d'un ordre, d'une sagesse, d'une piété profonde, que ni l'artifice des témoins, ni toute la déclamation des orateurs ne sauroit jamais effacer?

Mais si sa sagesse éclate dans tous les actes que nous venons de vous expliquer, on peut dire qu'elle ne paroît nulle part dans un si grand jour, que la donation universelle qu'il a faite à M. le comte de Saint-Pol. Que d'inductions vives et pressantes, qui sont néanmoins des suites naturelles de cet acte! La capacité de contracter, reconnue par toute la famille, et non-seulement de contracter, mais encore de donner entre-vifs; la réserve de la faculté de tester, et l'obligation imposée à M. le comte de Saint-Pol d'acquitter le donateur de toutes les dettes de la maison; le droit de retour stipulé en sa faveur et au profit de Madame de Nemours, et une infinité d'autres clauses sages, judicieuses, importantes, sont autant de caractères par lesquels le donateur s'est dépeint lui-même dans cet acte.

Les deux procurations qui le suivent sont encore l'effet de la sage prévoyance d'un homme qui, prêt d'entreprendre de longs voyages, partage sa confiance entre Madame sa mère et le principal officier de sa maison. Il se repose sur l'une, du soin de nommer aux offices et aux bénéfices vacans dans ses terres; il charge l'autre, de l'administration de ses revenus. La prudence elle-même pouvoit-elle prendre de plus grandes précautions?

Mais pourquoi relever avec tant de soin tous ces actes et les circonstances qui les distinguent? Le testament tout seul se défend par lui-même, et rejette les secours étrangers qui lui sont avantageux, mais qui ne lui sont pas nécessaires. La sagesse du testament publie celle du testateur. La faveur des héritiers qu'il a choisis rend sa disposition aussi digne de respect que celle de la loi même. Quand on pourroit concevoir des soupçons sur l'état du testateur, on s'arrêteroit moins à considérer la personne qu'à envisager la disposition. On justifieroit l'auteur par l'ouvrage, au lieu de condamner l'ouvrage par l'auteur. Ce n'est pas tout encore; quand même la folie seroit certaine, la sagesse de l'acte auroit encore assez de force pour faire présumer qu'il auroit été fait dans un de ces intervalles favorables où la raison reprend son empire naturel et l'exerce avec une entière liberté; et dans quelles circonstances cette présomption pourroit-elle être plus forte que dans celles de cette cause, où il ne s'agit pas de juger d'un acte fait après l'interdiction, mais dans un temps où le testateur jouissoit d'une liberté entière, et vivoit dans la possession paisible de son état, et où par conséquent la présomption de sagesse est toujours favorable, et celle de démence toujours odieuse?

Est-il nécessaire, après tant de témoignages éclatans, de parcourir encore tout ce qui a suivi ce dernier testament; de vous représenter M. l'abbé d'Orléans, tantôt accordant des grâces à différentes personnes, et surtout à ses domestiques, tantôt présentant lui-même aux bénéfices dépendant de ses terres, quoiqu'il en eût donné le droit à Madame de Longueville; souvent occupé à régler les affaires de sa maison, arrêtant des comptes, signant des mandemens et des lettres de change, quelquefois écrivant des lettres non moins sages, non moins judicieuses que celles qu'il a écrites dans les temps où M. le prince de Conty se déclare le défenseur de sa raison; enfin, appliqué aux fonctions du sacerdoce, s'instruisant même de la langue allemande, afin de pouvoir faire plus de fruit dans les missions auxquelles il se consacroit?

Telle est, MESSIEURS, la description que l'on vous a faite de la vie de M. l'abbé d'Orléans, tirée des actes et des preuves par écrit, jusqu'au moment fatal

où l'on prétend fixer le commencement de sa démence.

Ce fut, vous a-t-on dit, à la fin du mois de
septembre, dans le cours d'une mission qu'il fit à
Sainte-Marie-aux-Mines, que l'excès de sa vie le fit
tomber dans de sombres vapeurs, dans ces frayeurs
subites qui dégénérèrent insensiblement dans les fréquens accès d'une fureur violente.

A la vue de ce funeste accident, toute sa maison
troublée, incertaine du parti qu'elle devoit prendre
dans ce malheur, envoye courriers sur courriers à
Paris, pour y porter cette triste nouvelle à Madame
de Longueville; d'autres courriers repartent de Paris
presqu'en même temps, et vont porter ses ordres à
Strasbourg. Des mouvemens si extraordinaires, écrits
dans les comptes de M. l'abbé d'Orléans, mouvemens auxquels on ne peut rien trouver de semblable
dans tout ce qui précède cette véritable époque, sont
la première preuve littérale du commencement de la
démence de M. l'abbé d'Orléans.

Si l'on y joint les termes d'une consultation d'un
médecin de Strasbourg, qui marque la naissance et
le progrès du mal; si l'on y ajoute l'exposé de la
requête que Madame de Longueville présenta au roi
pour faire interdire Monsieur son fils, et dans lequel
elle s'accorde parfaitement avec Madame de Nemours
sur le commencement de sa fureur; enfin, si l'on pèse
toutes les expressions et l'avis des parens, où l'on voit
qu'il n'est parlé de la maladie de M. l'abbé d'Orléans
que comme d'une infirmité récente qui a éclaté en
Allemagne; si l'on examine les précautions nouvelles
qu'ils prennent trois mois après, pour remédier à ce
nouvel accident, les espérances qu'ils conservent encore de l'heureux retour de la santé de M. l'abbé
d'Orléans, ne sera-t-on pas également convaincu de
la vérité de tous les faits que Madame de Nemours
articule et sur la durée de la sagesse, et sur le commencement de la démence?

Si M. le prince de Conty avoit consulté ses propres intérêts, il n'auroit jamais entrepris, contre

l'autorité de tant d'actes différens, de faire une preuve au moins inutile, et dont toutes les suites retomberoient sur lui-même, s'il avoit le malheur de réussir dans ce qu'il demande aujourd'hui.

Que l'on suppose pour un moment, que malgré tant de titres, le testament de M. l'abbé d'Orléans ait été déclaré nul sur le fondement de la prétendue imbécillité ; quelles seront les conséquences de cette décision ? L'état d'un homme est absolument indivisible : si M. l'abbé d'Orléans a été imbécille par rapport au testament, il l'a été par rapport aux contrats : si les contrats sont nuls, Madame de Longueville n'a jamais acquis valablement les terres qui lui ont été données en paiement par M. l'abbé d'Orléans. Donc ces terres n'ont pu être regardées comme des propres maternels dans la succession de M. l'abbé de Longueville. Donc M. le prince de Conty qui les a recueillies à ce titre, et qui les possède aujourd'hui comme propres maternels, n'y a aucun droit. Donc il plaide contre son intérêt. Ce qu'il gagneroit d'un côté, il le perdroit de l'autre ; car à quoi se réduit sa prétention ? A des meubles et acquêts qui ne sont pas plus considérables que ce qu'il hasarde pour les obtenir.

Par un semblable raisonnement il seroit aisé de faire voir qu'il faudroit encore que M. le prince de Conty rendît la terre de Nesle qu'il a acquise de M. l'abbé d'Orléans : car s'il étoit en démence, a-t-il pu prendre cette terre en paiement de M. le prince de Condé ? S'il n'a pu l'acquérir, a-t-il pu la vendre à M. le prince de Conty ? Quelle suite inévitable d'évictions, de recours de garanties ! Quelle source inépuisable de procès infinis, de contestations immortelles !

Quand même cette première réflexion générale n'auroit pas dû porter M. le prince de Conty à respecter la preuve par écrit, seule décisive dans cette cause, a-t-il pu faire seulement le parallèle des actions de M. l'abbé d'Orléans dans le temps des deux testamens, sans être frappé de cette égalité parfaite,

de cette uniformité qui se trouve dans la conduite
du testateur ? Si dans le premier temps il fait des
donations considérables à M. le comte de Saint-Pol,
s'il se dépouille de la souveraineté de Neufchâtel en
sa faveur, il lui donne dans le second temps tous ses
biens présens par la donation, et tous ses biens à
venir par le testament.

La donation de Neufchâtel est suivie immédiatement après, d'un voyage, et nous voyons un aussi
prompt départ suivre la donation faite dans le temps
du dernier testament. Le même nombre de domestiques l'accompagne dans les voyages de l'un et de
l'autre temps ; la même dépense, la même économie,
le même genre et la même singularité de vie, la
même inconstance, on peut dire encore la même légèreté, s'y font également remarquer. Il part d'une
ville dans le premier temps, et revient aussitôt dans
la même ville sans aucun sujet apparent. Il fait la
même chose dans les derniers temps, il quitte les
villes de la rivière de Loire ; il s'approche de Paris,
et tout d'un coup il retourne sur ses pas ; c'est à quoi
se réduit tout le mystère de l'aventure du Gué de
Loré, qu'on a exagéré avec tant d'art, mais avec si
peu de fondement, dans cette cause : tout au plus ce
retour subit et précipité prouveroit la déférence
qu'il avoit pour les volontés de sa famille. Enfin, il
écrit des lettres dans l'un et dans l'autre temps ; le
style en est égal, le sens aussi suivi, si ce n'est que
celles du premier temps sont beaucoup plus susceptibles d'une interprétation fâcheuse que celle du
dernier.

Quelle est donc la couleur par laquelle on se flatte
de pouvoir renverser une preuve par écrit, soutenue
de tant de réflexions générales et particulières ? Il
n'y en a point d'autres que ce prétendu concert de
famille pour dépouiller M. l'abbé d'Orléans de tous
ses biens, ou plutôt ce mystère d'iniquité, dont le
seul soupçon est injurieux à la mémoire de feu M. le
prince de Condé, de Madame de Longueville, de
M. le comte de Saint-Pol. Ils s'éleveroient eux-

mêmes, s'ils étoient encore vivans, contre une supposition si téméraire, qui les rendroit coupables d'avoir voulu abuser de la foiblesse d'un imbécille pour le sacrifier à leurs intérêts ou à leur ambition, pour le priver de toute espérance de rentrer dans ses droits, s'il eût recouvré l'usage de sa raison, pour frustrer enfin ses héritiers d'une succession que la nature et la loi leur déféroient également.

Ce ne sont pas seulement les personnes qui ont passé ces actes, ce sont les actes mêmes qui s'élèvent hautement contre cette fiction. Il n'y a qu'à les parcourir.

Le premier est l'émancipation. Osera-t-on avancer que le parlement étoit d'intelligence avec la famille de M. l'abbé d'Orléans, pour émanciper un imbécille, afin de le dépouiller ensuite par ses propres mains?

La transaction passée avec Madame de Longueville, et les actes qui la suivent, le contrat signé avec M. le prince de Condé, ne rejettent pas moins ce soupçon mal inventé. Qui croira qu'ils se fussent contentés l'un et l'autre de l'engagement d'un insensé, et de la volonté d'un homme qui n'en avoit plus, et qu'ils eussent voulu se lier avec lui, sans qu'il pût jamais être lié avec eux?

La donation toute seule suffiroit pour dissiper cette vaine couleur. Ce n'est point une de ces donations indiscrètes, où un jeune homme se dépouille sans raison de la propriété de ses biens. Ici c'est un aîné qui, ayant choisi pour lui la meilleure part, comble de ses bienfaits le seul appui d'une maison illustre, dans lequel il voyoit tous les droits du sang réunis avec ceux du mérite.

Toutes les clauses de cet acte ne conviennent point au dessein imaginaire d'une interdiction tacite et domestique. Pourquoi réserver à un imbécille un usufruit de soixante-treize mille livres de rentes; lui, qui dépensoit à peine trente mille livres dans le temps de sa plus grande sagesse? Falloit-il y ajouter une somme de soixante mille livres une fois payée, la

moitié de l'hôtel de Longueville, des livres et des
meubles pour cent mille livres? Est-ce là un dépouillement universel, ou plutôt un juste partage convenable aux inclinations, à l'état, aux emplois des deux
frères, par lequel M. le comte de Saint-Pol ne devoit
avoir que quatre-vingt-dix-sept mille livres de rente,
dans le temps que M. l'abbé d'Orléans en conservoit
soixante-treize mille ?

Enfin, étoit-il de la prudence de la famille, de
laisser à un insensé la faculté de nommer aux bénéfices ? Ne pouvoit-on point le dépouiller sans lui
réserver expressément la liberté de tester ; liberté
dont il ne pouvoit jamais qu'abuser ? Mais qui pourra
expliquer, dans ce système mal concerté, par quel
motif on lui fait stipuler un droit de retour en faveur
de Madame de Nemours ? Quel autre que lui a pu
seulement concevoir cette pensée ? C'est à quoi l'on
soutient que, jusqu'à présent, il a été impossible de
répondre.

Si l'on oppose la généralité des procurations, on
oublie quel en a été le motif, et quelles en sont
les clauses. Le motif est tiré des longs voyages que
M. l'abbé d'Orléans alloit entreprendre. Les clauses
les plus importantes sont celles qui imposent la nécessité de rendre compte ; et qu'y a-t-il en cela qui
ne prouve en même temps et la sagesse et la liberté
du testateur ?

Que l'on tâche enfin de concilier, s'il est possible,
ce prétendu concert de famille avec les projets qui
ont été trouvés dans la même enveloppe que le testament ; projets qui marquent la liberté de son esprit,
qui prouvent que son testament est l'ouvrage de sa
volonté, qui excluent jusqu'à l'apparence de suggestion et d'artifices, et qui achèvent entièrement de
confondre cette fiction téméraire, inventée mal à
propos par le conseil de M. le prince de Conty, et
qui, étant si contraire à la vérité, n'a pas même
l'avantage d'être ingénieuse et vraisemblable !

La preuve par écrit subsiste donc dans son entier ;
et si Madame de Nemours y joint la preuve par

témoins, ce n'est pas qu'elle la croie nécessaire, c'est pour combattre M. le prince de Conty dans le genre même de preuve dont il tire plus d'avantage, et qui est en effet le seul qui lui reste.

Pour le faire avec plus de force, on a établi trois propositions. La preuve de Madame de Nemours est parfaite et concluante ; celle de M. le prince de Conty est défectueuse et inutile.

Enfin, quand l'une et l'autre seroient également convaincantes, ce combat, cette opposition, le seul doute même seroit suffisant pour faire pencher la balance en faveur de Madame de Nemours.

La preuve de Madame de Nemours est complète ; c'est la première proposition. On se trompe, si l'on se persuade que M. le prince de Conty n'ait à combattre dans cette cause, que quatre-vingt-cinq témoins compris dans l'enquête de Madame de Nemours. Il faut encore qu'il mette au nombre des témoins qui s'élèvent contre lui, la famille entière de M. l'abbé d'Orléans ; qu'il combatte d'abord, s'il le peut, le suffrage de Madame de Longueville qui a rendu une infinité de témoignages authentiques à la capacité de Monsieur son fils, soit en contractant avec lui, soit en souffrant qu'à ses yeux, en sa présence, il contractât avec les autres, soit en ne l'empêchant point de dire la messe, soit en lui facilitant même les moyens de la célébrer ; qu'il attaque ensuite un témoin illustre, dont l'ombre seule doit arrêter le cours de ses poursuites, M. le prince de Condé, qui n'a pas craint de s'engager avec M. l'abbé de Longueville, et qui a approuvé tous les actes de son administration ; qu'il couvre tous les parens du reproche éternel d'avoir laissé à un imbécille la liberté absolue de promener sa folie et la honte de sa maison dans tous les lieux du royaume. Et quand M. le prince de Conty aura détruit tant de témoignages muets, mais invincibles, de la sagesse de M. l'abbé d'Orléans, on lui opposera encore le témoignage du sieur de Sainte-Beuve, qui a approuvé la donation, qui a assisté à sa signature, celui de tous les évêques des villes dans

lesquelles M. l'abbé d'Orléans a demeuré, et qui ont
souffert qu'il dît la messe publiquement; celui de
tous les curés, de tous les supérieurs de maisons ré-
gulières qui ont eu la même facilité; enfin celui des
notaires qui ont reçu les actes qu'il a faits. La nature,
la religion, la loi fournissent à Madame de Nemours
plus de témoins que sa propre enquête. La nature
lui donne les parens, premiers juges dans ces sortes
de contestations; la religion lui prête ses ministres, illustres approbateurs de la capacité d'un ecclésiastique;
la loi lui fournit ses officiers revêtus de son caractère,
les premiers et les principaux témoins de la sagesse
des hommes.

Si l'on passe aux témoins entendus dans l'enquête,
on y trouve partout des argumens invincibles, des
caractères évidens de sa sagesse, qui achèvent de dissiper jusqu'aux plus légers nuages que l'on pourroit
répandre sur cette cause.

Quatre-vingt-cinq témoins ont déposé pour Madame de Nemours, et quatre-vingt-cinq témoins
assurent tous, que M. l'abbé d'Orléans leur a paru
plein de raison, de bon sens, et de sagesse, capable
de passer les actes les plus importans de la société
civile.

Tous attestent encore la vérité d'un second fait
non moins important que le premier; c'est la liberté
entière dans laquelle sa famille le laissoit, soit pendant ses voyages, soit pendant le séjour qu'il fait à
Paris. Et qui pourroit jamais concilier ce fait avec la
moindre présomption de démence, surtout dans une
personne de l'élévation de M. l'abbé d'Orléans?

Non-seulement il jouit d'une liberté qui ne convient qu'à un homme sage, et maître de lui-même,
mais il paroît dans le public, et il y paroît dans l'état
que sa naissance exigeoit de lui : il tient sa table à
l'hôtel de Longueville; plusieurs personnes distinguées par leur mérite, entr'autres le sieur Arnauld
d'Andilly, y mangent souvent avec lui. Plein de tendresse pour Madame sa mère, le respect, la soumission, la déférence, sont un des principaux caractères

de sa sagesse. Attentif à observer tous les devoirs auxquels son rang et sa qualité l'engagent, il va prendre congé du roi avant que de partir pour son dernier voyage. En faudroit-il davantage pour renverser en un mot toutes les dépositions des témoins de M. le prince de Conty?

Sa vie publique fournit encore de plus grands argumens que sa vie particulière.

Cinquante-quatre témoins assurent qu'ils lui ont entendu dire la messe publiquement, réglément, sagement, en tous lieux, en tous temps, dans le cours de ses voyages, dans le temps de son séjour à Paris, dans toutes les églises, dans toutes les communautés qui avoient plus de relation avec Madame de Longueville, sous ses yeux mêmes, et dans la chapelle de l'hôtel de Longueville.

Un grand nombre d'autres témoins l'ont vu se préparer à une action si sainte par une humble confession de ses péchés, d'autres l'ont vu assister au service divin, faire dans la maison des pères de l'Oratoire à Paris, les fonctions de diacre. Ses exercices, ses prières, ses conversations, les sermons édifians qu'il fait quelquefois, et surtout dans la mission de Sainte-Marie-aux-Mines; le soin qu'il prend d'apprendre la langue allemande pour se rendre plus utile à ceux qu'il vouloit instruire; les entretiens qu'il a sur les missions avec le père Choran, jésuite; la manière avec laquelle il traite M. l'évêque d'Angers dans un de ses voyages; enfin les députations de Châteaudun et de Neufchâtel qu'il reçoit avec toute la dignité que l'on pouvoit attendre d'un homme de son rang, sont autant d'actions publiques, éclatantes, décisives, qui ne laissent aucun doute sur son état. Ce n'est pas tout encore; les témoins mêmes de M. le prince de Conty se joignent à ceux de Madame de Nemours : ils attestent la vérité des principaux faits, de la messe, de la confession, de la liberté publique et particulière; et si l'on retranche de leurs dépositions, quelques couleurs recherchées, quelques tours visiblement étudiés, elles seront plus favorables à Madame de Nemours qu'à M. le prince de Conty.

Osera-t-on comparer à une preuve si forte, si convaincante, si décisive, les foibles dépositions des témoins que l'on prétend opposer à ceux de Madame de Nemours; témoins qui ne sont soutenus par aucune preuve littérale, qui combattent au contraire la preuve par écrit? Et qui pourra croire que des témoins seuls, puissent être les juges souverains, les arbitres absolus de l'état le plus important, le plus précieux de tous les états, c'est-à-dire, celui de la raison, de la liberté, de la sagesse; témoins uniques de faits singuliers qui n'ont jamais été articulés, et que Madame de Nemours n'a pas eu la liberté de détruire par une preuve contraire?

Enfin, quels sont tous ces témoins dont on veut faire ici une si vaine ostentation? Tous suspects en général, soit par les suspicions écrites dans la loi même, et par cette impression secrète, mais souvent trop efficace, du crédit, de l'élévation, des grandes qualités d'un prince à qui son propre mérite a pu nuire en cette occasion; soit par ces recherches, ces brigues, ces ménagemens officieux que l'on reproche dans cette cause aux officiers de M. le prince de Conty; soit parce qu'il paroît qu'il y a eu certains témoins assignés d'abord, rejetés ensuite, parce que l'on a pressenti que leurs dépositions ne seroient pas favorables; soit enfin par l'art, par l'affectation, par la longueur étudiée de plusieurs dépositions.

Nous ne relevons point ici tous les reproches particuliers, le détail en seroit trop long, et nous nous contenterons de le faire, lorsque nous vous expliquerons la déposition des témoins. Reprenons la suite des moyens de Madame de Nemours.

Non-seulement, vous a-t-on dit pour elle, la plupart des témoins sont justement reprochés, mais tous les faits qu'ils rapportent sont absolument inutiles à la décision de cette cause.

Ce sont tous faits équivoques, également susceptibles de toutes sortes d'interprétations.

Ce sont tous faits éloignés; et quelle mémoire a pu être assez heureuse pour en rappeler exactement toutes les circonstances? Cependant, c'est de ces circonstances que dépend uniquement la nature de l'action. Souvent, selon la disposition des témoins, et encore plus selon la situation présente de celui qui agit, la même action pourra passer dans l'esprit des uns pour un acte de sagesse, et pour un trait de folie dans l'esprit des autres.

Où sont les témoins qui aient assez de pénétration, de délicatesse, de discernement, assez d'attention même, pour pouvoir faire une juste comparaison des temps, des lieux, des personnes, avec le caractère général de l'esprit et l'intention particulière de celui qu'ils ont vu agir, pour en tirer ensuite une conséquence certaine sur l'état de sa raison?

Si cette réflexion peut être d'un grand poids dans les autres affaires, elle devient absolument décisive dans l'espèce de cette cause, dans laquelle celui qu'on accuse de démence, n'est plus en état de se défendre. S'il étoit présent à votre audience, s'il pouvoit entendre les dépositions des témoins, s'il savoit les faits qu'on lui impute, il démêleroit ceux qui paroissent équivoques; il éclairciroit ceux qui sont douteux, il suppléeroit des circonstances dans les uns, il en retrancheroit qui sont supposées dans les autres; partout il marqueroit son esprit, son intention, son motif; et peut-être ce qui avoit paru d'abord une action d'une démence consommée, changeroit de face entre ses mains, et seroit enfin regardé, ou comme une action indifférente, ou plutôt comme une preuve de sagesse, souvent même de sainteté, tout au plus comme l'effet d'un zèle plus ardent qu'éclairé.

Il y a plus, quand on donneroit même à M. le prince de Conty beaucoup plus qu'il ne peut espérer; quand on lui accorderoit que sa preuve est suffisante, il faudroit toujours qu'il convînt que celle de Madame de Nemours est au moins aussi parfaite; et si cela est, comme on n'en peut douter, dès le moment que là balance est égale, une infinité de prérogatives différentes doivent la faire pencher du côté de Madame de Nemours.

Elle a pour elle le nombre des témoins, quatre-vingt-cinq contre soixante-seize ; et quand on aura retranché tous les témoins reprochables de l'enquête de M. le prince de Conty, il lui en restera à peine un contre trois de Madame de Nemours.

La prérogative de la qualité, de la dignité des témoins se joint en sa faveur à celle de leur nombre: onze domestiques de la maison de Longueville, un grand nombre de prêtres et de religieux, plusieurs personnes d'une naissance ou d'une réputation distinguée, et surtout le nom vénérable de M. le Nain (1); nom qui devroit seul être l'arbitre souverain de cette cause, et prononcer après sa mort un jugement aussi équitable que ceux qu'il a rendus pendant sa vie.

Ces témoins si favorables par leur nombre, par leur dignité, reçoivent un nouveau degré de faveur par la nature des faits dont ils déposent ; ils s'expliquent, ils se déclarent pour la sagesse ; ils s'accordent avec la présomption du droit, avec le vœu de la nature ; deux témoins de cette qualité suffiroient pour en détruire mille qui parlent de la démence. C'est l'expression juste et décisive des docteurs.

On joint enfin à toutes ces prérogatives singulières du nombre, de la dignité, de la nature des dépositions des témoins, les qualités favorables de la partie pour laquelle ils ont déposé. Héritière du sang, défenderesse dans cette cause, jusqu'à présent en possession fondée sur les actes, soutenue par l'autorité de la preuve littérale : toutes les maximes générales, toutes les présomptions de la loi parlent en sa faveur.

---

(1) M. le Nain, maître des requêtes. *Voyez* son éloge dans la treizième mercuriale, tome I, dans le vingt-huitième plaidoyer, *ci-devant*, dans la deuxième audience du présent plaidoyer, *ci-après.*

Madame de Nemours en la place de M. le comte de Saint-Pol, héritier institué ? C'est la fiction la plus favorable que l'on puisse faire pour M. le prince de Conty ; mais par le testament, M. le comte de Saint-Pol n'est point chargé de fidéicommis envers Messieurs les princes de Conty. Par quel principe osera-t-on soutenir après cela que Madame de Nemours qui entre, si l'on veut, dans ses droits, qui succède à ses obligations, soit chargée d'une restitution dont il ne seroit pas tenu lui-même s'il étoit en état de recueillir la succession en vertu du testament ?

On oppose enfin à la clause codicillaire un dernier moyen, qui a, dit-on, deux avantages également importans ; le premier est d'être nouveau et de n'avoir jamais été proposé dans le temps de l'arrêt interlocutoire ; le second, d'être décisif et fondé sur l'autorité précise des lois, qui nous apprennent que lorsqu'un testateur a chargé nommément son héritier présomptif d'un fidéicommis, cette charge ne passe point au second degré, lorsque le premier vient à manquer. C'est la disposition singulière de la loi 1. §. 9. ff. *de Legatis* 3.°

Appliquons cette décision à l'espèce de cette cause. M. l'abbé d'Orléans n'a pu disposer dans son testament que de ses meubles et acquêts. Il n'avoit, dans le temps qu'il l'a fait, que vingt ans accomplis. Quelle étoit alors l'héritière des meubles ? C'étoit Madame de Longueville ; elle est seule chargée nommément du fidéicommis de Messieurs les princes de Conty, Madame de Nemours ne l'est point expressément. La mort de Madame de Longueville rapproche Madame de Nemours et la met au premier degré, au lieu qu'elle n'étoit que dans le second. Lui imposera-t-on la même charge de restitution dont le premier degré étoit grevé, ou au contraire en sera-t-elle déchargée ?

La loi se déclare pour elle, et prévient votre jugement.

C'est peu de vous avoir montré que le testament qui sert de titre à M. le prince de Conty est caduc :

3

il faut encore vous montrer qu'il est révoqué, non-seulement par le testament postérieur, qui ne peut plus être attaqué par la démence du testateur, mais par la donation universelle qui le précède de trois jours, et qui n'est pas un titre moins important dans cette cause.

Soit que l'on examine la qualité du titre, soit que l'on s'attache uniquement à la volonté du testateur, tout est également contraire, dans cet acte, à M. le prince de Conty, et favorable à Madame de Nemours.

La qualité du titre : Et qu'y a-t-il de plus incompatible avec un testament, qu'une donation universelle entre-vifs ? Il est vrai que, dans la rigueur du droit romain, on auroit peut-être décidé que l'héritier testamentaire conservoit au moins ce nom dans le temps que la donation, postérieure au testament, lui en faisoit perdre toute l'utilité : mais, outre que l'équité de notre jurisprudence rejette ces distinctions plus subtiles que solides entre le nom et la chose même, entre l'héritier et la succession, il ne s'agit point ici de détruire une institution d'héritier par une donation, il s'agit de combattre un fidéicommis qui ne se soutient que par la seule volonté du testateur; et c'est pourquoi l'on joint les argumens tirés du changement de volonté, à ceux que l'on emprunte de l'incompatibilité des titres différens.

Et qui pourra douter de ce changement de volonté, de cette révocation tacite du fidéicommis, lorsque l'on examinera toutes les clauses, toutes les circonstances de la donation ? Donation qui comprend tous les biens qui avoient été donnés par le testament de M. le prince de Conty, et qui, par conséquent, révoque, anéantit de plein droit, le legs ou le fidéicommis; dans laquelle le testateur se réserve la faculté de tester; réserve qui s'applique à l'avenir et non pas au passé, qui regarde un testament à faire, et non pas un testament déjà fait; donation enfin à laquelle il ajoute deux caractères si évidens du changement de sa volonté, qu'il est surprenant qu'on ose encore

Madame de Nemours en la place de M. le comte de Saint-Pol, héritier institué ? C'est la fiction la plus favorable que l'on puisse faire pour M. le prince de Conty ; mais par le testament, M. le comte de Saint-Pol n'est point chargé de fidéicommis envers Messieurs les princes de Conty. Par quel principe osera-t-on soutenir après cela que Madame de Nemours qui entre, si l'on veut, dans ses droits, qui succède à ses obligations, soit chargée d'une restitution dont il ne seroit pas tenu lui-même s'il étoit en état de recueillir la succession en vertu du testament ?

On oppose enfin à la clause codicillaire un dernier moyen, qui a, dit-on, deux avantages également importans ; le premier est d'être nouveau et de n'avoir jamais été proposé dans le temps de l'arrêt interlocutoire ; le second d'être décisif et fondé sur l'autorité précise des lois, qui nous apprennent que lorsqu'un testateur a chargé nommément son héritier présomptif d'un fidéicommis, cette charge ne passe point au second degré, lorsque le premier vient à manquer. C'est la disposition singulière de la loi 1. §. 9. ff. *de Legatis* 3.°

Appliquons cette décision à l'espèce de cette cause. M. l'abbé d'Orléans n'a pu disposer dans son testament que de ses meubles et acquêts. Il n'avoit, dans le temps qu'il l'a fait, que vingt ans accomplis. Quelle étoit alors l'héritière des meubles ? C'étoit Madame de Longueville ; elle est seule chargée nommément du fidéicommis de Messieurs les princes de Conty, Madame de Nemours ne l'est point expressément. La mort de Madame de Longueville rapproche Madame de Nemours, et la met au premier degré, au lieu qu'elle n'étoit que dans le second. Lui imposera-t-on la même charge de restitution dont le premier degré étoit grevé, ou au contraire en sera-t-elle déchargée ?

La loi se déclare pour elle, et prévient votre jugement.

C'est peu de vous avoir montré que le testament qui sert de titre à M. le prince de Conty est caduc :

il faut encore vous montrer qu'il est évoqué, non-seulement par le testament postérieur, qui ne peut plus être attaqué par la démence du testateur, mais par la donation universelle qui le précède de trois jours, et qui n'est pas un titre moins important dans cette cause.

Soit que l'on examine la qualité du titre, soit que l'on s'attache uniquement à la volonté du testateur, tout est également contraire dans cet acte à M. le prince de Conty, et favorable à Madame de Nemours.

La qualité du titre : Et qu'y a-t-il de plus incompatible avec un testament, qu'une donation universelle entre-vifs? Il est vrai que dans la rigueur du droit romain on auroit peut-être décidé que l'héritier testamentaire conservoit au moins ce nom dans le temps que la donation postérieure au testament, lui en faisoit perdre toute l'utilité : mais outre que l'équité de notre jurisprudence rejette ces distinctions plus subtiles que solides entre le nom et la chose même, entre l'héritier et la succession, il ne s'agit point ici de détruire une institution d'héritier par une donation, il s'agit de combattre un fidéicommis qui ne se soutient que par la seule volonté du testateur; et c'est pourquoi l'on joint les argumens tirés du changement de volonté, à ceux que l'on emprunte de l'incompatibilité des titres différens.

Et qui pourra douter de ce changement de volonté, de cette révocation tacite du fidéicommis, lorsque l'on examinera toutes les clauses, toutes les circonstances de la donation? Donation qui comprend tous les biens qui avoient été donnés par le testament de M. le prince de Conty, et qui, par conséquent, révoque, anéantit de plein droit, le legs ou le fidéicommis. Dans laquelle le testateur se réserve la faculté de tester; réserve qui s'applique à l'avenir et non pas au passé, qui regarde un testament à faire, et non pas un testament déjà fait. Donation enfin à laquelle il ajoute deux caractères si évidens du changement de sa volonté, qu'il est surprenant qu'on ose encore tenter d'éluder la sagesse de ses intentions par des interprétations captieuses et ambiguës.

Le premier de ces caractères se trouve dans la personne du donataire. C'est M. le comte de Saint-Pol, c'est-à-dire le même qu'il a institué héritier dans le premier testament. Quels sont donc les effets de la donation ? L'un, de le faire jouir, par un titre entre-vifs, d'un bien qu'il n'auroit possédé qu'à titre de succession : l'autre, de l'en faire jouir librement, en effaçant les charges de substitution que le testament lui imposoit.

Le but principal de la donation a donc été d'éteindre et d'anéantir la substitution. M. le comte de Saint-Pol a possédé librement les biens qui lui ont été donnés ; la charge s'est évanouie entre les mains du donataire. Il y a donc eu un temps dans lequel il a été vrai de dire qu'il n'y avoit plus de substitution. Or, si cette substitution a été une fois éteinte, par quel moyen prétend-on la faire revivre ? Dira-t-on que ces biens, qui étoient libres dans la personne du donataire, sont redevenus chargés de substitution entre les mains du donateur ? Le testament sera-t-il détruit pour l'un, et subsistera-t-il pour l'autre ?

Ce n'est pas tout, il y a dans cette donation un second caractère qui publie, aussi hautement que le premier, les volontés et les intentions du donateur. Il veut que, si le donataire meurt après lui sans enfans, les biens donnés retournent à Madame de Nemours. Donc sa volonté est absolument changée à l'égard de Messieurs les princes de Conty. Le premier testament et la donation sont contradictoires ; dans le même cas le testament préfère Messieurs les princes de Conty à Madame de Nemours, et la donation au contraire préfère Madame de Nemours à Messieurs les princes de Conty.

Que si, pour éluder tant d'argumens invincibles, on dit que le donateur étoit en démence dans le temps de la donation comme dans celui du dernier testament, Madame de Nemours répond que cette donation est un titre qu'une multitude de confirmations

différentes a mis entièrement hors d'atteinte : la famille de M. l'abbé d'Orléans, la puissance souveraine
du roi, l'autorité de la justice qu'il remet entre vos
mains, l'ont confirmée plusieurs fois ; et par chaque
confirmation, ils ont opposé un nouvel obstacle aux
efforts que l'on pourroit faire pour l'attaquer.

Après cela, ira-t-on chercher dans la rigueur de
la forme un secours que l'on ne peut espérer de la
justice dans le fond de la contestation? Prétendra-
t-on que l'arrêt interlocutoire a décidé toutes ces
questions? Mais ne suffit-il pas à Madame de Nemours de répondre que c'est un arrêt interlocutoire,
pour montrer en un mot que toutes les questions
sont entières, et que le droit des parties a été également conservé, et que la cour a voulu joindre le
fait avec le droit, pour être en état de prononcer en
même temps sur l'un et sur l'autre?

Les parties touchent enfin à ce terme fatal où
vous devez décider de leur destinée ; et Madame
de Nemours soutient qu'elle ne peut espérer qu'un
succès favorable, puisque dans le fait elle a prouvé
invinciblement la sagesse du testateur, et que dans
le droit, elle a montré que M. le prince de Conty
n'avoit pour titre qu'un testament caduc, révoqué,
et que toute cette grande cause si étendue dans les
faits, si importante dans les questions, se réduit néanmoins à cette unique proposition : Un testateur sage
a fait deux testamens ; peut-on douter que le second
ne déroge au premier ?

De la part de M. le prince de Conty, l'on vous
a dit que la sentence dont il soutient aujourd'hui
le préjugé, aussi régulière dans la forme, qu'équitable dans le fond, ne peut être combattue ni par
les suspicions que l'on s'efforce vainement de répandre
contre les juges, ni par les moyens que l'on emprunte, tantôt du fait et tantôt du droit, avec une
incertitude qui est la preuve sensible de la juste
défiance dans laquelle on est du succès de cette
grande cause.

Il suffiroit d'abord, pour former une prévention

légitime en faveur de M. le prince de Conty, de vous expliquer nûment et sans aucun art, la qualité de ce jugement solennel dont l'appel est aujourd'hui porté dans ce tribunal supérieur de la justice souveraine, et de vous dire en un mot, que c'est une sentence rendue en très-grande connoissance de cause, après une plaidoirie contradictoire de cinq mois entiers, après une mûre délibération qui occupe les juges pendant onze matinées ; délibération plus longue que difficile, puisque tous les juges, d'un consentement unanime, ont confirmé ce titre de M. le prince de Conty ; et dès le moment que ce titre a été confirmé, pouvoit-on se dispenser d'ordonner son exécution provisoire, en attendant le jugement de l'appel ?

Voilà quelle est la qualité de la sentence que l'on ose attaquer ; sentence digne de respect par toutes les circonstances qui l'accompagnent, mais encore plus, par la justice et l'équité qui en ont été l'ame, le principe et le motif.

C'est ce que l'on a entrepris de vous prouver, par l'établissement d'une seule proposition.

L'unique obstacle qui pouvoit arrêter les demandes de M. le prince de Conty, après l'arrêt solennel que vous avez rendu en sa faveur, étoit le dernier testament de M. l'abbé d'Orléans. Or, il étoit absolument incapable dans le temps qu'il l'a signé ; la volonté et le pouvoir de tester lui manquoient également. Donc le second testament est absolument nul. Donc rien ne peut plus être opposé au titre de M. le prince de Conty, que vous avez déja autorisé par le préjugé tacite, mais décisif, de votre premier arrêt.

Une foule de preuves s'offre à l'intimé pour établir la vérité de cette proposition ; preuves par écrit, preuves par témoins : les actes sont tous pour lui ; les témoins mêmes de Madame de Nemours se déclarent en sa faveur, et la notoriété publique devient un des argumens de sa cause, qui achève de rendre tous les autres décisifs.

21 *

Comment Madame de Nemours a-t-elle pu soutenir que les titres lui étoient favorables, puisqu'il ne
faudroit presque que ces mêmes titres pour prouver
invinciblement l'incapacité de M. l'abbé d'Orléans;
puisque ce sont ces mêmes actes qui ont formé un
commencement de preuve par écrit, que vous avez
cru qu'il falloit porter au dernier degré d'évidence
par le secours plus utile que nécessaire de la preuve
testimoniale?

Tel est, Messieurs, le préjugé de votre arrêt :
vous avez décidé, non-seulement que les actes ne
formoient point une preuve de sagesse; vous avez
jugé même qu'ils faisoient naître des présomptions
très-fortes de démence, puisque sans cela vous n'auriez pu accorder à M. le prince de Conty la preuve
testimoniale qu'il vous demandoit.

Mais ce qui n'étoit autrefois qu'une présomption,
qu'une conjecture très-vraisemblable, est devenu
aujourd'hui une preuve parfaite et une entière conviction.

Il suffit, pour en être persuadé, de parcourir ces
actes dans le même ordre dans lequel Madame de
Nemours les a proposés. Il y en a qui précèdent le
temps du testament; il y en a qui le suivent, il y en
a qui l'accompagnent : tous excluent la preuve de la
sagesse, tous établissent celle de la démence.

On a commencé cette discussion par l'examen des
actes qui précèdent le temps du testament, et l'on
vous a dit qu'il falloit d'abord retrancher de ce
nombre l'arrêt d'émancipation. On ne le mêle dans
cette cause, que pour l'obscurcir : il est hors du temps
de la preuve que vous avez permise. Il faut en dire
autant de l'arrêt du 2 septembre, qui permet à
Messieurs de Longueville de donner des fonds en
paiement à Madame leur mère. Il est vrai que cet
arrêt se trouve compris dans les premiers jours de la
preuve, mais M. l'abbé d'Orléans n'y a eu aucune
part : bien loin d'attendre ici la fin de cette grande
affaire, il étoit parti dès le 30 août précédent, pour
aller faire ce voyage de la rivière de Loire, si fameux

dans cette cause, et qui est néanmoins une espèce d'énigme inexplicable dans toutes ses circonstances, si l'on n'en cherche le dénouement dans l'état de M. l'abbé d'Orléans.

Et quand on a retranché ces premiers actes ; quand on a répondu en un mot, à quelques mémoires de chasubles fournies à M. l'abbé d'Orléans pour célébrer la messe, que ce fait est encore antérieur au commencement de la démence ; que reste-t-il dans ce premier temps, qui puisse faire quelque impression sur l'esprit des juges ?

Deux lettres, l'une de Madame de Longueville, l'autre du sieur Métayer, aumônier de M. l'abbé d'Orléans.

La première est une preuve écrite du jugement que Madame de Longueville portoit au mois d'août de l'année 1670, c'est-à-dire, dans le temps précis où commence la preuve, sur l'état de Monsieur son fils. On y voit le déplaisir qu'elle a d'une célébration de mariage faite par M. l'abbé d'Orléans, et les précautions qu'elle prend pour empêcher qu'à l'avenir on ne lui confie la dispensation et l'administration des sacremens. Et qui pourra examiner cette lettre ; qui pourra peser tous ses termes, sans être convaincu qu'il falloit que la foiblesse d'esprit de M. l'abbé d'Orléans fût déjà et bien certaine et bien éclatante, puisqu'on voit que Madame de Longueville ne craint point de s'en expliquer si nettement avec le curé d'une de ses terres ?

La seconde lettre, c'est-à-dire, celle de Métayer au sieur de Sainte-Beuve, n'est ni une pièce nouvelle, ni une pièce décisive en faveur de Madame de Nemours. Il y a long-temps que son conseil l'a en sa possession ; et il auroit dû la cacher toujours, puisque cette lettre augmente encore les soupçons de démence, bien loin de les dissiper.

Quel est le précis de cette lettre ? C'est une prière faite par le sieur Métayer au sieur de Sainte-Beuve, d'examiner le projet d'un traité que M. l'abbé d'Orléans vouloit faire avec M. le comte de Saint-Pol ; et d'accepter une pension de mille livres, pour récompense de ses services passés, et de ceux qu'il lui rendroit à l'avenir.

Rien de plus important que le sujet de cette lettre, puisque, si l'on en croit Madame de Nemours, c'étoit la donation universelle que l'on y désignoit sous le nom de traité; cependant, dans quelles circonstances cette lettre est-elle écrite?

Pourquoi M. l'abbé d'Orléans, qui écrivoit lui-même pour les moindres affaires, qui entroit dans un détail indigne de sa naissance, néglige-t-il d'écrire dans une occasion si importante? Pourquoi charge-t-il son aumônier de ce soin? Quelles sont les grandes affaires qui le retiennent? C'est, dit-on, dans la lettre, qu'il est sur le point de partir pour Tours. Mais quels sont les préparatifs qu'il faut pour ce voyage inutile? Les comptes de sa dépense les expliquent. Quatre bottes de paille, et des provisions pour vingt-cinq sols, composent tout son équipage. Tout est d'ailleurs mystérieux, tout est singulier dans cette lettre; on s'y sert du terme de traité, et non pas de celui de donation : on ne l'envoie point par les courriers ordinaires. Dalmont, qui, comme les témoins l'expliquent, avoit le secret de la famille, part aussitôt qu'elle est écrite pour la porter à Paris. Il y est fait mention d'une lettre, qu'on dit que M. l'abbé d'Orléans écrivoit à Porquier sur le même sujet. Cependant cette lettre n'est point rapportée, et il y a preuve qu'elle n'a jamais été écrite. Enfin, après avoir mis tout ce que l'on a voulu dans cette lettre qui prouve parfaitement la sagesse de Métayer son auteur, mais non pas celle de M. l'abbé d'Orléans qui n'y a aucune part, on lui fait mettre au bas une approbation d'une ligne, dans laquelle il dit que tout ce que Métayer mande de ses intentions est véritable; mais à peine a-t-il la liberté d'écrire, qu'il trace le portrait de sa légèreté par ces paroles obscures et entrecoupées qu'il ajoute : *Adieu, sans adieu. Diligentez tout, afin qu'une fois je puisse dire :* In viam pacis. *Tout à vous, votre serviteur.*

Qui peut n'être pas frappé de l'amas de toutes ces
circonstances, et n'y pas reconnoître la main de la
famille qui conduisoit celle de Métayer, et ensuite
celle de M. l'abbé d'Orléans, pour avoir une espèce
de consentement et d'aveu que l'on pût montrer au
sieur de Sainte-Beuve, afin de l'engager ensuite à
ne pas s'opposer à l'exécution d'un acte dont la nécessité prouvoit en même temps la justice ?

Mais que sera-ce, si après avoir discuté les actes
de ce premier temps, on passe à ceux qui accompagnent le testament ? On sera surpris de voir que
par la seule liaison, par le seul enchaînement de ces
actes, on trouve une preuve parfaite de ce concert
sage et judicieux de la famille, pour lier les mains à
M. l'abbé d'Orléans, dont on a parlé tant de fois dans
les deux différentes plaidoiries de cette cause.

Qu'on les examine tous ensemble, ou chacun en
particulier ; qu'on les divise, ou qu'on les joigne, on
ne pourra jamais douter de deux vérités également
importantes : l'une que M. l'abbé d'Orléans n'y a
eu aucune part, et qu'il n'y a contribué que de sa
seule signature ; l'autre que tous ces actes n'ont eu
pour but que le bien, que l'avantage de la maison
de Longueville, et surtout le dépouillement universel, l'interdiction réelle et véritable de M. l'abbé
d'Orléans.

Dira-t-on que la transaction du 16 janvier, par
laquelle on donne des terres en paiement à Madame
de Longueville, ait été l'ouvrage de la réflexion, et
le fruit de la méditation de M. l'abbé d'Orléans ;
lorsque l'on considérera que cet acte a été dressé en
son absence, qu'il l'a signé dès le lendemain de son
arrivée, sans qu'il puisse avoir eu même le temps de
le lire ? Les contrats de constitution ne sont que la
suite et l'exécution de cet acte, et ne demandent que
la capacité de signer, qui est la seule que M. l'abbé
d'Orléans conservoit encore en ce temps-là.

Soutiendra-t-on que le contrat passé avec M. le
prince de Condé, soit une preuve plus grande de
sagesse ? Mais a-t-on oublié que ce contrat étoit aussi

dressé, arrêté, signé même en quelque manière, indépendamment du consentement de M. l'abbé d'Orléans?

On se trouvera donc réduit, ou à la donation, ou aux procurations, ou au testament (car tous les autres actes ne contiennent que de simples signatures.) Mais dans les principes du droit, et encore plus dans les circonstances du fait, une donation universelle est un titre fort équivoque qui a besoin d'excuse, et qui fait présumer autant la foiblesse que la force d'esprit du donateur. Les procurations sont une nouvelle preuve de démence, puisqu'elles font voir qu'on a voulu même priver M. l'abbé d'Orléans de l'administration de l'usufruit qu'il s'étoit réservé. Quant au testament, sa sagesse est une simple présomption qui vous a déjà été proposée sans succès, parce que vous vous êtes attachés aux principes du droit, qui veulent qu'on ne considère la sagesse du testament, que quand l'auteur en est certain; mais quand en alléguant directement le fait de démence, on allègue indirectement celui de suggestion, alors la sagesse de l'acte n'a rien de commun avec celle de celui qui l'a signé, parce qu'il reste toujours à montrer qu'il a pu, qu'il a voulu en être l'auteur; et c'est ce qu'on ne sauroit jamais faire dans l'espèce de cette cause.

Que si après avoir examiné ces actes séparément, on les envisage d'une seule vue, comme les parties d'un même tout et d'un système général qui règne dans toute la conduite de la famille, ils formeront presque une démonstration parfaite de l'état de M. l'abbé d'Orléans.

On y remarquera qu'on attend avec soin le moment précis de sa majorité, pour lui faire passer vingt actes différens, tous dans l'espace de sept semaines; les uns pour finir les affaires importantes de la famille, les autres pour le dépouiller entièrement par une interdiction anticipée. Tous ces actes sont faits au profit de la famille, des officiers, de tout le monde, excepté de celui qui les faisoit. Que lui reste-t-il après cela? La donation lui ôte les biens présens; le testament le

dépouille des biens à venir; les procurations lui
ôtent jusqu'à l'administration des revenus qu'il se
réserve. Que pouvoit-on faire de plus par une interdiction authentique et solennelle? Qui pourra rapporter et rendre croyable l'exemple d'un semblable
dépouillement, sans aucune cause juste et nécessaire,
si ce n'est la démence? Enfin, le testament même et
les circonstances qui l'accompagnent, ne prouvent-
ils pas d'une manière d'autant plus convaincante
qu'elle est plus simple et plus inartificielle, que ce
testament a été l'unique ouvrage de ceux qui y étoient
intéressés?

Qui pouvoit obliger M. l'abbé d'Orléans à faire un
testament? Il en avoit fait un digne de la sagesse
même; il venoit encore de disposer de tous ses biens
présens par la donation : pourquoi fait-il trois jours
après une nouvelle disposition? N'est-il pas visible
que c'est l'utilité seule du légataire universel de M. le
comte de Saint-Pol, qui a inspiré cette disposition?
Le testateur ne pouvoit y avoir aucun intérêt; au
contraire, le premier testament devoit lui être plus
cher que le second. Mais il y avoit une substitution
dans le premier; l'avantage du légataire universel
étoit d'effacer cette condition, de retrancher cette
charge, d'acquérir et de posséder librement les biens :
voilà le seul motif de ce testament; et peut-on en
douter, quand on voit que ce testament est déposé
en minute entre les mains du sieur Porquier avec les
démissions des gouvernemens? Quel pouvoit être le
dessein de ce dépôt, si ce n'est de faire paroître ou
de supprimer le testament, selon qu'il seroit plus
avantageux à la maison de Longueville? Mais sans
pénétrer trop avant dans les intentions de ceux qui
l'ont fait faire, il suffit de remarquer que M. l'abbé
d'Orléans n'en demeure point le maître, pour présumer qu'il n'en a pas été l'auteur.

S'il pouvoit rester encore quelque doute sur le
motif et l'esprit général de tous ces actes, on vous
supplie, MESSIEURS, de considérer, qu'il est si vrai
qu'ils ont tous été faits dans la vue de la démence,

que la fureur même, et la fureur la plus éclatante,
n'a rien changé au plan de la famille. Quel est le résultat de la première assemblée des parens, trois
mois après que M. l'abbé d'Orléans eut été renfermé?
On ordonne que par provision on agira en vertu des
procurations; et qui pourra douter, encore une fois,
que tous les actes n'aient eu pour but de lier les
mains à un imbécille, lorsqu'on voit qu'on ne fait
autre chose, quand la démence s'est changée en fureur, que d'ordonner purement et simplement l'exécution des actes qui avoient été faits dans le sein de
la famille?

Après cela, écoutera-t-on·la déclamation que l'on
vous a faite pour montrer que ce concert de famille
ne pouvoit être supposé, sans faire injure à la mémoire des grands hommes qui la composoient? Mais
qu'ont-ils faits? Des actes justes, légitimes, nécessaires; une interdiction secrète, en attendant une interdiction publique, un ménagement, une précaution avantageuse à celui même contre lequel on la
prenoit ; c'est à quoi se réduit le plan et l'abrégé de
leur conduite.

Relevera-t-on l'importance et la grandeur des réserves portées par la donation? Mais la famille pouvoit avoir mille vues, mille desseins que la longueur
du temps ne permet plus de rechercher, et qui ne
détruisent point l'induction principale que l'on tire
des actes, puisque quelques réserves qu'on ait faites
en faveur de M. l'abbé d'Orléans, il est toujours
certain qu'on l'a dépouillé de toute propriété, et
même de toute administration : en faut-il davantage
pour prouver son incapacité?

Les actes du dernier temps, c'est-à-dire, ceux
qui ont suivi le testament, achèvent d'établir la
preuve de la démence.

C'est dans ces actes que l'on trouve une lettre de
change dont le style, la construction et la signature,
sont trois preuves de démence; une quittance de
cinq sols; des lettres obscures, pleines de bassesses
et de répétitions inutiles; il en a écrit d'aussi sages

depuis qu'il a été enfermé : enfin, le grand fait des comptes arrêtés en présence, par l'avis et conseil de Dalmont, son écuyer, devant lequel M. l'abbé d'Orléans trembloit comme devant un inspecteur et un censeur domestique, et qui, par les ordres de la famille exerçoit sur lui un empire absolu.

Toutes ces preuves peuvent-elles être balancées par quelques signatures de M. l'abbé d'Orléans, qui se trouvent au bas de trois actes peu importans, que l'on a eu soin même de faire contre-signer à Paris pendant son absence ; par quelques mandemens, et quelques rescriptions dans lesquelles on ne trouve point de marques de déréglement d'esprit ? Une seule pièce extravagante détruit et anéantit l'autorité de toutes les autres. La démence n'est pas moins certaine, quoiqu'elle n'éclate pas en tous temps et dans tous les lieux.

Quelle est en cet état la dernière ressource de Madame de Nemours, par rapport aux actes ? Elle prétend avoir des preuves par écrit du commencement de la démence ; mais ces preuves en partie ont déjà été rejetées, puisqu'elles ne vous ont pas empêchés d'admettre la preuve qui vous étoit demandée. Et à quoi se réduisent ces preuves nouvelles ? A une consultation d'un médecin de Strasbourg, sans date et sans nom, qui suppose même une démence antérieure ; à quelques observations que l'on fait sur les comptes dans lesquels on voit que l'on a envoyé des courriers de Strasbourg à Paris, et de Paris à Strasbourg, vers la fin de septembre 1671. Mais M. le prince de Conty n'a jamais contesté que M. l'abbé d'Orléans n'eût été pour lors attaqué de violens accès de fureur qui déterminèrent enfin sa famille à ne plus différer ce qu'elle auroit dû faire long-temps auparavant, c'est-à-dire, à l'enfermer. L'on confond la démence avec la fureur ; l'une avoit commencé dès le mois d'août 1670, l'autre n'a entièrement éclaté que vers le mois de septembre de l'année 1671.

C'est en vain que pour balancer l'autorité des

actes, l'on cherche le secours de réflexions étrangères à cette cause, et que l'on fait envisager à M. le prince de Conty les suites fâcheuses que sa demande pourroit avoir un jour contre lui-même. Il les a prévues en formant son action, et il ne les craint pas. C'est tout ce qu'il .peut et ce qu'il doit dire dans le temps présent, où il s'agit de prononcer sur la justice, et non pas sur les conséquences de sa demande.

Les actes seuls pourroient donc suffire pour décider cette cause en faveur de M. le prince de Conty; et que sera-ce, si l'on y joint la preuve par témoins ? .

Il est surprenant que l'on ose dire que sa preuve testimoniale est défectueuse ; encore plus, que l'on fasse passer celle de Madame de Nemours pour une preuve parfaite ; et enfin, l'on ne peut concevoir comment on a osé faire entrer en parallèle une enquête composée de faits négatifs ou contraires à la prétention de Madame de Nemours, avec une enquête pleine de faits généraux et particuliers, tous positifs, tous convaincans, qui ne laissent pas le moindre doute raisonnable sur la démence.

Si l'on examine attentivement l'enquête de M. le prince de Conty, on y trouvera trois degrés de preuves et trois sortes de faits qui suffiroient chacun séparément, mais qui réunis, forment une lumière si vive et si éclatante, que l'esprit y reconnoît d'abord le caractère évident de la vérité.

Le premier· degré de preuves est établi par soixante-quinze témoins, et c'est celui qui regarde le fait général de démence. Il n'y en a pas un seul qui n'atteste et qui n'affirme solennellement que M. l'abbé d'Orléans étoit réduit au triste et malheureux état d'une foiblesse d'esprit, habituelle et permanente.

Et quand il n'y auroit·que ce seul fait de prouvé, qui est·le seul qui ait été articulé, et dont la preuve ait été permise, en faudroit-il davantage pour M. le prince de Conty ? Ne lui suffiroit-il pas de vous produire un peuple entier, et, si l'on veut se servir des expressions de Madame de Némours, une nuée de témoins, la plupart aussi recommandables par leur qualité que par leur nombre, qui déclarent dans le tribunal de la justice, que M. l'abbé d'Orléans leur a paru attaqué d'une démence continuelle.

Cependant on ne s'est pas contenté de ce premier fait général ; les témoins ont expliqué les signes extérieurs de la folie, et ils s'accordent presque tous dans ce qui regarde le maintien, la démarche, et l'extérieur de M. l'abbé d'Orléans.

La plupart vous en ont fait une peinture triste et humiliante pour l'humanité, mais en même temps décisive et convaincante pour la cause de M. le prince de Conty. Ils vous représentent M. l'abbé d'Orléans les yeux égarés, l'air inquiet et agité, riant sans sujet, parlant seul, marchant d'une vitesse extraordinaire, et presque toujours sur la pointe des pieds ; tenant des discours sans suite, sans liaison, sans aucune apparence de bon sens ; mangeant avec une précipitation, une avidité, une malpropreté qui faisoit horreur ; s'échappant à tout moment de ses gens pour courir les rues, tantôt seul, tantôt dans une compagnie pire que la solitude, exposé aux insultes d'une populace insolente, poursuivi par les enfans dans les rues, et souffrant ces outrages avec une patience qui perd ce nom en sa personne, pour prendre celui de stupidité ; portant sur lui les marques et les caractères visibles de sa démence, couronné d'une branche de buis, revenant le soir en sueur, crotté, selon leurs termes, comme un fou ; couvert de vermine, et ne voulant jamais changer de linge ; incapable de repos, même pendant la tranquillité de la nuit ; troublé dans son sommeil, et troublant celui des autres ; susceptible de toutes sortes de frayeurs et de craintes, et passant quelquefois, quoique rarement, de la démence à la fureur ; allant jusqu'à l'excès de prendre les gens à la gorge ; obligé de les quitter à force de coups ou de menaces, et finissant ces actions par un rire insensé.

Voilà le caractère général que les témoins vous tracent de M. l'abbé d'Orléans, et la seconde espèce de faits qu'ils vous ont expliqués.

Enfin, il y en a qui, plus instruits ou plus scrupuleux, sont même entrés dans le détail d'une infinité d'actions singulières, dont chacune en particulier seroit suffisante pour enfermer celui qui l'auroit faite.

Qui pourroit, par exemple, douter de la foiblesse d'esprit de M. l'abbé d'Orléans, quand on le voit sauter par-dessus le balustre de l'autel après avoir dit la messe ; faire l'oraison funèbre d'un curé qu'il n'avoit jamais ni vu ni connu ; dire la messe botté ; ordonner, en disant *Ite Missa est*, qu'on lui prépare un morceau de salé pour son déjeûner ; demander un pot de chambre au milieu du sacrifice auguste de nos autels ; courir comme un furieux d'un côté à l'autre de l'autel, en criant plusieurs fois *à pisser, à pisser* (on ne fait que répéter les termes des dépositions) ; se battre avec des petits garçons dans la cour de la Charité ; courir risque d'être tué d'un coup de croc par un batelier à qui il ne voulut pas payer le passage ; faire mille autres actions extravagantes dont le détail seroit trop long ; enfin, obliger sa famille à l'envoyer voyager jusqu'au moment précis de sa majorité ; à le renvoyer, quoiqu'il fût venu jusqu'à une journée de Paris, parce qu'il revenoit trop tôt ; à le confiner dans une hôtellerie d'Orléans, où il demeure pendant quarante jours ; à exercer sur lui un empire absolu, comme sur un enfant ; à le faire repartir de Paris aussitôt après qu'il eut signé les actes de son interdiction. Et comment est-ce que les témoins expliquent ces actes ? Les principaux marquent qu'on les lui fit faire parce qu'il étoit incapable de se conduire par lui-même, et achèvent de confirmer par leur témoignage les justes présomptions que M. le prince de

Conty avoit tirées des actes même, avant qu'ils fussent éclaircis par les dépositions des témoins.

On ajoute à tout cela les faits encore plus graves de l'affliction et de la douleur extrême de Madame de Longueville, des précautions qu'elle prenoit pour empêcher que M. son fils ne célébrât le sacrifice auguste de nos autels, des larmes qu'elle répandoit devant Dieu, quand elle savoit qu'il avoit dit la messe par surprise ; enfin, des ordres exprès qu'elle donne pour l'empêcher de la célébrer, depuis le jour fatal dans lequel elle vit elle-même les excès dont il étoit capable.

Qu'est-ce que Madame de Nemours oppose à ces faits ? Des reproches contre des témoins, qui ne méritent pas d'être écoutés, soit parce qu'il n'y en a aucun qui soit légitime, soit parce que quand on retrancheroit tous les témoins reprochés, il y en auroit encore plus qu'il n'en faut pour former une preuve complète ; des faits négatifs qui ne détruisent point ceux de M. le prince de Conty, des actions sages en apparence, mais qui ne font point présumer une exclusion, ni même une cessation et un intervalle de démence.

Les faits négatifs ne peuvent être d'aucune utilité. Decidera-t-on que M. l'abbé d'Orléans jouissoit d'une santé parfaite, parce que quelques témoins qui n'étoient pas même attachés auprès de sa personne, ont dit qu'ils ne lui ont point vu faire d'actions de démence, ou simplement qu'il leur a paru de bon sens ?

Et à quoi se réduiront les actions de sagesse ? A six ou sept faits qui sont inutiles ou contraires à l'usage que Madame de Nemours prétend en faire.

Il tenoit sa table, dit-on, à l'hôtel de Longueville : un seul témoin de Madame de Nemours le dépose ; mais six ou sept témoins de M. le prince de Conty assurent qu'il ne mangeoit presque jamais à l'hôtel de Longueville : un cabaret ou une gargotte, la loge du portier des jacobins, tout au plus quelque réfectoire de moines, étoient les lieux qu'il choisissoit pour prendre ses repas.

Il avoit un grand respect pour Madame sa mère; mais les témoins de M. le prince de Conty marquent que le motif de ce respect extérieur étoit une crainte excessive qui le faisoit paroître consterné en sa présence.

Il jouissoit d'une liberté entière; mais il en abusoit : on ne pouvoit la lui retrancher sans l'enfermer entièrement, et il falloit pour cela attendre que les actes eussent été passés.

Il s'est confessé; mais outre que ce fait n'est pas prouvé dans le temps du testament, ne sait-on pas qu'il y a plusieurs insensés qui se confessent dans des temps où la démence leur donne quelque relâche, quoiqu'elle ne soit pas parfaitement guérie?

Il faisoit des exhortations; mais elles étoient le sujet de la risée des domestiques.

Il disoit la messe; mais outre qu'il pouvoit la dire par un reste d'habitude, il y commettoit les plus graves et les plus insignes de ses extravagances. Et qu'on ne dise point que Madame de Longueville souffroit qu'il la célébrât publiquement ! Plusieurs témoins dignes de foi, les principaux officiers, et de Madame de Longueville et de M. l'abbé d'Orléans attestent le contraire. Bien loin de le souffrir, elle avoit donné des ordres sévères pour l'empêcher; et d'ailleurs à quoi se réduisent toutes les preuves opposées sur ce fait? D'un côté sept témoins, tous incapables par la bassesse de leur état de juger sainement d'un fait de cette importance, disent que M. l'abbé d'Orléans a célébré dévotement la messe dans les derniers mois qui ont précédé le testament. Tous peuvent avoir entendu la même messe. Tous peuvent avoir entendu une messe dite avant cette aventure si célèbre dans cette cause par son indignité, après laquelle Madame de Longueville ne garda plus aucunes mesures, et défendit absolument qu'on admît M. l'abbé d'Orléans à la célébration de la messe; et de l'autre côté un nombre considérable de témoins, officiers principaux de la maison, établissent trois faits également décisifs : le premier, que M. l'abbé d'Orléans étoit absolument incapable d'approcher du ministère des autels; le second, qu'il y est tombé dans des accès qui seroient des sacriléges s'ils n'étoient pas des extravagances; le troisième, que Madame de Longueville avoit fait des défenses expresses qui ont été éludées quelquefois par la malheureuse complaisance que Porquier avoit pour M. l'abbé d'Orléans, mais à l'insu de cette grande princesse, contre son intention, contre ses ordres précis.

Enfin, le dernier fait est que M. l'abbé d'Orléans a eu l'honneur de prendre congé du roi; mais aucun témoin ne l'a vu : c'est un bruit qui s'est répandu dans la maison, peut-être sans fondement. A quoi même se réduiroit ce fait ? à une simple cérémonie d'un moment, dont l'imbécillité de M. l'abbé d'Orléans, conduite et retenue par la présence et la crainte de M. le comte de Saint-Pol, ne l'a pas rendu incapable.

Voilà cependant à quoi se réduisent toutes les preuves de Madame de Nemours; car si l'on vouloit aller plus loin, et pénétrer plus avant dans son enquête, on y trouveroit des témoins, tels que M. le prince de Conty les auroit lui-même choisis, qui parlent de M. l'abbé d'Orléans comme d'un insensé, qui expliquent des traits marqués de la foiblesse et de l'égarement de son esprit, et qui sont la preuve la plus éclatante que M. le prince de Conty pouvoit désirer pour établir le grand fait de la notoriété publique.

Après cela, comment a-t-on pu faire le parallèle des deux enquêtes? Comment a-t-on pu croire que l'une seroit capable d'être mise en balance avec l'autre? Est-ce sur le nombre des témoins que l'on a fondé cette grande confiance? Mais outre que la différence n'est ni considérable ni importante, com-

bien de témoins ne faut-il pas retrancher de l'enquête de Madame de Nemours ? Vingt-cinq témoins
de Sainte-Marie-aux-Mines, qui sont hors du temps
porté par votre arrêt, et que M. le prince de Conty
n'a pas eu la liberté de contredire; un grand nombre
d'autres témoins qui ne parlent que du fait négatif,
ou qui même sont plus favorables à M. le prince
de Conty qu'à Madame de Nemours. Et quand on
aura fait cette réduction, osera-t-on comparer la
qualité des témoins de l'une et de l'autre enquête?
Du côté de M. le prince de Conty, tous les principaux officiers de la maison, témoins, inspecteurs,
censeurs assidus de la conduite de M. l'abbé d'Orléans; de l'autre, les domestiques du dernier degré,
incapables de juger de l'état, de la raison et de la
sagesse.

    Il est vrai que Madame de Nemours a le bonheur
de trouver le nom de M. le Nain dans la liste de
ses témoins, nom digne de la vénération de tous
les gens de bien; mais c'est aussi son nom seul qu'on
oppose à M. le prince de Conty : car outre que
la part qu'il a eu au conseil de Madame de Longueville, et aux actes qui ont été passés, l'a empêché
de s'expliquer clairement sur l'état de M. l'abbé
d'Orléans, sa déposition ne contient aucun fait de
sagesse. C'est un jugement que ce grand magistrat
a porté sur l'état de M. l'abbé d'Orléans; jugement
si équitable, que M. le prince de Conty est prêt
d'y souscrire, pourvu qu'on le renferme dans les
bornes dans lesquelles il l'a lui-même réduit : *Desquels actes,* dit-il, *M. l'abbé d'Orléans étoit capable.*
Il semble d'abord s'expliquer en termes généraux,
mais il restreint aussitôt cette capacité au seul acte
de la donation qu'il a faite à M. le comte de Saint-
Pol, c'est-à-dire, que M. le Nain l'a cru capable de
se dépouiller, de souffrir qu'on lui liât les mains,
en un mot, d'acquiescer à sa propre interdiction;
et c'est précisément ce que M. le prince de Conty
veut conclure des actes.

    Il n'y a donc aucune comparaison à faire ni dans

le nombre , ni dans la capacité des témoins; on n'oseroit pas entreprendre de faire celle des faits. Où peut donc être le doute et l'obscurité de cette cause ?

Que si pour dernier retranchement, on cherche à placer le testament dans un intervalle lucide, quelle conséquence pourra-t-on tirer de ce moyen, qu'une preuve manifeste de l'impuissance où l'on se trouve de défendre la cause par d'autres raisons ?

Il est facile de forcer encore ce dernier obstacle que l'on oppose aux prétentions de M. le prince de Conty, 1.° Parce que les intervalles ne se présument pas dès le moment que la folie est une fois prouvée : c'est alors à celui qui les allègue à les prouver. 2.° Parce qu'il faudroit que ce fussent de véritables, de longs, de parfaits intervalles, et non pas des momens rapides et passagers, des ombres de raison, des apparences de calme, comme la loi les appelle. 3.° Enfin, parce que l'on n'admet pas même cette distinction dans le genre de folie dont il s'agit dans cette cause. Le droit ne reconnoît d'intervalles lucides, que dans les furieux; les autres insensés sont regardés comme malades d'une infirmité perpétuelle : c'est un affoiblissement d'organes, une privation de raison, qui n'a point, comme la fureur, ses accès et ses intermissions ; sa cause est continuelle : elle est susceptible d'augmentation et de diminution, mais jamais d'une cessation parfaite et d'une véritable interruption.

Si ces principes sont certains en général, on peut dire qu'ils ne sont pas nécessaires dans l'espèce de de cette cause, où non-seulement le genre de folie est certain, prouvé par les témoins, appelé du nom de *Foiblesse* dans l'arrêt d'interdiction, désigné par celui d'*Imbécillité* dans les anciens factums que Madame de Nemours a distribués autrefois dans un temps non suspect, et où par conséquent il seroit impossible d'admettre la supposition des intervalles. Mais il y a plus, les témoins de M. le prince de Conty ont détruit par avance cette objection : les uns

22 *

ont dit que. M. l'abbé d'Orléans étoit dans l'état d'une véritable incapacité ; les autres, qu'ils l'ont vu dans une agitation continuelle ; les derniers, qu'ils n'ont remarqué en lui, pendant les deux mois qui précèdent et qui suivent le testament, aucun moment d'une sérénité parfaite et d'une entière tranquillité.

Que reste-t-il donc, en réunissant tant d'argumens différens, que de conclure aujourd'hui, que l'état de M. l'abbé d'Orléans ne peut plus être douteux, que les actes et les témoins forment ensemble un concert unanime, une parfaite harmonie, qui conspirant au même but, explique les actes par les témoins, les témoins par les actes, et produit la plus grande conviction que l'on ait peut-être jamais trouvée dans une affaire de cette nature.

Après cela , viendra-t-on , plutôt pour obscurcir cette cause que pour la décider, renouveler encore des questions de droit décidées par votre premier arrêt ? A-t-on oublié qu'elles y furent pleinement traitées, discutées, approfondies dans votre audience ? et peut-on se persuader que si vous aviez eu encore quelque doute sur la validité du premier testament, vous eussiez voulu engager les parties dans une preuve difficile, et peut-être absolument inutile et illusoire par l'événement ?

Quels sont les moyens que l'on propose contre ce testament confirmé en lui-même par un préjugé si solennel ? Ce sont précisément les mêmes raisons que vous avez déjà condamnées. On attaque les premiers principes du droit sur les fidéicommis, et encore plus sur l'effet des clauses codicillaires. On s'étend un peu plus que l'on n'avoit fait dans le temps de la première plaidoirie, sur la donation universelle, on soutient qu'elle a révoqué de plein droit ce testament dont M. le prince de Conty allègue inutilement l'autorité, parce que c'est un titre qui ne subsiste plus.

Mais comment peut-on soutenir ce moyen déjà jugé, de la révocation prétendue du testament par la donation ?

Il n'y a que deux espèces de revocations : la révocation expresse et la révocation tacite. La donation n'en contient point d'expresse ; et peut-on dire qu'elle en contienne une tacite par le changement présumé de la volonté du donateur ?

Il faudroit pour cela, ou qu'il y eût de l'incompatibilité entre les deux titres dont on prétend que le dernier révoque le premier, ou qu'il y eût d'autres marques certaines et évidentes de ce prétendu changement de volonté ; et l'on ne sauroit prouver ni l'un ni l'autre de ces deux points.

1.º Il n'y a ici nulle incompatibilité entre un testament et une donation ; ce sont deux titres différens, mais qui ne sont point contraires. M. le comte de Saint-Pol pouvoit être en même temps et donataire entre-vifs et héritier testamentaire. Auroit-on pu lui opposer le moyen de révocation ? Or, dès le moment que ce moyen ne pouvoit avoir lieu contre lui, son nom seul conserve, soutient, assure le testament et les dispositions qu'il contient.

2.º Quelles sont les marques prétendues de ce changement de volonté ? Les biens présens, dit-on, étoient compris dans le testament. Or ces mêmes biens sont renfermés dans la donation. Donc le testament est révoqué, parce que c'est un principe de droit que *Donatio rei legatœ extinguit Legatum.*

Mais qui sait la distinction commune que l'on fait entre les dispositions universelles et les legs particuliers ? Il est vrai qu'un legs particulier est présumé révoqué, lorsque depuis le testament, le testateur donne la chose léguée ; mais il n'en est pas ainsi dans les institutions d'héritiers et de fidéicommis universels. Un testateur peut bien diminuer le profit, l'étendue, l'avantage de l'institution, en donnant une partie de ses biens ; mais sa volonté ne change pas pour cela : l'hérédité diminue, mais l'héritier demeure le même. Il y a plus : dans l'espèce de la cause, le testateur n'a pas donné purement et simplement ; quand il l'auroit fait, le testament subsisteroit toujours, quoique dans l'événement il fût

3

moins avantageux pour les héritiers constitués ; mais
en donnant, il a imposé une condition de retour
qui pouvoit faire rentrer ses biens dans la masse de
son patrimoine, et les remettre dans l'hérédité. C'est
un droit qui étoit dans ses biens, et qui demeuroit toujours compris dans l'institution universelle.
Et pour rendre ce raisonnement sensible, il suffit
de supposer un cas qui pouvoit arriver très-aisé-
ment, c'est-à-dire, que M. le comte de Saint-Pol
mourût sans enfans avant M. l'abbé d'Orléans, que
les biens donnés revinssent au donateur, et qu'il
mourût ensuite avant Madame de Longueville, sa
mère, qui étoit instituée héritière au défaut de M. le
comte de Saint-Pol. Lui opposeroit-on en ce cas,
qu'une partie des biens ont été donnés à M. le comte
de Saint-Pol, et que cela doit faire présumer un changement de volonté? Elle répondroit que le testateur
a eu en vue de diminuer l'émolument et le bénéfice
de l'institution, mais non pas de révoquer l'institution elle-même ; qu'il n'a pas même voulu le faire purement et simplement, et qu'il a imposé une loi de
réversion, qui, le rendant maître une seconde fois
des mêmes biens, fait considérer ces biens comme
s'il les eût toujours possédés, et qui les transmet
ensuite à ceux qu'il a choisis pour héritiers. Et si l'on
ne pouvoit combattre ce raisonnement en la personne
de Madame de Longueville, pourroit-on soutenir ensuite, qu'elle ne seroit pas chargée de fidéicommis
envers Messieurs les princes de Conty, contre les
termes même de l'intention écrite du testateur? Donc,
et l'institution de Madame de Longueville et le fidéicommis subsisteroient. Donc, on ne doit point présumer de révocation tacite dans la donation.

Mais pourquoi s'arrêter à des questions de droit,
lorsque le fait suffit pour décider? On cherche un
changement de volonté dans un homme qui n'avoit
plus de volonté. Si le testament est fait dans le temps
de la démence, comment pourra-t-on soutenir que
la donation, qui n'en est séparée que de trois jours,
ait été faite dans le temps de sa sagesse? Ainsi le

fait de démence rend cette question de droit inutile.
C'est ce que vous avez déjà décidé par votre arrêt.
Vous n'avez eu aucun égard aux prétendues confirmations de cet acte ; vous avez jugé qu'on avoit
supposé la donation dans quelques assemblées de
parens, et dans des contestations absolument étrangères à cette cause, parce que personne ne l'attaquoit
ni ne pouvoit l'attaquer ; mais vous n'avez point
cru, que supposer un acte dans le temps que personne ne le combat, ce fût le confirmer.

Ainsi, à quoi se réduit toute cette cause ? Deux
testamens, l'un sage, judicieux, conforme aux inclinations du testateur, à l'élévation de sa naissance, à
l'état de sa famille ; l'autre qui n'a pour but que
l'intérêt du légataire universel, et dans lequel celui
du testateur est absolument oublié : l'un, fait dans
le temps d'une sagesse constante ; l'autre, placé dans
le milieu de la démence la plus consommée : tous
deux en faveur des héritiers du sang, mais avec cette
différence que dans l'un la prévoyance du testateur
a été plus loin ; il a cherché dans le sang auguste
de nos rois un héritier capable de faire honneur à
sa mémoire, ne pouvant plus en espérer dans sa
famille après la mort de M. le comte de Saint-
Pol ; au lieu que dans l'autre on a retranché l'ouvrage de la sagesse, de l'affection, de la gloire du
testateur. Enfin, d'un côté un premier testament
confirmé en lui-même par un arrêt solennel ; et
de l'autre, un second testament déjà détruit par la
notoriété publique de la démence de son auteur,
annulé par une sentence contradictoire des requêtes
du palais, non moins juste, non moins solennelle,
non moins judicieuse que la première que vous avez
déjà confirmée.

C'est ainsi que par des couleurs apparentes et des
moyens vraisemblables, l'une et l'autre partie semblent
faire entrer alternativement la justice et la raison dans
leurs intérêts, et confirment également ce que nous
avons dit en commençant cette cause, qu'au milieu
de tant de vraisemblances contraires les unes aux

autres, la vérité s'obscurcit, la lumière disparoît,
jusqu'à ce que votre arrêt la rappelle et la fasse paroître dans tout son éclat. Nous souhaiterions qu'il
nous fût possible d'avancer ce moment que le public attend depuis si long-temps; mais la vaste étendue de la matière nous oblige de différer encore à
vous expliquer nos réflexions sur une cause si importante, et nous ne le ferons qu'après vous avoir
expliqué les faits qui résultent des preuves respectives, par la lecture des témoins qui en ont déposé
de part et d'autre.

SECONDE AUDIENCE.

Nous avons commencé l'explication de cette cause
par vous rendre un compte exact des circonstances
essentielles du fait, et des principaux moyens des
parties. Nous entreprenons aujourd'hui de vous
expliquer les preuves de l'histoire de la vie de
M. l'abbé d'Orléans; c'est-à-dire, que nous devons
encore dans cette audience augmenter l'obscurité et
l'incertitude qui règnent dans toute cette contestation,
et vous représenter M. de Longueville dans cet état
douteux entre la raison et la démence, où les uns
vous le dépeignent comme un homme d'une sagesse
irréprochable, et les autres au contraire, comme un
homme d'une folie publique et notoire. Mais afin
que les preuves soient plus constantes et plus assu-
rées, nous diviserons en deux parties tout ce que
nous nous sommes proposés de traiter dans cette
audience.

Nous envisagerons d'abord la preuve par rapport à
la qualité des témoins, et nous examinerons les
reproches généraux et particuliers qu'on leur a
opposés.

Nous la considérerons ensuite, par rapport à la
nature, à la force et au poids de leurs dépositions.
Dans le premier point, nous aurons en vue les personnes; dans le second, nous ne nous attacherons

qu'aux faits, et cette dernière partie se réduira presque à vous lire les principaux témoins, sans y mêler aucun de ces commentaires ingénieux, souvent plus propres à faire admirer l'esprit de l'interprète, qu'à éclaircir le texte et la lettre de la déposition; et nous souhaiterions même qu'il nous fût possible de faire toujours parler et les actes et les témoins, sans rien ajouter de nous-même dans une cause de cette importance.

Entrons donc dans l'examen des reproches des témoins. Nous n'examinerons point encore aujourd'hui si ce que l'on vous a dit est véritable, c'est-à-dire, que quand on retrancheroit tous ceux que Madame de Nemours a reprochés, il y en auroit encore assez dans l'enquête de M. le prince de Conty pour former une preuve complète. En même temps que l'on relève ce moyen, on ne renonce point à ces témoins reprochés; et comment pourroit-on y renoncer, puisque dans toutes les autres parties de la cause, on les a fait valoir comme témoins essentiels et décisifs de cette contestation?

Nous pouvons donc négliger, quant à présent, cette première observation. Rien ne nous dispense d'examiner les reproches; au contraire, tout nous y oblige. Commençons par ceux que Madame de Nemours a proposés contre les témoins de M. le prince de Conty.

Deux sortes de reproches : les uns généraux et de droit; les autres particuliers, et tirés de quelques faits importans.

Nous ne comprenons point sous ce nom de reproches généraux, les suspicions qu'on a voulu répandre de part et d'autre sur les deux enquêtes. Nous ne vous en parlerons que quand il s'agira de faire le parallèle des deux preuves testimoniales. Nous n'examinons à présent que les reproches généraux que le droit fournit, et qui se réduisent à deux principaux, l'âge et la pauvreté.

Et parce qu'il nous reste une vaste carrière à remplir, et que la seule lecture des témoins nous

occupera un temps fort considérable, souffrez, MES-
SIEURS, que sans nous étendre en de longués dissertations , nous vous proposions simplement et
nûment les principes généraux que les sentimens de
nos meilleurs praticiens et la jurisprudence de vos
arrêts ont établis en cette matière.

Le premier principe, c'est qu'il n'y a point d'ordonnance qui fixe le nombre, la qualité des reproches ; ainsi dans ces occasions on emploie avec succès
l'autorité de la raison écrite, expliquée par nos docteurs, tempérée par l'usage et par la pratique.

Le second principe qui est fondé sur l'autorité de
ce que nous venons d'appeler, à l'exemple des plus
grands magistrats qui aient paru dans cette compagnie, la raison écrite, est que la faculté de déposer
est une espèce de liberté naturelle, accordée à tous
ceux à qui la loi ne la refuse pas expressément.

Examinons donc ce qui regarde l'âge, d'après ces
deux principes, et voyons ce que le droit civil, ce
que l'usage nous prescrit sur ce reproche général.

Dans le droit romain, on ne connoissoit à cet égard
qu'une seule distinction, et c'étoit celle des pubères
et des impubères. Pourquoi cela? Parce qu'à l'âge
de quatorze ans, les hommes étoient capables de
tester, de passer toutes sortes de contrats par eux-
mêmes, et par conséquent d'être témoins soit des
actions, soit des engagemens, soit des dernières dispositions des autres hommes.

Parmi nous, comme l'âge de disposer de ses biens
par testament est beaucoup plus reculé, on distingue
deux sortes de témoins.

Les uns que l'on appelle témoins *instrumentaires*,
c'est-à-dire, ceux qui par leur signature assurent la
vérité et la foi des actes. On peut choisir ceux-ci
comme l'on veut; mais parce que leurs fonctions
approchent de celles des notaires, et qu'ils partagent
avec eux la confiance de la loi, on ne se contente pas
qu'ils aient atteint l'âge de puberté, on désire qu'ils
aient le même âge qui est nécessaire pour faire un

testament (1). La capacité du témoin doit suivre et imiter celle du testateur. Maxime trop constante, pour avoir besoin de preuves.

Les autres témoins, sont des témoins des actions ordinaires de la vie; témoins fortuits, que le hasard donne, que celui qui les produit ne peut choisir ; témoins que l'on est forcé d'admettre plus facilement que les autres pour ne pas rendre les preuves des faits impossibles; et ils peuvent être de deux sortes, pubères et impubères.

Dès le moment qu'ils ont atteint l'âge de puberté, on ne sauroit trouver ni loi, ni ordonnance, ni arrêt, ni docteur qui les exclue de rendre témoignage : aussi n'en a-t-on cité aucun.

Au-dessous de la puberté, la chose est plus difficile. L'ordonnance permet aux juges de les recevoir, même en matière criminelle, où la faveur de l'absolution, où l'importance de la preuve doit la rendre plus difficile, sauf à examiner ensuite la nature et la qualité de leurs dépositions.

De là résulte un argument invincible, qu'il n'y a aucune difficulté à l'égard des pubères; aussi n'a-t-on jamais proposé ce doute sérieusement.

Sur quoi donc a-t-on douté? Sur une question qui auroit lieu dans cette cause : *An pubes factus possit testari de eo quod vidit in pupillari œtate ?* La glose du droit civil sur le §. 6. *Testes* instit. *de Testamentis ordin.*, l'a décidé pour l'affirmative. Masuère, un de nos plus excellens praticiens, le décide de la même manière.

Pour nous, nous croyons que cela doit être restreint aux impubères qui approchent de l'âge de puberté.

_____

(1) L'article **XXXIX** de l'ordonnance du mois d'août 1735, concernant les testamens, qui est l'ouvrage du même magistrat, a fixé l'âge des témoins dans tous les actes à cause de mort, où leur présence est nécessaire, *à celui de vingt ans accomplis*, *à l'exception des pays de droit écrit, où il suffira que lesdits témoins aient l'âge où il est permis de tester dans lesdits pays.*

C'est l'opinion de Jean André, fameux interprète du droit canon.

Ainsi, les témoins sont, ou instrumentaires, ou non. Au premier cas, l'âge de vingt ans est nécessaire. Dans le second, celui de la puberté suffit, et même le témoin qui y est parvenu, peut déposer de ce qu'il a vu dans un temps proche de cet âge.

Mais cette question est inutile ici; deux seuls témoins étoient au-dessous de la puberté dans le temps dont ils déposent, et leur témoignage n'est pas assez considérable pour s'arrêter plus long-temps à discuter cette difficulté.

Passons au reproche général de la pauvreté, en l'examinant dans le droit et dans le fait.

1.º Dans le droit, que doit-on en juger?

La loi 3. ff. *de Testibus*, met la pauvreté au nombre des qualités que le juge doit examiner dans la personne des témoins; mais elle y joint en même temps le caractère du témoin, ses mœurs, sa conduite. Elle dit d'abord, qu'il faut considérer *an egens fit*; elle ne s'arrête pas là, mais elle ajoute, *ut lucri causâ quid facilè admittat*. La pauvreté ne suffit donc pas; il faut que ce soit une pauvreté qui dans toutes les circonstances qui l'accompagnent, fasse présumer que le témoin est capable de toutes sortes de crimes, pourvu que l'espérance du gain lui soit montrée, *ut lucri causâ quid facilè admittat*. Aussi voyons-nous que la glose dit expressément qu'on admet souvent les pauvres, *quia non tam ex facultatibus quam ex fide testis idoneus æstimatur, et inspicitur cujus propositi sit*.

Ce que l'on vous a dit du bien qu'il falloit avoir chez les Romains pour exclure le fait de la pauvreté, ne regarde pas les témoins, mais les accusateurs, auxquels on ne permettoit pas d'accuser s'ils n'avoient au moins cinquante mille sesterces.

Mais parce qu'en général, il est difficile de faire cette espèce d'inquisition sur les mœurs, le caractere, la réputation du témoin; lorsque les parties n'articulent aucun fait précis, et s'attachent uniquement au reproche général, tiré de la pauvreté, nos docteurs et l'usage ont restreint ce reproche au seul cas de la mendicité, qui forme une présomption très-grande de la vénalité du témoin.

C'est la doctrine de Masuère : s'il va demander aux portes, *Ostiatim.* C'est l'opinion de le Brun dans le livre intitulé : *Procès civil et criminel.* Souvent on trouve plus de probité et de fidélité dans la pauvreté que dans les richesses.

Venons au fait particulier.

1.° Nulle preuve de mauvaise conduite, de caractère douteux, de vénalité de témoins.

2.° Nulle preuve de mendicité.

3.° Quelle preuve même apporte-t-on de la pauvreté ? certificat ou compulsoire qui prouve qu'ils ne sont point dans le rôle de capitation, mais preuve très-équivoque : souvent le crédit ou la négligence, une pauvreté feinte, empêchent qu'on n'y soit compris.

Enfin, ce reproche ne retrancheroit que six ou sept témoins, dont les dépositions ne sont pas fort considérables.

Entrons à présent dans le détail des reproches particuliers.

On en a fait une distribution juste en quatre classes : décrets, procès, haine pour des grâces refusées, et attachement très-grand pour M. le prince de Conty.

PREMIÈRE CLASSE DE REPROCHES.

Décrets.

On allègue des décrets contre cinq des témoins : Martineau, du Perron, le Geai de Chateaufort, Jouanne et sa femme, Fouilleuse.

Martineau. Il faut le retrancher. Le décret purgé en 1688. Arrêt qui prononce seulement des défenses respectives, dépens compensés. Il s'agissoit d'une rixe peu considérable.

Le Geai de Châteaufort. On prétend qu'il y a équivoque dans le nom ; mais cela est peu important, car ce témoin est peu essentiel.

Jouanne et sa femme. On a rapporté cinq décrets. Nous les avons tous examinés ; il y en a d'assigné pour être ouï ; il y en a d'ajournement personnel ; il y en a un de prise-de-corps ; mais que trouvons-nous de l'autre côté ? Sur un de ces décrets, sentence qui le purge, et condamne Jouanne en trois livres de réparation.

Sur une autre, sentence qui est rendue en faveur de la femme de Jouanne, et condamne sa partie.

Sur les trois autres, transactions qui liquident à des sommes très-modiques les dépens, dommages et intérêts.

Au fond, il étoit question de querelles entre deux hôtes voisins qui vouloient attirer chacun chez eux les passans ; accusations légères. Mais, dit-on, le public n'est pas satisfait, et sur cela on atteste notre ministère.

Et ne sait-on pas la disposition précise de l'article XIX du titre XXV de l'ordonnance de 1670, qui enjoint, à la vérité, au procureur du roi, *de poursuivre incessamment ceux qui seront prévenus de crimes capitaux, ou auxquels il écherra peine afflictive, nonobstant toutes transactions faites par les parties;* mais qui ordonne en même temps, *qu'à l'égard de tous les autres, les transactions seront exécutées, sans que* la partie publique, *puisse en faire aucune poursuite?*

Or, ici de quoi s'agit-il ? De quelques voies de fait, de quelques coups donnés entre les valets de deux hôtelleries, à l'occasion de quelques hôtes que l'un vouloit avoir au préjudice de l'autre. Rien de plus susceptible de transaction et d'accommodement.

Fouilleuse. Reproche important, parce que la déposition est importante, et que d'ailleurs le décret n'est pas purgé ; mais il faut considérer le droit et le fait.

Dans les principes généraux, il n'est point vrai

que l'ordonnance ait décidé qu'un décret dans tous les cas, et sans distinction, étoit un reproche suffisant. L'ordonnance, à la vérité, ne permet point d'alléguer ce fait pour reproche, sans le justifier, et sans rapporter le décret; mais elle laisse à la prudence du juge d'examiner les circonstances qui accompagnent le décret, pour décider ensuite si le reproche est valable ou s'il ne l'est pas.

Or, quelle est la distinction qu'il faut suivre en ces occasions?

Ou le titre de l'accusation est grave, et alors la présomption est contre l'accusé, jusqu'à ce qu'il ait purgé le décret. Il ne peut pas alors être considéré comme un homme *integræ famæ et vitæ inculpatæ.*

Ou, au contraire, le titre de l'accusation est léger, et ne pourroit attirer aucune peine capable d'imprimer la moindre note; et en ce cas, il seroit injuste que le décret eût plus d'effet que la sentence même.

Dans le fait, deux choses à considérer :

1.° Le titre de l'accusation : on l'a voulu qualifier de rapt; mais dans la plainte qui est entre nos mains, et qui contient un détail peu convenable à la dignité de l'audience, il ne s'agit que d'une véritable débauche, précédée, à ce que l'on prétend, de promesses de mariage; mais c'est une couleur ordinaire;

Conjugium vocat; hoc prætexit nomine culpam.
Virg. Æneid. Lib. IV.

Ce ne sont point les parens de la fille; c'est elle-même et elle seule qui se plaint; ainsi nulle apparence de rapt.

Mais ce qui dissipe le soupçon, c'est qu'on ne voit aucune poursuite : depuis ce temps un silence entier et profond.

2.° Les circonstances singulières de cette affaire.

Première circonstance. Le décret n'a jamais été

levé; et qu'on ne fasse point d'équivoque sur la signification. On sait bien qu'un décret de prise-de-corps
ne se signifie point, mais on le lève, on l'exécute, on
fait une perquisition de la personne, une annotation
des biens. Ici aucune de ces procédures. On les appor-
teroit s'il y en avoit, puisque le décret est émané
d'une justice qui appartient à Madame de Nemours
à titre d'engagement. Ainsi Fouilleuse n'avoit aucune
connoissance légitime et judiciaire de ce décret; comment auroit-il pu le purger?

Seconde circonstance. Mariage de la fille depuis
le décret, qui a éteint l'accusation indirectement.
Elle avoit plus d'intérêt à ne pas poursuivre, que
Fouilleuse à n'être pas poursuivi. Comment vouloit-
on même que Fouilleuse purgeât ce décret, sans la
déshonorer et troubler un mariage concordant? Que
peut-on lui imputer dans cette conjoncture?

Troisième circonstance. Quelle auroit été la fin
de ce procès? Fouilleuse auroit interjeté appel; on
l'auroit condamné à une aumône légère et à quelques
dommages et intérêts. De telles condamnations n'em-
portant aucune note d'infamie, il seroit resté *integræ
famæ.* Faut-il que le décret ait plus de pouvoir que
la condamnation?

SECONDE CLASSE DE REPROCHES.

Procès ou sujets de procès.

C'est un reproche bon en général; mais on ne doit
pas en abuser. Il faut que ce soit un procès sérieux,
véritable, capable d'exciter la haine et l'inimitié, et
non pas un procès qui n'en a que le nom; procès
affecté au moins dans sa durée, pour en faire un sujet
de reproche.

Après cela, contre qui forme-t-on ce genre de
reproche?

1.º Contre *Desgourreaux.* Mais c'est un procès
qui devoit être agréable à Madame de Nemours,

puisqu'il tendoit à faire confirmer le second testament par lequel elle attaque le titre de M. le prince de Conty : procès qui n'a pas empêché que ses officiers n'aient entretenu un commerce de lettres avec lui, et ne lui aient écrit même dès le lendemain de l'arrêt par lequel vous avez confirmé la sentence, pour le faire venir à Paris, et le mettre au nombre des témoins de Madame de Nemours.

2.º Contre *Follard*. Le reproche est plus apparent. Il aura le même procès que M. le prince de Conty, pour soutenir le premier testament, où il est légataire de douze cents livres en pension, au lieu qu'il ne l'est que de quatre mille huit cents livres une fois payées, dans le dernier ; et, d'ailleurs, il y est nommé l'exécuteur testamentaire.

Sur la qualité d'exécuteur du testament, c'est une charge, ou tout au plus un honneur qu'il n'a pas accepté. Nulle apparence qu'il l'accepte ; mais c'est au contraire une circonstance qui prouve la probité du témoin et la confiance qu'on avoit en lui.

Sur la différence des legs, Madame de Nemours n'a pas intérêt de proposer ce moyen, qui auroit lieu contre plusieurs témoins de son enquête. Mais cette différence est peu considérable pour un homme âgé. Les uns prendroient la pension, les autres la somme, selon l'état de leur famille.

Il ne falloit point mêler ici ce qui concerne les arrérages d'une pension, qu'il a indépendamment des deux testamens.

Ajoutons sa probité connue.

3.º Contre *Daflon*, *le Leu*, la demoiselle *le Bastier*, trois domestiques de Madame de Longueville, auxquels elle a laissé des pensions viagères par son testament.

Quel est ce procès ?

Une assignation donnée, tant à M. le prince de Conty qu'à Madame de Nemours, pour être condamnés comme héritiers, personnellement et hypothécairement pour le tout, à payer la pension.

Que peut-on opposer à cette demande ? On est

convenu, à votre audience, que Madame de Nemours
devoit sa part ; peut-on disconvenir qu'elle ne puisse
être poursuivie hypothécairement pour le tout ?

Cette assignation est du 19 août 1695 : on se contente de la faire renvoyer aux requêtes du palais, on
laisse prendre un défaut, on y forme opposition.
Cependant la cause se plaide entre M. le prince de
Conty et Madame de Nemours, aux requêtes, et en
la cour. La sentence qui a permis la preuve par
témoins, est confirmée le 10 janvier 1696, et on ne
fournit de défenses contre la demande de ces trois
personnes, que le 19 janvier, jour auquel M. le
prince de Conty commence son enquête.

Et quelles sont ces défenses ? Elles se réduisent à
ces mots, *non-recevable et mal fondé.* Offre-t-on de
payer pour sa part et portion ? Dit-on qu'on ait déjà
payé ? Nous ne voyons rien de tout cela. Mais Madame de Nemours a, dit-on, été forcée de payer le
total : qu'en pourroit-il résulter ? un recours contre
M. le prince de Conty, non un sujet de reproche
contre ses témoins.

TROISIÈME CLASSE DE REPROCHES.

Inimitié pour des grâces refusées.

On propose ce reproche contre trois témoins,
Grappin, Desgourreaux, le P. Tissier.

A l'égard de *Grappin,* on rapporte un seul mémoire de lui, par lequel il a demandé la garde-robe
de M. l'abbé d'Orléans, et une gratification.

Mais paroît-il qu'on la lui ait refusée ? Nullement ;
et d'ailleurs quelle en seroit la conséquence ?

Un valet de chambre n'aura pu demander à l'héritier de M. l'abbé d'Orléans une récompense de ses
services, sans être devenu par là incapable de déclarer ce qu'il a su de l'état de son maître.

Desgourreaux. Il a demandé une gratification
pour tenir lieu de l'équipage : il prie le sieur Guilloin

de présenter un placet; il écrit le 13 avril 1695, pour demander le paiement de sa pension, et il mande qu'il est bien fâcheux que Madame de Nemours soit si long-temps à se déterminer, et qu'il voudroit bien savoir à quoi s'en tenir, pour n'avoir rien à se reprocher.

On peut faire sur ce reproche le même raisonnement que sur le précédent. Il est difficile de reprocher pour cela un ancien domestique. Paroît-il qu'on lui ait refusé ce qu'il demandoit ? Au contraire, vous voyez qu'on le ménage par les lettres qu'on lui a écrites aussitôt que vous avez confirmé la sentence qui admettoit la preuve.

Le P. *Tissier.* Il faut distinguer les lettres qui sont reconnues, des placets que l'on désavoue.

Dans les lettres, il ne demande rien pour lui, mais simplement le paiement d'une année de pension qui étoit due à son frère, un calice, et quelques livres pour l'abbaye de Saint-Georges. Il y en a une où il dit qu'il souhaite que sa prière réussisse pour lui épargner le chagrin que la suite de cette affaire pourra lui causer; termes qui n'ont aucun rapport à ces prétendues menaces qu'on suppose qu'il a faites.

Il est vrai que dans les placets, à ce qu'on prétend, qui étoient joints aux lettres, il demande encore la continuation d'une pension de cinq cents livres, que Madame de Longueville lui avoit fait donner pendant la vie de M. l'abbé d'Orléans; mais outre que ces placets ne sont point reconnus ni signés, pourra-t-on se persuader qu'un prêtre, qu'un religieux, honoré de tous les emplois les plus considérables de son ordre; qu'un vieillard de soixante-dix-huit ans, à la veille d'aller paroître devant le tribunal suprême du souverain juge, ait voulu, pour se venger d'un pareil refus, commettre un parjure à la face de la justice, et se rendre coupable de la fausseté la plus noire qui fût jamais, puisqu'il ne se seroit pas contenté d'attester la démence de M. l'abbé d'Orléans, mais qu'il y auroit ajouté une infinité de circonstances, qui

23*

seroient, pour ainsi dire, une foule et une multitude de crimes en un seul?

Finissons ce qui regarde ces trois témoins, par trois réflexions communes.

1.º Ce sont des témoins presque nécessaires. Il faudroit de très-grands moyens pour les rejeter.

2.º En différant de leur accorder les grâces qu'ils avoient demandées, on seroit parvenu à les mettre dans l'impossibilité de déposer contre Madame de Nemours; car, ou l'on se persuadoit qu'ils ne déposeroient point, de peur de perdre le fruit de leurs services; ou du moins on se promettoit que s'ils déposoient, on rendroit leurs dépositions inutiles en l'attribuant au refus de ces grâces.

3.º Si l'on veut s'attacher ici à la vraisemblance, en voyant des grâces demandées d'un côté, et des grâces différées de l'autre, le témoin en suspens jusqu'après la déposition, ne sera-t-il pas bien plus naturel de croire que ce n'est pas le refus de la grâce qui a attiré la déposition, puisque la grâce n'étoit pas encore refusée, mais que c'est au contraire la déposition qui a attiré le refus?

Achevons d'examiner la dernière classe de reproches.

QUATRIÈME CLASSE DE REPROCHES.

Dévouement à M. le prince de Conty.

Ce dernier reproche regarde les sieur et dame de Billy. Nous ne croyons pas qu'il dût être proposé.

On prétend qu'ils sont officiers de M. le prince de Conty, parce qu'ils sont l'un et l'autre capitaine du château de Trie, qui lui appartient.

Le testament de Madame de Longueville dissipe cette couleur.

Elle donne au sieur de Billy, et à la dame sa femme, leur habitation dans le château de Trie, avec les appointemens de quatre cents et tant de livres par an;

et en cas que les héritiers les dépossèdent, ce qu'elle ne croit pas, et ce qu'elle les supplie de ne pas faire, la même somme leur sera payée pendant la vie de l'un et de l'autre.

Ils ne sont donc point officiers de M. le prince de Conty, mais légataires de Madame de Longueville.

Ils ne jouissent pas même de l'habitation, ils demeurent dans une terre voisine.

Tout le droit de M. le prince de Conty se réduiroit à leur ôter cette habitation. Il pourroit le faire à la rigueur; mais il y a des liens d'honnêteté, de bienséance dans les prières de Madame de Longueville, qui, entre des personnes de ce rang, peuvent tenir lieu de commandement et d'obligation.

On ajoute, à l'égard de la dame de Billy, qu'elle a pris la qualité de dame d'honneur de Madame de Longueville qui n'en avoit point; mais elle en faisoit les fonctions auprès d'elle. Et aussi comment s'est-elle expliquée? Qu'elle a servi Madame de Longueville en qualité de dame d'honneur.

De tels reproches sont trop vagues pour affoiblir des dépositions de cette importance.

Nous n'avons pas relevé le fait du calice acheté par Follard, ni du don que Desgourreaux reçut de M. l'abbé d'Orléans, dans le temps où il le représente aujourd'hui comme imbécille, parce que ce sont des contredits contre leurs dépositions, dont nous aurons à parler dans la suite, plutôt que des reproches.

Voilà cependant tous les reproches de Madame de Nemours épuisés. Ils se réduisent à quelques suspicions contre Follard, à cause de la différence des legs faits en sa faveur dans les deux testamens, et à retrancher les deux témoins impubères, aussi bien que le Geai de Châteaufort.

Passons maintenant à l'examen facile et sommaire des reproches que le conseil de M. le prince de Conty a proposés contre les témoins de l'enquête contraire.

Arrêtons-nous d'abord à ce que l'on vous a dit touchant la déposition du témoin le plus illustre qui soit dans l'enquête de Madame de Nemours. Nous n'avons pas besoin de dire que nous voulons parler de feu M. le Nain, maître des requêtes.

Nous avouons ici, et nous croyons que le public nous fera la justice d'en être persuadé, que ce n'est qu'avec douleur que nous nous trouvons réduits à la pénible nécessité d'examiner les suspicions générales par lesquelles on prétend affoiblir l'autorité d'un témoin si digne de notre vénération.

Il nous semble que l'on nous oblige d'expliquer un reproche proposé contre la vertu même, vertu qu'une longue vie avoit consommée, et qu'une mort précieuse, mais qui a paru prématurée, quoiqu'à l'âge de quatre-vingt-huit ans, vient de consacrer à l'immortalité.

Que ne nous est-il permis, au lieu d'entrer dans la discussion de ce reproche, de rendre à cet illustre mort le tribut si justement mérité d'une louange solennelle qui devroit être considérée en notre bouche, plutôt comme une effusion du cœur que comme un ouvrage de l'esprit? Nous vous le représenterions dans le temple de la justice, où son zèle ardent pour la vérité, et sa fermeté inébranlable dans le bien, ont souvent consolé l'innocence et fait trembler l'iniquité. Nous vous le montrerions aux pieds des autels, joignant les exemples d'un parfait chrétien au modèle accompli d'un véritable magistrat : nous le suivrions dans l'éclatante obscurité de sa retraite, où nous le verrions, plus proche du ciel que de la terre, recevoir les bénédictions que l'Ecriture (1) a promises à l'homme de bien ; et, dans une heureuse vieillesse, voyant les fils de ses petits-enfans, plus chargé de mérites que d'années, s'endormir du sommeil des justes, et vivre même après sa mort, non-seulement dans la mémoire des hommes où il subsistera éter-

(1) *Ecce sic benedicitur homo qui timet Dominum.... et videas filios filiorum tuorum.* Ps. 127.

nellement, mais encore plus dans les dignes héritiers de son nom, de ses biens et de ses vertus.

Mais quelque joie que nous eussions de pouvoir rendre ces honneurs publics à sa mémoire, nous sommes obligés de nous renfermer dans des bornes plus étroites. Renonçons à tout ce qui pourroit flatter les sentimens de notre cœur, et ne perdons point de vue l'objet principal que nous envisageons aujourd'hui. Examinons les reproches indirects que l'on a proposés avec toute la retenue imaginable, mais qu'on a néanmoins proposés contre feu M. le Nain.

Nous ne parlerons point ici des interprétations que l'on a données à sa déposition ; nous ne considérons encore une fois que les qualités des témoins, et non pas les inductions que l'on peut tirer de leur témoignage.

Qu'est-ce donc que l'on vous a dit ? Que la confiance dont Madame de Longueville honoroit feu M. le Nain, que la place qu'il remplissoit dans les conseils de Neuchâtel, doivent le faire regarder comme un des principaux auteurs des actes que M. l'abbé d'Orléans a signés ; que sa foi, engagée par les avis qu'il a donnés, ne lui a pas permis de s'expliquer clairement dans ses dépositions, et d'une manière qui pût donner atteinte à des actes aussi justes que nécessaires.

Nous savons qu'un juge ne peut déposer contre la sentence qu'il a lui-même rendue, un notaire contre l'acte qu'il a reçu, un avocat contre la transaction qu'il a conseillée.

Mais quelles preuves rapporte-t-on pour montrer que M. le Nain doit être considéré comme l'auteur des actes qui ont été faits par M. l'abbé d'Orléans ? On sait en général que Madame de Longueville consultoit souvent M. le Nain ; c'étoit une marque de discernement et de l'élévation d'esprit de cette grande princesse. Mais peut-on conclure de ce fait, qu'il ait eu assez de part aux actes, pour ne pouvoir plus en déposer sans détruire indirectement son ouvrage?

Chercherons-nous une plus grande preuve que sa déposition même, pour faire voir que sa foi n'étoit point engagée par les actes? Auroit-il déposé dans cette affaire, s'il étoit vrai que la confiance de Madame de Longueville l'eût rendu l'unique arbitre de la conduite de M. l'abbé d'Orléans en cette occasion?

S'il s'agissoit d'une autre personne, nous examinerions d'abord ce qu'elle auroit dû faire, et nous chercherions ensuite ce qu'elle auroit fait. Mais qu'il nous soit permis de renverser cet ordre à l'égard du grand magistrat dont nous avons l'honneur de vous parler : disons plutôt, M. le Nain l'a fait, donc il a pu, donc il a dû le faire. C'est ce que nous croyons que tout le public dira avec nous ; et c'est aussi par là que nous finirons ce qui regarde la qualité de ce témoin, en attendant que nous nous expliquions plus au long sur la nature de sa déposition.

Le reste ne mérite pas un long examen.

David, n'est pas reprochable : on prétend que M. le prince de Conty l'ayant destitué de la place de secrétaire, en 1685, il en a conservé le ressentiment jusqu'en 1696.

Mais cela est peu vraisemblable.

Pervis, est un témoin qui paroîtroit aussi presque nécessaire.

Mais deux grands obstacles empêchent d'admettre son témoignage.

1.º Il est légataire de huit mille livres par le dernier testament, et n'avoit rien dans le premier.

2.º Il est domestique de Madame de Nemours, concierge d'un de ses châteaux.

C'est donc un témoin à retrancher.

Le surplus de cette audience fut employé à la lecture des dépositions des témoins entendus dans les enquêtes.

TROISIÈME AUDIENCE.

APRÈS avoir fait le récit du fait et des moyens des parties dans la première audience ; après vous avoir expliqué les deux histoires contraires de la vie de M. l'abbé d'Orléans par les dépositions des témoins, que nous avons lues dans la seconde audience, une foule de questions se présentent aujourd'hui devant nos yeux, qui doivent être la matière de notre examen et le sujet important de votre délibération.

Permettez-nous, MESSIEURS, pour n'être pas effrayés de leur nombre et de leur étendue, de les envisager séparément ; et pour en faire un juste partage, de diviser cette cause en deux parties, par rapport aux deux testamens qui en font toute la difficulté.

Examinons d'abord le premier testament en lui-même ; voyons s'il est vrai, comme on vous l'a dit, qu'indépendamment des actes qui le suivent, il renferme en lui la cause de sa ruine, et le principe de sa destruction.

Comparons-le ensuite avec les autres actes, et surtout avec la donation et le testament postérieur, par lesquels on prétend lui donner atteinte. En un mot, reprenons le premier plan et l'ancien ordre que nous nous étions proposés dans le temps de l'interlocutoire pour l'examen de cette grande cause. Le premier testament est-il caduc ? C'est la première question. Le premier testament est-il révoqué ? C'est la seconde. Nous serions heureux, si la décision étoit aussi courte et aussi facile que la proposition.

Tout ce que l'on peut examiner sur la caducité du premier testament, se réduit aujourd'hui à deux points principaux, tous deux également importans et décisifs.

Le premier consiste à savoir si cette question est entière, si elle n'est point préjugée clairement, certainement, irrévocablement par l'autorité de votre arrêt.

Le second se réduit à examiner si quand même
les choses seroient entières, l'on pourroit soutenir
avec quelque apparence de vérité, que le premier
testament soit un titre caduc, inutile, qui tombe et
se détruit par lui-même.

Pour traiter le premier point, et pour décider de la
force du préjugé de votre arrêt, souffrez, MESSIEURS,
que nous vous remettions devant les yeux l'état de la
contestation qui fut portée par-devant vous en 1695
et 1696.

Madame de Nemours étoit appelante d'une sentence
rendue aux requêtes du palais, qui ordonnoit avant
faire droit, que M. le prince de Conty feroit la preuve
qu'il avoit demandée par une requête précise; et
Madame de Nemours renouveloit en cause d'appel,
les deux moyens principaux qui avoient fait toute sa
défense en cause principale. Elle soutenoit d'abord,
que M. le prince de Conty n'avoit point de titre;
parce que le testament qu'il alléguoit en sa faveur,
étoit anéanti par le prédécès de l'héritier institué.
Elle ajoutoit ensuite, que ce testament, inutile en
lui-même, étoit révoqué par un testament postérieur,
et que dans cet état la justice ne pouvoit admettre
M. le prince de Conty à faire une preuve superflue,
illusoire, contraire à ses propres intérêts, puisque
quand même il auroit prouvé la démence de M. l'abbé
d'Orléans, dans le temps du dernier testament, la
seule induction que l'on pourroit tirer de cette preuve
auroit été que M. l'abbé d'Orléans seroit mort sans
testament, puisque le premier étoit caduc, et que le
second étoit fait par un homme incapable, et par
conséquent, que la loi du sang et de la nature auroit
déféré sa succession à Madame de Nemours, seule
héritière légitime.

Sur le fondement de ces deux moyens principaux,
Madame de Nemours présente une requête à fin d'é-
vocation du principal. On plaide pendant vingt audiences, dont une partie considérable est employée
à expliquer les moyens de droit contre le premier
testament. Notre ministère nous obligea à prendre des

conclusions dans une cause si célèbre et si difficile.
Quel est le premier point auquel nous nous atta-
châmes d'abord ? C'est l'explication du véritable état
de la contestation. Nous vous représentions que la
sentence des requêtes du palais ne pouvoit point
passer pour un tempérament innocent par rapport
aux questions de droit; qu'à la vérité, elle n'avoit
point prononcé distinctement sur ces questions, mais
qu'elle les avoit décidées tacitement, puisqu'elle
n'avoit pu admettre M. le prince de Conty à la preuve
qu'il demandoit, qu'en jugeant qu'il avoit un intérêt
solide, et une qualité certaine, et que cet intérêt,
cette qualité n'ayant point d'autre fondement que le
testament de 1668, les premiers juges avoient regardé
cet acte comme un titre aussi inviolable que légitime. Nous nous servîmes même d'une comparaison
très-commune dans l'ordre de la justice, et nous
vous dîmes que la question du premier testament
étoit décidée de la même manière que la cour décide
ordinairement les questions de prescription, ou de
fins de non-recevoir qui se présentent dans votre
tribunal. Quand on juge que la prescription n'est
pas suffisamment établie, on se contente très-souvent
d'admettre l'action que l'on soutenoit prescrite, sans
statuer expressément sur la prescription. Dira-t-on
néanmoins, que la cour n'a pas jugé définitivement
la prescription, lorsqu'elle a autorisé une demande
que l'on prétendoit prescrite? Supposons, par exemple,
que Madame de Nemours eût pu opposer une prescription, ou une fin de non-recevoir à la demande
que M. le prince de Conty formoit pour obtenir la
preuve. Si la cour, malgré cette fin de non-recevoir,
eût permis de faire la preuve que l'on demandoit,
pourroit-on soutenir dans la suite que la fin de non-
recevoir qui n'avoit point été expressément réservée,
pourroit faire encore la matière d'une nouvelle contestation ?

Voilà, MESSIEURS, ce que nous eûmes l'honneur
de vous représenter dans le temps de la première

plaidoirie, pour vous faire connoître l'importance de'
l'arrêt que vous deviez rendre sur l'appel de la sentence des requêtes du palais.

Nous entrâmes ensuite dans l'examen des questions
de droit, qui remplirent au moins 'la moitié de la
longue action que l'étendue du sujet nous obligea
de faire en ce jour ; vous rendîtes l'arrêt célèbre,
par lequel vous avez confirmé purement et simplement la sentence des requêtes du palais, qui ne
contenoit pas même la clause ordinaire, *sans préjudice du droit des parties au principal.*

Ce n'est pas à nous à entreprendre de porter plus
loin nos vues et nos pensées. Nous respectons avec
tout le public, le mystère qui fait une partie si essentielle de la religion de vos jugemens. Vous seuls,
Messieurs, pouvez savoir si dans la délibération qui
suivit immédiatement nos conclusions , vous avez
opiné sur les questions de droit, et si vous avez eu
dessein de les décider définitivement.

Pour nous qui ne vous proposons ici nos réflexions
qu'en tremblant, et qui ne pouvons nous instruire
que par l'extérieur de votre arrêt, nous sommes persuadés que sa disposition suppose nécessairement la
décision de la validité du premier testament.

Deux raisons que nous ne toucherons qu'en un seul
mot, nous le persuadent également.

L'une, qu'il paroîtroit contraire à la justice d'avoir
admis M. le prince de Conty à faire une preuve à
laquelle il n'auroit aucun intérêt, si le premier testament ne subsistoit plus , sans avoir auparavant
examiné non-seulement l'apparence, mais la solidité
de son droit, et sans être persuadé que ce droit
certain en lui-même, n'avoit plus besoin que de la
preuve par témoins, pour 'détruire le seul obstacle
qui pouvoit lui être opposé. Seroit-il possible que
dans l'incertitude de ce titre, on eût admis une preuve
aussi difficile que celle dont il s'agissoit ; que pouvant
encore douter de la validité du premier testament,
on eût permis à M. le prince de Conty d'attaquer le

second; et que le droit étant incertain, on eût néanmoins passé sans l'assurer, à l'examen du fait?

Car enfin, Messieurs, et c'est la seconde raison qui nous persuade du véritable préjugé de votre arrêt, le fait dont vous avez admis la preuve étoit-il de quelque conséquence; pouvoit-il jamais être relevé par rapport à la décision des questions de droit? Il s'agit de savoir si le prédécès de l'héritier institué rend le premier testament caduc. Et pour parvenir au jugement de cette pure question de droit, on ordonneroit que M. le prince de Conty prouveroit que le testateur étoit en démence dans le temps du second! Y eut-il jamais rien de plus visible, de plus distinct, de plus indépendant que ces deux questions? La première est absolument préalable à la seconde, et la seconde est entièrement inutile à la décision de la première. Ce n'est donc point par rapport à la question de droit que vous avez admis la preuve, c'est uniquement par rapport à la question de fait; et cette dernière question ne pouvoit jamais être ni examinée, ni interloquée, ni décidée, qu'après avoir jugé la première; sans cela, on auroit engagé les parties dans des longueurs inutiles, dans des frais immenses; et, quand on auroit satisfait à votre arrêt, quand une des parties auroit fait entendre quatre-vingt-cinq témoins, et l'autre soixante-seize, on diroit toujours: ce n'est plus par les circonstances du fait, c'est par les moyens de droit que la cause doit être décidée. Ainsi, la permission que vous auriez accordée seroit une permission inutile, dangereuse, aussi contraire à l'équité qu'à la justice.

Voilà néanmoins le sens que l'on veut donner à votre arrêt, et que l'on n'appuie d'aucune autre raison que du nom seul et de la qualité en général d'un arrêt interlocutoire. Il est vrai que, de droit, un interlocutoire réserve les droits des parties en leur entier, mais c'est sur la question interloquée, et non pas sur les questions préalables à l'interlocutoire.

Expliquons-nous plus clairement. Vous aviez à décider deux questions; l'une de droit, qui consistoit

3

à savoir si le premier testament étoit valable ; l'autre de fait, dans laquelle il s'agissoit de décider si le second avoit été capable de le révoquer. Est-ce la première question que vous interloquez? Est-ce pour décider cette question de droit, qu'on fait entendre cent soixante témoins? La seule proposition en est absurde. Sur quoi donc roule l'interlocutoire? Sur la question de fait : celle-là est réservée en son entier ; mais la première est décidée, puisqu'elle étoit absolument préalable à la seconde.

Nous pourrions donc nous dispenser d'entrer de nouveau dans la discusion des questions de droit, sur lesquelles nous ne nous sommes peut-être que trop étendus dans le temps de la première plaidoirie; mais comme nous nous défierons toujours de l'évidence même, jusqu'à ce qu'elle soit confirmée par l'autorité de vos arrêts, nous reprendrons en très-peu de paroles ce que nous avons déjà dit avec plus d'étendue sur ces questions. Nous examinerons ces moyens nouveaux que l'on prétend y avoir ajoutés, et nous tâcherons de vous montrer très-sommairement, que quand même les choses seroient entières, il faudroit encore décider de nouveau en faveur de la validité du premier testament.

Reprenons d'abord les termes des deux clauses qui servent de matière aux questions de droit. L'une est l'institution ; l'autre, la clause codicillaire.

Pesons toutes les expressions de la première.

Et étant l'institution d'héritier le chef et fondement de tout testament et ordonnance de dernière volonté, le testateur a fait et institué son héritier universel Charles-Paris d'Orléans, comte de Saint-Pol, son frère puîné, et après lui ses enfans naturels et légitimes, préférant les mâles aux femelles; et venant ledit seigneur comte de Saint-Pol à mourir avant ou après ledit seigneur testateur, sans enfans, auxdits cas et en chacun d'eux, ledit seigneur testateur a substitué vulgairement et par fidéicommis

ladite Anne-Geneviève de Bourbon, sa mère, la sup-
pliant très-humblement de disposer desdits biens,
elle venant à mourir, en faveur de Messieurs les
princes de Conty, ses cousins germains.

La clause codicillaire est conçue dans les termes
les plus étendus que le style des notaires ait pu
imaginer.

Le testateur déclare qu'il veut que son testament
vaille par droit de testament nuncupatif; et s'il ne
vaut et ne peut valoir par droit de testament, il veut
qu'il vaille par droit de codicille, donation à cause
de mort, et toute autre disposition de dernière
volonté, qui de droit pourra être valable et mieux
subsister.

Ces deux clauses font naître deux questions.

La première, de savoir si en considérant l'institution en elle-même, et indépendamment du secours
qu'elle peut emprunter de la clause codicillaire, on
peut demander l'exécution du fidéicommis, dont
Madame de Longueville étoit chargée envers Messieurs les princes de Conty; ou si au contraire ce
fidéicommis et caduc, est anéanti par la mort prématurée de Madame de Longueville, qui n'ayant
jamais recueilli les biens du testateur, n'a jamais été
en état de les transmettre à Messieurs les princes de
Conty.

La seconde question consiste à examiner, si le
prédécès de Madame de Longueville, si la caducité
du testament par la mort des héritiers institués, ne
peut pas être réparée par la faveur de clause codicillaire, dont le principal effet est de charger les
héritiers *ab intestat*, des obligations qui avoient été
imposées aux héritiers testamentaires.

Nous ne nous étendrons point sur la première de
ces deux questions, dans laquelle nous crûmes dans
le temps de l'interlocutoire, et nous le croyons encore
aujourd'hui, que la rigueur du droit est contraire aux
prétentions de M. le prince de Conty.

Nous tâchâmes de vous prouver alors d'une manière fort étendue, que rien ne pouvoit ébranler la

vérité de ce principe général, que la caducité de l'institution entraînoit avec soi la perte, l'extinction, la ruine des fidéicommis, qui sont inséparablement attachés à la destinée de l'héritier institué. Nous établîmes cette maxime par les textes les plus communs du droit civil, et par le sentiment unanime des docteurs. Nous empruntâmes les propres expressions de la loi, pour vous expliquer en termes énergiques l'étendue et la généralité de cette maxime, et nous vous dîmes que toute la force, toute la puissance, toute là vertu du testament se résout, se dissipe et s'évanouit, lorsque l'héritier institué, qui en étoit le fondement et le premier motif, n'est plus en état d'en profiter : *Si nemo subiit hereditatem, omnis vis testamenti solvitur* (1). Et comme l'on n'a rien dit dans le cours de cette dernière plaidoirie contre ces maximes, nous croyons pouvoir nous dispenser de les établir de nouveau, et passer tout d'un coup à la seconde question qui regarde la clause codicillaire. Tâchons donc de vous retracer en peu de paroles les principes que nous vous avons établis dans le temps de la première plaidoirie.

Nous fîmes d'abord une réflexion générale sur les termes de cette clause, et nous vous dîmes que sa seule lecture sembloit contenir la décision formelle de cette seconde question.

La seule rigueur du droit qui ne veut pas qu'un testament puisse jamais être exécuté sans une institution subsistante et consommée, qui regarde un testament sans héritier, comme une matière sans forme, et un corps sans ame, formoit un obstacle aux prétentions du fidéicommissaire. Mais dès le moment que le testament ne sera plus considéré que comme codicille, ces règles de droit, plus subtiles qu'équitables, ces formalités captieuses s'évanouissent. On n'a jamais entendu opposer à un codicille la caducité de l'institution. Comme l'existence d'un héritier n'est pas nécessaire pour le soutenir, son défaut ni sa mort

(1) Loi 181. ff. *de Reg. Juris.*

ne peuvent lui donner atteinte : cette seule réflexion pourroit paroître suffisante pour établir la justice du droit de M. le prince de Conty.

Nous allâmes néanmoins plus avant, et forcés malgré nous de rétablir des principes qui n'auroient jamais dû être contestés, nous tâchâmes de pénétrer dans la nature, dans l'origine, dans les effets des clauses codicillaires. Nous ne ferons que vous proposer simplement les maximes que nous essayâmes pour lors de prouver avec plus d'étendue. Nous sommes persuadés que leur simplicité, leur suite et leur enchaînement leur serviront de preuves, sans nous étendre en de longues et inutiles dissertations.

Qu'est-ce qu'une clause codicillaire? Rien n'est plus facile que de donner sa définition générale. C'est une clause qui a la force de changer un testament en un codicille. Il n'y a donc qu'à expliquer ce que c'est qu'un codicille, pour se former une idée nette et précise de la clause codicillaire.

Un codicille n'est autre chose qu'une prière adressée par un homme mourant à son héritier, par laquelle il le charge d'exécuter une volonté moins solennelle qu'un testament. Le testateur commande, mais celui qui fait un codicille se contente de prier. L'un ordonne comme revêtu de l'autorité que la loi lui confie; l'autre supplie en vertu du seul pouvoir que la nature attache aux prières des mourans.

Mais comme il y a deux sortes d'héritiers, les uns testamentaires, les autres légitimes, il y aussi deux sortes de codicilles, et leur différence est uniquement fondée sur la différente qualité des personnes auxquelles ces prières, qui font toute l'essence du codicille, sont adressées.

Les uns sont héritiers testamentaires, et les prières que le testateur leur adresse, par un acte séparé de son testament, sont appelées *Codicilli ad Testamentum*. Ils sont regardés comme une suite et un accessoire du testament, qui subsiste, si le testament subsiste, et qui s'éteint aussi avec le testament.

Les autres sont des héritiers légitimes; et les vœux

des mourans, qui leur sont adressés, forment une second espèce de codicilles, qui n'ont besoin du secours d'aucun testament pour être exécutés, parce que toute leur force consiste dans l'efficace de cette prière, qui a pour objet le seul héritier légitime.

Mais au lieu qu'il y a deux sortes de codicilles, les uns adressés aux héritiers testamentaires, et les autres confiés aux soins des héritiers légitimes, il n'y a qu'une espèce de clauses codicillaires, parce que toutes ces clauses supposent nécessairement que le testament auquel on les ajoute ne pourra être exécuté comme testament. Le testateur prévoit qu'une infinité d'événemens différens peuvent rendre sa prévoyance inutile, et c'est pour les prévenir, que par la clause codicillaire il prie ses héritiers légitimes d'exécuter les dispositions écrites dans son testament, et dont il avoit chargé l'héritier testamentaire.

Expliquons donc à présent, avec un peu plus d'étendue, la véritable nature d'une clause codicillaire. C'est une disposition qui a la force de changer un testament en un codicille; de substituer à une loi absolue une prière plus efficace; de faire que ce qui ne pourroit valoir comme testament dans la rigueur du droit, soit exécuté comme codicille dans les règles de l'équité.

Il est vrai que la formule n'en est point certaine et déterminée par le droit; elle peut être conçue en toutes sortes de termes différens; la seule volonté qui a heureusement inventé le secours de cette clause pour adoucir la rigueur des principes du droit, est la seule règle qui préside aux expressions du testateur. Mais de quelque manière qu'il exprime sa volonté, l'effet de la clause codicillaire est toujours le même, et elle impose toujours à l'héritier légitime une égale nécessité d'accomplir les dernières volontés du testateur.

A qui parle-t-il en effet, quand il dit : *Je veux, je souhaite que mon testament soit exécuté comme codicille?* Est-ce à l'héritier institué? Il suppose dans ce moment qu'il n'y en a point en état de recueillir

le fruit de ses bienfaits. C'est donc toujours à l'héritier légitime qu'il s'adresse. Qu'il le fasse en termes
exprès , ou par une clause générale , il est toujours
vrai qu'il le fait dans l'un et dans l'autre cas , et par
conséquent l'exécution de ses volontés sera toujours
également inviolable.

Pour achever de prouver ces principes, tirés des
premières et des plus simples notions du droit , nous
y joignîmes la décision précise de la loi 3. ff. *de Jure
Codicill.* qui établit comme un principe général, que
l'effet de la clause codicillaire est de substituer les
héritiers du sang à ceux du testament, et de les faire
considérer comme ayant tous été choisis par le testateur
qui leur donne tout ce qu'il ne leur ôte pas. *Pater-*
familias qui Codicillos faceret, perinde haberi de-
bet ac si omnes heredes ejus essent ad quos legitima
ejus hereditas vel bonorum possessio perventura
esset.

Enfin , nous appuyâmes ce principe de l'autorité
de deux docteurs que nous choisîmes dans la foule
des interprètes , comme les deux plus grandes lumières du droit. L'un est Bartole, et l'autre M. Cujas.
Le premier s'explique en ces termes : *Ista sunt paria,*
relinquere à venientibus ab intestato , et dicere , si
non valet jure Testamenti, valeat jure Codicillorum.
Et le second , après avoir établi pour règle générale
que la caducité du testament est suivie de celle du
fidéicommis , ajoute comme une exception aussi certaine que la règle : *Addendum tamen fideicommissa*
deberi, si ab intestato succedentes rogati probentur,
vel rogati intelligantur ex generali et simplici ser-
mone Testatoris , vel ex clausulâ codicillari.

L'on attaquoit alors ces principes par deux objections,
que l'on renouvelle encore aujourd'hui ; on prétendoit d'abord que la clause codicillaire ne pouvoit
réparer qu'un défaut de solennité , mais que sa force
n'étoit pas assez grande pour couvrir un vice essentiel
dans la substance même du testament, tel qu'est la
caducité de l'institution.

Mais nous répondîmes à cette objection en trois

24*

manières différentes. Nous vous dîmes en premier
lieu : Il est si peu vrai que la clause codicillaire ne
puisse suppléer au défaut de l'institution, que c'est
précisément pour remédier à ce défaut qu'elle a été
introduite. Si l'institution n'étoit pas caduque, la
clause codicillaire seroit inutile; son principal usage
est de subroger l'héritier testamentaire à la place de
l'héritier institué, et l'on veut que ce qui la fait subsister, la détruise, et qu'elle soit impuissante, précisément dans le cas pour lequel on emprunte son
secours !

Nous allâmes encore plus loin, et nous vous fîmes
voir que quand même l'effet de la clause codicillaire
se borneroit à réparer les défauts de solennités, elle
seroit suffisante pour soutenir un testament ébranlé
par la caducité de l'institution, parce que l'institution
elle-même n'est qu'une pure solennité. Car qu'est-ce
qui distingue une institution d'un fidéicommis universel? La différence ne consiste que dans les termes.
L'une est *directa hereditatis datio*; l'autre est *obliqua
hereditatis datio*. Dans l'une et dans l'autre, le testateur donne tous ses biens. En quoi diffère donc l'héritier institué et le fidéicommissaire ? En ce que l'un
est appelé en termes impératifs, comme par le droit,
et l'autre en termes de prières. Or, qu'est-ce que tout
cela, si ce n'est une simple formalité que notre usage
a rejeté avec très-grande raison, et que la clause
codicillaire pourroit suppléer, quand même elle
n'auroit de force et d'efficace que pour réparer les
défauts de solennités.

Enfin, nous fîmes une dernière observation sur ce
que l'on convenoit du moins que les défauts de la
forme étoient suffisamment couverts par la clause codicillaire, et nous en tirâmes cet argument : l'imperfection de la forme entraîne après elle la caducité de
l'institution ; or, puisque cette clause est assez forte
pour remédier à ces deux défauts quand ils sont joints
ensemble, comment pourroit-on soutenir qu'elle n'est
pas capable de réparer le défaut de la caducité quand il
se trouve seul? L'autorité des docteurs, de ceux mêmes

que Madame de Nemours avoit cités, acheva de nous
confirmer dans ce sentiment. Nous vous rapportâmes
celle de Mantica, de Peregrinus, de Menochius ; mais
nous nous arrêtâmes surtout aux termes de M. Cujas,
si énergiques, qu'ils ne peuvent laisser aucune ombre
de difficulté : *Itaque*, dit ce docteur, *si Testamentum
destituatur, si injustum pronuncietur, si rumpetur,
si irritum fiàt, omnia quæ sunt in Testamento
scripta, debebuntur jure fideicommissi, ab heredibus legitimis.*

S'arrête-t-il au seul cas du défaut de solennité, ou
plutôt quels cas ne comprend-il point dans des termes
'i étendus? Un testament abandonné, un testament
non solennel, un testament rompu, un testament
caduc : voilà, suivant ce docteur, quels sont les testamens auxquels la clause codicillaire peut apporter
un remède efficace. Et c'est ce que le jurisconsulte
Paul avoit renfermé en deux mots, quand après avoir
proposé l'espèce d'une clause codicillaire moins forte
que celle que nous examinons, il ajoute que le testateur doit être présumé avoir voulu que toutes les dispositions de son testament fussent exécutées, *etiamsi
intestatus decessisset* (1). Donc, tout ce qui peut le
faire mourir *ab intestat* est prévu, tout est compris,
tout est réparé par la clause codicillaire.

L'on ajouta en second lieu, et l'on ajouta avec
beaucoup de raison, que quelque favorable que fût
cette clause, elle ne pouvoit jamais suppléer le
défaut irréparable de la volonté. Mais il restoit à
prouver que la volonté de M. l'abbé d'Orléans
n'étoit pas favorable à Messieurs les princes de Conty.
Et comment l'auroit-on pu faire, puisqu'il n'y eut
jamais de volonté plus expresse? Il prie instamment
Madame sa mère de leur rendre ses biens. Il est vrai
que s'il en étoit demeuré là, s'il n'avoit pas ajouté la
clause codicillaire, un événement imprévu auroit pu
interrompre la suite et le progrès de ses desseins ; et
en ce cas, c'auroit été la rigueur du droit plutôt que

(1) Loi 29. §. 1. ff. *Qui testam. fac. poss.*

le défaut de volonté, qui auroit rendu le fidéicommis inutile; mais sa volonté est clairement et efficacement marquée dans la clause codicillaire. Il a pu vouloir, il a voulu. Ce n'est pas tout encore; il a voulu dans la forme prescrite par les lois. Que manque-t-il aujourd'hui à la plénitude de sa volonté?

Supposons, pour un moment, que le testateur ait voulu ce que Madame de Nemours prétend avoir été l'objet de sa volonté; et voyons si la seule supposition que l'on pourroit en faire n'est pas entièrement destituée de vraisemblance.

Il est déja certain que si l'ordre qu'il a établi entre ses dispositions pouvoit avoir lieu, il a voulu que Messieurs les princes de Conty recueillissent ses biens par la voie du fidéicommis; mais en cas que les héritiers institués viennent à prédécéder, il faut supposer avec Madame de Nemours qu'il a cessé de vouloir que sa succession passât à Messieurs les princes de Conty, c'est-à-dire, que ce n'est plus une suite et un ordre de degré prescrit par le testateur. C'est une condition véritable, et une condition si nécessaire, que son défaut peut rendre le fidéicommis inutile, et anéantir toute sa disposition.

Développons à présent cette pensée, et tâchons en très-peu de paroles de la rendre sensible.

Qu'est-ce donc que M. l'abbé d'Orléans a voulu? Que si M. le comte de Saint-Pol, ou Madame de Longueville pouvoient recueillir sa succession, ils la rendissent toute entière à Messieurs les princes de Conty; mais que si l'un et l'autre venoient à mourir avant lui, Messieurs les princes de Conty fussent privés de sa succession, et cela dans le temps que par la clause codicillaire il charge les héritiers du sang d'exécuter ses dernières volontés au défaut des héritiers testamentaires.

C'est comme si un testateur disoit : *Je charge mon héritier de remettre mes biens entre les mains de Mævius; mais si mon héritier meurt avant moi, je veux que mes biens soient laissés à mes héritiers légitimes.*

Or, qu'y auroit-il de plus absurde et de plus inconcevable que cette volonté? L'héritier institué étoit un milieu, un obstacle, une espèce de digue qui suspendoit, qui retenoit le cours des bienfaits du testateur, tout prêts à se répandre sur le fidéicommissaire : parce que ce milieu ne subsiste plus, parce que cet obstacle est retranché, parce que cette digue est rompue, la source de la libéralité du testateur tarira tout d'un coup; il perdra de vue l'objet de sa tendresse, parce qu'il sera plus proche de ses yeux! Il l'aimoit quand il étoit éloigné de lui, il cesse de l'aimer dans le moment qu'il n'y a plus rien qui l'en sépare !

Mettons encore ce raisonnement dans un plus grand jour. L'ordre de l'institution, l'ordre de l'écriture, est l'image et la preuve de l'ordre, de l'affection et de la volonté du testateur. Cela supposé, quel est celui que M. l'abbé d'Orléans a le mieux aimé? C'est M. le comte de Saint-Pol. Quel est l'héritier qui le suit dans l'ordre de la tendresse? C'est Madame sa mère. Après elle se présentent Messieurs les princes de Conty ; et enfin dans le quatrième degré, les héritiers du sang, qu'il pouvoit encore priver de ses biens par une longue suite de substitutions, et auxquels il est présumé avoir pensé dans la clause codicillaire.

Il a donc préféré Messieurs les princes de Conty aux héritiers du sang, et il les a préférés dans le temps qu'il espéroit avoir deux héritiers avant eux; et l'on veut que dans le temps où personne ne les précède dans l'affection du testateur, il les ait exclus en faveur de ceux qu'il n'a envisagés qu'après eux, c'est-à-dire, en faveur des héritiers légitimes. Il les préféroit aux héritiers du sang, quand ils n'étoient que les troisièmes dans l'ordre de ses dispositions. Il cesse de les préférer depuis qu'ils sont devenus les premiers.

Voilà donc à quoi se réduit son intention dans

le sens que lui donne Madame de Nemours : *Je veux que Messieurs les princes de Conty recueillent ma succession, supposé qu'un autre les précède dans la possession de mes biens ; mais si personne ne les précède, je ne veux plus alors qu'ils puissent être censés appelés à la qualité d'héritiers, et je laisse mes biens à mon héritier légitime.*

Si cette volonté ne peut être vraisemblable, si toutes les démarches que l'on fait pour parvenir à cette interprétation, sont autant de suppositions impossibles, si l'on n'y trouve que ténèbres, contradictions, absurdités, que nous reste-t-il à conclure, si ce n'est que l'intention du testateur est expresse, que sa volonté est certaine, et que par conséquent c'est ici le véritable cas où la clause codicillaire doit avoir lieu, puisqu'elle n'a été inventée que pour prêter la main à une volonté prête à succomber sous la rigueur du droit ?

Voilà Messieurs, à quoi se réduisent nos principes sur la clause codicillaire. Deux sortes de codicilles. Les uns adressés à l'héritier institué, les autres confiés aux soins de l'héritier légitime ; mais une seule espèce de clause codicillaire qui n'est essentiellement, et selon sa nature, qu'une prière faite par un mourant à l'héritier du sang. Son autorité est si grande, que les jurisconsultes et tous les interprètes reconnoissent qu'elle peut non-seulement réparer le défaut de solennité, mais même venir au secours de la caducité du testament : il n'y a que le seul défaut de volonté qu'elle ne peut jamais réparer ; mais en même temps il faut convenir que jamais il n'y a eu de volonté plus claire que celle qui paroît dans l'espèce de cette cause. Donc, la clause codicillaire doit être considérée comme un moyen décisif, qui assure invinciblement l'exécution du premier testament.

Contre tant de raisons, fortifiées par le sentiment unanime des docteurs, sans que depuis que la clause se plaide on ait pu en trouver un seul qui soutienne une opinion contraire, si ce n'est dans le cas de la prétérition d'un fils, qui est le seul vice dans la substance, que quelques docteurs regardent comme ne pouvant être réparé par la clause codicillaire : contre tous ces principes, disons-nous, on a fait une objection que l'on prétend être absolument nouvelle, quoique nous l'eussions réfutée indirectement dès le temps de la première plaidoirie.

Et voici en quoi consiste cette dernière objection. Elle est si subtile, et, nous pouvons le dire, si contraire aux idées naturelles, que nous ne craindrons point de vous demander un renouvellement d'attention pour vous l'expliquer sensiblement.

Il faut nécessairement supposer l'espèce de la loi, avant que de vous en répéter les termes mêmes. Un homme mourant ne fait qu'un codicille, dans lequel il charge son héritier présomptif d'un fidéicommis. Il meurt; son héritier répudie la succession, elle passe à l'héritier du second degré : on demande si cet héritier sera tenu d'accepter, de subir la charge du fidéicommis. Si, sans aller plus loin, nous interrogions la plupart des hommes sur cette question, nous ne doutons point qu'ils ne répondissent tous, que s'il n'y a point de circonstances particulières, il faut décider que la charge du fidéicommis se communique et se répand sur le second degré. Cependant, dit-on, la loi décide le contraire, et effectivement elle semble d'abord le décider. Voici ses termes :

« *Illud certè indubitatè dicitur, si quis intestatus* « *decedens, ab eo qui primo gradu ei succedere* « *potuit fideicommissum reliquerit, si illo repu-* « *diante ad sequentem gradum devoluta sit succes-* « *sio, eum fideicommissum non debere ; et ita* « *imperator noster rescripsit* ». L. 1. S. 9. ff. *de Legatis* 3.º

Mais comment applique-t-on cette loi à l'espèce de la cause? On vous a dit que dans le temps du testament qui ne regarde, dit-on, que les meubles et les acquêts, Madame de Longueville étoit l'héritière présomptive, et dans le premier degré. Or,

c'est elle que M. l'abbé d'Orléans a chargée nommément du fidéicommis; donc cette charge ne passe
point à Madame de Nemours, qui se trouve dans la
suite l'héritière du premier.

Mais premièrement, on n'a pas pris garde que
quand la loi parle du premier et du second degré,
elle en parle non pas par rapport au temps du
testament qui ne sert de rien pour déterminer la
proximité des héritiers, mais par rapport au temps
de la mort. Ainsi, Madame de Nemours se trouvant
non-seulement la plus proche, mais encore la seule
au temps de la mort, elle devroit être chargée du
fidéicommis, même aux termes de cette loi.

Ne nous contentons pas de cette première réponse,
et disons en second lieu, qu'il ne falloit pas dissimuler la savante, la judicieuse, la juste critique de
M. le président Faber sur cette loi. Il l'a examinée
dans le quinzième chapitre du quatrième livre de ses
Conjectures, et il démontre invinciblement qu'il faut
ôter la négation de cette loi.

Déux raisons principales de son opinion.

1.º Le jurisconsulte Ulpien se contrediroit lui-
même, et cela dans la même loi. Car dans le §. 7.
il établit pour principe, qu'on peut charger l'héritier du second degré, du fidéicommis comme le
premier; et dans le §. 9. qui est celui dont nous vous
avons rapporté les termes, il décideroit que l'héritier
du second degré n'en seroit point tenu, comme si
l'on ne présumoit pas toujours, quand il n'y a point
de conjectures contraires, qu'un testateur a voulu ce
qu'il a pu, et qu'il n'a jamais eu en vue de faire dépendre le fidéicommis de l'événement incertain de
l'acceptation de l'hérédité par l'héritier du premier
degré. Ce ne seroit pas même la seule contradiction
qu'on pourroit reprocher à Ulpien. Il décide dans la
loi 61. *de Leg.* 2.º que si un seul des héritiers légitimes a été chargé du fidéicommis, sa répudiation
n'empêche pas que le fidéicommis ne soit dû par
son cohéritier auquel sa part accroît, *et hic quasi*
substitutus cum suo onere consequetur accrescentem

portionem. Or, si le cohéritier que le testateur n'en a point chargé, en est néanmoins tenu, pourquoi l'héritier du second degré en seroit-il exempt, puisque le testateur, suivant Ulpien, a pu charger le second degré comme le premier ? La comparaison même du substitué ne convient-elle pas parfaitement à l'héritier du second degré, quand l'héritier du premier répudie ?

2.° Dans le paragraphe que l'on oppose de la part de Madame de Nemours, le jurisconsulte ajoute que l'empereur l'a ainsi décidé. Or d'un côté, il est certain que cette décision bizarre ne se trouve en aucun endroit, et qu'on trouve au contraire dans la loi 61, que nous venons de citer, une décision opposée ; car Ulpien, en obligeant le cohéritier de subir la charge du fidéicommis qui avoit été imposée à son cohéritier, dit que cela ne peut plus faire de difficulté depuis le rescrit de l'empereur. Voilà donc quel est ce rescrit dont il est fait mention dans la loi que nous examinons ; rescrit très-fameux dans les écrits des jurisconsultes sur cette matière, par lequel Sévère et Antonin décidèrent que les cohéritiers, que les substitués succédoient aux charges comme aux biens ; ce qui fut étendu aussitôt après, aux successions légitimes.

Voilà les grands et solides fondemens de l'opinion d'Antoine Faber, qui a paru si juste à Denys Godefroi, qu'il se contente de renvoyer le lecteur à ce savant interprète, comme pour lui apprendre que c'est-là qu'il doit chercher la véritable interprétation de cette loi.

Mais il n'est pas même nécessaire de faire aucun retranchement à la loi : disons avec la glose, avec Bartole, avec tous les docteurs ultramontains, qu'elle doit avoir lieu dans un seul cas, c'est lorsque, *nominatim relictum est*, en sorte que *unicus heres videatur oneratus* ; alors le fidéicommis est purement personnel.

Mais sommes-nous ici dans ce cas ? On a confondu deux clauses différentes, la clause de l'institution et

la clause codicillaire. Il est vrai que dans la clause
de l'institution, Madame de Longueville est nommément chargée ; mais ce n'est pas par celle-là que
nous croyons que les successeurs légitimes ont été
grevés de fidéicommis, c'est par la clause codicillaire qui charge tous les héritiers légitimes en général.

Allons même encore plus loin, et tâchons de vous
montrer que bien loin qu'on puisse dire que Madame
de Nemours ne soit pas comprise dans la clause codicillaire comme héritière légitime, il est presque
impossible de rapporter cette clause à un autre qu'à
elle, et qu'ainsi elle est presque nommément chargée
du fidéicommis.

Suivons donc toujours nos premières idées : la
clause codicillaire est une prière adressée aux héritiers légitimes. M. l'abbé d'Orléans n'en avoit que
trois de cette qualité, M. le comte de Saint-Pol,
Madame de Longueville , Madame de Nemours.
Il parle aux deux premiers dans l'institution. Il
les charge nommément du fidéicommis fait à
Messieurs les princes de Conty. Il parle à la dernière, dans la clause codicillaire. Pourquoi cela,
parce qu'un des principaux cas pour lesquels cette
clause est ajoutée , est celui de la caducité de l'institution , c'est-à-dire , du prédécès des deux héritiers
institués. Donc il y a un cas dans lequel il suppose
ses deux premiers héritiers hors d'état d'entendre
ses prières et d'obéir à sa parole, et cependant il ne
laisse pas de prier et de faire entendre sa voix. A qui
peut-elle donc s'adresser ? S'il est vrai qu'il ait pour
objet ses héritiers légitimes , et qu'il y en ait deux
de morts, n'est-il pas évident qu'elle ne peut regarder que le troisième héritier, le seul qui existe,
c'est-à-dire, Madame de Nemours, et par conséquent, comme nous l'avons déjà dit, qu'elle est
presque nommément chargée par le testateur !

Mais ce testament qui ne peut être regardé comme
un testament caduc, puisque la clause codicillaire
le soutient, est-il révoqué, ou par la donation, ou

par le testament postérieur ? C'est la seconde partie de la cause.

La donation forme une question de droit, mais inutile ; le testament une question de fait, mais essentielle.

Nous disons que la donation forme une question de droit inutile ; car à quoi se réduit-elle ? A savoir si, en termes de droit, une donation universelle des biens présens révoque un testament antérieur.

Deux moyens. L'incompatibilité des titres ; mais c'est une proposition contraire à la saine jurisprudence : la donation diminue le profit de la succession, mais ne touche point à la substance de l'institution ; et d'ailleurs, ici c'est une donation conditionnelle : le droit de retour est toujours demeuré *in bonis*, etc. Enfin, auroit-on pu opposer cela à M. le comte de Saint-Pol ?

Second moyen. Changement de volonté : c'est ce qui peut former une difficulté ; non qu'il soit vrai de dire que ces biens ayant été donnés sans charge à M. le comte de Saint-Pol, ils n'aient pu reprendre de nouveau la charge, en rentrant dans les biens du donateur ; mais principalement par la clause insérée dans la donation, et qui réserve le droit de retour à Madame de Nemours, après M. l'abbé d'Orléans : présomption très-forte, à laquelle on ne peut, ce semble, opposer que la rigueur des principes de droit. Cependant une semblable présomption ne détruit pas seule un testament. Par exemple, auroit-on pu opposer ce moyen à Madame de Longueville, héritière instituée ? Or, dès le moment que son institution subsistera, le fidéicommis qui y est attaché subsiste ; elle ne peut recueillir ces biens, qu'à la charge de les restituer ; elle ne reçoit que pour rendre.

Mais, encore une fois, après avoir réduit cette question au véritable nœud de sa difficulté, disons ce que nous vous avons dit dès la première fois, qu'avant que d'examiner quelle a été la volonté de

M. l'abbé d'Orléans, il faut être assuré qu'il avoit
une volonté : or c'est ce qui est douteux, puisque
la donation est placée trois jours avant le testament,
dans un temps où l'on soutient que M. l'abbé d'Orléans
étoit en démence.

Et pour faire voir encore davantage l'inutilité de
cette question, disons en un mot : ou le donateur
étoit sage, et alors, pourquoi chercher par des conjectures, quelle a été sa volonté, et s'il a voulu
révoquer le premier testament par la donation, ou
s'il ne l'a pas voulu ? Cette volonté pourroit-elle
être douteuse, si sa sagesse étoit certaine ? N'est-elle
pas écrite, cette volonté, dans le testament qui suit
la donation ? Ou au contraire, il étoit en démence ;
et en ce cas, comment auroit-il changé de volonté,
puisqu'il n'en avoit plus ? Nous examinerons dans
un moment les actes par lesquels on prétend que la
donation est confirmée. Arrêtons-nous ici à ce raisonnement ; le fait est toujours décisif. S'il étoit
sage, le second testament prouve qu'il a voulu
révoquer le premier : s'il étoit insensé, il n'a pu
le révoquer ni par la donation, ni par le second
testament.

Nous voici enfin parvenus au point décisif, au
véritable nœud, à la question essentielle ; nous osons
presque dire à la question unique de cette longue
contestation. Jusqu'ici nous avons traité plusieurs
questions qui pouvoient paroître plus propres à
contenter l'inclination ou les préjugés des parties,
qu'à éclairer la religion des juges ; et portant l'exactitude jusqu'au scrupule, nous avons cru qu'il ne nous
étoit pas permis de retrancher aucune des parties de
la cause, par une espèce de jugement prématuré et
de censure anticipée. Nous avons mieux aimé nous
exposer à dire des choses inutiles et superflues, que
de nous attirer le reproche d'en avoir omis d'utiles
et de nécessaires ; et nous nous sommes persuadés
qu'il étoit de notre devoir de vous représenter
d'abord cette cause telle qu'elle a paru dans la

bouche des parties, avant que de vous la montrer telle qu'elle doit paroître dans le sanctuaire de la justice. Mais après avoir satisfait en ce point à tout ce que la délicatesse de notre ministère pouvoit exiger de nous, nous entrons à présent dans la plus importante et la plus difficile partie de nos obligations, qui consiste à chercher, à découvrir la lumière de la vérité au travers de tous les nuages qui l'environnent, et à vous la remettre devant les yeux, non pas revêtue de tous les ornemens étrangers qui ne l'embellissent souvent que pour la déguiser; mais au contraire, dépouillée de tous les avantages extérieurs, réduite à cet état naturel de pureté, de simplicité, de sincérité dans lequel elle doit se montrer à la vue de la justice.

Mais quelle est cette vérité importante que nous cherchons? Vous le savez, MESSIEURS, toute la difficulté de cette cause se réduit à examiner si M. l'abbé d'Orléans étoit capable ou incapable dans le temps de son dernier testament. Tel est l'unique objet que nous devons envisager aujourd'hui, et tel est en même temps le sort déplorable et la triste destinée de la maison de Longueville, si illustre dans sa naissance, si glorieuse dans son progrès, si élevée vers sa fin, que tout ce qui lui reste de sa grandeur passée, est la seule question de savoir si le dernier héritier d'un nom si éclatant, a été insensé six mois plutôt ou six mois plus tard. C'est à quoi se termine la fortune et l'élévation de tant de héros. Leur successeur meurt imbécille : on n'a pas même après sa mort, la consolation de pouvoir révoquer en doute la vérité de sa démence; son malheur est certain, la date seule en est douteuse. Six mois font tout le sujet de ce combat célèbre qui se passe à vos yeux, et dont l'éclat ne sert qu'à publier plus hautement le néant de la grandeur, et l'inconstance de la fortune.

Mais avant que d'entrer dans l'examen de cette question de fait, si importante et si difficile, nous croyons qu'il est absolument nécessaire d'établir en

très-peu de paroles les principes généraux par lesquels
on peut juger du mérite, de la force, et surtout de
la préférence des preuves opposées. Et pour le faire
avec ordre, appliquons-nous d'abord à chercher ce
que c'est en général, que cette incapacité fondée sur
la disposition d'esprit, qui peut rendre un testament
nul ; examinons ensuite comment cette incapacité
peut être prouvée. C'est à quoi se réduit le plan des
principes généraux qui doivent régner dans cette
dernière partie de la cause.

Qu'est-ce donc, s'il est possible de le définir, que
cet état d'incapacité, qui retranche un testateur du
nombre des citoyens, et qui l'efface presque de celui
des hommes ? Ne nous adressons point aux anciens
philosophes pour résoudre cette question. Ils nous
répondroient peut-être que tous les hommes sont
dans une démence actuelle et perpétuelle, si l'on en
excepte ce sage que chaque secte se vante de posséder, et qu'aucune néanmoins ne sauroit montrer aux
autres. Ils mettroient sans hésiter, au nombre des
insensés, tous ceux qui sont ou agités par leurs
propres passions, ou esclaves de celles des autres ;
et changeant les idées communes des hommes, ils
rendroient la sagesse plus difficile à prouver que la
démence. Consultons plutôt ceux qui ont tempéré
l'excès de la philosophie par l'usage des affaires du
monde, ou par les principes de la jurisprudence.

Que nous dit sur ce sujet ce grand homme, qui
étoit en même temps orateur, philosophe, jurisconsulte (et pour dire encore quelque chose de plus
que tout cela), que nous apprend Cicéron sur cette
matière (1) ?

Deux états différens partagent tous les hommes,
si l'on en excepte les vrais sages. Les uns sont entièrement privés de l'usage de la raison ; les autres
en font un mauvais usage, mais qui ne suffit pas
pour les déclarer fous. Les uns n'ont plus de lumières,
les autres ont une foible lueur qui les conduit au

(1) *Cicer. Quæst. Tusc. Lib. III.*

précipice. Les premiers sont morts, et les derniers sont malades. Ceux-ci conservent encore une image et une ombre de sagesse, qui suffit pour remplir médiocrement les devoirs communs de la société. Ils sont dans un état privé de la véritable santé de l'esprit, mais dans lequel on peut néanmoins mener une vie commune et ordinaire. Les autres ont perdu, même ce sentiment naturel qui lie les hommes entr'eux par l'accomplissement réciproque de certains devoirs. Attachons-nous à ce dernier caractère, qui est en même temps et le plus sensible de tous, et celui dont l'application est plus facile.

Un sage, dans le sens des lois et des jurisconsultes, est celui qui peut mener une vie commune et ordinaire. Un insensé est celui qui ne peut pas même atteindre jusqu'à la médiocrité de ces devoirs généraux : *Mediocritatem officiorum tueri, et vitæ cultum communem et usitatum.*

Mais parmi ceux que leur foiblesse met au-dessous du dernier degré des hommes du commun, les jurisconsultes en distinguent de deux sortes.

Les uns ne souffrent qu'une simple privation de raison. La foiblesse de leurs organes, l'agitation, la légèreté, l'inconstance presque continuelle de leur esprit, met leur raison dans une espèce de suspension et d'interdiction perpétuelle, qui leur fait donner le nom de *Mente capti,* dans les lois et dans les écrits des jurisconsultes.

Dans les autres, l'aliénation d'esprit est moins une foiblesse naturelle qu'une véritable maladie ; souvent obscure dans sa cause, mais violente dans ses effets, et qui, semblable à une bête féroce, cherche continuellement à s'échapper des chaînes qui la retiennent ; et c'est cette maladie qui porte proprement le nom de fureur.

Les premiers, dit Balde, ont une fureur obscure et cachée, les derniers ont une démence éclatante et manifeste.

Ceux-ci sont dans un état d'ivresse, de transport

de frénésie; ceux-là approchent plus de l'état de l'enfance, ou de l'extrême décrépitude. Leur raison, semblable à celle d'un enfant ou d'un vieillard, est ou imparfaite ou usée; mais les uns et les autres, c'est-à-dire, et les furieux et les foibles d'esprit, sont également incapables de faire un testament, parce que dans les uns la raison est presque éteinte, et que dans les autres elle est comme liée et enchaînée par la violence du mal.

Si ces deux états conviennent dans ce point, ils sont néanmoins distingués par des caractères qui les séparent.

L'état de la fureur est plus violent, mais il laisse quelquefois des espérances de guérison.

L'état de simple démence est plus tranquille, mais il est presque toujours incurable.

L'un est susceptible d'accès et d'intervalles; il s'augmente tout d'un coup, il diminue de même.

L'autre n'a pas des intermissions si marquées, parce que la cause qui le produit, c'est-à-dire, la foiblesse et la débilité des organes, est presque égale et uniforme.

Enfin, la fureur déclarée est si sensible et si évidente, qu'il seroit superflu d'y distinguer des degrés par rapport à l'incapacité du testateur, puisqu'il est certain que tout furieux, tant que sa fureur dure, est absolument incapable de faire une dernière disposition.

Au contraire, la simple foiblesse d'esprit est plus susceptible de degrés et de différences considérables. L'incapacité croît et diminue à proportion de ces degrés et de ces différences. Mais qui pourroit les fixer en général? Qui pourroit marquer précisément les frontières, les limites presque imperceptibles, qui séparent la démence de la sagesse? Qui pourroit enfin compter ces degrés par lesquels la raison tombe dans le précipice, et descend, pour ainsi dire, dans le néant?

Ce seroit vouloir prescrire des bornes à ce qui n'en a point, donner des règles à la folie, s'égarer avec

ordre , et se perdre avec sagesse. Il n'y a que les circonstances particulières de chaque cause qui puissent
fixer ce point douteux et incertain où la raison s'évanouit, et où l'incapacité devient évidente et manifeste.

Tout ce que l'on peut dire en général , c'est que
cette incapacité ne doit jamais être examinée avec
plus d'attention , que lorsqu'il s'agit de décider, non
pas d'un simple contrat , mais de celui de tous les
actes qui demande en même temps et plus de capacité et plus de volonté, c'est-à-dire, d'un testament.

La loi qui substitue un testateur en sa place, qui
le revêtit du pouvoir et du caractère d'un véritable
législateur, qui lui permet d'appeler ce qui n'est pas
encore, comme ce qui est ; qui lui accorde le droit
de changer, de troubler, d'abroger l'ordre naturel
et favorable des successions légitimes, exige en
même temps de lui, et une capacité proportionnée à
l'importance de son ministère, et une plénitude, et
si l'on ose s'exprimer ainsi, une surabondance de volonté. C'est pour cela qu'elle le rend capable de toutes
sortes de contrats, avant que de lui imprimer la capacité nécessaire pour faire un testament.

Qui ne sait que dans le droit, les impubères pouvoient contracter avec l'autorité de leur tuteur, dès
le moment qu'ils approchoient de l'âge de puberté ;
et cependant qui a jamais pensé que la présence et
l'autorité de leur tuteur pût les rendre capables de
faire un testament ?

Les mineurs contractent parmi nous , avec l'espérance de la restitution ; mais ils contractent valablement. Ce n'est pas tout encore : les lois de l'église et
de l'état leur donnent le pouvoir de s'engager par les
nœuds les plus solennels et les plus indissolubles ; et
dans le temps que la loi leur permet de disposer non-
seulement de leurs biens et de leur fortune, mais de
leur état et de leur liberté, soit par le mariage, soit
par la profession religieuse, la même loi les déclare
incapables de donner leurs biens par testament.

Le progrès de la volonté suit dans l'intention des

25 *

législateurs, et imite parfaitement celui de la capacité.

On peut s'engager par procureur ; on peut par une
procuration générale suivre tellement la foi de celui
à qui on la confie, que sans le vouloir, sans le savoir
même, on entre dans toutes sortes d'obligations.
Mais qui pourroit soutenir que l'on puisse faire un
testament par procureur? Quelque spéciale que fût
la procuration, quelque probité qu'eût le procureur,
quelque sage que fût la disposition, le testament sera
toujours nul, parce qu'il ne suffit pas qu'un testament soit un acte judicieux, il faut encore qu'il soit
l'acte propre, l'acte personnel, l'acte unique du testateur. Qu'il appelle un conseil, la loi ne le lui défend pas ; mais qu'il soit toujours l'unique arbitre de
ses volontés. C'est à lui seul de prononcer, de décider, de vouloir. Jamais sa volonté ne peut être suppléée par le ministère d'autrui. Si le jurisconsulte
donne ses avis au testateur, c'est pour la forme, et
non pas pour l'essence de l'acte. S'il parle, ce n'est
que pour prêter aux pensées du testateur le secours
nécessaire des expressions légitimes.

Et quelle est la raison de ces deux différences qui
se trouvent entre les contrats et les testamens? Elle
est puisée dans les sources les plus pures de la saine
jurisprudence. Nous ne ferons que les indiquer en
passant, et comme les montrer au doigt, pour entrer dans ce qui regarde encore de plus près le véritable état de cette cause.

Il est essentiel à la société des hommes qu'il y ait
des contrats, il n'est point nécessaire qu'il y ait des
testamens. Il y a eu des républiques très-florissantes
qui ont refusé pendant long-temps à leurs citoyens,
le droit de faire un testament. En a-t-on jamais vu
qui les aient privés de la faculté de contracter toutes
sortes d'engagemens ?

La faculté de s'engager est conforme à toutes sortes
de droits. Le droit naturel l'introduit, le droit des
gens l'augmente, le droit civil la perfectionne.

La faculté de tester est l'ouvrage du droit civil,

tout au plus du droit des gens; mais elle est contraire au droit naturel, dans lequel la mort dépouille les hommes de tous les droits qu'ils avoient sur leurs biens.

Dans le contrat, chacun des contractans a un inspecteur, on peut dire même un censeur dans celui avec lequel il contracte; et quand même il se seroit trompé, ses héritiers ont souvent la voie de la restitution, par laquelle ils peuvent donner atteinte à son engagement.

Dans le testament, le testateur lui-même est son censeur, son juge, son unique inspecteur. Sa volonté est inviolable. Il est le seul arbitre de ses dispositions.

Enfin, le contrat est favorable; il s'accorde presque toujours avec la loi. Le testament est souvent odieux, et tout testateur commence par se croire plus sage que la loi même. Il devroit l'être en effet, puisqu'il a le droit de l'abroger.

Faut-il s'étonner après cela si les lois ont accordé la liberté de contracter, avant celle de faire un testament; si elles ont voulu que les contrats fussent plus faciles, plus communs, plus aisés à faire que les testamens; si elles se sont contentées d'une capacité médiocre pour les uns, au lieu qu'elles en exigent une très-grande pour les autres; enfin, si la volonté peut être suppléée dans les contrats, au lieu qu'elle ne peut jamais l'être dans les testamens?

Arrêtons-nous donc à ces deux maximes importantes, qui sont comme le fruit et le précis des observations générales que nous avons faites sur la démence.

La première, que tout homme qui ne peut point s'acquitter des devoirs les plus communs de la société, de ceux mêmes que les derniers des hommes raisonnables ont accoutumé de remplir, doivent, à plus forte raison, être jugés incapables de faire un testament.

La seconde, que cette incapacité est encore plus

considérable, quand il s'agit de décider de la validité d'un testament, que lorsqu'il n'est question que
de statuer sur la force et la nature d'un contrat.

Mais comment cette incapacité doit-elle être prouvée? C'est le second point général que nous nous
sommes proposés d'examiner.

Tous les hommes naissent sages; c'est le vœu commun de la nature; la raison est le partage de l'homme,
elle le distingue de tout le reste des animaux. Un
homme sans raison n'est presque plus qu'un corps
organisé, qui ne conserve que l'ombre et la figure
d'un homme. Son état est une espèce de prodige et
de monstre dans la nature.

De là cette présomption commune et générale,
qui fait que tout homme est toujours présumé sage,
que la démence doit être prouvée, mais que la preuve
de la sagesse n'est pas nécessaire. De là cette conséquence certaine, tant de fois répétée par Madame
de Nemours, que ceux qui allèguent la sagesse sont
beaucoup plus favorables que ceux qui allèguent la
démence, et que comme dans le doute des suffrages
des juges doivent pencher du côté de l'innocence,
parce que la présomption du crime est odieuse; de
même dans le combat des preuves, il faut se déterminer en faveur de la sagesse, parce que la présomption de la démence est téméraire.

De ce premier principe, qu'il seroit facile de prouver par un grand nombre d'autorités, nous passons
à un second, qui en est une suite, et qui ne porte
pas moins avec soi le caractère d'une évidence parfaite.

Ce principe est que rien en général n'est plus difficile que de prouver le fait de démence, surtout
dans un homme que la mort a mis hors d'état, ou de
s'accuser, ou de se justifier lui-même aux yeux de la
justice. Non-seulement il faut alors attaquer une
présomption naturelle, il faut encore rendre visible
et sensible, pour ainsi dire, une qualité toute invisible et toute intérieure. Les yeux ne peuvent en être
les premiers juges. Elle récuse, si l'on peut s'exprimer

ainsi, le jugement de tous les sens. On ne l'envisage point en elle-même; on n'en voit qué de simples copies, que des portraits souvent très-obscurs et très-imparfaits, qui se tracent dans les actions sensibles et apparentes. Les juges mêmes ne voyent point ces actions, ils ne les apprennent que par le récit des témoins ; et qui peut s'assurer sur la fidélité de ces peintres qui ne travaillent que sur des copies, et qui les défigurent souvent en voulant les imiter ?

Si l'on cherche quelque chose de plus certain et de plus clair dans les actes, on ne sauroit les examiner long-temps sans y trouver un combat de présomptions qui les rendent obscurs, équivoques, incertains; et c'est cependant par toutes ces preuves incertaines en elles-mêmes qu'il faut tâcher de parvenir à la certitude.

Mais examinons plus particulièrement leur nature. Commençons par chercher quels sont les caractères dont la preuve par écrit doit être revêtue, pour être aussi parfaite que solennelle en cette matière.

Distinguons d'abord deux espèces d'actes très-différentes, dont la confusion fait une des plus grandes obscurités de cette cause.

Les actes de la première espèce sont tellement personnels, si attachés, si inhérens à la volonté de celui qui les passe ; ils portent un caractère si évident de son action, de son esprit, de son jugement, qu'ils ne peuvent presque jamais être considérés comme l'ouvrage d'une main étrangère.

Telles sont les fonctions publiques de la magistrature, exercées avec sagesse, conservées dans le dépôt sacré des oracles de la justice.

Tels sont encore les interrogatoires de ceux qui sont ou accusés d'un crime, ou soupçonnés de démence, et qui paroissent en la présence de leur juge dénués de tout secours, seuls, sans autre appui que celui de leur innocence ou de leur sagesse, *dans la main de leur propre conseil*, comme parle l'Ecriture.

Tel est souvent (pour approcher encore plus près

de l'espèce de cette cause) un testament olographe, plein de sagesse et de prudence, sans soupçon de suggestion ni de fraude. N'est-ce pas, MESSIEURS, ce que vous avez jugé, suivant les conclusions que nous avions prises à l'audience dans l'affaire de Bonvalet, où cette grande circonstance distinguoit avec tant d'avantage ce testament de celui que nous allons examiner ?

Mais il y a des actes d'une seconde espèce, dans lesquels on ne voit rien qui soit évidemment propre et personnel à celui qui les a faits, que sa simple signature; actes qui ne sont pas faits pour prouver ni la sagesse ni la démence, et qui ne peuvent servir à la faire conjecturer que par une simple présomption indirecte, et par une conséquence vraisemblable, mais non pas infaillible.

Développons encore plus cette pensée, et tâchons de la mettre dans tout son jour.

Dans tout acte qui n'a d'autre marque de la capacité et de la volonté d'un homme que sa signature, on doit distinguer deux choses :

L'une, est la substance de l'acte, les conventions qu'il contient, l'affaire qui s'y conclut, comme parlent les jurisconsultes, *Negotium quod geritur.*

L'autre, est la capacité, l'état, la disposition de la personne qui le passe.

La première de ces deux choses, c'est-à-dire, les clauses, les stipulations, la nature de l'acte, est prouvée par l'acte même. On peut y ajouter encore tout ce qui regarde la solennité extérieure; tout cela est établi, prouvé, démontré par le contrat même. La loi n'en exige aucune autre preuve : non-seulement elle n'en exige point, mais elle la rejette, elle la défend, elle la condamne ; et c'est là le véritable cas de la maxime, *Contrà scriptum testimonium, non scriptum testimonium non admittitur.*

Mais il n'en est pas de même de l'état de celui qui passe le contrat. L'acte suppose sa capacité, et ne la prouve pas directement. Ce n'est point pour cela qu'il se passe ; aucun de ceux qui y ont part n'envisage la preuve de ce fait : ceux qui contractent n'en doutent point. Le notaire, témoin authentique de leur engagement, n'est point nommé par la loi pour être le juge de leur capacité. Il suffit qu'ils ne lui paroissent pas incapables ; et cette maxime est si certaine, que quoique dans les testamens l'usage ait introduit la clause ordinaire par laquelle on marque que le testateur est *sain d'esprit et d'entendement*, cette clause n'est jamais regardée comme une preuve écrite de la sagesse. Vos arrêts ont souvent jugé que, malgré cette clause, le fait de la démence étoit admissible, sans même qu'il fût nécessaire de s'inscrire en faux contre l'acte. Et pourquoi cela ? Parce qu'en ce point le notaire excède son pouvoir. Il est, à la vérité, témoin instrumentaire, honoré, pour ainsi dire, de toute la confiance de la loi, dépositaire de la foi publique ; mais toutes ces grandes qualités ne lui sont données que pour rendre un témoignage fidèle de ce qui se passe entre les parties, et non pas de leur capacité et de leur sagesse. Et si ce principe a lieu dans les actes mêmes où les notaires ont fait une mention expresse de la sagesse du testateur, que sera-ce des autres actes, où cette expression ne se trouve point, et où elle est absolument inconnue ? Et que doit-on dire des contrats où les notaires n'examinent jamais la capacité des parties, puisqu'on ne les croit pas dans les testamens mêmes où ils l'examinent, où ils l'attestent, où ils la certifient ?

Non que nous prétendions conclure de toutes ces réflexions, qu'un acte soit un argument inutile pour prouver la sagesse de celui qui l'a signé, nous croyons au contraire qu'il forme en sa faveur une présomption très-forte et très-efficace. Mais quelle en est la nature ? C'est ce qui nous reste à vous expliquer.

Toute la force d'une présomption consiste à tirer d'un fait connu une conséquence plus ou moins vraisemblable, qui conduise l'esprit à la connoissance d'un fait inconnu.

Appliquons cette proposition, pour la rendre plus sensible.

Il s'agit de savoir si l'on doit présumer qu'un homme qui a signé un acte, jouissoit de toute la liberté de son esprit.

Quel est le fait connu? C'est la signature de l'acte. Quel est le fait inconnu auquel on veut parvenir par la conséquence que l'on tire du fait connu? C'est la certitude de la sagesse. Et comment lie-t-on ces deux faits l'un avec l'autre, si ce n'est par un argument uniquement fondé sur une vraisemblance, c'est-à-dire, sur ce que l'on présume ordinairement, qu'un acte est l'ouvrage de la volonté de celui qui l'a passé, et que puisque l'acte est raisonnable, la volonté qui lui a donné son consentement, étoit la volonté d'un homme sage et raisonnable.

Mais cette présomption est-elle infaillible? C'est ce que nous ne croyons pas que l'on ose soutenir. Car si la vraisemblance qui lui sert de fondement ne pouvoit jamais tromper, il faudroit en conclure que jamais on ne peut proposer le fait de la démence contre un acte; que tout homme qui a signé un contrat judicieux, a consacré, pour ainsi dire, sa sagesse par un seul acte, en sorte qu'elle ne peut plus jamais recevoir d'atteinte.

Mais sans se contenter de cette raison générale, quoique décisive, n'est-il pas évident qu'il est très-possible qu'un homme signe un acte sans le vouloir, sans être capable de le vouloir, souvent même sans le savoir? L'expérience ne fournit-elle pas une infinité de faits certains et incontestables, qui détruisent cette vraisemblance sur laquelle seule cette présomption est appuyée? Enfin, quand même on supposeroit qu'un homme a su qu'il signoit un acte, qu'il a même voulu le signer; quelle conséquence pourroit-on en tirer, si ce n'est que dans ce moment il n'a pas été absolument insensé, qu'il a pu entrevoir quelque lueur de raison, qu'il a fait une action sage? Mais suffit-il pour être sage d'avoir fait une action de sagesse? et cette seule action pourra-t-elle détruire la preuve d'une habitude contraire? C'est à quoi on ne pourra jamais répondre par l'acte même.

. Rien ne peut donc ébranler ce principe important de la distinction de deux sortes d'actes ; les uns personnels dans leur substance même, les autres qui ne le sont que dans leur signature : les uns, dans lesquels un homme ne trouve de conseil que dans sa raison, ni de ressource que dans lui-même, et qui par conséquent prouvent directement et immédiatement la sagesse : les autres, dans lesquels un conseil étranger tient souvent lieu de sagesse ; où une impression intérieure prend la place de la volonté, et qui ne forment qu'une présomption indirecte de capacité ; présomption qui n'est ni infaillible, puisque l'expérience la dément, ni invincible, puisque vos arrêts la détruisent tous les jours.

Passons maintenant à la seconde espèce de preuves, c'est-à-dire, à la preuve testimoniale, et tâchons de découvrir les principes généraux par lesquels on peut juger de sa force et de sa solidité.

Nous croyons devoir faire d'abord une réflexion générale sur cette preuve, qui est comme la conséquence naturelle de tout ce que nous avons observé sur la preuve par écrit.

S'il est vrai, comme on ne peut pas en douter, qu'il soit rare de trouver des actes qui prouvent directement et immédiatement la sagesse ; s'il n'y a qu'un petit nombre de ces actes personnels qui portent une image sensible et lumineuse de l'esprit et de la volonté de celui qui les a faits ; si tous les autres actes ne forment qu'une simple présomption, et une preuve aussi imparfaite qu'elle est indirecte, que nous reste-t-il à conclure, si ce n'est que la démence ou la sagesse sont des faits dont on ne prend point des actes par écrit, et qui par conséquent ne peuvent être naturellement et communément prouvés que par la déposition des témoins ?

Non-seulement la démence ou la sagesse est un fait, mais encore un fait habituel, une disposition, une affection permanente de l'ame ; et comme les

habitudes ne s'acquièrent que par les actes réité-
rés, elles ne se prouvent presque jamais que par
une longue suite, une continuité, une multiplicité,
d'actions, dont il est impossible d'avoir la preuve
par une autre voie que par le seul témoignage de
ceux qui ont été spectateurs assidus de ces actions.

Ajoutons même, que cette preuve est souvent
plus forte que celle qui se tire des actes; parce que
les témoins peuvent expliquer des actions considérables par longueur, plus importantes par leur nature, plus décisives par leurs circonstances, que
la signature d'un acte, quelque judicieux qu'il puisse
être.

Qu'un témoin, par exemple, atteste qu'il a vu
un juge son collègue, remplir avec exactitude toutes
les fonctions de la magistrature, opiner, rapporter
avec toute la sagesse et la maturité dont il est capable; ce fait ne sera-t-il pas beaucoup plus considérable que vingt signatures rapides, momentanées,
conduites souvent par une main étrangère? Et pour
ne point sortir de l'espèce de la cause, y a-t-il un
seul de tous les actes dont on se sert pour prouver
la sagesse de M. l'abbé d'Orléans, que Madame de
Nemours ne fût prête à sacrifier, pour avoir la
preuve du seul fait de la messe, qui néanmoins ne
peut être prouvé dans toutes ses circonstances, que
par la déposition des témoins?

Ce n'est donc point de cet état de capacité ou
d'incapacité dont M. Cujas a voulu parler, quand
il a dit que lorsqu'il s'agit de l'état des personnes,
les actes sont des preuves plus puissantes que les
dépositions des témoins. De quoi s'agit-il dans cet
endroit de M. Cujas? De la naissance, de la filiation, de la légitimité, de la liberté, de l'ingénuité:
toutes questions d'état, dans lesquelles la preuve par
écrit est prescrite et déterminée par la loi même,
parce qu'il s'agit moins d'un fait, que d'une présomption de droit.

Mais quoique la question de la démence soit une
véritable question d'état, elle est néanmoins bien

différente de celles qui portent ordinairement ce
nom. C'est un pur fait, dont la preuve dépend,
comme celle de tous les autres faits, des dépositions des témoins. La forme n'en est point prescrite
par la loi. Il seroit même absurde d'exiger qu'on
en rapportât des actes en bonne forme, et des ins-
trumens authentiques. La folie est, pour ainsi dire,
un délit innocent, un déréglement impuni, un désordre purement physique : et comme dans les crimes
véritables qui blessent les lois de la morale et qui
troublent l'ordre de la société civile, on ne cherche
point d'autre preuve que le témoignage des autres
hommes, il semble aussi que dans ce renversement de
l'esprit, qui viole les droits de la nature, et qui déshonore la raison, on ne puisse désirer de preuve plus
naturelle et plus convaincante, que celle qui résulte du
suffrage unanime des témoins, premiers juges de ces
sortes de contestations.

Après cette réflexion générale sur la nécessité
de la preuve par témoins, nous pouvons la considérer, ou par rapport à son extérieur et à son écorce,
ou par rapport à son intérieur et à sa substance.

Nous appelons l'extérieur de la preuve, tout
ce qui regarde le nombre, la qualité, la dignité
des témoins.

Et nous appelons au contraire l'intérieur de la
preuve, les faits, les circonstances, les jugemens qui
sont renfermés dans les dépositions des témoins.

Commençons par l'extérieur et par le dehors de
la preuve, et examinons les principes qui regardent
la qualité et le nombre des témoins.

Ne nous arrêtons point à relever ici le poids que
la dignité et la probité des témoins peuvent donner
à leurs dépositions ; c'est ce qui ne peut être révoqué
en doute, pourvu que toutes les autres circonstances
concourent avec celle de la qualité du témoin, et que
son témoignage ne soit pas une simple déposition
vague et générale, mais une déposition expliquée,
circonstanciée, soutenue, approuvée par les faits
qu'elle renferme.

Le nombre des témoins demande un peu plus d'examen. Il sert dans cette cause de matière à deux questions.

La première, qui ne mérite pas une longue dissertation, consiste à savoir si l'avantage du nombre des témoins peut être une prérogative considérable et presque décisive; question qui pourroit être traitée dans un de ces tribunaux où l'on compte les docteurs de part et d'autre, où l'application de la partie consiste à citer un grand nombre d'autorités, et celle des juges se réduit à les compter; mais qui ne doit pas seulement être proposée dans le plus auguste sénat de l'univers, où les opinions des docteurs, où les suffrages des témoins se pèsent et ne se comptent pas : *Non enim*, dit la loi *ad multitudinem respici oportet, sed ad sinceram testimoniorum fidem et testimonia quibus potiùs lux veritatis assistit* (1).

D'ailleurs, si les témoins s'étoient renfermés dans le fait général de la démence ou de la sagesse; si les uns vous eussent dit : *M. l'abbé d'Orléans nous a paru insensé*, et les autres, *il nous a paru sage*, on pourroit peut-être alors tirer quelque avantage du nombre et de la pluralité des témoins. Mais ils sont tous entrés dans l'explication des faits particuliers; et c'est dans la comparaison de ces faits, plutôt que dans celle du nombre des témoins, que l'examen de la preuve doit être renfermé.

La seconde question, beaucoup plus importante que la première, regarde les faits singuliers; et elle consiste à savoir si ces faits n'étant attestés que par un seul témoin, peuvent néanmoins entrer dans le nombre des circonstances qui composent la présomption générale de sagesse ou de démence.

Sans nous engager ici dans de longues dissertations, arrêtons-nous à la distinction qui est établie par le suffrage unanime, par le commun consentement de tous les docteurs. Leurs autorités sont

(1) L. 21. §. 3. ff. *de Testibus.*

rapportées par Mascardus, dans son traité *de Probationibus ;* et celui de tous qui a le plus approfondi cette matière, c'est Felinus, l'un des plus illustres commentateurs des décrétales.

Ou il s'agit de prouver un fait certain, unique, déterminé, et c'est alors que l'on peut appliquer la maxime commune, *Unus testis, nullus testis;* parce que ce fait étant essentiel, il faut nécessairement que les dispositions de deux témoins concourent pour en établir la vérité.

Ou au contraire, il est question d'un fait général, d'une habitude, d'une multiplicité d'actions dont on ne veut tirer qu'une seule conséquence; et alors il seroit et impossible de demander deux témoins sur chaque fait et injuste de rejeter les dépositions uniques de faits singuliers.

Nous disons premièrement, qu'il seroit souvent impossible d'exiger de la partie que chaque fait fût prouvé par deux témoins. Car enfin, la démence ou la sagesse éclatent en tous lieux et en tous temps, et cependant les mêmes personnes ne peuvent pas toujours être présentes à cette multitude d'actions. L'un en observe une, l'autre en remarque une autre. Mais si l'on vouloit absolument que tous eussent vu la même action, il faudroit donc supposer que celui dont l'état sera un jour contesté, auroit été dès-lors toujours environné d'une foule de témoins, spectateurs fidèles et assidus de sa conduite, qui puissent un jour expliquer toutes les mêmes circonstances de sa sagesse ou de sa démence.

Mais non-seulement cette supposition est absurde et impossible; nous disons même qu'il seroit injuste de vouloir rejeter les dépositions uniques de faits singuliers.

Le fait général, est le seul dont on ordonne la preuve; et vous savez que dans cette cause, quoique Madame de Nemours prétendît qu'il falloit articuler les faits particuliers de démence, vous n'eûtes aucun égard à ce moyen, et vous confirmâtes purement et simplement la sentence qui admettoit la preuve du fait

général de démence. Les faits particuliers sont infinis.

Quel moyen de les articuler tous dans un interlocutoire? On laisse aux témoins la liberté de les choisir, de les proposer comme autant de preuves du fait
général; mais ce fait général est toujours la matière
de la preuve, et le principal objet de la justice.
Il suffit que les témoins disent tous que celui dont
l'état est contesté, leur a paru sage ou insensé. Il n'est
pas nécessaire qu'ils s'accordent tous dans les raisons
qu'ils rendent de leur jugement; ils sont conformes,
unanimes dans le fait principal; ils ne diffèrent que
dans les circonstances particulières. Ils vont au même
but par des routes différentes, et ceux que les moyens
avoient séparés, se réunissent dans la fin. Il en est
de même que si deux experts convenoient également
qu'une pièce est fausse, mais par des observations
différentes. Quand on les entendroit séparément,
ne résulteroit-il pas de leur jugement unanime sur
l'état de la pièce, quoique fondé sur des motifs différens, une preuve aussi forte, que peut l'être celle
qui dépend de la science des experts? De même,
des témoins sont entendus sur la vérité de l'état
d'un homme. L'un s'attache à un fait, l'autre explique une autre circonstance. Tous prononcent également un jugement conforme sur la force ou sur
la foiblesse de son esprit. Pourra-t-on prétendre
que la preuve n'est pas parfaite, parce que chaque
circonstance n'est pas attestée par deux témoins?
Ne sait-on pas ce qui arrive tous les jours dans les
questions d'état, surtout dans celles qui regardent
la filiation et la qualité de légitime, qu'il est très-
rare de trouver deux témoins qui expliquent précisément le même fait? L'un établit une présomption,
l'autre fournit une autre conjecture; et c'est de l'as-
semblage de toutes ces présomptions et de toutes ces
conjectures, que se forme la preuve. Une infinité
d'atômes composent un corps; et quoique chacun
en particulier semble n'avoir point d'extension, ils
forment tous ensemble une matière qui est étendue.

Plusieurs rayons de lumière, qui séparés n'avoient aucun éclat sensible, réunis ensemble produisent un grand jour. Plusieurs faits particuliers forment de même un fait général.

Disons enfin, que dans ces affaires, les témoins, comme on vous l'a dit de la part de Madame de Nemours, entrent, pour ainsi dire, en participation des fonctions des juges, dont ils préviennent quelquefois le jugement. Or, comme il n'est pas nécessaire que les mêmes faits déterminent tous les juges, et que quoique les uns soient entraînés par un fait, et les autres par un autre, on dit pourtant qu'ils sont tous d'un même avis, lorsqu'ils opinent tous en faveur de la sagesse ou en faveur de la démence ; de même aussi les témoins doivent passer pour témoins unanimes, quand de différens faits particuliers, ils tirent tous la même conséquence sur le fait général.

Les docteurs, et surtout Mascardus, après avoir rapporté une partie de ces raisons, en tirent cette conséquence : *Non tamen de necessitate requiritur quòd sint contestes, sed satis erit ut saltem singulares sint, et quia tunc rectè probabunt furorem.*

Reconnoissons néanmoins, que dans les matières criminelles, notre usage a restreint cette opinion des docteurs dans des bornes plus étroites ; que quand il s'agit, par exemple d'un fait général d'usure, de concussion, d'exaction, quoiqu'on ait égard aux témoins qui déposent de faits singuliers, on exige qu'il y en ait un certain nombre pour former une preuve de leurs dépositions réunies, et que dix ensemble ne valent qu'un seul témoin. Mais outre qu'on n'a jamais fait cette réduction en matière civile, elle seroit encore inutile dans cette cause, où il se trouve de part et d'autre, non-seulement dix et vingt témoins ; mais soixante-seize d'un côté, quatre-vingt-cinq de l'autre, et par conséquent beaucoup plus qu'il n'en faut pour faire preuve, même par les faits singuliers.

Pénétrons à présent jusque dans l'intérieur de la preuve, et tâchons de renfermer dans trois ou quatre

D'Aguesseau. Tome III.   26

principes généraux, tout ce qui regarde la nature des faits, et leur faveur différente dans le parallèle que peut faire des enquêtes opposées.

Le premier principe est, comme nous l'avons déjà touché en passant, qu'il y a deux sortes de faits.

Le premier est un fait général de sagesse ou de démence, et ce fait seul n'est pas suffisant. Il faut que le témoin explique la raison de ce fait, ou plutôt de l'opinion qu'il a conçue sur l'état du testateur : *Non creditur testi, nisi reddat rationem dicti sui.* C'est l'axiome commun de tous les docteurs. Dans un fait visible où il peut dire : *Je l'ai vu,* on le croit sur son serment ; mais dans l'examen d'une qualité invisible, où il ne peut dire autre chose, sinon : *Je l'ai cru,* il doit rendre compte à la justice du motif de son jugement : et comme un expert ne seroit pas écouté s'il disoit simplement : *J'estime qu'une telle pièce est fausse,* sans en expliquer les raisons, de même un témoin, sur le fait de la démence, ne mérite point de foi, s'il ne soumet et son jugement et le motif de son jugement aux lumières et à l'autorité supérieure de la justice.

Le second principe qui regarde les faits particuliers qui doivent se trouver dans les dépositions des témoins, est que malgré la présomption commune qui se déclare toujours pour la sagesse, ceux qui allèguent la démence, ont un grand avantage sur ceux qui soutiennent le parti de la raison.

Les derniers ne peuvent presque prouver que des faits négatifs ; car afin qu'un fait de sagesse fût positif, il faudroit non-seulement qu'il prouvât invinciblement que celui qui en est l'auteur n'a pu le faire sans être sage dans le moment précis de l'action ; il faudroit encore qu'il fît voir qu'il n'a pu faire une telle action sans être sage et dans le temps qui l'a précédée, et dans le temps qui l'a suivie. Sans cela on prouvera bien un moment rapide et passager, mais non pas une habitude fixe et constante de sagesse. Au contraire, la plupart des faits de démence sont positifs. Une seule action peut quelquefois suffire pour faire une preuve parfaite de folie ;

parce qu'il y a des actions qui portent un caractère si sensible d'illusion, de déréglement, d'aliénation d'esprit, qu'il est impossible qu'un homme sage les commette.

Telle est la malheureuse condition des hommes, qu'ils peuvent à tout moment donner des preuves convaincantes de leur folie, et qu'à peine toute la suite de la vie peut suffire pour établir une opinion ferme, certaine et constante de leur sagesse. En un mot, un insensé peut faire des actions de sagesse. Donc les actions de sagesse ne prouvent point qu'un testateur ne soit pas dans cet état. Un sage ne peut faire une action éclatante et marquée de folie. Donc une action de folie exclut absolument la présomption de sagesse.

Enfin, s'il y a de l'opposition dans les preuves; si un grand nombre de témoins s'élève d'un côté pour la sagesse, et de l'autre pour la démence; si ce combat devient entièrement douteux; par quelle règle faudra-t-il se déterminer? C'est la dernière maxime que nous avons à vous expliquer.

Deux règles, toutes deux certaines, et qui semblent néanmoins favoriser les deux parties contraires, font toute la difficulté de l'établissement de cette maxime.

D'un côté, il est certain que les témoins négatifs ne doivent jamais être comparés aux témoins positifs. Deux témoins positifs, disent tous les docteurs, doivent l'emporter sur mille témoins négatifs.

De l'autre, il n'est pas moins constant que les témoins qui déposent pour la sagesse, sont beaucoup plus favorables que ceux qui allèguent le fait odieux de la démence. Deux témoins de la sagesse, disent les mêmes docteurs, sont préférables à mille témoins de la démence.

Comment pourra-t-on concilier ces deux principes qui paroissent également certains, et qui semblent en même temps directement opposés?

Nous croyons que, sans avoir recours aux subtilités de quelques interprètes; sans examiner si la démence est plus une privation de sagesse, que la

26*.

sagesse une privation de démence, ni s'il est vrai
que la démence ne soit qu'un état négatif, ou si
au contraire elle ne renferme pas une disposition
très-réelle et très-positive, nous croyons encore une
fois, que sans entrer dans ces dissertations plus dignes
de l'école, que de la majesté de l'audience, il suffit
pour concilier ces deux principes, de s'attacher à une
seule distinction qui nous paroît tellement fondée sur
la raison et sur l'équité naturelle, que la simple proposition lui sert de preuve.

' Ou les témoins qui ont été entendus de part et
d'autre se sont renfermés dans le fait général de démence, ou de sagesse; ou au contraire, ils ont expliqué les faits particuliers qui doivent nécessairement
servir de preuve au fait général.

Si leurs dépositions sont générales; s'ils se sont
contentés de dire que le testateur leur a paru sage,
ou qu'il leur a paru imbécille, c'est alors que l'on
peut faire valoir la faveur de la sagesse, par deux
raisons : l'une que dans le doute, la balance doit
toujours pencher du côté de la raison, comme du
côté de l'innocence; l'autre, que les deux preuves
sont en ce cas également imparfaites ; et parce que
ni l'une ni l'autre des parties n'a prouvé ce qu'elle
avançoit, on s'arrête à la présomption générale et
naturelle de sagesse.

Mais si les dépositions sont circonstanciées, si les
témoins sont entrés dans le détail des preuves de
leur jugement, ce n'est plus par la faveur du fait
général que la cause doit être décidée; c'est par la
comparaison des faits particuliers dans lesquels les uns
ont l'avantge d'être positifs, et les autres au contraire
ne sont pour l'ordinaire que des faits négatifs. Et cette
distinction est clairement marquée par les auteurs
mêmes, qui disent que deux témoins de la sagesse
doivent l'emporter sur mille témoins de la démence:
Quod præcipuè verum esset (ce sont les paroles de
Mascardus), *quando illi pauciores deponerent in
specie, plures autem in genere.*

Quel est donc le cas, suivant cet auteur, où la

faveur de la sagesse doit l'emporter sur le nombre des
témoins contraires.? C'est, lorsque les témoins de la
sagesse rendent raison de leur jugement, entrent dans
le détail des faits, *deponunt in specie ;* et qu'au contraire, les témoins de la démence ne marquent que
le fait général, *plures autem genere.*

Que si l'on trouve ce combat et cette contradiction,
même dans les faits particuliers proposés de part et
d'autre, c'est en ce cas que toutes les maximes que
l'on a plaidées pour Madame de Nemours, doivent
avoir leur application ; c'est dans cette conjoncture que
toutes les prérogatives qu'elle allégue , deviennent
autant de moyens décisifs ; et que dans le doute, la
faveur de l'héritier du sang, du défendeur, du pos-
sesseur, enfin de celui dont la prétention s'accorde
avec les actes, doit l'emporter sans difficulté sur un
étranger, sur un demandeur, sur une partie qui n'est
point en possession, et qui combat indirectement
les actes, en accusant leur auteur de démence.

Nous nous sommes peut-être arrêtés trop long-
temps à ces réflexions préliminaires ; mais nous avons
cru que notre ministère nous obligeoit absolument à
les approfondir, soit parce que cet endroit de la cause
est celui qui a été le plus négligé par les parties, soit
parce qu'il est absolument nécessaire de convenir
d'abord des règles et des mesures certaines par lesquelles on doit décider du poids et de l'importance
des preuves opposées.

Entrons à présent dans le détail de ces preuves,
dans lequel il ne nous restera presque plus que de ré-
capituler les faits, et d'y appliquer ensuite les principes que nous avons tâché d'établir jusqu'à présent.

Commençons par la preuve que l'on tire des actes :
c'est la première dans l'ordre des temps, et elle a
cet avantage, que toutes les parties s'en servent
également.

Nous pourrions d'abord soutenir avec assez de
vraisemblance, que cet examen est devenu inutile
et superflu après le premier arrêt solennel que vous
avez rendu sur cette contestation. Nous pourrions

vous représenter que tous ces actes ne forment point une présomption invincible en faveur de la sagesse de M. l'abbé d'Orléans, puisque malgré tous ces actes vous n'avez pas laissé d'admettre et d'ordonner la preuve par témoins. Il est vrai que l'on rapporte deux ou trois actes nouveaux, mais peu importans, et qui ne contiennent qu'une simple signature, sans aucun autre indice, aucune marque évidente de la volonté et de la raison de celui qui les a signés.

Oserions-nous même aller encore plus loin, et sans blesser le profond respect que nous devons au secret et au mystère de vos jugemens, entrer dans le sanctuaire de la justice, et tâcher de pénétrer autant qu'il nous est possible, dans le motif de l'arrêt que vous avez prononcé? Nous sera-t-il permis de proposer ici nos foibles conjectures, et de vous dire avec la défiance et la retenue qui doit nous être naturelle, que la raison la plus apparente de votre jugement est le principe que nous venons de vous expliquer, et dans lequel votre arrêt nous a confirmés, *que les actes ne prouvent directement la sagesse, que lorsqu'ils sont entièrement personnels, et propres à celui qui les a faits; sans cela ils ne forment qu'une présomption sujette à être combattue, et même détruite par une preuve contraire.* Or vous avez cru que tous les actes que l'on rapporte n'ont aucun caractère qui montre évidemment qu'ils soient l'ouvrage de celui qui les a faits, qu'au contraire on peut présumer que sa famille y a eu plus de part que lui, et que tout au moins ce fait étant douteux et dépendant de l'état de M. l'abbé d'Orléans, il n'y avoit que la preuve testimoniale qui pût éclaircir ce doute et lever cette difficulté.

Mais quoique vous n'ayez pas cru que les actes pussent former dans cette cause une présomption décisive, vous n'avez pas jugé néanmoins qu'ils ne pussent former aucune présomption; et vous avez voulu seulement joindre à cette présomption le secours d'une plus grande preuve. Ainsi nous sommes obligés de discuter ces actes encore une fois, pour examiner à quoi se réduit précisément la présomption qu'ils forment dans cette cause.

On les a distingués en trois classes, par rapport aux trois temps différens dans lesquels ils ont été passés.

Les uns précèdent le testament.

Les autres l'accompagnent.

Les derniers le suivent.

Commençons par examiner les premiers, c'est-à-dire, ceux qui ont été faits avant le retour de M. l'abbé d'Orléans à Paris, ou, ce qui est la même chose, jusqu'à sa majorité.

Que trouvons-nous dans ce premier temps? deux arrêts, quelques actes d'administration, comme des quittances et des ordonnances pour la dépense ordinaire de la maison de M. l'abbé d'Orléans, et enfin deux lettres, l'une de Madame de Longueville, et l'autre du sieur Métayer.

Les arrêts ne demandent aucune explication, il suffit d'en observer la date.

Le premier est rendu le 22 juillet; il homologue un avis de parens; il entérine des lettres d'émancipation que le roi avoit accordées à M. l'abbé d'Orléans et à M. le comte de Saint-Pol.

Il est inutile de s'arrêter long-temps à examiner les inductions que l'on a tirées de cet arrêt, il n'est point compris dans le temps dans lequel la cour a jugé que la preuve devoit être renfermée. On ne peut s'en servir que pour détruire quelques faits antérieurs à cet arrêt, qui ont été expliqués par trois ou quatre témoins de M. le prince de Conty. Mais sans prévenir en cet endroit ce que nous devons vous dire dans la suite sur la preuve testimoniale, contentons-nous de remarquer à présent, que la seule conséquence que l'on puisse tirer de l'arrêt d'émancipation, est que ces faits arrivés avant l'arrêt, n'ont point été regardés par les parens comme des signes indubitables d'une démence formée, mais comme des actions équivoques, qui pouvoient encore recevoir une interprétation favorable, puisque malgré tous ces faits, ils n'ont pas laissé de consentir à l'émancipation de M. l'abbé d'Orléans.

Le second arrêt est du 2 septembre 1670 : il permet à M. l'abbé d'Orléans et à M. le comte de Saint-Pol d'abandonner des terres en paiement à Madame de Longueville.

Mais outre que cet arrêt est précisément au commencement, et dans les six premiers jours du temps dans lequel vous avez renfermé la preuve testimoniale, qui ne voit que ce n'est qu'une simple formalité, un arrêt de style, auquel M. l'abbé d'Orléans a pu avoir très-peu de part? Et en effet, il étoit si peu attentif aux suites de cette affaire, que sans en attendre la conclusion, il étoit parti dès le 30 août, pour entreprendre le voyage de la rivière de Loire.

Les actes d'administration sont en très-petit nombre. Une ou deux quittances, autant d'ordonnances, qui ne demandent qu'une capacité très-médiocre. Nous examinerons encore plus particulièrement cette espèce d'actes, dans la suite de cette cause.

Il n'y a donc, à proprement parler, que deux pièces importantes dans ce premier temps. L'une est la lettre de Madame de Longueville au curé de Coulommiers; l'autre, la lettre de Métayer au sieur de Sainte-Beuve : mais comme la dernière a un rapport nécessaire à la donation, nous la joindrons à l'explication de cet acte, et nous ne vous parlerons à présent que de la première.

Vous vous souvenez, MESSIEURS, du fait qui sert de sujet à la lettre de Madame de Longueville; et ses termes mêmes qui vous ont été lus plusieurs fois, vous ont fait connoître quel est son véritable esprit.

M. l'abbé d'Orléans célébra dans la paroisse de Saint-Maur le mariage de la fille de sa nourrice, avec un homme du diocèse de Meaux. Le curé de Coulommiers lui avoit donné sa permission. M. l'évêque de Meaux y avoit consenti pour celui qui étoit son diocésain. Ainsi, comme on vous l'a observé avec beaucoup de raison de la part de Madame de Nemours, rien ne manquoit à la solennité extérieure de ce mariage. Cependant, par des motifs qui nous sont inconnus, Madame de Longueville se trouble, s'alarme, conçoit des scrupules sur le sujet de ce mariage. Elle en écrit le 15 août 1670 au curé de Coulommiers ; elle l'informe d'une conversation qu'elle avoit eue avec M. l'archevêque de Paris, que Madame de Nemours lui donne pour conseil ; elle lui marque que M. de Paris l'avoit assurée qu'il n'avoit point donné de permission à ceux que M. l'abbé d'Orléans avoit mariés ; elle le prie d'approfondir cette affaire avec prudence et sans éclat, afin d'y remédier, et de la rectifier s'il est nécessaire ; surtout elle l'avertit que ce fait doit lui faire connoître qu'il n'est pas à propos d'accorder facilement des permissions de se marier hors de sa paroisse. Elle ajoute qu'il ne faut point en donner de semblables à M. son fils.

Qui ne croiroit que cette lettre est une preuve écrite, de l'inquiétude, de la défiance, de la crainte continuelle dans laquelle étoit Madame de Longueville sur les fonctions ecclésiastiques que M. l'abbé d'Orléans exerçoit, et cela même avant le temps où doit commencer la preuve de M. le prince de Conty ? On la voit douter de la validité de la célébration de ce mariage, avertir le curé d'y apporter le remède convenable, l'exhorter de ne point donner des permissions de la nature de celle qu'il avoit accordée, lui défendre même d'en accorder jamais à M. son fils. Elle supposoit donc qu'il avoit été surpris dans la célébration de ce mariage ; elle ne le croyoit pas en état de pouvoir administrer ce sacrement. Elle ordonne au curé de s'informer de la vérité du fait ; et comme sa tendresse et sa prudence égaloient sa piété et son zèle, elle lui recommande le secret et le silence. Qui pourra réunir toutes ces circonstances, sans concevoir une opinion très-désavantageuse de l'état de M. l'abbé d'Orléans ? C'est cependant cette même lettre que Madame de Nemours prétend se rendre propre, par la conséquence qu'elle en tire en faveur de la sagesse.

Et quelle est cette conséquence? Elle se réduit à cet argument négatif. On voit dans cette lettre Madame de Longueville toute occupée du soin d'empêcher que M. l'abbé d'Orléans n'administre le sacrement de mariage; cependant elle souffroit dans ce même temps qu'il dît la messe. Donc elle le croyoit au moins capable de s'acquitter de ce dernier ministère, quoique le premier lui parût au-dessus de son âge et de sa capacité.

Nous examinerons bientôt quelle a été la conduite ou la patience de Madame de Longueville sur le fait important de la messe; mais en attendant il faut avouer que cette lettre n'en contient aucune preuve. Quoi! parce que Madame de Longueville n'approuve pas que M. son fils ait célébré un mariage, de cela seul (car c'est à quoi se réduit toute la lettre), de cela seul, encore une fois, en peut conclure qu'elle approuve, qu'elle autorise en lui la célébration de la messe! C'est ce qui ne mérite pas seulement d'être proposé.

Mais, dit-on, l'acte de célébration de ce mariage est en lui-même une preuve par écrit de la sagesse de M. l'abbé d'Orléans.

Nous ne répondrons point que ce fait est du 27 avril, antérieur par conséquent de quatre mois au temps de la preuve; nous allons encore plus loin et nous demandons ici : Pourquoi donc Madame de Longueville témoigne-t-elle tant d'inquiétude, si cet acte portoit le caractère de la sagesse de son auteur? Pourquoi faire ces informations secrètes dont elle charge le curé de Coulommiers? Pourquoi lui défendre de donner de semblables permissions à M. l'abbé d'Orléans?

Car enfin, on ne pouvoit avoir d'inquiétude sur ce mariage, que parce qu'il n'étoit pas célébré dans les formes civiles et canoniques, et en ce cas il ne prouve point la capacité de celui qui en a été le ministre; ou, au contraire, toutes les formalités essentielles y avoient été religieusement observées, comme Madame de Nemours le prétend, et alors il est visible que les scrupules de Madame de Longueville ne pourront plus avoir pour objet que l'état de M. l'abbé d'Orléans. Quel est dont le but des défenseurs de Madame de Nemours, lorsqu'ils s'attachent avec tant de soin à prouver que rien n'a manqué à la solennité de ce mariage, puisque la seule conséquence que l'on puisse tirer de cette observation, est que toutes les difficultés de Madame de Longueville rouloient sur la personne de celui qu'il l'avoit célébré?

Nous ne croyons pas qu'il soit nécessaire d'en dire davantage sur cette lettre, pour montrer qu'elle doit être regardée comme la preuve d'une foiblesse d'esprit commencée dans M. l'abbé d'Orléans.

Venons maintenant aux actes les plus importans, c'est-à-dire, à ceux qui environnent de plus près le dernier testament.

Examinons en toutes les circonstances, les *temps*, les *lieux*, les *personnes* qui les passent; *leur nombre, leur nature*, enfin, *les présomptions* qui en résultent.

Dans quel temps sont-ils passés? Dans les premiers momens de la majorité, renfermés tous dans l'espace de sept semaines.

Qu'est-ce qui les précède, et qu'est-ce qui les suit? Ils sont renfermés entre deux grands faits, aussi éclatans qu'ils sont essentiels dans cette cause. Le premier, est le fait du Gué de Loré; et quel est au vrai le récit simple et fidèle de cette aventure si fameuse dans les deux plaidoiries de cette cause?

M. l'abbé d'Orléans revient à Paris deux mois avant sa majorité. Il prend un carrosse de voiture à Angers, tous ses domestiques ordinaires l'accompagnent. Il arrive au Gué de Loré, c'est-à-dire, jusqu'à une journée de Paris. Il y trouve un valet de pied de M. le comte de Saint-Pol qui lui rend une lettre : car nous pouvons joindre ici la preuve testimoniale à la preuve littérale. A la lecture de cette lettre, surpris, effrayé, il envoie son aumônier à Paris avec une partie de ses gens, pour tâcher d'apaiser sa famille, et d'obtenir son pardon. Il repart à l'instant, lui troisième; il loue avec empressement

trois chevaux d'un côté, trois selles de l'autre, arrive
à Orléans le soir même, et y demeure trente-neuf
jours entiers dans une hôtellerie obscure. Il n'en sort
que pour retourner à Tours, où il avoit aussi peu
d'affaires qu'à Orléans, et ne revient enfin que lorsqu'il est majeur ; et dès le lendemain de son arrivée,
il signe le matin même l'un des plus importans de
tous les actes par lesquels on veut justifier sa raison.

Que vous a-t-on dit pour excuser, pour couvrir,
pour colorer cette aventure si surprenante ? On a prétendu que l'on trouve dans les premiers voyages de
M. l'abbé d'Orléans des exemples d'une semblable
légèreté ; et que tout au plus cet événement prouveroit la soumission sage et respectueuse qu'il avoit
pour les ordres de sa famille,

Mais est-ce ici un retour qui n'ait point d'autre
cause qu'une inconstance naturelle, un changement
de volonté, une espèce de libertinage d'esprit ? Pourquoi donc revenir jusqu'au Gué de Loré, s'il ne pensoit point alors à rentrer dans Paris ? Pourquoi s'en
approcher jusqu'à la distance d'une journée ? Pourquoi venir dans un carrosse de voiture, dont les
places étoient louées jusqu'à Paris ? Pourquoi changer
tout d'un coup de dessein à l'aspect d'un valet de
pied, à la lecture d'une lettre d'un frère, sur lequel
la nature lui avoit donné les droits et l'autorité d'aîné ?
Pourquoi se troubler, s'affliger, n'oser se montrer à
Paris, avoir plus de confiance dans la négociation de
son aumônier, que dans la sienne propre ? Pourquoi
ce départ si subit, cette course si peu convenable à
sa naissance ? Enfin, pourquoi demeurer après cela
dans une hôtellerie d'Orléans quarante jours, et ne
revenir que trois jours après la majorité accomplie,
dans le temps précis où il faut signer tous les actes ?
Cette multitude, cet amas, cette réunion de tant de
circonstances singulières sont-elles suffisamment expliquées par le seul exemple des premiers voyages,
dans lesquels on ne peut rien montrer qui approche
de ce fait ?

Que si l'on s'arrête à la dernière solution qu'on a

voulu y trouver ; si l'on dit que ce retour , ou plutôt cette fuite précipitée est l'effet de la soumission
aveugle que M. l'abbé d'Orléans avoit pour les ordres
de sa famille, que prouvera-t-on par cette réponse,
si ce n'est le fait avancé par M. le prince de Conty,
que la famille de M. l'abbé d'Orléans exerçoit un
empire absolu sur ses actions ; que M. le comte de
Saint-Pol, qui auroit dû respecter en lui la prérogative de l'âge et de la naissance, le gouvernoit
moins en frère qu'en maître ; que tous les parens
illustres qui présidoient à sa conduite, ne vouloient
point qu'il parût ni à la cour, ni dans Paris, si ce
n'est dans le temps où sa présence devoit y être absolument nécessaire !

Et en effet, a-t-on pu vous proposer aucune autre
raison que l'état où M. l'abbé d'Orléans étoit réduit,
qui pût porter sa famille à lui interdire l'entrée de
Paris ? Et si cette raison est non-seulement la plus
vraisemblable, mais la seule qui puisse être raisonnablement imaginée dans toutes les circonstances de
cette affaire, que nous reste-t-il à conclure, si ce
n'est qu'Orléans et les autres villes de la rivière de
Loire ont été une espèce de lieu d'exil, où l'on a jugé
à propos de reléguer M. l'abbé d'Orléans, en attendant que l'âge, beaucoup plus que la raison, l'eussent
mis en état de signer tous les actes qui seroient nécessaires pour l'avantage de sa famille ?

Tel est le premier fait qui précède les actes.

Vous pouvez , Messieurs, vous souvenir encore
du second. Ce fut un de ceux qui parurent les plus
graves et les plus décisifs dans le temps de l'arrêt
interlocutoire.

Dans le cours du voyage qui suivit immédiatement
les actes que nous allons vous expliquer, le soin de
la dépense de la maison de M. l'abbé d'Orléans fut
confié à un de ses valets de chambre, nommé Péray.
Il en rendoit compte tous les mois à son maître ; et
l'on trouve au bas de chaque compte un arrêté écrit
de la main de M. l'abbé d'Orléans. Il cessa au bout
de quatre mois d'être chargé de ce soin. Il voulut

avoir une décharge générale ; et dans cette décharge qui comprend tous les comptes précédens , M. l'abbé d'Orléans déclare qu'il l'a donnée en présence , par l'avis et conseil du sieur Dalmont, son écuyer.

. Quel est le sujet de cette déclaration si extraordinaire , qui se trouve encore dans deux autres pièces ? C'est un majeur ; c'est un prêtre ; c'est un aîné de la maison de Longueville qui parle. Quel est l'acte important qu'il signe ? Un arrêté de compte de sa dépense pour trois ou quatre mois, dont il en avoit arrêté lui seul tous les mois en particulier , et pour un acte de cette qualité, il marque la circonstance de la présence , de l'avis et du conseil de son écuyer.

Est-ce Péray qui désire cette déclaration pour sa décharge ? Mais si cela est , Péray et toute sa maison ne le jugeoient pas capable de régler sa dépense.

· Est-ce M. l'abbé d'Orléans lui-même qui croit cette précaution nécessaire ? Mais cette seconde supposition est encore plus difficile à comprendre que la première. Trouvera-t-on un second exemple d'un homme sage , d'un majeur, d'un prêtre, qui s'imagine avoir besoin de l'assistance et du conseil de son écuyer, pour arrêter un compte, qui croye devoir exprimer cette circonstance comme essentielle et nécessaire dans la décharge qu'il signe ; qui se soumette volontairement à l'inspection de son écuyer, et qui se réduise lui-même sous le joug d'une curatelle domestique ?

· Il est vrai que ce fait important n'est arrivé que quatre mois après ; mais il faut remarquer qu'il remonte presque jusqu'au temps du testament : car le mois de mars est compris dans cette décharge générale que M. l'abbé d'Orléans donne à son valet de chambre, et le testament est du 26 février. Il n'y a donc que quelques jours d'intervalle entre cet acte et les comptes de Péray. Ainsi, quoique le fait ne soit arrivé que long-temps après, sa conséquence et son induction s'appliquent au temps qui a suivi immédiatement le testament.

Tel est donc le temps dans lequel tous les actes

sont passés (1) ; tous dans le premier moment de la
majorité ; tous dans moins de deux mois après la majorité, tous enfin sont placés entre l'aventure du Gué
de Loré et le fait de Dalmont.

Mais quel est le lieu dans lequel ils se passent ?
Est-ce dans une ville éloignée, où M. l'abbé d'Orléans n'avoit d'autre conseil que lui-même, ni d'autre
secours que celui de sa propre volonté ? C'est au
milieu de Paris, et dans le sein de sa famille (2).

Et quelles sont les personnes avec lesquelles il s'engage dans les plus importans de ces actes (3) ? C'est sa
famille même, si l'on en excepte quelques contrats,
à l'égard desquels on ne peut tirer aucune induction
que de sa seule signature. Ce n'est donc point ici un
homme qui contracte librement avec toutes sortes de
personnes, qui jouisse de la possession paisible de
son état, et qui, passant tout seul les actes les plus
importans avec des personnes étrangères, forme au
moins par là une présomption violente de l'opinion
publique que l'on avoit dans le monde de sa sagesse.

Ce n'étoit point non plus un de ces caractères d'esprit
fermes, solides, exempts de tout soupçon dans toute
leur conduite, dans lesquels on regarde la démence
comme un accident imprévu, comme un malheur inopiné, comme un coup de foudre que le ciel envoie
sur la terre pour faire sentir la foiblesse et l'infirmité
de la raison humaine ; c'étoit au contraire un homme
d'un génie au-dessous du médiocre, d'une légèreté peu
commune, d'une inconstance extraordinaire ; des inclinations basses, une avarice sordide, une vie obscure,
déshonoroient en lui le grand nom de Longueville.
Ses courses continuelles, sans suite, sans dessein,
sans utilité, étoient la vraie, la fidèle peinture de
l'agitation de son esprit. Son incapacité pour les affaires alloit si loin, que, si l'on en croit Madame de
Nemours, il ignoroit encore, à l'âge de vingt ans, et

(1) Temps.
(2) Lieu.
(3) Personnes.

dans le temps du premier testament, si sa succession devoit appartenir à ses parens ou à ses amis.

Quels sont donc, encore une fois, ceux qui parlent dans ces actes?

D'un côté, une famille attentive à cacher son malheur, et à faire les dispositions convenables à la grandeur et à la dignité de sa maison; de l'autre, un homme très-suspect de dérangement d'esprit, peut-être déjà tombé en démence, mais certainement dans les approches de la fureur.

Suivons toutes les autres circonstances; examinons le nombre et la nature de ces actes.

Leur nombre fournit des argumens réciproques aux parties (1).

Selon Madame de Nemours, leur multitude établit invinciblement la possession dans laquelle M. l'abbé d'Orléans étoit de son état.

Si l'on écoute M. le prince de Conty, le nombre seul de ces actes forme une présomption violente de la foiblesse d'esprit de celui qui les passe. On ne lui permet point de revenir à Paris avant le temps où son âge doit lui permettre de s'engager. A peine y est-il parvenu, qu'on l'accable de signatures d'actes. N'est-il pas visible que l'on se hâte de profiter des restes de sa docilité; que l'on veut prévenir la fureur qui s'avançoit à grands pas, et le moment fatal où il seroit absolument nécessaire de le renfermer?

Et quelle est la nature de tous ces actes (2)? Y en a-t-il un seul qui par ses dispositions, par les clauses qu'il contient, par les réserves qui y sont faites, porte le caractère évident de la sagesse de M. l'abbé d'Orléans?

Premièrement, de ce grand nombre d'actes, il faut en retrancher la plus grande partie; comme les contrats de constitution, la ratification d'un échange peu considérable, fait par Madame de Longueville en

(1) Nombre.

(2) Nature des actes

qualité de tutrice, la quittance donnée au sieur marquis de Beuvron, les brevets de pensions viagères. Tous ces actes n'ont rien de personnel que la simple signature, et nous vous avons montré que cela n'étoit pas suffisant pour dissiper les soupçons de démence.

A quoi donc se réduisent tous ces actes?

On ne peut plus en compter que cinq importans, outre le testament même que nous examinerons séparément.

Et quels sont ces cinq actes essentiels?

La transaction passée le 16 janvier avec Madame de Longueville, l'acte du 31, passé avec M. le prince de Condé, la donation universelle du 23 février, en faveur de M. le comte de Saint-Pol, et enfin les deux procurations du 26 février.

La transaction en elle-même n'a rien qui soit propre et particulier à M. l'abbé d'Orléans, rien que l'on puisse regarder comme son ouvrage, en un mot, rien de personnel. Disons plus; il y a une espèce de démonstration qu'il n'a point su le détail des clauses de cet acte, et qu'il l'a signé sur la foi de son conseil, ou sur le témoignage de Madame de Longueville. Vous vous souvenez, MESSIEURS, de la date de cet acte, il est du 16 janvier 1671; M. l'abbé d'Orléans étoit arrivé le 15 au soir; l'acte est très-long, il mérite au moins un jour de lecture pour un homme aussi peu instruit des affaires que M. l'abbé d'Orléans, et il a demandé plus de huit jours de méditation de la part de ceux qui l'ont dressé; cependant cet acte long, important, difficile, est signé dès le matin. Il est impossible que M. l'abbé d'Orléans l'ait lu, l'ait compris, l'ait examiné dans toutes ses parties. Et que l'on ne dise point que dès le mois de septembre ses parens lui avoient permis de transiger avec Madame sa mère. Les choses avoient changé de face depuis ce temps-là. Alors, comme il étoit mineur, les parens ne lui permettoient d'abandonner des terres, que suivant une estimation régulière. Mais après sa majorité, il convient lui-même de l'estimation; il règle le prix des terres', et toutes les clauses qui en sont des suites naturelles. Cet acte est tout différent de celui qui avoit été projeté; et cet acte, encore une fois, est examiné, approuvé, signé par lui, dans l'espace d'une seule matinée.

Le second acte, c'est-à-dire, la transaction par laquelle M. le prince de Condé lui donne la terre de Nesle en paiement, n'est signé à la vérité que quinze jours après le retour de M. l'abbé d'Orléans à Paris; mais il est vrai en même temps que ces quinze jours n'ont point été employés à délibérer sur les conditions du traité, puisqu'elles étoient toutes réglées avant que M. l'abbé d'Orléans fût arrivé. La procuration en vertu de laquelle il est passé, est au bas du traité, en sorte qu'il a été impossible d'y rien ajouter. Or la procuration est signée le 15 janvier 1671, c'est-à-dire, le jour même de l'arrivée de M. l'abbé d'Orléans, et renvoyée ensuite à Paris avec le traité tout dressé et prêt à être signé. On le signe en cet état; et n'est-il pas visible qu'indépendamment du consentement de la volonté, et de l'examen de M. l'abbé d'Orléans, l'acte étoit résolu, arrêté et n'attendoit plus que la simple formalité de sa signature?

Les deux procurations ne forment aucune présomption particulière de sagesse. Elles sont comme tout le reste des actes, qui ne parlent, pour ainsi dire, que par la seule signature. On prétend même qu'elles forment une espèce de preuve complète de la démence. Il ne reste donc à examiner que la donation; et c'est en effet le seul acte dans lequel il y ait des clauses capables de former quelques présomptions de sagesse.

Telles sont, par exemple, la réserve d'un usufruit de soixante mille livres, qui paroît trop fort pour un imbécille; celle d'une somme de soixante mille livres une fois payée; la moitié de l'hôtel de Longueville et des meubles; enfin, de la faculté de disposer par testament des fruits des deux années qui suivroient immédiatement la mort de M. l'abbé d'Orléans.

Mais de l'autre côté on y remarque un dépouillement universel, une abdication de toute propriété, une affectation de mettre des clauses qui ne regardoient point M. l'abbé d'Orléans, et qui n'avoient pour but que l'intérêt de Madame de Longueville; et dans le concours de ces clauses, dont chacun prétend tirer avantage, les conjectures se multiplient, les présomptions croissent de part et d'autre, la preuve devient douteuse et incertaine.

D'un côté, Madame de Nemours soutient que tous les actes, et la donation principalement, sont autant de preuves légitimes de la liberté, de la sagesse, de l'intégrité parfaite de la raison de M. l'abbé d'Orléans; que ce sont tous actes judicieux, raisonnables, utiles, nécessaires, qui publient avec éclat la sagesse de leur auteur. Que pouvoit-il faire de plus sage que de profiter du premier moment de sa majorité, pour éteindre la dette la plus favorable de toutes celles de sa maison, en donnant des terres en paiement à Madame de Longueville? Pouvoit-il s'empêcher de recevoir la terre de Nesle, par laquelle le prince de Condé vouloit s'acquitter envers lui? Ne devoit-il pas céder à M. le comte de Saint-Pol tous les droits et tous les avantages attachés à la qualité d'aîné, à laquelle il avoit solennellement renoncé, en se consacrant à la profession ecclésiastique; mais en même temps ne devoit-il pas se réserver un usufruit considérable, une habitation convenable à sa naissance, une liberté, renfermée dans des bornes légitimes, de disposer de certaines sommes : enfin, sur le point d'entreprendre de longs voyages et de sortir du royaume, pouvoit-il faire un partage plus juste de sa confiance, que celui qu'il a fait dans ses deux procurations entre Madame de Longueville et le sieur Porquier, en donnant à l'une la nomination des officiers et bénéficiers, et à l'autre l'administration de ses revenus?

De l'autre côté, M. le prince de Conty vous a dit que l'on trouve deux vues générales, également répandues dans les contrats et dans la donation, dont

l'une fait voir que M. l'abbé d'Orléans a eu la
moindre part à tous ces actes, et l'autre découvre
qu'ils sont bien moins des titres de sagesse, que des
preuves de démence, puisque tous ces actes n'ont
pour but que de le dépouiller de tous ses biens,
de le mettre hors d'état de nuire et aux autres et à
lui-même, et enfin de le réduire à une espèce d'interdiction secrète et domestique, moins éclatante,
mais non pas moins efficace, qu'une interdiction publique et solennelle.

Ce n'est point l'avantage de M. l'abbé d'Orléans
qui est l'objet de tous ces actes, c'est l'intérêt de
Madame de Longueville; c'est le bien et l'avantage
commun de la maison de Longueville : et peut-on
douter de cette première réflexion, quand on voit
que dans le principal de tous ces titres on fait insérer
une clause extraordinaire, contraire même aux principes de droit, qui défendent de stipuler pour un
autre, et de contracter pour l'intérêt d'autrui; clause
par laquelle on oblige M. le comte de Saint-Pol en
vertu de la donation, non-seulement à ratifier la
transaction que M. l'abbé d'Orléans avoit faite avec
Madame de Longueville et avec M. le prince de
Condé, mais encore à décharger Madame de Longueville des pierreries dont elle étoit chargée par
l'inventaire, et du compte général de la tutelle?
Doutera-t-on après cela du véritable motif, de l'unique principe de tous ces actes; et se persuadera-t-on
qu'ils soient l'ouvrage de M. l'abbé d'Orléans, quand
on voit que son intérêt est le seul qu'on y néglige?

En trois jours l'aîné de la maison de Longueville,
à peine majeur, sans aucune raison apparente, se
trouve dépouillé de tous ses biens. La donation lui
ôte les biens présens, le testament qu'on lui fait
faire le prive de la disposition des biens à venir. On
lui laisse à la vérité un usufruit honnête, pour
donner quelque couleur à l'acte; mais si on le lui
donne d'une main, on le prend, pour ainsi dire,
de l'autre; puisque, par les procurations qu'on lui fait
signer, dans le même moment on lui interdit, au

moins de fait, l'administration de cet usufruit. Enfin, pour ajouter le dernier sceau à son interdiction, on lui donne un inspecteur, une espèce de curateur domestique, dont il croit lui-même peu de mois après, que la présence, l'avis et le conseil lui sont nécessaires pour arrêter un compte peu important de sa dépense.

Voilà Messieurs, en peu de mots, les deux présomptions opposées, que les mêmes actes fournissent aux deux parties.

C'est à vous à décider de leur vraisemblance, à juger de leur poids, à faire pencher la balance, presque également suspendue entre l'une et l'autre conjecture.

Pour nous, puisque notre ministère nous oblige à nous expliquer définitivement sur ce combat de présomptions, nous croyons devoir faire deux réflexions générales, dont la première est surabondante, parce que la seconde seroit seule suffisante.

Nous disons d'abord, que l'on ne sauroit envisager toutes les circonstances qui environnent les actes, sans reconnoître dans les présomptions qui vous sont proposées par M. le prince de Conty, un degré de vraisemblance si sensible et si apparent, que l'esprit a de la peine à lui refuser son consentement.

Et nous ajoutons en second lieu, qu'il n'est pas même nécessaire que ces présomptions l'emportent sur celles de Madame de Nemours. Il suffit qu'elles soient aussi fortes, et que dans cet équilibre parfait, il n'y ait plus que la preuve testimoniale qui puisse faire pencher la balance et fixer l'incertitude des conjectures.

Expliquons-nous avec plus d'étendue. La présomption que M. le prince de Conty emprunte des actes mêmes, est plus forte que celle de Madame de Nemours, s'il est vrai que d'un côté il soit difficile de concilier les actes, et surtout la donation avec la supposition de sagesse, et que de l'autre au contraire, il soit facile d'accorder tous ces actes avec l'hypothèse de la démence.

Mais qui pourra douter du premier point, lorsque l'on examine ce qui se passe véritablement et réellement dans les principaux actes que nous examinons ?

Nous savons qu'il est assez ordinaire, que dans de grandes et illustres maisons un aîné qui se consacre au culte des autels, laisse dans sa famille et dans le partage de ses puînés, les grands avantages auxquels la nature l'avoit destiné. Aussi ne serions-nous pas surpris de voir M. l'abbé d'Orléans donner à M. le comte de Saint-Pol le comté de Neufchâtel, se démettre en sa faveur de ses duchés, renoncer à ses gouvernemens, faire même, si l'on veut, une donation considérable des terres les plus titrées de sa maison.

Mais ce n'est point ce qui se passe dans la donation que nous examinons. Elle dépouille M. l'abbé d'Orléans de toute sorte de propriété : ce ne sont point seulement des titres éclatans, incompatibles avec l'obscurité de sa vie, des duchés, des gouvernemens qu'il donne à M. le comte de Saint-Pol ; il se démet de tout entre ses mains, sans se réserver aucune propriété telle qu'elle puisse être, si ce n'est d'une somme modique qui ne suffit pas pour acquitter son testament. Il se réduit en l'état de ceux auxquels l'autorité de la justice interdit seulement la disposition de leurs fonds en leur laissant l'administration de leurs revenus. Et dans quelle occasion fait-il ce sacrifice à M. le comte de Saint-Pol ? S'agit-il d'un établissement digne de sa naissance, digne de ses hautes qualités, pour lequel on exige cette condition de sa famille ? Y a-t-il quelqu'autre cause apparente ? L'âge, la maladie, la complexion de M. l'abbé d'Orléans lui inspirent-elles ce détachement entier et universel ? Il n'y a rien de tout cela ; nulle occasion, nulle conjecture nouvelle, nulle raison vraisemblable, si ce n'est qu'il est devenu

majeur., et,que l'âge l'a mis en état de se dépouiller
lui-même, et d'être l'instrument, comme il étoit déjà
le sujet de son interdiction.

La sagesse n'exigeoit donc point de M. l'abbé d'Orléans ce qu'il a fait en cette occasion; au contraire,
s'il avoit été sage, il est difficile de croire qu'il eût
voulu dès l'âge de vingt-cinq ans épuiser entièrement
son patrimoine par une première libéralité, et par
une seule donation se mettre hors d'état de pouvoir
jamais rien donner de sa vie.

Les jurisconsultes romains auroient été encore
plus loin que nous; et bien loin de regarder cette
donation comme un acte de sagesse, ils l'auroient
considérée comme une espèce de preuve de démence :
et quoique notre usage ait admis les donations universelles, il faut néanmoins reconnoître que de tous
les actes, il n'y en a guères de moins propres à prouver la sagesse. Mais sans nous arrêter plus long-temps
à ces réflexions générales, passons au second point,
et voyons si ces actes, qui ne supposent point nécessairement la sagesse, ne sont pas au contraire entièrement liés avec la supposition de démence.

Pour en être convaincus, nous sommes persuadés,
MESSIEURS, qu'il suffit de réunir sous un seul point
de vue toutes les circonstances que nous vous avons
déjà expliquées séparément.

Représentez-vous donc un seigneur de la qualité
de M. de Longueville, d'un caractère d'esprit au-
dessous du médiocre, d'une légèreté et d'une inconstance continuelles; errant de ville en ville au gré
de son inquiétude; dominé par sa famille, jusqu'au
point de n'oser revenir dans Paris, parce que M. le
comte de Saint-Pol lui en défend l'entrée; contraint
de s'aller cacher dans une hôtellerie d'Orléans, et d'y
attendre pendant près de quarante jours la permission de rentrer dans le sein de sa famille; prêt à
signer des actes qu'il est évident qu'il n'a jamais eu le
temps d'examiner; capable de respecter peu de temps
après l'autorité d'un écuyer qui devoit naturellement
trembler devant lui, persuadé qu'il a besoin de son

avis, de son conseil, de sa présence, pour arrêter un
compte de quatre mois de sa dépense ordinaire. Représentez-vous donc un homme de cette qualité, si
peu instruit des affaires, qu'il ne savoit pas, selon
Madame de Nemours, si sa succession devoit appartenir à ses parens ou à ses amis; envisagez dans toutes
ces circonstances, ce même homme dépouillé en trois
jours de tous ses biens, renoncer aux biens présens
par la donation, disposer des biens à venir par le
testament dont il ne demeure pas même le maître
et qu'il laisse en minute entre les mains du sieur
Porquier, c'est-à-dire, d'un homme dévoué à M. le
comte de Saint-Pol, légataire universel par ce testament; enfin se priver même de l'administration de
l'usufruit qu'il se réserve, par les procurations qu'il
signe, et tout cela pour aller faire des voyages inutiles, peu convenables à sa qualité de prêtre, encore
moins à la dignité de sa maison, être enfin renfermé
peu de mois après dans le cours de ses voyages. Et
qu'est-ce qui se passe dans sa famille, lorsqu'il est
enfermé? Change-t-on quelque chose au plan que
l'on avoit fait pour le gouvernement, pour l'administration de ses biens? Au contraire, on ordonne qu'en
attendant l'interdiction solennelle, l'on continuera
d'agir en vertu des procurations : la fureur même ne
dérange point les mesures de la famille; et en effet,
n'avoit-on pas mis M. l'abbé d'Orléans dans un état
où la fureur la plus outrée ne pouvoit plus apporter
aucun changement, parce qu'elle étoit impuissante,
désarmée, incapable de nuire ou à lui-même ou
aux autres?

Supposons que la famille de M. l'abbé d'Orléans
ait eu effectivement le dessein qu'on lui attribue,
et dont les actes font naître des suspicions très-véhé-
mentes; supposons qu'elle ait voulu dépouiller
M. l'abbé d'Orléans de tous ses biens, et que voulant
s'épargner à elle-même la douleur d'une interdiction
publique, elle ait cherché les moyens de parvenir
à une interdiction particulière et domestique, qui,
comme nous l'avons déjà dit, eût moins d'éclat,

mais non pas moins d'effet qu'un jugement solennel et authentiqué ; ce dessein n'a rien qui ne soit en même temps légitime et vraisemblable ; il seroit même probable dans une famille particulière, et il approche fort de la certitude dans une maison de l'élévation de celle de M. l'abbé d'Orléans.

Mais ce dessein étant une fois supposé, quelles mesures a-t-on dû prendre pour son exécution ? N'étoit-il pas nécessaire de lui faire signer d'abord des actes, pour finir sagement, équitablement, raisonnablement les plus grandes affaires de la maison ? Ne devoit-on pas ensuite lui faire donner à M. le comte de Saint-Pol un bien dont il ne pouvoit plus user que pour en abuser ? et n'étoit-il pas de la prudence d'imposer au donataire, la condition essentielle d'exécuter tous les actes que l'état de M. l'abbé d'Orléans auroit pu rendre douteux ? Ne falloit-il pas, en le dépouillant de la propriété de tout ce qu'il possédoit, lui laisser un usufruit proportionné, non-seulement à son état présent, mais au cas incertain du retour de sa santé ? Et parce qu'on ne pouvoit pas lui confier l'administration de cet usufruit, n'étoit-il pas naturel de lui faire signer des procurations ? Enfin, parce qu'il n'étoit pas possible de l'empêcher au moins de régler la dépense ordinaire de sa maison dans ses voyages, ne devoit-on pas préposer à sa conduite un inspecteur sage et fidèle qui pût prévenir les surprises des domestiques inférieurs, et assurer la famille de la régularité dans laquelle toutes choses se seroient passées ?

Voilà toutes les précautions qu'il semble que la prudence humaine pouvoit prendre pour exécuter un plan qui n'a rien que de très-vraisemblable ; et ce sont en même temps toutes celles que l'on a prises. Quelle est donc la conséquence que nous tirons de cette supposition ?

Si la famille a voulu interdire secrètement M. l'abbé d'Orléans, elle a dû prendre toutes les mesures que nous venons de vous expliquer. Or, elle a pris effectivement toutes ces mesures. Donc, il est plus que

vraisemblable qu'elle l'a voulu. Jugeons encore une
fois de la volonté par les œuvres, de l'intention par
les actions, du dessein par l'événement. Tout ce
que l'on auroit pu faire si l'on avoit eu cette vue, on
l'a fait, on l'a exécuté. Donc nous devons supposer
que cette vue a été le véritable principe et le motif
qui règne dans tous les actes.

C'est dans le sein de toutes ces présomptions, c'est
au milieu de tous ces actes que l'on fait paroître
le dernier testament : acte sur lequel il y a deux
choses à considérer.

1.º Les présomptions générales de la sagesse du
testament et de la faveur des héritiers, ont déjà été
proposées, et la cour n'a pas cru que ces moyens
fussent suffisans pour empêcher la preuve du fait
de démence.

2.º Les circonstances particulières en grand
nombre, fortifient les soupçons de démence.

1.º Quel motif de ce testament ? Aucun qui fût
nécessaire. Il avoit tout donné par la donation ; on
prétend même que la donation avoit ôté la charge
de la substitution ; nul bien présent qui l'engage à
faire cette disposition. Pourquoi se tant presser, si
ce n'est par la crainte que la capacité même de signer
ne vînt à manquer ?

2.º Dépôt en minute de ce testament ; le légataire
universel en devient le maître.

3.º Circonstance inexplicable des projets joints au
testament.

Ou ils sont faits après le testament, ou auparavant.
Il est impossible et absurde qu'ils soient faits après.
M. l'abbé d'Orléans a déposé son testament aussitôt
qu'il a été fait, et est parti huit jours après. Auroit-il
voulu changer tous les legs, sans exception ? Car
dans ces projets, ils sont tous différens du testament.
Il faut donc qu'ils aient été faits auparavant.

Mais si cela est, quelle en est la date ? Peut-être
ont-ils été faits long-temps auparavant. Quel en est
le dessein ? C'est de confirmer le testament. S'il les
a faits avant le second, donc c'est le premier qu'il

a voulu confirmer; donc il n'a jamais voulu le changer ; donc il y auroit une surprise.

Quels argumens oppose-t-on à toutes ces présomptions, qui s'élèvent tant contre le testament que contre les actes qui l'environnent ? Nous n'en avons observé que trois principaux.

Le premier, que ce dessein, ce concert prétendu de la famille de M. l'abbé d'Orléans, étoit injurieux à la mémoire des parens illustres qui en composoient la plus noble et la principale partie. Mais ce moyen plus propre à exercer l'éloquence d'un orateur, qu'à servir de principe à une décision de la justice, ne nous paroît pas si évident dans le fait, qu'on a voulu vous le persuader.

Si les actes que M. l'abbé d'Orléans a passés n'étoient pas tous convenables à l'état de la famille, à la grandeur et à la dignité de sa maison ; s'ils n'étoient pas tels qu'il les eût signés lui-même, s'il eût pu avoir quelque connoissance de la situation présente, supposé qu'elle fût telle que le prétend M. le prince de Conty , ce seroit alors le cas de faire valoir toutes les raisons que l'on vous a proposées ; de dire qu'il n'est pas vraisemblable que des parens aussi illustres par leur vertu que par leur naissance, eussent voulu abuser de la crédulité, de la facilité, de la docilité d'un insensé, pour lui faire signer toutes sortes d'actes contraires à ses véritables intérêts.

Mais qu'est-ce qu'on lui fait faire (nous parlons toujours dans la supposition de M. le prince de Conty)? ce qu'il auroit fait lui-même, s'il eût été capable de se connoître ; des actes innocens, des actes nécessaires, des actes qui ne pouvoient presque se différer, des actes enfin , dans lesquels le salut et la gloire de la maison de Longueville étoient renfermés. Si dans une telle conjecture où il est plus facile de blâmer ce qui a été fait, que d'apprendre à mieux faire ; si dans la crainte d'une fureur imminente ; si pour prévenir les suites d'une interdiction et d'une longue curatelle ; si pour empêcher que M. le comte de

Saint-Pol ne tombât dans le double malheur d'être frère d'un insensé, et de n'être cependant jamais que son frère puîné par rapport à la possession des biens ; enfin, si pour donner une forme certaine à toutes les affaires d'une grande maison, on s'est servi des restes de docilité que l'on a trouvés dans un esprit foible et égaré ; si l'on a fait à son égard ce que l'on fait tous les jours pour les mineurs, et que le droit romain permet même de faire pour les impubères, c'est-à-dire, de leur faire signer des actes qu'ils ne pourroient pas signer, ni vouloir d'eux-mêmes ; dans toutes ces circonstances, faudra-t-il s'élever contre une famille illustre, qui n'a manqué ni de sagesse ni de lumières, qui a fait ce qu'elle a pu plutôt que ce qu'elle auroit voulu ; et ne faudra-t-il pas au contraire, la plaindre, l'excuser, et souhaiter de ne pas se trouver dans une semblable conjoncture, où les bons conseils sont rares, où la censure est facile, où le mal est évident, et où le remède est douteux et incertain ?

Le second argument général, par lequel on prétend combattre la présomption que M. le prince de Conty tire des actes mêmes, paroît plus considérable. L'on vous a dit que ces actes rejetoient ce soupçon, et qu'ils contenoient des clauses qui ne peuvent convenir qu'à la supposition de sagesse.

Il faut reconnoître d'abord, que l'on ne trouve de ces clauses, que dans la seule donation ; tous les autres actes n'ont rien qui exige nécessairement ou vraisemblablement la sagesse de celui qui les a signés.

Mais quelles sont ces clauses de la donation qui résistent si évidemment aux moindres soupçons de ce prétendu concert de famille ?

L'usufruit, vous a-t-on dit, est trop considérable. Pourquoi laisser soixante mille livres de rente à un insensé qui n'en dépensoit ordinairement que trente mille ?

Pourquoi lui donner encore une somme de soixante mille livres ? Pourquoi lui réserver la moitié de l'hôtel de Longueville, des meubles pour cent mille livres ?

Enfin, pourquoi lui conserver la liberté de tester, et stipuler un retour en faveur de Madame de Nemours ?

Un seul principe général répond à toutes ces objections. Il suffit, pour rendre toutes ces réserves croyables, de supposer en général que la famille a prévu un cas qui pouvoit arriver, c'étoit le retour de la santé de M. l'abbé d'Orléans. Il n'auroit pas été juste en ce cas qu'il eût été réduit à un usufruit tel qu'il pouvoit suffire à un insensé, ni qu'il n'eût eu aucune somme dont il pût disposer, soit pour récompenser ses domestiques, soit pour d'autres causes justes et légitimes.

Pouvoit-on d'ailleurs, à moins que de le déclarer publiquement insensé, lui réserver un revenu moins considérable? pouvoit-on l'exclure de l'hôtel de Longueville, lui ôter les meubles qui étoient nécessaires pour l'occuper? N'auroit-ce pas été tomber dans l'inconvénient que l'on vouloit éviter, qui étoit de reconnoître et de prouver par écrit sa démence ?

La faculté de tester qu'on lui réserve, est une faculté dont il ne jouit pas long-temps. On la lui fait consommer trois jours après, par un testament dont Porquier demeure dépositaire; et si l'on stipule un droit de retour en faveur de Madame de Nemours, est-ce une stipulation qui soit tellement attachée à la personne de M. l'abbé d'Orléans, qu'elle ne puisse convenir à sa famille?

Enfin, est-il question de pénétrer à présent dans toutes les raisons secrètes de ces actes? Outre ces raisons apparentes, la famille n'en expliqueroit-elle pas une infinité d'autres, si elle étoit entendue? Peut-être qu'elle nous diroit que cet usufruit trop considérable, étoit destiné à faire tous les ans des fonds qui puissent servir de ressources dans certaines occasions à M. le comte de Saint-Pol, sans néanmoins qu'il fût en son pouvoir de les dissiper. Est-il nécessaire de deviner précisément le motif qui a fait ajouter telle et telle clause; et ne suffit-il pas de montrer en général, qu'il n'y a aucune des clauses qui exclue nécessairement le soupçon de démence, et qui établisse invinciblement les présomptions de sagesse?

Mais, dit-on, cette donation est un titre inviolable, soit que l'on examine ce qui l'a précédée, soit que l'on envisage ce qui la suit.

Ce qui l'a précédée, c'est la lettre que le sieur Métayer a écrite au sieur de Sainte-Beuve, par l'ordre de M. l'abbé d'Orléans; lettre qu'il a approuvée par quelques mots de sa main; ce qui prouve, dit-on, démonstrativement que la donation est l'ouvrage de sa volonté.

Ce qui la suit, c'est l'approbation de la famille, la confirmation du roi, l'autorité précise de vos arrêts.

Achevons de répondre en deux mots à ces dernières objections; commençons par la lettre du sieur Métayer.

Quelles en sont toutes les circonstances?

1.° Pourquoi M. l'abbé d'Orléans n'écrit-il pas lui-même dans cette occasion? Nulle affaire plus importante pour lui, que celle dont il s'agissoit. Il n'étoit point du nombre de ceux qui craignent la peine d'écrire eux-mêmes; nous le voyons écrire pour des affaires de rien, entrer dans les moindres détails, marquer qu'on ait soin de meubler la chambre de son écuyer, et mille autres choses semblables qui prouvent qu'il vouloit que tout passât par ses mains, et qu'il ne négligeoit pas les soins les moins dignes de l'occuper.

Cependant nous le voyons ici, dans l'occasion la plus importante de toute sa vie, emprunter la main de son aumônier; c'est la première circonstance.

2.° Quelles sont les grandes affaires qui l'empêchent d'écrire lui-même? Vous l'avez déjà vu, MESSIEURS, dans la déposition des témoins. Il y avoit trente jours qu'il étoit sans occupation à Orléans. Tout au plus, selon Madame de Nemeurs, une heure de son temps étoit destinée à célébrer la messe; et si l'on en croit les témoins de M. le prince de Conty, ils'occupoit à courir les rues d'Orléans, à sauter sur son ombre, à danser les cinq pas sur les remparts de la ville. Voilà quels sont les soins importans qui l'empêchent d'écrire lui-même pour un acte par lequel il doit se dépouiller de tous ses biens.

3.º Comment appelle-t-il cet acte, ou plutôt, comment son aumônier le nomme-t-il? Un traité qu'il doit faire avec M. le comte de Saint-Pol. Il est vrai que la donation est peu propre à un acte de cette nature. Prouve-t-on même que le projet de cet acte ait jamais été renvoyé à M. l'abbé d'Orléans, comme on avoit hasardé de vous l'avancer? La lettre ne le dit point; au contraire, elle marque que le sieur Porquier avoit ordre de communiquer ce traité au sieur de Sainte-Beuve; et si M. l'abbé d'Orléans l'avoit vu, on n'auroit pas manqué de faire mention dans cette lettre d'une circonstance si importante.

4.º Comment cette lettre doit-elle être rendue? On ne la confie pas à la voie ordinaire des courriers; c'est Dalmont qui doit en être le porteur; Dalmont qui n'étoit revenu joindre M. l'abbé d'Orléans qu'au mois de décembre; Dalmont, qui, comme vous l'explique un des témoins, et comme cela paroît prouvé par d'autres circonstances, avoit le secret de la famille; Dalmont enfin, qui part aussitôt que la lettre est écrite. Elle est datée du 28, et Dalmont est parti constamment le 29.

5.º Comment M. l'abbé d'Orléans approuve-t-il cette lettre? Reprenons les termes de son apostille : *Tout ce que M. Métayer vous mande de mes intentions, est vrai. Adieu, sans adieu; diligentez tout, afin qu'avec joie je puisse dire :* In viam pacis. *Tout à vous, votre serviteur.*

Nous ne croyons point que ces termes marquent visiblement un grand égarement d'esprit, comme on a voulu vous l'insinuer; mais s'ils prouvent quelque chose, c'est que de la diligence du sieur de Sainte-Beuve, et de ceux qui dressoient ces actes, dépendoit le retour de M. l'abbé d'Orléans : *Diligentez tout, afin qu'avec joie*, *etc.;* et cela ne prouve-t-il pas invinciblement qu'il n'étoit pas libre de revenir à Paris, que les ordres de la famille lui en défendoient l'entrée, jusqu'à ce que les actes fussent dressés et tout prêts à signer?

Enfin, joignons à ces réflexions qu'il y a deux mois d'intervalle entre cette lettre et la donation, et que quand on auroit prouvé que M. l'abbé d'Orléans étoit sage alors, il ne s'en suivroit pas qu'il le fût deux mois après; et dans toutes ces circonstances, avouons que cette lettre est encore un titre douteux et un argument équivoque, dont chacune des parties prétend également se servir, et qui sert bien moins à prouver la volonté de M. l'abbé d'Orléans, qu'à faire voir l'autorité de sa famille.

Mais ce qui a suivi, est-il plus considérable que ce qui a précédé la donation? Vous vous souvenez, MESSIEURS, de ce qu'on a voulu appeler ici une confirmation.

Les parens de M. l'abbé d'Orléans assemblés pour délibérer sur la forme de l'administration de ses biens, ont toujours parlé de la donation comme d'un titre inviolable qui devoit avoir son exécution. Mais les parens pouvoient-ils lui donner atteinte? Cet acte revêtu d'une forme solennelle et authentique, pouvoit-il être anéanti par le changement de leur volonté? Supposons même qu'ils l'eussent pu, auroient-ils voulu détruire leur propre ouvrage; et si la supposition de M. le prince de Conty est véritable, ne devoient-ils pas au contraire assurer par la continuation de leurs suffrages l'exécution d'un acte qui leur devoit sa naissance, comme il leur a été redevable dans la suite de sa conservation? Mais a-t-on même jamais agité cette question, et fait naître ce doute dans l'assemblée des parens? Y avoit-il quelqu'un qui eût intérêt de contester, de combattre, de détruire cette donation? Et comment peut-on regarder ces actes de la famille du donateur comme une confirmation de la donation, puisque tout ce qui auroit été nécessaire pour en former la moindre question, leur manquoit également, c'est-à-dire, le pouvoir, la volonté, l'intérêt même et la capacité?

Aussi n'est-ce pas la seule espèce de confirmation que Madame de Nemours allègue en faveur de ce titre. Le roi, vous a-t-on dit, l'a autorisée par ses lettres patentes, et vous-mêmes, MESSIEURS, dépositaires de sa justice souveraine, vous avez ajouté le dernier sceau à sa validité. Mais quelles sont toutes ces confirmations? C'est ce qu'il est assez difficile d'expliquer. Le roi a confirmé la donation en recevant la foi et hommage du donataire, et de Madame de Longueville, en qualité de curatrice après la donation; en accordant à l'un et à l'autre le don des reliefs qui lui étoient dus; en ordonnant l'exécution de quelques avis de parens qui parlent de ce même titre. La cour l'a confirmé de la même manière, en adjugeant à un seigneur particulier les profits de fiefs, qui lui étoient dus pour la mutation à laquelle la donation avoit donné lieu. En vérité, MESSIEURS, il est surprenant que dans une cause si étendue, si difficile, si pleine de véritables questions, on veuille mêler des faits de cette qualité; faits qui ont déjà été plaidés sans aucun succès dans le temps de l'interlocutoire, et qui nous paroissent encore plus inutiles aujourd'hui. Car pour en tirer quelque conséquence, combien de fausses maximes ne faut-il pas supposer? 1.º Que celui qui confirme un acte sans connoissance de cause, y a joint un nouveau degré de force et d'autorité; et cela contre la doctrine commune des jurisconsultes, des canonistes, et surtout de M.e Charles Dumoulin, qui explique si doctement sur la coutume de Paris cette règle de droit, *Qui confirmat nihil dat.* 2.º Il faut encore soutenir que lorsque le roi reçoit un nouveau vassal en foi et hommage, il a intention sans aucun examen, sans aucune contestation précédente, sans aucun jugement, de confirmer par là le titre en vertu duquel ce nouveau vassal est entré en possession du fief, et que celui qui dresse des lettres de protestation de foi et hommage, ou tout au plus celui qui les signe, préjuge

par là toutes les questions qui peuvent être formées
dans la suite sur le droit de propriété du vassal.
Enfin, il faudroit aller plus loin, et supposer que
lorsque vous obligez un nouvel acquéreur à payer les
droits qui sont dus au seigneur féodal, quoiqu'il ne
s'agisse point de la validité du contrat de vente ou
de donation ; quoique cette question ne puisse être
agitée par ce seigneur, cependant vous décidez dès-
lors de la bonté, de la force, de l'exécution de ce
contrat, et que tous ceux qui peuvent y avoir intérêt
ne pourront jamais attaquer cette vente par cette
seule raison que l'acquéreur a été condamné à rendre
la foi et hommage, et à payer les droits utiles au
seigneur dominant.

Que si toutes ces suppositions sont également
absurdes, la question de la donation est donc toute
entière ; la lettre de Métayer qui la précède, les différens actes qui la suivent, ne peuvent détruire l'induction que l'on en tire, ni toutes les présomptions
qui résultent de ce dépouillement, de cette abdication universelle, dont elle est la plus forte preuve
dans cette cause.

Mais après vous avoir montré que ces présomptions ne sont point injurieuses à la famille illustre de
M. l'abbé d'Orléans, après vous avoir fait voir qu'elles
ne sont point effacées par les clauses des actes, ni
par toutes les circonstances qui les précèdent et qui
les suivent, il ne nous reste plus qu'à examiner une
dernière objection que l'on tire de la conséquence
des demandes de M. le prince de Conty, ou plutôt,
nous croyons pouvoir nous dispenser absolument d'y
répondre, parce que cette objection regarde plus
l'intérêt des parties que la décision de la justice. On
prétend, en un mot, que si le testament étoit détruit,
sa chute entraîneroit avec elle celle de tous les contrats; et que ce que M. le prince de Conty perdroit
d'un côté, seroit beaucoup plus considérable que ce
qu'il gagneroit de l'autre. Mais c'est à M. le prince
de Conty, c'est à son conseil à prévoir, à examiner,
à prévenir, s'il est possible, les suites de sa demande.

Nous les envisageons toutes entières, mais nous nous
contentons de les envisager, sans chercher curieuse-
ment quels seroient, dans le cas que Madame de
Nemours prévoit, et ses moyens, et les défenses de
M. le prince de Conty. Nous suspendons à cet égard
notre jugement ; heureux si nous pouvions le suspendre sur tout le reste : et, sans vouloir décider dès
à présent si le sort des contrats doit être le même
que celui du testament, nous nous contenterons de
dire que ce que les parties viennent chercher dans
cet auguste tribunal, n'est pas un conseil de sa prudence, mais un oracle de sa justice.

Arrêtons-nous un moment en cet endroit, pour
repasser légèrement sur tout ce que nous venons de
vous dire, touchant les actes principaux de la cause,
c'est-à-dire, les actes de dispositions.

Vous avez vu que tous ces actes n'ont rien de
personnel, ni qui porte le caractère de la volonté et
de la capacité de M. l'abbé d'Orléans. Vous avez
remarqué que toutes les circonstances qui les accompagnent, le temps, le lieu, les personnes, le nombre
des actes, leur nature, tout semble concourir à établir la présomption de ce tempérament judicieux,
de ce concert nécessaire de la famille de M. l'abbé
d'Orléans pour prononcer contre lui une interdiction
honnête, une interdiction favorable, une interdiction officieuse. Enfin, nous croyons avoir montré
que les objections de Madame de Nemours ne dis-
sipent point cette couleur si propre et si naturelle à
toutes les circonstances de cette cause.

Nous allons maintenant plus loin, et nous croyons
devoir soutenir qu'il n'est pas même nécessaire que
cette présomption paroisse plus forte que celle de Madame de Nemours. Il suffit que ces deux conjectures
différentes des parties, demeurent dans l'équilibre,
qu'elles soient égales de part et d'autre, pour convenir que ce n'est point par les actes que la cause
doit être décidée. Ces actes, si l'on veut, sont douteux, incertains, équivoques; les deux présomptions opposées y trouvent un égal fondement. A la

28 *

vue de tous ces actes la balance de la justice demeure
suspendue entre les deux parties, jusqu'à ce que la
preuve par témoins la fasse pencher ou pour l'une ou
pour l'autre.

Mais avant que de passer à cette seconde preuve,
il faut expliquer en un mot les actes du dernier
temps, c'est-à-dire, ceux qui ont été passés depuis
le testament.

On y observe la même distinction que nous avons
déjà remarquée dans les actes du temps du second
testament.

On y trouve des actes de disposition; on y en découvre de simple administration. Trois actes de disposition tous de même nature. Une présentation à
un bénéfice, qui est simplement énoncée dans la
prise de possession du pourvu ; une remise de droits
seigneuriaux, faite en faveur de M. de Montifault,
par-devant les notaires de Marseille; un don de la
succession d'un bâtard, fait au sieur Desgoureaux à
Strasbourg. Mais trouve-t-on dans ces trois actes ce
caractère de personnalité que nous cherchons? Y dé-
couvre-t-on aucune autre circonstance qui prouve la
raison de M. l'abbé d'Orléans, que sa simple signature? et ne suffit-il pas pour les concilier avec le fait
de démence, de supposer uniquement que sa
famille différoit encore de le faire interdire, et que
jusqu'à ce moment fatal il falloit bien que les actes
d'aliénation fussent signés de lui? Le premier fait est
plus que vraisemblable ; le second en est une suite
nécessaire.

Les actes d'administration se réduisent à des lettres
de change, à des arrêtés de comptes, enfin à des
lettres qui regardent tout le gouvernement du bien
de M. l'abbé d'Orléans.

Il est vrai qu'on rapporte des mandemens et des
lettres de change, les unes écrites, les autres signées
seulement de sa main, qui ne font naître aucun soupçon de démence; mais il y en a une, si extraordinaire dans sa forme, qu'elle balance entièrement
l'autorité de toutes les autres. Vous vous souvenez de

ce qui vous a été observé sur cette lettre de change.
Elle est écrite dans toute la largeur d'une feuille de
papier, et M. l'abbé d'Orléans a fait ajouter au bas :
*Bien que d'autre main soit, je promets de n'en tenir
compte.* Il peut y avoir une faute dans ces paroles ;
mais sans nous arrêter à en examiner la conséquence,
attachons-nous à une observation plus essentielle.
M. l'abbé d'Orléans a donc cru qu'une lettre de
change étoit nulle, si elle n'étoit pas écrite de sa
main, puisqu'il fait ajouter ces mots qui contiennent
une approbation expresse de cette même lettre. Il
falloit donc écrire cette approbation de sa main ; car
si la lettre de change lui paroît informe, parce qu'elle
est écrite d'une main étrangère, comment prétend-il
réparer ce défaut, par une approbation que la
même main étrangère a écrite entièrement ? Il falloit
du moins signer cette approbation qui lui paroissoit
si essentielle, et cependant c'est ce qu'il ne signe
point. Il se contente de signer la lettre de change.
Comment la signe-t-il encore ? Il faut observer ici
que cette approbation écrite au bas de la lettre de
change ne tient que la moitié ou environ de la largeur du papier, et c'est à côté de l'approbation, et non
au-dessous, que sa signature est placée, et qu'elle
est faite en cercle pour aller gagner le corps de l'écriture de la lettre de change.

Cette pièce, qui comme vous le voyez, MESSIEURS,
est plus que suspecte, est du 5 avril 1671, c'est-à-
dire, cinq semaines après le testament ; il est inutile
d'en relever l'induction avec plus d'étendue. Sa qualité, l'état, la figure de la pièce parlent assez d'elles-
mêmes. On a prétendu de la part de Madame de
Nemours, que M. l'abbé d'Orléans avoit voulu que
la même signature servît à la lettre de change et à
l'approbation qui est au bas, et que c'est pour cela
qu'il l'avoit placée au bas de la première et à côté de
la dernière ; mais ce dessein bizarre, et encore plus
bizarrement exécuté, seroit-il regardé comme une
preuve de sagesse ; et d'ailleurs quel est l'homme

sage, qui voulant approuver un acte qui n'est pas
écrit de sa main, qui croyant qu'il faut une approbation particulière pour le rendre valable, n'écrive
pas cette approbation de sa main ? On n'a point répondu à ce fait, et en effet il paroît difficile d'y
répondre.

Les arrêtés de compte paroissent une preuve plus
considérable de la capacité de M. l'abbé d'Orléans;
mais l'induction que l'on en tire, est fortement combattue par ce fait important que nous vous avons
expliqué, c'est-à-dire, par cette inspection domestique de Dalmont, dont nous avons déjà parlé;
inspection dont la nécessité a été reconnue par
M. l'abbé d'Orléans, inspection à laquelle il s'est lui-
même soumis. La preuve en est écrite en trois en-
droits, et surtout dans cette décharge importante
qu'il donne à Péray, son valet de chambre, en présence, par l'avis et conseil du sieur Dalmont; et
comme dans cette décharge sont compris tous les
comptes depuis le commencement du mois de mars
jusqu'au 15 juillet 1671, il est visible que l'induction de
ce fait remonte jusqu'au temps du testament, et forme
une présomption très-violente de ce que nous vous
avons déjà remarqué par avance, qu'après avoir dépouillé M. l'abbé d'Orléans de tous ses biens par la
donation et par le testament, après l'avoir interdit
même de l'administration de ses biens par les procurations, on ne lui confioit pas même le soin de régler
seul sa dépense. Il avoit un inspecteur que nous avons
déjà nommé dès le temps de l'interlocutoire, et que
nous croyons avoir encore plus de raison de nommer
aujourd'hui un curateur domestique.

Il ne nous reste plus à examiner que les lettres;
on en rapporte trois ou quatre, dans lesquelles on
remarque plusieurs obscurités, des répétitions inutiles, une grande bassesse d'esprit, sans y découvrir
néanmoins aucun signe de folie. Mais outre que trois
ou quatre lettres ne peuvent être une preuve suffisante de l'état d'un homme, outre que ces lettres ne

vous ont pas empêché d'admettre la preuve par témoins, il y a une dernière raison qui prouve invinciblement que la présomption que l'on tire des
lettres, n'est ni convaincante, ni infaillible. On rap-
porta dans le temps de l'interlocutoire une lettre
écrite par M. l'abbé d'Orléans, depuis qu'il a été
enfermé ; et cette lettre ne contenoit, non plus que
les autres, aucune marque évidente d'égarement
d'esprit. Quelle conséquence peut-on donc tirer des
lettres de M. l'abbé d'Orléans, puisque dans le temps
même de sa fureur, et dans le lieu même de sa
prison, il a pu en écrire d'aussi peu extravagantes
que celles dont Madame de Nemours se sert pour
prouver sa sagesse ?

Voilà, MESSIEURS, quels sont tous les actes, toutes
les présomptions que l'on en tire, toutes les preuves
qui en résultent. Dans le premier temps qui a précédé
ce testament, vous avez vu la lettre de Madame de
Longueville, et celle du sieur Métayer ; la première
prouve les nuages qui commencent à s'élever sur
l'état de M. l'abbé d'Orléans, la seconde est un signe
très-équivoque et très-douteux de sa prétendue capacité. Dans le temps du testament vous avez vu le
combat de présomptions que les principaux actes de
cette cause font naître entre les parties, et dans ce
combat nous avons tâché d'établir deux propositions
qui nous paroissent également certaines, l'une, que
les conjectures de M. le prince de Conty sont beaucoup plus spécieuses, plus vraisemblables, plus
conformes à toute la suite des actes, que celles de
Madame de Nemours ; l'autre, qu'il suffit que les
présomptions soient égales de part et d'autre, pour
reconnoître que les témoins doivent décider cette
contestation. Enfin, dans le dernier temps vous avez
remarqué que si l'on excepte quelques actes, où il
ne paroît rien de personnel que la simple signature
de M. l'abbé d'Orléans, les autres sont ou indifférens, ou capables de former des présomptions très-
grandes, et des commencemens de preuves par
écrit, soit par la figure et la teneur des actes, soit

par les preuves non-suspectes que M. l'abbé d'Orléans a données contre lui-même, de l'état de servitude où l'inspection nécessaire d'un curateur domestique l'avoit réduit. La discussion des actes nous
conduit donc à reconnoître la nécessité de passer à
l'examen de la preuve par témoins.

QUATRIÈME AUDIENCE.

Nous sommes parvenus à ce moment difficile et
important pour nous encore plus que pour les parties,
où nous sommes obligés de nous déterminer entre
les différentes idées que l'on a données de l'état de
M. l'abbé d'Orléans, et de vous en présenter une
peinture fidèle, pour y reconnoître ou les traits de la
sagesse ou les caractères de la démence. Nous avouerons en commençant cette dernière partie de la cause,
et nous l'avouerons peut-être avec confusion, qu'a-
près trois audiences, nous la remettons devant vos
yeux au même état où elle étoit lors de votre premier
arrêt; que si nous avons expliqué les circonstances
du fait, rétabli les principes du droit, pesé les raisonnemens opposés sur les actes, balancé les présomptions, nous avions satisfait aux devoirs de notre
ministère sur tous ces objets, dès le temps de l'arrêt
interlocutoire; mais nous ne pouvions nous dispenser
d'y revenir encore, pour rappeler les anciennes idées,
et montrer le nœud de la contestation. Tout conspire
anjourd'hui à rendre nécessaire la discussion de la
preuve par témoins, et c'est à cet examen que nous
devons nous appliquer uniquement.

Nous avons dit dans l'établissement des principes
généraux, que toute preuve testimoniale devoit être
envisagée en deux manières différentes; par sa sur-
face extérieure, c'est-à-dire, par le nombre et la qualité des témoins; et par sa substance intérieure,
c'est-à-dire, par la multitude et l'importance des
faits.

Appliquons maintenant ces vues générales à l'espèce particulière de cette cause. Examinons d'abord l'extérieur de la preuve, et faisons en un mot le parallèle du nombre et de la dignité des témoins de l'une et de l'autre enquête.

Nous ne nous arrêterons point à vous faire remarquer que dans l'une on compte quatre-vingt-cinq témoins, et dans l'autre soixante-seize ; cette différence n'est pas assez considérable pour pouvoir entrer dans la décision de cette cause ; et d'ailleurs, si l'on avoit retranché des quatre-vingt-cinq témoins de Madame de Nemours, ceux qui sont absolument négatifs, qui disent simplement que M. l'abbé d'Orléans ne leur a pas paru en démence, ou qu'il leur a paru de bon sens ; si on en ôtoit une partie des vingt-cinq témoins qui ont été entendus à Sainte-Marie-aux-Mines, et qui, ne déposant que des mêmes faits, devroient, suivant l'ordonnance, être réduits au nombre de dix : si l'on faisoit, disons-nous, tous ces retranchemens justes et nécessaires, les témoins de Madame de Nemours seroient inférieurs en nombre à ceux de M. le prince de Conty. Mais enfin, revenons à nos principes ; le nombre des témoins ne peut être considérable que lorsqu'il s'agit de prouver un seul fait public et général ; mais lorsque le fait général dépend absolument des faits particuliers, le nombre des témoins devient inutile, et les faits particuliers sont seuls décisifs.

Nous ne nous étendrons pas davantage sur ce qui regarde la qualité et la dignité des témoins. Si l'on en excepte de part et d'autre certains témoins importans dont nous allons faire le parallèle, les avantages des parties sont presque égaux à cet égard. On trouve dans les deux enquêtes, des prêtres, des religieux, des gentilshommes, des marchands, des artisans, des personnes de très-basse condition. Il y a si peu de différence de ce côté-là entre les enquêtes, qu'elle ne mérite pas une plus longue réflexion.

Que si l'on veut faire la comparaison des témoins plus importans, c'est-à-dire, de ceux qui étoient de la maison de M. l'abbé d'Orléans, de Madame de Longueville, ou de M. le comte de Saint-Pol, et qui ont pu être les plus exacts observateurs de la conduite de celui qu'ils devoient regarder comme leur maître, nous ne doutons point alors qu'on ne soit surpris de la confiance avec laquelle on a osé répéter tant de fois pour Madame de Nemours, que les témoins de M. le prince de Conty ne méritoient pas seulement d'être mis en parallèle avec les siens.

Commençons par retrancher de ce nombre M. le Nain, dont le témoignage seroit digne de décider seul ce célèbre différend, s'il étoit aussi considérable par les faits qu'il contient, qu'il est illustre par le nom et la vertu de son auteur.

Mais si l'on excepte cet unique témoin, à quoi se réduira tout le reste des témoins domestiques de l'enquête de Madame de Nemours? Il n'y en a que deux qui puissent par leur qualité donner du poids à leur déposition; l'un, est le sieur David, secrétaire des commandemens de M. le duc de Longueville; l'autre est Péray, valet de chambre de M. l'abbé d'Orléans; mais de ces deux, Péray est justement reproché. Il ne reste donc d'officier considérable que le sieur David; car nous ne croyons pas qu'on puisse se servir sérieusement de la déposition du sieur de Noçey et de la dame sa femme, dont toute la science consiste à dire qu'ils ne savent rien, si ce n'est que la dame de Nocey croit, sans pouvoir l'affirmer, qu'elle a ouï la messe de M. l'abbé d'Orléans. Que l'on tire, tant que l'on voudra des argumens de leur silence, ce n'est pas par de simples présomptions négatives, c'est par des faits positifs que cette cause doit être décidée.

Après cela il ne nous reste plus qu'à vous faire paroître cette foule de bas domestiques que Madame de Nemours a fait entendre; un cuisinier de Madame de Longueville, un tailleur, un tapissier, un valet de pied de M. le comte de Saint-Pol, un cocher et sa femme, un suisse et sa femme, un postillon, un palefrenier, un muletier; les plus considérables sont un

sommelier et un chef de panneterie. Aucun de tous
ces domestiques n'a suivi M. l'abbé d'Orléans dans le
voyage important de la rivière de Loire, aucun d'eux
n'étoit attaché à sa personne; celui même qui prend
la qualité de son cocher, dit que dans le temps du
testament, et long-temps auparavant, il n'avoit plus
de carrosse, parce qu'il l'avoit donné à M. le comte de
Saint-Pol; et d'ailleurs vous verrez par la lecture des
dépositions, ou plutôt vous avez déjà vu qu'un carrosse étoit pour lui un équipage très-inutile. Voilà
quelle est la qualité des domestiques que Madame de
Nemours a fait entendre.

Mais que trouvons-nous de l'autre côté? Sont-ce
des témoins, comme on vous l'a dit, dont la comparaison soit injurieuse à ceux de Madame de Nemours?
Ce sont tous ceux qui avoient l'honneur d'être continuellement auprès de M. l'abbé d'Orléans; ce sont
ceux sur lesquels sa famille se reposoit du soin de sa
conduite, ceux qui l'accompagnoient partout, qui
l'ont vu, qui l'ont suivi dans tous les temps; enfin,
ce sont ceux que Madame de Longueville honoroit
de sa plus intime confiance, ou qui remplissoient des
places considérables parmi les officiers de sa maison.
Ils sont en un mot de la qualité de ces domestiques
que la disposition du droit civil vouloit que l'on ap-
pelât au défaut des parens dans un conseil de famille,
et que le préteur consultât sur les intérêts des pupilles. *Requirat (Prœtor)* dit la loi 5. §. 11. ff. *de reb.*
eor. qui sub tut. vel. cur. sunt sine decreto non alien.
Requirat necessarios Pupilli, vel Parentes, vel
Libertos aliquot fideles.

Deux aumôniers de M. l'abbé d'Orléans; deux
gentilshommes, le sieur Desgoureaux et le sieur de
Gastines, qui l'ont accompagné dans ses voyages;
un valet de chambre, ancien domestique, fidèle à
son maître jusqu'à la mort, et qui l'a servi dans ses
deux états de sagesse et de démence. Voilà les principaux témoins tirés du nombre des domestiques de
M. l'abbé d'Orléans. Ajoutons-y les domestiques de
Madame de Longueville; le sieur de Billy, son dernier

écuyer; la dame de Billy, qui faisoit auprès d'elle la fonction de dame d'honneur; Marguerite le Bastier, sa première femme de chambre; Dafflon, son valet de chambre. Joignons à ces témoins deux femmes de chambre de la demoiselle de Vertus, qui demeuroit dans l'hôtel de Longueville; un page de M. le comte de Saint-Pol, qui suivoit ordinairement M. l'abbé d'Orléans dans ses courses, et son premier maître d'hôtel, que Madame de Nemours avoit d'abord choisi pour un de ses témoins, mais qu'elle a rejeté dans la suite, craignant qu'il ne se déclarât contre elle. Mettons encore dans le nombre le P. Tixier, que l'accès libre qu'il avoit dans la maison de Longueville, que la confiance de M. le prince de Condé, de Madame de Longueville, et même de M. l'abbé d'Orléans, que l'inspection de sa conduite qu'il a eue jusqu'à sa mort, peuvent faire regarder comme un témoin aussi considérable que les témoins domestiques. Voilà quatorze témoins tels qu'on les souhaiteroit, si on ne les avoit pas, tels qu'on les choisiroit, s'il étoit d'usage en ces occasions d'arrêter une liste de témoins comme on arrête celle des parens; tels enfin que l'on n'en sauroit trouver deux dans l'enquête de Madame de Nemours, qui puissent, nous ne disons pas balancer leur autorité, mais entrer en comparaison avec eux, et diminuer le poids de leur suffrage.

Il est vrai qu'après cela on trouve dans l'enquête de M. le prince de Conty, sept ou huit domestiques d'un ordre inférieur, et dont la qualité est assez semblable à celle des témoins de Madame de Nemours; mais la différence essentielle que l'on y remarque, c'est que dans l'enquête de Madame de Nemours ces témoins n'ont presque personne à leur tête qui les rende recommandables, au lieu que ceux de M. le prince de Conty sont soutenus par quatorze principaux officiers, dont le témoignage communique sa force et sa vertu aux dépositions des officiers subalternes, et leur donne un degré de certitude qu'elles n'auroient peut-être pas elles-mêmes.

Après avoir fait cet examen et ce parallèle de la qualité des témoins, nous pourrions entrer dès à présent dans la comparaison des faits; mais nous croyons qu'il est nécessaire de discuter auparavant quelques suspicions générales que les parties opposent mutuellement à leurs enquêtes respectives.

D'un côté, on reproche aux gens d'affaire de M. le prince de Conty d'avoir fait assigner des chartreux à Orléans, et de les avoir ensuite détournés de déposer, parce qu'on avoit pressenti que leurs dépositions ne seroient pas telles qu'on l'avoit espéré. Mais si l'on ne se trompe point dans la conjecture que l'on propose sur ce fait, le conseil de Madame de Nemours devoit commencer par se faire le même reproche, puisque nous voyons qu'après avoir fait assigner le sieur David de Marpré, on l'a néanmoins empêché de déposer dans l'enquête de Madame de Nemours, et que jamais il n'auroit été entendu, si le conseil de M. le prince de Conty, qui eut avis de cette démarche, ne l'avoit fait assigner pour déposer dans la sienne.

On jette ensuite des soupçons de sollicitation, et même de subornation de témoins, et Madame de Nemours prétend en avoir la preuve par la déposition d'un témoin d'Angers, qui dit que le sieur abbé de Jumeau et la dame de Ris sont venus le prier de leur donner une déclaration signée de lui. Mais outre qu'il ne paroît point par la déposition de ce témoin unique, qu'on ait pratiqué aucune mauvaise voie, pour obtenir de lui une déposition favorable, nous croyons devoir dire, en un mot, qu'il est assez surprenant qu'on relève ces sortes de faits de la part de Madame de Nemours, dans le temps que trois témoins précis de l'enquête de M. le prince de Conty déposent unanimement qu'un cavalier déguisé en moine les a pressés de déposer en faveur de Madame de Nemours, leur a fait de grandes menaces s'ils ne le faisoient pas, des offres avantageuses s'ils le faisoient, et les a quittés en disant : *Vous avez à faire à forte partie.*

Enfin, nous ne pouvons nous dispenser de relever ici un fait qui arriva à Saumur à l'égard de la nommée Barat. Quand elle comparut devant M. le commissaire, au lieu de représenter l'exploit d'assignation qu'on lui avoit donné, elle représenta sa déposition toute écrite. Le procureur de Madame de Nemours en demanda acte. M. le commissaire le lui accorda, et alla entendre la messe, après laquelle il fut interpellé d'interroger le témoin de ce fait. Le témoin déclara, que comme il y avoit long-temps que les faits dont elle dépose étoient arrivés, elle avoit prié un de ses voisins d'écrire sous sa dictée toutes les circonstances dont elle s'étoit souvenue successivement, et qu'elle s'étoit fait relire le tout avant que de venir déposer, parce qu'elle ne savoit ni lire ni écrire.

Quoique l'on puisse dire de la vérité et des conséquences de ce fait, nous croyons toujours qu'il est beaucoup moins important que celui du bruit de la canonisation prochaine de M. l'abbé d'Orléans, répandu dans Orléans et ailleurs, dont plusieurs témoins de l'enquête de M. le prince de Conty ont déposé. Trois témoins d'Orléans l'expliquent précisément : entr'autres un religieux carme, qui est le trente-cinquième témoin de M. le prince de Conty, déclare qu'une personne préposée par les gens d'affaire de Madame de Nemours, lui demanda s'il n'avoit pas vu faire d'actions vertueuses à M. l'abbé d'Orléans, et lui dit que c'étoit un saint.

Mais pourquoi chercher la preuve de ce fait, dont vous pénétrez toutes les conséquences dans l'enquête de M. le prince de Conty, puisqu'elle est écrite dans la propre enquête de Madame de Nemours, et que le quarante-troisième témoin, dont nous vous avons fait la lecture, déclare qu'il est venu à Paris à la sollicitation d'une personne de la part de Madame de Nemours, qui lui dit *qu'elle ne se soucioit pas de la succession de M. l'abbé d'Orléans, mais qu'elle vouloit faire voir qu'il avoit vécu comme un saint.*

Après cela, MESSIEURS, nous laisserons à juger

laquelle des deux parties devoient plus souhaiter que
ces suspicions générales ne fussent jamais relevées ;
nous aurions cru nous-mêmes pouvoir les passer sous
silence , si les parties n'en eussent fait un moyen considérable dans cette cause. Nous nous sommes contentés
de vous expliquer les faits sans en tirer aucunes
inductions ; nous souhaiterions même qu'il fût possible
d'en effacer entièrement le souvenir ; et tout ce que
nous pouvons dire et penser sur ce sujet, c'est que
s'il est vrai que le zèle souvent aveugle des officiers
inférieurs , les ait portés à chercher de ces voies
obliques et indirectes , sur lesquelles nous voulons
douter toujours, nous sommes au moins persuadés
avec tout le public , qu'ils ont agi en cela contre
l'intention , contre les sentimens, contre les ordres
mêmes de ceux qu'ils ont l'honneur de servir ; et que
si les parties en avoient le moindre soupçon, elles s'éleveroient encore plus hautement que nous ne pourrions le faire, contre leur conduite, et seroient les
premiers à le désavouer avec tout l'éclat que leur
honneur blessé exigeroit d'eux en une pareille occasion.

Suspendons donc nos jugemens à cet égard ; et sans
nous arrêter plus long-temps au dehors de la preuve,
tâchons de pénétrer jusque dans son intérieur, et
réduisons-nous à l'examen de deux questions de fait
qui renferment toute la difficulté de cette partie de
la cause.

M. l'abbé d'Orléans étoit-il dans un état de démence formée ? C'est la première question.

Doit-on présumer que cette démence fût continuelle, ou au contraire, supposera-t-on qu'elle avoit
des intervalles favorables dans l'un desquels il a pu
faire son testament ? C'est la dernière, et ce n'est
pas la moins importante partie de cette cause.

Après la lecture que nous vous avons faite des
principales dépositions des témoins de l'une et de
l'autre enquête, il ne nous reste plus que de réunir,
de concilier, d'expliquer les faits dans un ordre si
sensible, que vous puissiez en tirer ensuite toutes

les conséquences nécessaires pour la preuve de la
sagesse ou de la démence. Mais comme la sagesse
est conforme à la nature , et que la démence lui
est contraire ; que l'une est présumée sans aucune
preuve, et que l'autre doit être prouvée, nous examinerons d'abord si M. le prince de Conty a prouvé
la démence, et nous examinerons ensuite si Madame
de Nemours a établi la sagesse d'une manière si invincible, qu'elle détruise toutes les présomptions de
démence, ou du moins qu'elle les rende douteuses,
équivoques , incertaines.

Suivons en cet endroit la division générale que
les parties nous ont tracée ; considérons M. l'abbé
d'Orléans en deux états différens ; distinguons deux
personnes dans la même ; une personne publique que
nous envisagerons dans ses fonctions ecclésiastiques,
une personne privée que nous considérerons dans ses
actions particulières : ajoutons à ces deux faits généraux, un troisième fait général, non moins important
que les deux premiers, c'est le jugement que les
étrangers, les domestiques, et la famille même de
M. l'abbé d'Orléans ont prononcé sur son état. C'est
à quoi se réduit toute la preuve de la démence. Nous
ne la distinguerons plus par lieux, mais par genres
d'actions ; et afin de vous remettre devant les yeux,
comme autant de tableaux , tous les faits d'une même
classe, et qui font chacun un des traits particuliers,
dont le caractère général de M. l'abbé d'Orléans doit
être composé, examinons d'abord ce que M. le prince
de Conty a prouvé touchant les fonctions ecclésiastiques. Nous pouvons en distinguer de quatre espèces (1).

Les prières et les autres actions de simple piété.

Les exhortations , les catéchismes et les prédications.

La confession. La messe.

_____

(1) I. Fait-général. Fonctions ecclésiastiques.

Ces quatre articles méritent d'être examinés séparément.

Commençons par les prières, et les autres actions de simple piété (1).

Comment est-ce que M. l'abbé d'Orléans les a faites ? Vous vous souvenez, MESSIEURS, de ce que les témoins vous en ont expliqué.

Cette agitation continuelle dans l'église de Saint-Maur, que Follard vous dépeint dans sa déposition. On voyoit M. l'abbé d'Orléans inquiet, agité, allant tantôt à l'autel, tantôt à la sacristie, revenant au chœur, passant dans la nef, courant aux cloches : tout le peuple témoin de cette légèreté, le regarde avec étonnement, et sa qualité de duc de Longueville rend le scandale plus éclatant ; mais ce n'étoit-là que des signes équivoques, de foibles avant-coureurs de démence, sur lesquels il faut passer légèrement, parce que ces faits n'ont pas empêché l'émancipation.

Reprenons la suite des faits. Voyons M. l'abbé d'Orléans aller à Tours, entrer dans le monastère des minimes, se faire conduire dans la chapelle de Saint-François-de-Paule, prier le minime qui l'y mène, de l'y laisser seul pour réciter son office, entonner seul à haute voix dans cette chapelle, *Deus in adjutorium*, du même ton dont il se chante en plain-chant, y demeurer à *peine l'espace d'un miserere*, dit le témoin, en sortir aussitôt sans avoir dit son bréviaire, s'aller promener de sang-froid dans un petit bois pendant la neige, s'enfuir à l'approche de ses domestiques qui viennent le chercher, et laisser le minime étonné de l'égarement de son esprit.

Considérons-le ensuite arriver à Saumur, marchant à grands pas le long du quai, sans chapeau, courant çà et là *comme un extravagué*, ce sont les termes d'un témoin ; entrer dans l'hôtellerie récitant à haute voix, *Kyrie, eleison, Kyrie, eleison* : c'est un témoin de Madame de Nemours qui nous l'apprend ; n'interrompant point sa récitation dans l'hôtellerie même,

---

(1) Prières et actions pieuses.

et persévérant dans cet exercice jusqu'à ce qu'il soit arrivé dans la chambre qui lui est préparée.

Examinons ce qu'il fait à Saumur. Il va dans une église que la dévotion des peuples a rendu célébre en cette province; c'est l'église de Notre-Dame-des-Ardilliers. Il se met à genoux devant l'image de la Vierge, il lui donne de grandes bénédictions avec une extension de bras extraordinaire, se leve brusquement, laisse son chapeau par terre, court à la chapelle de feu M. de Servien, y fait trois ou quatre grands signes de croix sur lui, entre dans le sanctuaire, monte sur le marchepied de l'autel, donne trois grandes bénédictions, revient avec précipitation à la balustrade du grand autel, fait les mêmes signes de croix donne les mêmes bénédictions, sort avec la même vitesse de l'église, y laisse son chapeau, ses gens courent après lui, le ramênent dans l'église au lieu où il s'étoit mis à genoux en entrant. Ceux qui voyent ce fait, prononcent tous le même jugement sur sa démence.

Ce n'est pas le seul endroit où il donne des bénédictions extraordinaires, qui sont regardées comme des signes de folie. Dans un village en-deçà d'Orléans, il s'avance à grands pas le long d'un mur dans la campagne. On est surpris de le voir venir avec cette précipitation, faisant à chaque pas de profondes génuflexions, comme s'il eût été devant le Saint-Sacrement, donner en se relevant des grandes bénédictions. La rencontre du témoin qui explique ce fait, ne peut le détourner de ce pénible et bizarre exercice.

Enfin, il revient à Paris, on le rencontre souvent sur le quai du Louvre, *marmottant*, dit un témoin, *dans son diurnal*; on le voit à la Charité servant les garçons chirurgiens, *ceint d'une serviette, portant l'emplâtrier, disant qu'il n'y a point de plus grand plaisir que de voir couper un bras ou une jambe;* s'enfuyant aussitôt qu'il paroissoit quelqu'un qui pouvoit le connoître, ou se cachant dans les lits des malades, et faisant dire à ceux qui le voyoient : *Il a perdu l'esprit.*

Ajoutons à ces faits, un fait postérieur à la vérité, au dernier testament, mais il le suit de si près, qu'on peut le joindre à tous les autres : il est arrivé environ quinze jours après ce testament. M. l'abbé d'Orléans entre dans l'église de la Bresle (c'est un village en deçà de Lyon), il y trouve le peuple assemblé pour une fête solennelle, le sermon commencé au milieu de la messe paroissiale. Il entre portant son bonnet de nuit sous son bras avec son chapeau; il va demander tout haut au curé qui entendoit la prédication dans le banc de l'œuvre, des ornemens pour dire la messe; le curé lui répond qu'il lui en donnera quand la grand'messe sera finie. Il est si indigné de cette réponse, qu'il sort avec précipitation, laisse tomber son bonnet de nuit dans l'église, repart à l'instant. A deux lieues de là, il s'aperçoit de la perte de son bonnet, veut renvoyer un homme exprès pour le chercher. On l'apaise en lui disant qu'on lui en achetera un neuf à Lyon; et il paroît effectivement par les registres de sa dépense, qu'on lui en a acheté un dans ce temps-là.

Voilà le premier trait du tableau de M. l'abbé d'Orléans, considéré dans ses prières et dans ses autres actions pieuses (1).

Examinons-le ensuite dans ses exhortations, catéchismes, prédications : c'est la seconde espèce de ses fonctions ecclésiastiques.

Quels sont les lieux qu'il choisit pour catéchiser, pour instruire? tantôt c'est la chapelle de Saint-Maur, tantôt celle de l'hôtel de Longueville, et ce sont-là les lieux les plus convenables; tantôt dans l'écurie, tantôt dans la chambre des valets de pied, qu'il empêche de se découvrir pour l'entendre : une fois il s'arrête dans la campagne auprès de Saumur, à prêcher les paysans; une remise de carrosse est le

(1) Sermons et instructions.

lieu qu'il choisit à Nantes pour faire des catéchismes;
à Paris *les gargottes* (ce sont les termes des témoins)
et de petits cabarets, réceptacles ordinaires de la lie
du peuple, sont un de ses théâtres, où il prêche avec
plus de plaisir les gens ivres que les autres, parce
qu'ils ne lui répondent rien. Enfin, les rues mêmes
de Paris sont pour lui un lieu de catéchisme, où il
instruit les mendians.

Toutes les heures, comme tous les lieux, lui paroissent propres à faire des exhortations. Il s'interrompt lui-même au milieu d'une messe basse, à
Saint-Maur, et à l'hôtel de Longueville, pour faire
une espèce de prédication : surtout l'heure d'entre
onze et minuit, ou la pointe du jour, lui paroît convenable à l'instruction des domestiques. Il les prêche
jusque dans leurs lits, et leur défend absolument de
se lever.

Quels sont les sujets de ses discours? Vous vous
souvenez du fait singulier de l'oraison funèbre du
curé de Saint-Samson-lez-Angers, fait prouvé par
la déposition de Métayer, qui dit que M. l'abbé
d'Orléans lui répéta une partie de ce qu'il avoit dit
dans *son sermon, qui n'étoit qu'un tissu d'extravagances*, prouvé par la déposition de Remy Dumont,
qui dit que Potier, valet de chambre de M. l'abbé
d'Orléans, lui fit des remontrances sur cette oraison
funèbre d'un curé qu'il n'avoit jamais connu; prouvé
par le témoignage de Desgoureaux, qui dit que
Métayer le lui a raconté dans le temps même de l'action; par celui de Follard, qui dit que cette action
fut mandée à l'hôtel de Longueville comme un trait
de folie; et enfin par la déposition d'un des témoins
de Madame de Nemours, qui dit que le sieur abbé
de Boissemont, qui étoit fort attaché à la maison de
Longueville, *fut très-fâché du prône que M. l'abbé
d'Orléans avoit été faire à Saint-Samson-lez-Angers* : circonstance qui s'accorde parfaitement avec le
fait des témoins de M. le prince de Conty.

Comment oblige-t-il ses auditeurs à l'entendre.
Il prêche les mendians dans la rue, il les saisit et

les pince, pour les contraindre à l'entendre ; *il prêche ses domestiques* à des heures indues. Ils s'endorment, ou ils rient ; *et il les va pincer, ou leur donner des coups sous le menton pour les forcer de l'écouter.*

Enfin, comment s'acquitte-t-il de ce ministère si important ? Ceux qui l'entendent, disent *qu'il n'y a pas de sens à ce qu'il dit.* Il devient le sujet de mille railleries indécentes que l'on fait de lui dans les cabarets où il catéchise ; et le fruit le plus ordinaire de ses exhortations est la moquerie et la dérision des domestiques qu'il exhorte. Madame de Longueville en est saisie de douleur ; elle raconte elle-même plusieurs circonstances bizarres de ses prédications extravagantes , et entr'autres ce mot que l'on vous a lu dans la déposition du P. Tixier, et que M. l'abbé d'Orléans disoit à un aide de cuisine : *Mon frère, ne m'appelle plus son altesse, appelle-moi plutôt sa petitesse.*

Telles étoient ses instructions. Voyons ensuite quel étoit son caractère dans tout ce qui a rapport à la confession (1). On peut y distinguer deux sortes de faits, les uns particuliers, les autres généraux, qui quoique graves par eux-mêmes , sont encore plus considérables, parce qu'ils renferment une preuve parfaite des faits particuliers.

Parcourons ces faits, qui vous sont déja connus par la lecture que vous en avez entendu faire plusieurs fois dans votre audience (2).

Par combien de caractères différens les témoins n'ont-ils pas tracé cette passion surprenante, cet excès d'un zèle furieux qui portoit M. l'abbé d'Orléans à vouloir toujours confesser toutes sortes de personnes en tous en temps, en tous lieux ! Les uns vous le dépeignent, ou employant les prières, ou usant de menaces ; les autres vous le représentent, ou donnant de l'argent, dont il étoit naturellement très-avare,

(1) Confessions.

(2) Faits particuliers.

1.º Ceux qui marquent la fureur de confesser.

ou se servant même de violences et de voies de fait, pour obliger les domestiques de l'hôtel de Longue-ville à se confesser à lui, et cela sans qu'on puisse prouver qu'il en ait jamais pu obtenir la permission dans Paris. Il veut toucher un valet de pied par la crainte du fouet, et non content de ces peines lé-gères, il le menace de lui arracher une dent : il va plus loin, il lui enfonce un crochet de fer dans la bouche pour le porter à se jeter à ses pieds, et à lui confesser ses péchés; il veut tenter un prêtre, sus-pendu par M. l'évêque d'Angers, en lui offrant son crédit et de l'argent, pourvu qu'il veuille contenter l'aveugle ardeur qu'il a pour remplir un ministère dont sa famille le jugeoit indigne. Il surprend dans ses voyages des permissions de confesser, et comment les surprend-il? Est-ce après un examen de sa ca-pacité et de ses mœurs? C'est au contraire par des voies qui seroient criminelles dans un homme raison-nable. Il suborne un religieux; il lui envoye par son valet de chambre une serviette pleine d'écus, et la permission accordée à ce prix devient en même temps la triste preuve de l'égarement d'esprit de M. l'abbé d'Orléans, et de la corruption du cœur de ce reli-gieux. Si on lui demande en vertu de quoi il confesse, tantôt il répond *qu'il se moque du recteur, des évé-ques, des archevêques; qu'il est du sang royal, et qu'il a droit de confesser;* tantôt il dit *qu'il a une permission générale* de M. l'archevêque de Paris, qui ne pouvoit lui en donner de générale, et qui ne paroît pas même avoir jamais voulu en accorder une particulière.

Faut-il ajouter à tous ces faits, qui marquent la passion démesurée que M. l'abbé d'Orléans avoit pour confesser, un détail qui seroit presque infini, de tous les égaremens dans lesquels il tombe en exerçant ce ministère redoutable (1) ?

Parlerons-nous des temps qu'il choisit pour con-fesser ? Vous vous souvenez de ce qu'il fit à Nantes.

---

(1) 2.º Les égaremens dans lesquels il tombe en confessant.

Vous savez qu'il alla éveiller dès quatre heures du matin les garçons d'écurie, et des garçons tailleurs, pour les obliger à se confesser. Des lieux dans lesquels il confesse ? Vous l'avez vu confesser un garçon d'étable dans une écurie ; des garçons tailleurs dans le lieu où ils étoient couchés ; un ramoneur au milieu de la cour de l'hôtellerie où M. l'abbé d'Orléans, assis sur une échelle, écoute sa confession, et lui donne ensuite une pièce de quinze sols pour prix de sa complaisance. On a voulu faire une équivoque sur le fait de la confession d'un valet d'écurie : il est vrai qu'il y a un témoin qui dépose, qu'un des valets d'écurie que M. l'abbé d'Orléans confessa, étoit malade, et qu'il mourut deux jours après ; mais les mêmes témoins nous apprennent qu'il en a confessé plusieurs autres ; et il y en avoit un d'entr'eux qui étoit si peu malade, qu'un des témoins remarque qu'il alla s'enivrer le même jour qu'il avoit été confessé par M. l'abbé d'Orléans. Vous vous souvenez surtout du grand fait des prisonniers de Nantes, dont M. l'abbé d'Orléans alloit acheter la confession (1). Tous ceux qui avoient la foiblesse de recevoir son argent, se confessoient tous les jours. Un criminel, même déjà condamné aux galéres, l'accusa d'avoir révélé sa confession, et lui dit qu'il méritoit d'être brûlé. M. l'abbé d'Orléans le crut sur sa parole, et lui donna de l'argent pour l'obliger à garder le silence.

Enfin, après avoir été l'objet du mépris des valets et des servantes de l'hôtellerie, le jouet malheureux des prisonniers de Nantes, il revient à Paris, et possédé du même désir de confesser, il va au monastère de Pícpus ; il y examine tous les confessionnaux, il les essaye l'un après l'autre, il n'en trouve aucun qui lui convienne ; et quoiqu'autrefois une échelle lui eût paru une place commode pour confesser, il n'en peut plus trouver de convenable que dans la sacristie. C'est là, que content de la

(1) Moyens dont il se sert pour confesser.

disposition du confessionnal, il dit qu'*il y confesseroit bien huit, dix, ou douze heures de suite*. Le supérieur du monastère est témoin de ce fait, et admire également la foiblesse d'esprit de M. l'abbé d'Orléans, et la patience de sa famille.

Ajouterons-nous encore le fait dont parle Follard? Cet avis important que l'on vient donner de la Charité à l'aumônier de Madame de Longueville, que M. l'abbé d'Orléans vouloit absolument confesser les malades, et que sa fureur le portoit jusqu'à leur donner l'absolution quoiqu'ils ne se fussent pas confessés à lui. Mais il y a déjà trop de faits particuliers, sans y mêler encore celui-là. Passons aux faits généraux qui achèvent de confirmer tous les autres.

Et quels sont ces faits généraux (1)?

Le premier est l'attention continuelle de Madame de Longueville pour empêcher M. son fils de confesser ; attention prouvée par les ordres qu'elle donne à la dame de Billy d'y veiller dans sa maison; par ceux qu'elle donne à Métayer de prévenir les permissions que l'on pourroit surprendre pour M. l'abbé d'Orléans, ordres que Métayer a exécutés: l'on n'en disconvient pas même de la part de Madame de Nemours.

Le deuxième fait, est l'indignation (2) de Madame de Longueville, lorsqu'elle apprit que la femme d'un de ses officiers avoit eu la foiblesse de se confesser à M. son fils. Comment parla-t-elle de cette action? Elle dit que *c'étoit abuser des sacremens*.

Enfin, le dernier fait est la lettre que feu M. le prince de Condé écrivit à M. l'archevêque de Lyon, pour le prier de révoquer une permission que M. l'abbé d'Orléans avoit surprise de lui sous le nom de Jean de Paris.

(1) Faits généraux sur la confession.
1.º Attention de Madame de Longueville, pour l'empêcher de confesser.

(2) 2.º Indignation de Madame de Longueville contre ceux qui se confessent à lui.

Dira-t-on après cela avec Madame de Nemours,
que si Madame de Longueville, si M. le prince de
Condé ont empêché M. l'abbé d'Orléans de confesser,
c'est parce qu'ils ont cru que cette fonction étoit
trop humiliante pour un seigneur de sa qualité ?
Mais à qui pourra-t-on persuader qu'un si grand
prince, qu'une princesse si pieuse, aient pu croire
que la fonction de juge dans le sacré tribunal de la
pénitence, que l'exercice auguste du pouvoir suprême
de lier et de délier, fût au-dessous de la plus haute
naissance ? On a souvent dit que l'état d'un pécheur,
qui dans l'humble posture d'un criminel demande
grâce aux pieds de son juge, étoit une humiliation
utile, mais pénible à la nature ; on n'avoit point dit
jusqu'à présent, nous croyons même qu'on n'avoit
pas pensé que la fonction de confesseur fût une fonction basse et humiliante ; et quand Madame de Longueville auroit pu l'envisager en cette manière (ce
qui étoit assurément bien éloigné de la grandeur de
ses sentimens), auroit-elle dit, même dans cette
supposition, que *c'étoit abuser des sacremens,*
que de se confesser à M. l'abbé d'Orléans ? Qui ne
voit dans la force de cette expression tout ce qu'elle
pensoit, tout ce qu'elle sentoit sur l'état de M. son
fils ?

Mais passons au fait de la messe, où nous trouverons comme dans celui de la confession, des faits
particuliers et des faits généraux (1) : des faits particuliers qui regardent ou son état extérieur en disant
la messe, ou sa manière de la dire, ou les singularités que l'on y remarque, ou les indécences qu'il
commet, ou les impressions que sa conduite, en ce
point, fait sur l'esprit des spectateurs (2).

Habillé comme un pauvre prêtre, souvent inconnu,
il affecte de paroître mendiant (3). *Il mange une*

(1) Célébration de la messe.

(2) Faits particuliers.

(3) Etat ou habit extérieur.

écuelle de potage avec ses doigts dans la chambre
du portier des jacobins de la rue Saint-Honoré,
si malpropre, que quelques sacristains lui refusent
des ornemens. L'empressement qu'il a de dire la
messe, le porte à descendre brusquement de cheval
en passant, devant une église d'Angers. Il souffre à
peine qu'on lui ôte ses éperons, et sans quitter ses
bottes, il se revêt des habits sacerdotaux. Il va dire
la messe en cet-état. Un prêtre et un de ses domestiques lui en font des remontrances. Il se met à rire,
et remonte à cheval. Il est vrai qu'un des témoins
de Madame de Nemours prétend que M. l'évêque
d'Angers à qui on rendit compte de ce fait, répondit
qu'il n'y avoit point en cela d'indécence. Si cette
réponse est véritable, nous doutons fort que toutes
les circonstances lui en aient été expliquées. Mais
passons à des faits plus importans.

De quelle manière M. l'abbé d'Orléans célèbre-t-il
la messe (1)? Avec une extrême précipitation; tout le
monde en est scandalisé.

Il tombe dans des singularités qui n'arrivent qu'à
lui (2). On le voit deux fois s'interrompre au milieu
d'une messe basse, pour prêcher deux paysannes à
Saint-Maur, et quelques domestiques à l'hôtel de
Longueville.

Mais que dira-t-on des indécences graves et scandaleuses qui lui arrivent, soit pendant la messe,
soit après la messe?

Pendant la messe, Grapin vous a expliqué ce qui
lui arriva en disant : *Ite, Missa est* : il ajoute tout
haut, *que l'on mette un morceau de salé sur le*
gril pour déjeûner. La dame de Billy vous a raconté
cette aventure si triste et si douloureuse pour Madame
de Longueville, qui fut punie de la curiosité qu'elle
avoit eue de lui entendre dire la messe. Entre l'é-
vangile et l'oblation il interrompt le sacrifice, et du

(1) Manière de célébrer la messe.

(2) Singularités et indécences graves.

ton d'une personne troublée, il dit tout haut, *donnez-moi un pot de chambre*. Il répéte la même chose plusieurs fois et fort vîte ; il sort de l'autel, et sans que la messe soit achevée, il court d'un côté de l'autel à l'autre, *criant plus de trente fois, à pisser, à pisser*. Nous répétons avec peine ces paroles ; mais puisqu'elles ont été entendues avec douleur dans le temple de la religion, il peut nous être permis de les répéter avec le même sentiment dans celui de la justice. Madame de Longueville n'en voulut pas voir davantage. Et en effet, elle en avoit trop vu. Ce fait ne se passe qu'en présence de Madame de Longueville, de la dame de Billy, et d'un petit garçon qui servoit la messe à M. l'abbé d'Orléans ; mais plusieurs autres domestiques de la maison, c'est-à-dire, le sieur de Fouilleuse, le sieur de Gastine, le sieur Follard et Daflon, disent tous que le fait *fut raconté dans l'hôtel comme un trait de démence*. Le sieur de Gastine en marque même toutes les circonstances importantes, et s'accorde parfaitement avec la dame de Billy.

Comment a-t-on combattu ce fait si frappant ? On vous a dit qu'il n'étoit pas vraisemblable. Mais premièrement, prétend-on éluder un fait prouvé, par des conjectures et des vraisemblances contraires ? D'ailleurs, où est en ce fait le défaut de vraisemblance ? Il faut, dit-on, que trop de circonstances concourent pour rendre ce fait croyable. Et quelles sont ces circonstances ? La réunion en est-elle si difficile ? Il faut que Madame de Longueville veuille être juge par elle-même de la manière dont M. son fils dit la messe. Y a-t-il rien en cela qui ne soit très-apparent ? Il faut qu'elle veuille le faire, sans être connue : rien encore de plus sage et de plus naturel. Il faut, pour exécuter ce dessein, qu'elle traverse l'hôtel de Longueville ; comment pouvoit-elle le faire sans qu'on s'en aperçut ? Il y avoit mille moyens pour y parvenir ; mais vous voyez aussi, MESSIEURS, qu'elle y a assez mal réussi, puisque dès ce temps-là une partie des domestiques en eut connoissance. Enfin, il faut qu'il ne se trouve personne à l'hôtel de Longueville pour entendre cette messe ; et qu'y a-t-il en cela de difficile à croire ? Quel est le fait qui pourra jamais être certain, si l'on peut le rendre douteux par de tels défauts de vraisemblance ?

Achevons ce qui regarde les faits sur la célébration de la messe; et pour cela rappelons ici le souvenir de ce qui se passa à Orléans dans l'église des carmes. Deux témoins, tous deux prêtres, tous deux religieux du même ordre, expliquent ce fait. M. l'abbé d'Orléans dit la messe avec une grande précipitation. Il revient faire son action de grâces dans le sanctuaire, jette contre la crédence un carreau qu'on lui présente; renverse un cierge qui fut brisé en plusieurs morceaux. Un religieux monte à l'autel, ouvre le tabernacle pour donner la communion à plusieurs personnes qui étoient aux pieds de la balustrade; et dans ce moment, la nappe de la communion étant sur le balustre, M. l'abbé d'Orléans saute brusquement par-dessus, court sur la pointe des pieds avec une précipitation extraordinaire et scandaleuse. Deux personnes, qui étoient apparemment de ses domestiques, veulent le suivre, et sauter comme lui par-dessus le balustre. Le religieux se récrie contre l'indécence de cette action, et il en est aujourd'hui le premier témoin. Il est vrai que l'autre religieux qui dépose du même fait, dit que M. l'abbé d'Orléans *passa comme en sautant par-dessus le balustre*; mais il s'accorde dans toutes les autres circonstances, et vous voyez que cette expression ne change guères la nature de l'action. L'un et l'autre ajoutent que la même chose est arrivée deux autres fois à M. l'abbé d'Orléans. C'est de là que l'on a voulu conclure que l'action n'étoit pas fort indécente, puisque les carmes avoient souffert que M. l'abbé d'Orléans vînt dire la messe dans leur église. Mais si le trop grand respect qu'ils ont eu pour lui les a empêchés de lui refuser des ornemens, si leur complaisance a dégénéré en une véritable bassesse, qu'est-ce que cela a de commun avec le fait de démence dont il s'agit ? et de semblables couleurs peuvent-elles effacer une action aussi marquée et un trait aussi éclatant du dérangement d'esprit de M. l'abbé d'Orléans ? et qu'on ne dise point que les témoins qui expliquent ce fait, ne l'ont pas regardé comme une preuve de démence. L'un a dit publiquement que *cette action ne convenoit aucunement à une personne sensée;* l'autre, *qu'il falloit que M. l'abbé d'Orléans eût l'esprit bien léger* pour tomber dans de pareils inconvéniens.

Voilà déjà un premier exemple de l'impression que ces actions et d'autres semblables ont faite sur l'esprit des spectateurs (1). Il y en a un plus sensible, expliqué par un domestique de l'aumônier de Madame de Longueville, qui marque que son maître fut forcé un jour d'obliger M. l'abbé d'Orléans à descendre de l'autel entre l'épître et l'évangile, parce qu'il ne le trouva point en état d'achever le sacrifice.

Tous ces faits particuliers deviennent plus que vraisemblables, par les faits généraux qui les accompagnent (2).

Si ces faits n'étoient pas certains, pourquoi l'inclination qui portoit M. l'abbé d'Orléans à souhaiter de dire souvent la messe, étoit-elle regardée *comme une espèce de fureur* (3)? Ce sont les termes de plusieurs témoins. D'où pouvoient venir sans cela ces déplaisirs mortels (4), ces afflictions si sensibles de Madame de Longueville, que quelques-uns des témoins nous représentent pénétrée de douleur, baignée de larmes, prosternée contre terre, gémissant

(1) Impression que sa conduite, dans la célébration de la messe, fait sur l'esprit des spectateurs.

(2) Faits généraux.

(3) Son ardeur pour dire la messe.

(4) Affliction de Madame de Longueville sur le sujet de la messe. Précautions qu'elle prend pour l'en empêcher, et défense absolue depuis le fait qu'elle avoit vu.

devant Dieu, et répandant son cœur en sa présence,
lorsqu'elle apprenoit que M. son fils avoit dit la
messe, et cherchant à expier les égaremens de son
fils par les larmes de sa pénitence? Pourquoi auroit-
elle envoyé dire dans certaines églises qu'on n'admit
point M. l'abbé d'Orléans à la célébration de la
messe? Enfin, pourquoi depuis ce triste jour, où
elle vit de ses yeux ce qu'elle auroit eu de la peine à
croire, si d'autres témoins le lui eussent rapporté,
défendit-elle absolument qu'on lui laissât dire la
messe; en sorte que depuis ce temps-là, il ne l'a dite
que par surprise et à son insu, comme nous l'assurent
plusieurs témoins? Quand même il n'y auroit dans
cette cause que ces faits généraux, ne seroient-ils pas
suffisans pour faire concevoir de justes soupçons sur
les faits de la messe? Mais ne nous y arrêtons pas
davantage à présent, nous serons obligés de les re-
toucher encore dans un moment. Et après vous avoir
montré dans quatre tableaux différens, quel étoit le
caractère de M. l'abbé d'Orléans sur tout ce qui
regarde les fonctions ecclésiastiques, envisageons en
lui la seconde personne que nous avons distinguée
d'abord, c'est-à-dire, la personne privée, et voyons
quelles ont été les actions particulières de M. l'abbé
d'Orléans.

La démence est une qualité invisible, nous l'avons
déjà dit plusieurs fois; mais elle se montre à décou-
vert, elle se peint au naturel, elle se trahit et s'accuse
elle-même par les actions les plus ordinaires (1).

L'habit, l'extérieur, les discours, les conversations,
les démarches, les promenades, tout ce qui se voit,
tout ce qui s'entend, rend un témoignage public et
éclatant des dispositions secrètes et intérieures : il
n'est rien, jusqu'à la manière de boire et de manger,
jusqu'au temps destiné au sommeil et aux autres nécessités naturelles, qui ne fournisse des preuves de
démence.

Parcourons en deux mots ces différens points, et

_____

(1) Second fait général et actions de la vie privée.

tâchons d'y trouver des images naïves et fidèles de l'esprit de M. l'abbé d'Orléans.

Quelle est la peinture que les témoins nous ont faite de son habit et de son état extérieur (1) ? On le rencontroit dans les rues *le plus souvent en soutanelle; habillé*, disent les uns, *comme un prêtre de village; comme un hybernois*, disent les autres; *comme un prêtre mendiant*, disent la plus grande partie des témoins : *crotté comme un fol, ou comme un porteur de chaises*, ce sont leurs différentes expressions; *malpropre, ne voulant jamais changer de linge, dans un état à faire horreur, souvent plein de vermine*, ajoute un témoin. On lui fait des remontrances sur cet état si indécent pour un homme de sa naissance, il répond *que cela est bien mieux, et qu'il veut se faire faire une chemise de chamois pour n'en changer jamais.* Un grand chapeau, dont les bords battent sur ses épaules, lui couvre ridiculement le visage, il y ajoute pour ornement une branche de buis. Un batelier lui saisit son chapeau, et quand il le lui rend ensuite, M. l'abbé d'Orléans surpris de n'y plus trouver sa branche de buis, a une querelle avec lui sur ce sujet. Enfin, on le trouve dans Paris *en soutanelle, et en bas blancs;* on lui demande s'il a pris ceux de son cocher, il répond *que cela est bien mieux;* et si nous pouvions ajouter quelques-uns des faits qui suivent le testament, et qui sont arrivés moins de deux mois après, nous vous dirions ici qu'*on l'a vu sans caleçon et sans chausses aller porter ses lettres de prêtrise à un sacristain de Martigues en Provence, et que le sieur Follard, honteux de le voir en cet état, l'obligea à retourner chez lui, et l'empêcha de dire la messe.*

Il joint à cet état extérieur, des discours que les témoins regardent comme des preuves de démence (2).

Les uns l'ont vu parler seul dans une cour d'hôtellerie, les autres l'ont vu rire avec éclat sans aucun

(1) Habit, état extérieur.

(2) Discours, conversations.

sujet ; un grand nombre de dépositions nous apprend qu'*il parloit avec une grande précipitation, qu'il disoit à peine deux paroles de suite ; qu'il commençoit cent choses et n'en finissoit aucune, qu'il tenoit une infinité de discours extravagans.* Il y en a même qui rapportent des exemples de quelques-uns de ses entretiens ; tel est celui qu'il eut avec la dame de Billy. Vous vous en souvenez encore, et nous ne croyons pas que la réponse qu'on y a donnée vous ait paru fort convaincante. Tel est encore le discours qu'il tint au témoin qui lui proposoit une partie de chasse. Tel est enfin celui dont parle Pendry, apothicaire : il est inutile de les rapporter ici avec plus d'étendue ; nous nous hâtons d'aller à des faits plus importans.

À l'habit et aux discours de M. l'abbé d'Orléans, ajoutons ses courses, ses promenades, sa démarche, et toutes les circonstances qui les accompagnent (1).

Aucun dessein dans toutes ses courses, si ce n'est celui de courir et de promener son inquiétude. Les rues de Paris sont le lieu le plus ordinaire de ses promenades ; et l'expression la plus commune des témoins pour marquer ce fait, c'est de dire, qu'*il couroit les rues* : il va à la place du Palais-Royal, jette de l'argent aux cochers de louage : on lui demande s'il veut prendre un carrosse ; il ne répond point, et s'en va à pied sans rien dire. Il part pour aller à Vaugirard, et déjà à moitié chemin, il change de dessein, et s'en va à Picpus.

Avec qui fait-il ses promenades ? Souvent seul, sans qu'on sache ce qu'il est devenu ; ou s'il souffre quelque compagnie, c'est tantôt celle d'un apothicaire qu'il choisit, tantôt celle de quelques garçons tailleurs ou chirurgiens, et jamais il ne témoigne plus de joie que quand il dit qu'*il a fait la vie avec ses bons amis les fraters* : ce sont encore les termes même des témoins.

À quelle heure les commence-t-il ? Souvent dès

(1) Démarches, courses, promenades.

six ou sept heures du matin au mois de janvier et de février : à quelle heure les finit-il? Quelquefois à onze heures du soir.

Sa démarche n'est pas moins singulière que ses promenades : une précipitation et une vitesse extraordinaire est l'image sensible de la légèreté de son esprit; *toujours en sueur comme un fol*, marchant presque toujours sur la pointe des pieds; ce sont tous faits d'habitude, prouvés par les témoins : joignons-y quelques faits singuliers. Dès le temps qu'il étoit à Saint-Maur, à peine étoit-il arrivé à la porte Saint-Antoine, qu'il sautoit réglément par-dessus la portière de son carrosse, et s'enfuyoit si vite, que personne ne pouvoit le suivre. A Orléans , on l'a vu *sauter sur son ombre, danser les cinq pas sur les remparts de la ville, pousser avec ses pieds tout ce qu'il rencontroit.* A Paris, un apothicaire qui marque l'impétuosité de sa course, dépose en même temps, qu'il lui donnoit toujours le haut du pavé, et qu'il le faisoit passer le premier à toutes les portes.

C'est peu de vous avoir marqué la qualité de ses promenades, la singularité de sa démarche, il faut vous dire en très-peu de mots les principales aventures qui lui arrivent dans ses courses continuelles (1) : il passe deux fois la rivière sans payer le passage. La première fois le batelier court après lui, veut lui donner un coup de croc, et l'auroit fait, si la sœur d'une femme de chambre de Madame de Longueville ne l'en eût empêché. La seconde fois le batelier se saisit de son chapeau, et de celui d'un page déguisé en prêtre, qui le suivoit Heureusement, une femme de l'hôtel de Longueville lui prête quelques doubles, il va retirer son chapeau , et se met en colère contre le batelier, parce qu'il en avoit ôté une branche de buis qui y étoit.

Faut-il vous rappeler encore le souvenir du combat ridicule qu'il eut avec des petits garçons dans la cour de la Charité? La dame de Billy le dépeint

(1) Aventures dans ses courses.

*courant comme eux , les tiraillant et tiraillé par
eux :* on le presse de revenir , il demande à la dame
de Billy , *si elle veut être de la partie.* ·

Mais ce qui nous paroît le dernier degré de son
malheur , c'est l'état déplorable dans lequel plusieurs
témoins l'ont vu, *poursuivi dans les rues par de
petits garçons qui lui jetoient de la boue , lui faisoient tomber son chapeau , et lui faisoient des
huées continuelles dont il ne paroissoit point se
mettre en peine :* fait presque incroyable dans toutes
ses circonstances , si l'on pouvoit ne pas croire ce
qui est attesté par un témoin de Saumur et quatre
témoins de Paris , tous uniformes dans leurs dépositions.

Nous étonnerons-nous , après cela , de l'inquiétude
dans laquelle quelques témoins nous représentent
Madame de Longueville sur les courses continuelles
de M. l'abbé d'Orléans? On venoit tous les jours en
raconter de nouvelles histoires, et n'avoit-on pas
raison de craindre à la fin que quelqu'aventure tra-
gique ne terminât malheureusement une vie si déplorable ?

Finissons la peinture de la vie privée de l'abbé
d'Orléans par les faits qui regardent les nécessités de
la vie , comme le boire, le manger , le dormir (1).

Nous avons déjà dit quelle étoit la joie qu'il témoi-
gnoit quand il disoit qu'il avoit *fait la vie avec ses
bons amis les garçons tailleurs ou chirurgiens;*
c'étoit avec de telles personnes qu'il prenoit plaisir à
boire et à manger. Il exhorte à Nantes la femme d'un
garçon tailleur à se confesser à lui, et il envoye chercher ensuite un pot de vin, qu'il boit tête-à-tête
avec elle. A Paris, il va manger trois où quatre fois
chez un apothicaire. Vous l'avez vu aller demander
une écuelle de potage à la porte des jacobins, et la
manger avec ses doigts; et ce sont les lieux les plus
honorables qu'il choisit pour ses repas. Nous vous
l'avons déjà représenté allant dans ce que des témoins

(1) Le boire, le manger, le dormir.

appèllent *des cabarets borgnes et des gargottes*, où l'on ne voit entrer que les dernières personnes de la lie du peuple. Sa manière de manger est regardée par plusieurs témoins comme une marque du déréglement de sa raison. Il mange avec perplexité et inquiétude, si malproprement, qu'il fait horreur; excessif, tantôt dans l'abstinence, et tantôt dans l'intempérance; quelquefois il passe deux heures dans un cabaret, et boit un demi-setier de vin; d'autres fois il tombe dans de véritables excès, et l'on voit l'héritier de la maison de Longueville, le neuvième duc de sa race, s'enivrer en des tavernes où un simple bourgeois auroit honte d'entrer.

Son sommeil n'est pas plus réglé que ses repas. Il dort peu, fait un grand bruit pendant la nuit, empêche ceux qui couchent au-dessous de lui de dormir, se couche dans le lit de ses valets, et les fait coucher dans le sien; il y a même un témoin de Madame de Nemours qui dépose de ce fait, mais on dit que ce fut parce qu'il trouva son lit trop mol. Cette raison pouvoit bien l'empêcher d'y coucher, et le porter à en demander une autre, mais non pas le déterminer à faire coucher un de ses domestiques dans un lit qu'un conseiller d'Angers avoit fait préparer exprès pour lui.

Après cela, MESSIEURS, dispensez-nous d'entrer dans d'autres détails sur ce qui regarde les nécessités ordinaires de la vie. Vous vous souvenez du fait de la casserolle de Blois, du fauteuil de Richelieu, les noms seuls vous rappellent le souvenir des actions indécentes dont les témoins ont fait le récit. On n'a rien répondu à ce qui regarde le fait de Richelieu; mais on prétend avoir effacé celui de Blois par une déposition purement négative du maître de l'hôtellerie, qui dit qu'il n'a jamais entendu parler de ce fait dans sa maison; comme si une semblable négation pouvoit détruire un fait positif, prouvé par la déposition de Grapin, qui sauva M. l'abbé d'Orléans des mains du cuisinier, lequel couroit après sa casserolle, et qui raconta le fait à d'autres domestiques dans le

30 *

temps même; et ces domestiques le déposent aujour-
d'hui.

Que nous reste-t-il aujourd'hui après tous ces faits,
si ce n'est d'ajouter, que si l'on en croit quelques
témoins, sa foiblesse se changeoit quelquefois en
fureur, et donnoit de tristes présages de l'état dans
lequel il est tombé peu de temps après (1). Il court
quelquefois après ses gens, il les bat, il les mal-
traite; la seule honnêteté de Madame de Longueville
les empêche de sortir de son service. Au milieu d'une
conversation pleine de légèreté et d'extravagance, il
prend tout d'un coup le sieur de Billy à la gorge : le
sieur de Billy le menace; il le quitte en riant comme
un insensé, et lui dit en le quittant, *M. de Billy,
vous êtes un bon homme.* Il fait une autre fois la
même action à l'égard d'un valet de pied. *Il prend
une broche dans la cuisine*, et veut en percer Fouilleuse, qui avoit été obligé de le laisser aller seul, ne
pouvant le suivre dans les rues. Fouilleuse esquive
le coup, et il n'y a que son justaucorps de percé. A
Lyon, peu de temps après le second testament, trois
pauvres le poursuivent à coups de pierres, parce que
sous prétexte d'arracher une dent à l'un d'eux, il
avoit pensé lui emporter la mâchoire. Il s'imagine
auprès de Valence que Grapin l'a battu. Il se met à
crier, et court après lui en disant, *au prévôt, au
prévôt, il a battu un prêtre.*

Mais en voilà trop sur les deux premiers faits
généraux, c'est-à-dire, sur les fonctions ecclésiastiques et sur les actions particulières. Passons au troisième fait général (2) qui sera beaucoup plus court,
mais non pas moins important que les deux autres,
et ce fait est le jugement que l'on a porté sur l'état de
M. l'abbé d'Orléans.

Nous ne vous disons point que tous les témoins, à

(1) Violences et emportemens.

(2) Troisième fait général. Jugement de différentes personnes sur l'état de M. l'abbé d'Orléans.

la réserve d'un seul qui le confond avec une autre.
personne, l'ont cru dans une véritable démence.
C'est un premier fait certain; mais il y en a de plus
essentiels.

Trois sortes de personnes ont jugé de l'état de
M. l'abbé d'Orléans, et tous en ont porté le même
jugement.

Les étrangers, les domestiques, sa propre famille.

Les étrangers, vous en avez déjà vu plusieurs
preuves; car, que veulent dire ces enfans qui s'assemblent autour de lui, qui le suivent dans les rues,
qui crient après lui, qui lui font mille outrages? Ne
rendent-ils pas là un témoignage non suspect de
l'opinion publique et constante de sa démence? Ceux
qui le suivent à la Charité, et qui disent derrière
lui, *c'est qu'il a perdu l'esprit*, ne confirment-ils pas
la même vérité? Enfin, ajoutons à tous ces faits les
noms qu'on lui donne en différens lieux, et qui sont
des preuves d'autant plus fortes de sa démence,
qu'elles sont moins affectées. A Orléans, on l'appelle
un bajat, c'est-à-dire, un fol dans la langue du
pays. A Nantes, on dit dans les prisons *qu'il a un
coup de giblet dans la tête*; et dans l'hôtellerie, un
valet d'écurie a l'insolence de l'appeler impunément
l'abbé de Haute-Folie (1).

Les domestiques n'en jugent pas favorablement;
un grand nombre de témoins nous apprennent que
sa folie est leur entretien le plus ordinaire. Ils le
montrent au doigt; ils oublient ce qu'ils lui doivent,
et il est le sujet continuel de leurs railleries; tantôt
ils portent la main au front, pour montrer par ce
signe aux étrangers qui ne le connoissent pas, l'état
déplorable de sa raison; tantôt ils disent à ceux qui
leur en parlent, *c'est grand pitié que d'être fol*;
tantôt ils l'appellent entr'eux, *notre biscarié* (2).

Enfin, sa propre famille n'a-t-elle pas assez marqué

(1) Jugement des étrangers.

(2) Jugement des domestiques.

le triste jugement qu'elle avoit formé sur son état (1),
soit par les actes que nous vous avons expliqués, soit
par les sentimens de douleur, d'affliction et d'inquiétude, que les témoins nous font voir dans Madame
de Longueville, soit par les ordres que l'on donne
pour faire révoquer les permissions de confesser,
que M. l'abbé d'Orléans auroit pu surprendre, soit
par les précautions que Madame de Longueville
prend pour empêcher qu'il ne dise la messe, soit
enfin par les défenses expresses qui suivirent l'aventure dont la dame de Billy parle dans sa déposition?
Mais outre tous ces faits que vous avez déjà remar-
qués, il y en a encore quelques-uns qui sont propres
à cet endroit de la cause, et qui nous paroissent
extrêmement importans.

Le premier regarde le voyage de la rivière de
Loire. Deux motifs de ce voyage expliqués par les
témoins, l'un d'épargner à sa famille la douleur de le
voir et la honte de le montrer; l'autre de lui faire
passer ce temps jusqu'à sa majorité, moment précieux dans lequel il devoit faire tous les actes qui
avoient été projetés pour le bien de sa maison.

Le second fait regarde le séjour que M. l'abbé
d'Orléans a fait à Paris dans le temps de son testament; ce séjour devoit être très-court, dans l'intention de la famille. Les témoins et les actes se réunissent ici pour nous apprendre qu'on ne voulut
point souffrir qu'il revînt à Paris avant sa majorité;
et un des témoins ajoute qu'il devoit repartir dès le
commencement de février, c'est-à-dire, quinze jours
après son arrivée, mais qu'il survint quelques affaires
qui dérangèrent ce premier plan.

Le troisième fait concerne la liberté que l'on a
laissée pendant ce séjour à M. l'abbé d'Orléans, et
même dans le temps qui le précède et qui le suit;
liberté sur laquelle nous trouvons trois faits importans, que nous sommes indispensablement obligés
de vous expliquer en cet endroit; l'un, que Madame

(1) Jugement de sa famille.

de Longueville répondit à ceux qui la pressoient de prendre des mesures pour faire enfermer M. l'abbé d'Orléans : *On est obligé de le ménager et de le supporter, pour le bien de la maison.* L'autre, que dans une autre occasion où on lui représentoit qu'il seroit à propos de restreindre cette liberté dont il abusoit, elle dit : *Que ses proches le fassent, je ne veux pas me les attirer.* Et enfin, que sur ce que l'on demande à la demoiselle de Vertus, pourquoi Madame de Longueville ne faisoit pas enfermer M. son fils, elle répond : *La pauvre princesse fait-elle ce qu'elle veut ?*

Nous nous contentons de rapporter simplement les faits, et nous croyons; MESSIEURS, que vous en tirerez toutes les inductions nécessaires, sans que nous soyons obligés de vous les expliquer.

Enfin, le dernier fait qui sert de preuve du jugement de la famille, c'est ce que cinq témoins ont dit sur les actes. Ils remarquent tous, *que l'on fit faire dans ce temps-là plusieurs actes à M. l'abbé d'Orléans, et entr'autres la donation universelle, parce qu'il étoit incapable de gouverner son bien.*

Voilà, MESSIEURS, le précis, l'abrégé, le plan général de la vie publique et particulière de M. l'abbé d'Orléans; tels sont les jugemens que les étrangers, que les domestiques, que sa propre famille ont prononcés sur sa raison; il semble qu'après cela nous pourrions terminer dès à présent cette grande cause; car quels moyens peuvent être assez puissans pour effacer l'impression générale qui résulte de cette multitude infinie d'actions différentes qui tendent toutes au même but ?

Cependant nous sommes obligés d'entrer dans l'examen de deux grandes et importantes objections que l'on a faites contre tous ces faits.

On demande premièrement s'il est vrai que tous ces faits soient prouvés.

On ajoute en second lieu, mais tous ces faits sont-ils des faits de démence, en sorte qu'il n'y en ait aucun qui ne puisse recevoir une interprétation favorable ?

Pour répondre à la première question, nous croyons qu'on peut lui opposer deux moyens différens ; l'un de droit, l'autre de fait.

Nous avons expliqué hier le moyen de droit. Vous vous souvenez de la distinction des docteurs entre les faits particuliers et les faits généraux. Quand il n'est question que de prouver un fait particulier, le témoignage unanime de deux témoins conformes est absolument nécessaire; mais lorsqu'il s'agit d'un fait général, et surtout d'un fait d'habitude, il suffit que les témoins s'accordent dans le fait général; il n'est pas nécessaire qu'ils conviennent dans les faits particuliers.

Quand même on useroit ici de la même rigueur que l'on a introduite dans les affaires criminelles; quand on ne compteroit dix témoins que pour un, il y auroit encore une preuve complète par le nombre de soixante-quinze témoins qui feroient au moins autant que sept témoins uniformes, et ce fait général étant une fois prouvé, les faits singuliers ne serviroient plus qu'à déterminer sa nature.

Enfin, Madame de Nemours ne peut jamais contester ce principe de droit, puisqu'elle n'a elle-même que des témoins singuliers. Il est vrai qu'il y en a plusieurs qui s'accordent dans le genre des actions; par exemple, elle en a un grand nombre qui parlent de la messe. Mais si on vouloit suivre les principes rigoureux de la singularité des témoins, il n'y a pas deux témoins dans toute son enquête qui paroissent avoir certainement entendu la même messe; ainsi le fait général ne pourroit pas être prouvé, puisque chaque fait particulier ne seroit appuyé que sur la déposition d'un seul témoin.

Mais outre ces raisons de droit, il y a une réponse invincible dans le fait même; et quelle est cette réponse ? C'est qu'il y a plusieurs faits graves et importans, prouvés par la déposition unanime de plusieurs.

témoins constans et uniformes; et ces faits qui pourroient suffire par eux-mêmes, étant une fois établis,
les autres faits singuliers ne sont plus douteux, parce
que ce sont des branches qui sortent de la même
tige, des ruisseaux qui sont dérivés de la même
source, des parties d'un même tout, qui dès le moment que le tout est certain, viennent prendre leur
place et s'enchâsser pour ainsi dire d'eux-mêmes,
pour ne composer qu'un seul corps et un seul tissu
d'actions.

Il ne reste plus qu'à vous faire, en deux mots, la
liste des faits qui sont prouvés par la déposition de
deux témoins.

*M. d'AGUESSSEAU lut ou récita en cet endroit une
espèce d'état des faits sur lesquels il y avoit au moins
deux dépositions.*

LA seconde question a quelque chose de plus spé-
cieux, et certainement il y a plusieurs actions dont
on compose le portrait de M. l'abbé d'Orléans, qui
peuvent recevoir une explication plus douce et plus
conforme à la présomption naturelle de sagesse; on
prétend même qu'il n'y en a presque aucune qui,
prise séparément, ne soit susceptible d'une excuse
légitime et d'une couleur vraisemblable.

Nous croyons que pour répondre à cette objection
il suffit d'observer que tous les faits dont nous venons de vous faire une longue narration, peuvent se
considérer en deux manières, ou séparément et déta-
chés les uns des autres, ou conjointement, et réunis
tous ensemble pour ne former qu'un même ordre et
un même enchaînement de conduite.

Or, de quelque manière qu'on les envisage, la
preuve est également établie.

Si on les examine séparément, on en trouvera qui
par eux-mêmes démontrent la démence, parce qu'on
ne peut jamais les expliquer qu'en supposant un véritable égarement d'esprit.

Si on les considère tous ensemble, alors ils se

prêteront un secours mutuel, et leur réunion produira une conviction à laquelle nous croyons qu'il sera difficile de résister.

C'est ce qu'il faut faire voir en très-peu de paroles.

Choisissons un très-petit nombre d'actions dans la multitude de celles que nous vous avons expliquées, et voyons s'il est possible qu'un homme à qui il reste encore une lueur, une étincelle de raison, puisse jamais les commettre.

Vouloir confesser toutes sortes de personnes, en tous temps, en tous lieux, et cela sans permission, au moins dans Paris; user de prières, d'argent, de menaces, de violences pour y parvenir; enfoncer un crochet de fer dans la bouche d'un valet-de-pied, pour extorquer de lui une confession forcée; offrir à un prêtre suspendu de le faire absoudre par son évêque, pourvu qu'il veuille se confesser à un autre prêtre sans pouvoir (car tel étoit M. l'abbé d'Orléans quand il fit ces offres); courir, une lanterne à la main, dans les rues de Nantes, pour aller éveiller des garçons tailleurs, et les obliger à se confesser; être capable ou de révéler une confession sans aucun dessein criminel, et par pure légèreté, ou de croire qu'on l'a révélée, quoiqu'on ne l'ait point fait, et donner de l'argent à un criminel pour l'obliger de se taire sur un fait qu'il n'avoit inventé que pour vendre chèrement son silence; aller essayer tous les confessionnaux de Picpus, sans pouvoir en trouver d'assez commodes pour confesser, si ce n'est dans la sacristie, où il offre de confesser jusqu'à douze heures de suite; sauter par-dessus le balustre de l'autel après avoir dit la messe, et dans le temps que le prêtre y va donner la communion; toutes ces génuflexions, ces signes de croix, accompagnés de bénédictions, qu'on lui voit faire dans l'église de Notre-Dame-des-Ardilliers; entreprendre et faire effectivement l'oraison funèbre d'un curé mort deux jours auparavant, et qui n'étoit point connu de lui; commander tout haut à l'autel, tourné vers le peuple, en disant : *Ite, missa est,* qu'on lui prépare un mor-

ceau de salé; demander un pot de chambre au milieu
de la messe, et courir comme un furieux d'un côté à
l'autre de l'autel, avec toutes les autres circonstances
qui accompagnent cette action si indécente; prêcher
dans les plus petits cabarets, surtout avoir du goût
pour prêcher des gens ivres; courir les rues, exposé
à une infinité d'aventures fâcheuses, poursuivi, ou-
tragé par les enfans, devenu l'objet de la risée publique, sauter sur son ombre, danser les cinq pas
sur les remparts d'une ville, attacher une branche
de buis à son chapeau, en regretter sensiblement la
perte, et un grand nombre d'autres faits semblables;
sont-ce là des actions équivoques qui puissent être
bénignement interprétées, ou plutôt n'est-il pas visible que comme un homme sage ne peut commettre
ces actions, un homme sage aussi ne sauroit entreprendre sérieusement de les excuser?

Mais que sera-ce, si, après avoir détaché tous ces
faits, après les avoir examinés séparément, on les
rejoint avec la foule des autres circonstances que
nous vous avons déjà expliquées? Quand on par-
courra, comme nous avons fait, toutes les fonctions
ecclésiastiques, toutes les actions les plus simples et
les plus communes de la vie civile; quand on examinera la singularité de ses prières, la bizarrerie de
ses exhortations, les égaremens généraux et particuliers de ses confessions, les indécences qu'il commet
dans la célébration de la messe, le déréglement et le
peu de suite de ses entretiens, l'indignité de son
extérieur, la légèreté de ses courses, la bassesse des
lieux et des compagnies qu'il fréquente, les aventures tristes, ridicules et humiliantes qui lui arrivent, son irrégularité pour le boire, le manger, le
dormir, dans tout le détail de sa vie; quand on
joindra à tout cela l'opinion des étrangers, les discours des domestiques, et surtout le suffrage unanime de tous ceux qui l'environnoient; enfin, le
jugement et la conduite de sa famille; pourra-t-il
encore rester quelque doute raisonnable dans l'esprit? Se persuadera-t-on qu'un homme en cet état

ait pu être mis au nombre des personnes sages et
raisonnables, capables, de disposer de leurs biens?
Dira-t-on qu'il a pu remplir cette médiocrité de
devoirs, de bienséances, d'offices, qui est le dernier
degré de la sagesse? Et ne voit-on pas au contraire
que tous les devoirs les plus communs étoient effacés
de son esprit; toutes les bienséances oubliées, tous
les offices de la vie civile entièrement violés? Disons
plus, ces devoirs, ces bienséances, ces offices croissent
et s'augmentent à proportion du degré de grandeur
et d'élévation de la personne qui doit les remplir;
souvent même ce qui ne passeroit pas pour un signe
de démence dans un homme d'une condition obscure, devient une preuve convaincante d'égarement
d'esprit dans une personne d'une naissance distinguée; et si l'on juge de M. l'abbé d'Orléans par cette
règle que personne ne sauroit condamner, vous trou-
verez, MESSIEURS, qu'il n'y a presque aucune des
actions de sa vie qui ne soit un argument sensible
du dérangement de son esprit, puisqu'il n'y en a
presque point où il n'ait manqué à ce qu'il devoit
au public, à sa famille, à lui-même, où il n'ait
déshonoré son nom, obscurci l'éclat de sa naissance,
profané la dignité du sacerdoce, et, pour tout dire
en un mot, où il n'ait marqué une extinction entière de sentiment, un oubli profond de lui-même,
une stupidité et une insensibilité animale, qui est
un des principaux caractères de la démence.

C'est en cet état que l'on demande s'il a pu faire
un testament. Représentons-nous un homme de ce
caractère, qui dans le temps de l'ancienne Rome,
et lorsque le testament, revêtu de toutes les solennités de la loi, devoit être publié et promulgué dans
les comices, comme la loi même. Représentons-nous
donc un homme qui, dans la situation où se trouvoit M. l'abbé d'Orléans, se seroit levé au milieu de
l'assemblée du peuple romain, et auroit apporté son
testament pour le faire autoriser par le consentement
de tous ses concitoyens. Sa présence et son discours
n'auroient-ils pas excité un soulèvement général, un

murmure universel, une espèce d'émeute parmi le peuple? Ne se seroit-on pas récrié de tous côtés, que c'étoit abuser de la loi qui permettoit les testamens; qu'elle avoit voulu revêtir de son pouvoir un sage législateur, mais non pas mettre les armes à la main d'un insensé? Soixante et quinze témoins se seroient élevés en même temps, qui auroient déclaré les faits que nous venons de vous expliquer, qui auroient tous attesté le grand fait de l'opinion de la notoriété publique; et pouvons-nous douter que tout le peuple assemblé, bien loin de confirmer le testament d'un homme dans l'état où la foiblesse d'esprit avoit réduit M. l'abbé d'Orléans, ne lui eût donné dans le moment même un curateur, et ne l'eût mis dans la servitude d'une interdiction perpétuelle?

Mais sans chercher des exemples éloignés, supposons qu'avec une enquête de la qualité de celle de M. le prince de Conty, l'on vienne vous demander la confirmation d'une sentence d'interdiction, croira-t-on, comme on a osé vous le dire, que l'on pût y trouver la matière d'une difficulté sérieuse et véritable? Quand même les interrogatoires que l'on feroit subir en ce cas à M. l'abbé d'Orléans seroient sages et pleins d'une raison apparente, pourroient-ils jamais effacer cette multitude prodigieuse de faits qui forment une image si vive du caractère de son esprit? Et ne vous souvenez-vous pas, MESSIEURS, de ce qui s'est passé l'année dernière dans une cause assez célèbre, qui fut portée par-devant vous, au sujet d'un nommé Buissonnier, dont on vouloit faire lever l'interdiction? Il avoit subi trois interrogatoires en différens temps, tous pleins de raison et de sagesse : il n'y en avoit qu'un seul où il étoit convenu d'une action peu sensée qu'il avoit faite, disoit-il, par pénitence. Cependant, malgré la sagesse de ses réponses, vous avez confirmé son interdiction, et cela sur des faits contenus dans ses lettres, que ses interrogatoires n'avoient pu détruire. Il est vrai qu'à la fin il consentit lui-même à être interdit; mais indépendamment de son consentement, qui n'étoit pas

d'un grand poids en cette occasion, vous n'auriez
pas laissé de prononcer l'interdiction. Ici nous faisons la même supposition de la sagesse des réponses
de M. l'abbé d'Orléans. Quelques sages qu'elles fussent, pourroient-elles effacer tous les faits qui sont
contenus dans les dépositions des témoins? C'est ce
qui nous paroît absolument impossible; et si cela
est, quelles sont les règles en matière d'interdictions, fondées sur la démence? N'est-il pas certain
quelles ont un effet rétroactif, qu'elles remontent
jusqu'au moment où la démence est prouvée, parce
que dans ces sortes d'interdictions, la nature prévient
l'office du juge : c'est elle, à proprement parler, qui
prononce l'interdiction, le juge ne fait que la déclarer et la rendre plus solennelle; ainsi dans l'espèce
de cette cause, l'effet de l'interdiction se répandroit
sur le testament qui l'a précédé, parce que ce testament se trouveroit renfermé dans le temps de la démence prouvée.

Achevons par une seule réflexion tout ce qui
regarde l'enquête de M. le prince de Conty. Quelle
est la réponse que l'on a opposée à la plupart des
faits de démence qu'elle contient? Tous ces faits,
vous a-t-on dit, peuvent être des effets d'un grand
zèle, d'une humilité profonde, d'un désir de s'anéantir
et de se réduire à l'état d'une simplicité et d'une
pauvreté apostolique; en un mot, des actions de
sainteté que les enfans du siècle prennent pour des
traits de folie; et sur cela, abusant des saintes expressions du texte sacré, on a osé appliquer à M. l'abbé
d'Orléans ces paroles du livre de la sagesse : *Nos
insensati vitam illorum æstimabamus Insaniam;* et
l'on n'a pas pris garde que l'on confirmoit par là tout
ce que les témoins de M. le prince de Conty, et ceux
même de Madame de Nemours, ont déposé de ce
bruit de canonisation répandu dans les villes de la
rivière de Loire : étrange solution injurieuse aux
saints que l'on a osé faire entrer dans un indigne parallèle avec M. l'abbé d'Orléans, contraire même aux
intérêts de Madame de Nemours, et capable de

former contre elle une preuve parfaite de la démence!
Car enfin, si tous les faits contenus dans l'enquête de
M. le prince de Conty, ne peuvent être expliqués
qu'en supposant la sainteté prétendue et imaginaire
de M. l'abbé d'Orléans, que restera-t-il à conclure.
en faisant toujours cette suposition absurde dans
l'ordre de la religion comme dans celui de la vraisemblance, si ce n'est que M. l'abbé d'Orléans a
été dans l'état dans lequel un des plus grands
philosophes de l'antiquité nous représente ceux qui
peuvent renoncer aux douceurs de la société, et vivre
dans la solitude? Ils sont, dit ce philosophe (1), ou
au-dessus de l'homme, et élevés jusqu'auprès du
trône de Dieu même, ou au-dessous de l'humanité,
et réduits à la triste condition des bêtes sauvages. Ne
pouvons - nous pas appliquer ici cette pensée à
M. l'abbé d'Orléans? Ou il étoit élevé par sa sainteté
au-dessus de toutes les bienséances humaines, ou sa
démence le rabaissoit au-dessous du dernier degré
de l'esprit humain. Il est visible que le premier état
ne peut être véritable. Il ne faut que lire les dépositions des témoins pour être convaincu que c'est profaner le nom de *Saint*, que de le donner témérairement à un homme capable de vouloir confesser sans
permission, de commettre toutes les indécences dans
lesquelles il est tombé: en disant la messe; à un
homme dont la vie n'est qu'un songe, une fable, une
longue nuit; à un homme enfin qui s'enivre dans
les petits cabarets, qui ne respecte pas même la
sainteté du tribunal de la pénitence, et qui dans le
temps qu'il veut y faire la fonction de juge, se rend
lui-même criminel, par des discours rapportés dans
l'enquête, qui joignent plusieurs genres de folie en
un seul trait, et ne trouvent d'excuse que dans sa
démence. Nous rougissons de nous arrêter si long-
temps à réfuter cette comparaison indigne que l'on a
faite d'un insensé avec les saints.

Concluons en un mot que puisque, selon Madame

(1) Aristote.

de Nemours, M. l'abbé d'Orléans a été, ou dans les
mouvemens continuels d'un zèle extraordinaire, ou
dans les agitations perpétuelles d'une véritable démence, après avoir montré que le premier n'a pas
la moindre apparence de vérité, on ne peut s'empêcher de reconnoître que le seul fait de démence
réunit tout ensemble et la vraisemblance et la vérité.

. Passons maintenant aux argumens plus solides de
Madame de Nemours, et voyons en très-peu de paroles quels sont les faits de son enquête, par lesquels
elle prétend détruire celle de M. le prince de Conty.

: Observons d'abord que tous ces faits sont la plupart négatifs en deux manières; négatifs en général,
parce que, comme nous l'avons déjà dit, une action
sage n'exclut ni la preuve ni la présomption de
démence; négatifs en particulier, parce qu'il n'y en
a aucun qui détruisent les faits particuliers de M. le
prince de Conty.

Faisons ensuite une seconde observation générale
sur tous les faits de cette enquête.

- Il y en a de trois sortes : les uns équivoques, les
autres contraires à Madame de Nemours; les derniers
seuls lui sont favorables.

: Les uns équivoques, comme tout ce qui regarde
le voyage de la rivière de Loire; voyage en lui-même
inutile; voyage dans lequel M. l'abbé d'Orléans et
ses domestiques conspiroient également à cacher son
nom; voyage peu convenable à sa dignité dans toutes
ses circonstances; voyage que M. l'abbé d'Orléans
n'est pas maître de finir quand il lui plaît, comme
vous l'avez vu dans le fait du Gué de Loré; voyage
enfin dont les témoins de Madame de Nemours ne
rendent aucune raison vraisemblable, si ce n'est l'inclination naturelle de M. l'abbé d'Orléans pour le
changement des lieux. Mais s'il n'y avoit que cette
unique cause, pourquoi l'auroit-on empêché de
revenir à Paris, lorsque cette inclination naturelle le
portoit à y rentrer? Les témoins de M. le prince de
Conty vous expliquent les deux motifs de ce voyage;
l'un, d'épargner à la famille la douleur d'être le

témoin continuel des déréglemens de l'esprit de M. l'abbé d'Orléans; l'autre, de lui faire couler le temps jusqu'à sa majorité.

Mettons encore au nombre des faits équivoques celui de la précipitation que quelques témoins de Madame de Nemours remarquent dans la démarche et dans la parole de M. l'abbé d'Orléans; celui de ses courses dans Paris, prouvé par un témoin de Madame de Nemours, qui dit *l'avoir vu revenir fort tard, à pied, crotté*; celui des compagnies indignes de sa condition; celui des exhortations faites de grand matin aux valets de pied dans leur chambre, sans vouloir souffrir qu'ils se découvrissent; enfin, celui que des témoins d'Angers, qui nous apprennent que dans la maison d'un conseiller au présidial d'Anjou, M. l'abbé d'Orléans coucha dans le lit qu'on avoit donné à son valet, et le fit coucher dans le sien : tous ces faits ne sont pas propres à donner une grande idée de la sagesse de leur auteur, et ils s'accordent parfaitement avec ceux de M. le prince de Conty.

Il y a une seconde espèce de faits, et ce sont ceux qui sont même absolument contraires à Madame de Nemours. Vous vous souvenez, MESSIEURS, de ces deux témoins de Saumur et d'Angers, leurs dépositions ont été lues de part et d'autre. Vous savez que l'un vous dépeint M. l'abbé d'Orléans entrant dans l'hôtellerie, et récitant à haute voix *Kyrie eleison* jusqu'à sa chambre; qu'il vous marque ensuite que les valets rioient derrière lui, lorsqu'il racontoit des histoires que nous n'expliquons point en détail, et qu'ils faisoient des signes de dérision; qu'enfin, M. l'abbé d'Orléans étant allé aux capucins, ce témoin dit à ses domestiques : *Votre maître vous est donc échappé?* et leur conseilla d'aller demeurer au faubourg, *de crainte qu'on ne s'aperçût de quelque chose* : termes simples et naïfs, qui marquent assez d'eux-mêmes le jugement que l'on portoit sur l'état de M. l'abbé d'Orléans.

L'autre témoin vous décrit aussi l'entrée de M. l'abbé

d'Orléans dans son hôtellerie *comme un séminariste*, *ayant son bréviaire sous son bras*; il obtient une chambre par le crédit de ses domestiques; il vous explique ensuite les deux aventures de la lanterne. M. l'abbé d'Orléans va seul, à six heures du soir, une lanterne à la main, dans les rues d'Angers; il arrive à la porte de l'Evêché; on le suit de loin, et on remarque qu'aussitôt qu'il y est arrivé, au lieu d'entrer dans la maison, il retourne sur ses pas, et revient tranquillement à l'hôtellerie. Une autre fois, à la même heure, il va dans la place publique, toujours la lanterne à la main, fait le tour du puits, et sans avoir fait autre chose, rentre encore dans l'hôtellerie; et le mari de celle qui dépose de ce fait, *rapporte ces histoires comme autant de folies;* ce sont les termes de la déposition.

Leur induction est trop évidente pour nous arrêter à la tirer.

Enfin, il y a une troisième espèce de faits, et ce sont ceux qui sont favorables à Madame de Nemours. On peut les réduire à un petit nombre,

Trois faits généraux, et cinq ou six faits particuliers.

Le premier fait général, est que la démence a commencé à la fin de septembre 1671, d'où Madame de Nemours conclut qu'elle n'avoit donc pas commencé six mois avant le testament du mois de février 1671. Mais il faudroit bien plutôt conclure en cette manière : M. le prince de Conty a prouvé que M. l'abbé d'Orléans étoit en démence dès la fin de 1670, et au commencement de 1671; donc il n'est pas vrai que la démence n'ait commencé qu'au mois de septembre suivant.

Quelles sont les preuves que Madame de Nemours rapporte, pour établir la vérité de ce fait important?

Il y en a de deux sortes.

Les unes ont déjà été examinées et jugées insuffisantes dans le temps de l'interlocutoire, puisque si vous aviez été convaincus par des preuves littérales, que la démence n'avoit éclaté qu'au mois de septembre 1671, vous n'auriez pas permis de prouver qu'elle avoit commencé long-temps auparavant. Et en effet, rien n'étoit ni plus imparfait ni plus équivoque que ces preuves ; l'une est tirée de l'avis des parens du mois de janvier 1672, où ils appellent le mal de M. l'abbé d'Orléans une *infirmité présente* ; d'où l'on conclut qu'ils vouloient exclure par là tout le passé, et se réduire précisément au moment présent où ils marquent quelque espérance de sa guérison ; comme si ce n'étoit pas l'usage dans ces sortes d'avis, de ne jamais parler de la démence comme d'une maladie désespérée et incurable. L'autre preuve étoit fondée sur les termes d'une requête de Madame de Longueville, termes qui vous parurent dès-lors très-ambigus, parce que l'on y a joint deux dates incompatibles. L'on y représente que sept ou huit mois après la tutelle finie, et depuis la majorité, M. l'abbé d'Orléans ayant entrepris des voyages dans des pays étrangers, s'étoit trouvé hors d'état d'administrer ses biens, à cause des fatigues qu'il y avoit souffertes, et du genre de vie qu'il y avoit mené. Si l'on commence à compter du jour de la tutelle finie, le testament se trouvera placé dans le temps de la fureur ; si au contraire on ne compte les sept ou huit mois que du jour de la majorité, la fureur n'aura commencé que vers la fin du mois d'août, ou dans les premiers jours de septembre : et quoique cette dernière supputation paroisse plus vraisemblable, parce que Madame de Longueville joint à ce calcul des temps la circonstance du voyage d'Allemagne, vous n'avez pourtant pas cru que cette pièce fût décisive, soit par l'incertitude qu'on y découvre, soit parce qu'il étoit impossible que Madame de Longueville pût s'expliquer autrement sans donner atteinte aux actes qui étoient l'ouvrage de la famille, soit enfin, parce que ces termes peuvent fort bien se rapporter au commencement de la fureur, et non pas à celui de la démence ; et c'est la distinction par

31 *

laquelle nous allons répondre aux nouvelles preuves que l'on rapporte aujourd'hui du même fait.

Nous en avons observé trois.

L'une est la consultation sans date et sans nom d'un médecin de Strasbourg, que l'on applique avec assez de vraisemblance à M. l'abbé d'Orléans ; mais qui ne dit rien du tout qui puisse servir à déterminer le commencement de la démence. Il dit seulement qu'il y a une très-grande chaleur dans les entrailles du malade pour lequel on le consulte, et que, *pour en prévenir les suites qui ont déjà causé quelques fâcheux accidens, il faut lui faire prendre des eaux aigres.* Et qu'y a-t-il dans tout cela, d'où l'on puisse conclure que la démence étoit récente? Au contraire, il parle d'accidens qui ont précédé, sans en marquer ni les temps ni les lieux. Il parle encore de consultation précédente ; tout cela laisse le commencement de la démence dans la même incertitude.

La seconde preuve est tirée des comptes de la dépense de M. l'abbé d'Orléans, où l'on voit que l'on envoye des courriers à Paris, pour y porter la nouvelle du triste état où il étoit réduit, et qu'il se fait dans cette occasion des mouvemens extraordinaires, dont on ne voit point d'exemple dans les premiers temps.

Et enfin, la dernière est tirée de la déposition de deux témoins de Sarrebourg, qui expliquent le premier accès de fureur de M. l'abbé d'Orléans, après avoir dit que *jusque-là il leur avoit paru assez raisonnable.*

Il y a deux choses dans cette déposition : l'une que M. l'abbé d'Orléans avoit paru assez raisonnable jusqu'à ces premiers emportemens ; d'où l'on veut conclure qu'il l'a été effectivement jusqu'à ce temps. Mais ce fait est absolument détruit par les propres pièces de Madame de Nemours.

1.º La requête de Madame de Longueville, marque le commencement de la fureur huit mois au plus tard après la majorité : ces huit mois expiroient le 12 septembre; ainsi, si l'on veut s'attacher scrupuleusement à cette requête avec Madame de Nemours, il faudra dire que dès le 12 septembre, c'est-à-dire, avant la mission de Sainte-Marie-aux-Mines, et avant le voyage de Sarrebourg, M. l'abbé d'Orléans étoit en fureur.

2.° La consultation du médecin de Strasbourg étoit faite avant que M. l'abbé d'Orléans allât à Sarrebourg; cependant elle marque déjà une démence déclarée.

3.° La déposition de Péray, l'un des principaux témoins de Madame de Nemours, assure positivement que c'est à Sainte-Marie-aux-Mines que la fureur a éclaté. Jugez après cela MESSIEURS, de la foi des témoins qui disent l'avoir vu sage à Sarrebourg.

L'autre circonstance de ces dépositions qui s'accorde avec les comptes, regarde l'envoi des courriers à Paris, et les premiers accès de fureur; mais il n'y a rien en cela de contraire au fait de M. le prince de Conty. Il ne soutient point que M. l'abbé d'Orléans étoit furieux dans le temps du testament. Il n'articule qu'une simple démence, et il suffit de supposer un changement, non pas de sagesse en démence mais de démence en fureur, pour expliquer tous les faits et des comptes et des témoins.

Le second fait général que l'on a proposé pour Madame de Nemours, reçoit encore la même réponse. On vous a fait remarquer avec soin, qu'il ne paroît point que l'on eût pris aucune précaution contre la démence de M. l'abbé d'Orléans avant le mois d'octobre 1671; qu'il ne paroissoit pas même qu'on eût cherché ou sa guérison parfaite, ou le soulagement de son mal, ou du moins une espèce de consolation dans la pratique des remèdes les plus ordinaires de la médecine.

Mais pour ce qui est des précautions que l'on pouvoit prendre contre lui-même, le genre, le caractère de sa démence ne les exigeoit pas jusqu'au mois

de septembre. Elle avoit été douce et tranquille,
si l'on en excepte deux ou trois mouvemens de fureur
qu'une menace apaisoit, et l'argument que l'on
tire du peu de soin qu'on a pris d'essayer sur lui
les remèdes de la médecine, seroit très-considérable
s'il ne prouvoit trop; car on pourroit démontrer par
un semblable raisonnement, que M. l'abbé d'Orléans
n'a été en démence dans aucun temps de sa vie,
puisqu'il ne paroît point que même dans le temps
de ses premiers accès de fureur, on lui ait fait
aucun remède. On ne trouve qu'une consultation de
médecins à Bourges, mais on ne voit point qu'elle
ait eu aucune suite.

Quelle est donc la seule conséquence qu'on doive
tirer de cette observation? C'est que suivant toutes
les apparences, l'égarement d'esprit de M. l'abbé
d'Orléans s'est augmenté par degrés, et par une
foiblesse d'organes qui croissoit avec lui; à laquelle
on a jugé que les remèdes seroient inutiles.

Mais sans vouloir encore exercer nos conjectures
sur ce point, passons au troisième fait général que
Madame de Nemours a prouvé par son enquête;
ce fait est que M. l'abbé d'Orléans a paru de bon
sens à la plus grande partie des témoins qui ont
déposé en faveur de sa sagesse. Mais c'est-là précisément ce que les docteurs appellent le fait général,
qui ne peut approcher d'une véritable preuve que
lorsque les témoins ajoutent qu'ils étoient toujours
auprès de celui dont l'état est contesté; en sorte qu'il
ne pouvoit faire aucune action déréglée sans les
avoir pour témoins de son égarement. Ici, ni les
témoins ne l'ont dit, ni les témoins n'ont pu le
dire. Il n'y en a aucun qui ait accompagné ordinairement M. l'abbé d'Orléans, à la réserve de Péray,
témoin très-reprochable. Ainsi, leur déposition à cet
égard ne contient qu'un fait purement négatif, qui
n'a pas plus de force que s'ils disoient simplement:
*Nous ne lui avons point vu faire d'actions de dé-
mence.*

Enfin le dernier fait général que Madame de

Nemours a relevé avec beaucoup d'étendue, c'est la liberté pleine et entière dont M. l'abbé d'Orléans jouissoit. Maître de ses actions, unique arbitre de sa conduite, non-seulement on ne pensoit point à le dérober à la maligne curiosité du public ; on ne chargeoit même aucun domestique de le suivre, de veiller sur sa conduite, de prévenir les accidens fâcheux dans lesquels il pouvoit tomber ; et dans un état de démence formée, selon les témoins de M. le prince de Conty, on souffroit qu'un aîné de la maison de Longueville, et un prêtre, parût publiquement dans toutes les villes du royaume, et qu'il publiât lui-même la foiblesse de son esprit, le déshonneur de sa maison, et l'aveugle facilité de sa famille.

Quoique cet argument ne forme qu'une présomption et une simple vraisemblance, qui ne seroit pas capable de détruire des faits prouvés, il faut avouer néanmoins qu'elle feroit une grande impression, si elle n'étoit combattue par deux réponses qui nous paroissent également solides.

1.° Il est vrai qu'en général, jouir d'une entière liberté, c'est une présomption de sagesse ; mais en même temps, il faut convenir qu'abuser de cette liberté, comme vous avez vu que faisoit M. l'abbé d'Orléans, c'est une grande preuve de démence. Il n'y a presque point d'action en général qui ne puisse convenir à un sage et à un insensé ; mais ce qui les distingue, c'est que l'un l'a fait sagement, et que l'autre montre évidemment sa folie par la manière de s'en acquitter. Un sage et un insensé peuvent tous deux être maîtres de leur conduite ; mais l'un use convenablement du pouvoir qu'il a sur lui-même, et l'autre en abuse indignement ; ou plutôt, l'un se gouverne et l'autre est gouverné ; l'un se conduit par sa raison, l'autre est entraîné par sa démence. Ce n'est donc pas assez d'avoir montré que M. l'abbé d'Orléans étoit libre, si l'on ne détruit les faits par lesquels on prouve le mauvais usage qu'il faisoit de sa liberté.

Que si l'on insiste encore, et que l'on soutienne que cette liberté montre au moins le jugement que sa famille portoit sur son état, puisqu'elle ne la lui auroit pas accordée si elle l'eût cru capable de commettre les actions dont parlent les témoins de M. le prince de Conty, nous dirons en second lieu, comme nous le disions hier dans une autre occasion, que la famille est plus à plaindre qu'à blâmer, et qu'il faudroit entendre ses raisons pour pouvoir porter un jugement solide sur sa conduite. Peut-être nous diroit-elle que si l'on avoit voulu contraindre M. l'abbé d'Orléans, on l'auroit vu tomber aussitôt dans cette fureur déclarée dans laquelle il est entré peu de mois après ; qu'en le laissant maître de ses actions, on a prolongé de quelques mois la durée de cette folie douce et tranquille, qui étoit un moindre mal que la fureur ; que peut-être conservoit-on encore quelqu'espérance de guérison, et qu'il auroit fallu y renoncer absolument, si l'on eût voulu apporter quelque règle à sa conduite ; enfin, qu'il n'y avoit que deux partis à prendre, l'un de le laisser dans une entière liberté, et l'autre de le faire enfermer absolument : le dernier auroit été le plus simple ; mais outre qu'il pouvoit paroître trop dur, et que l'on hésite long-temps dans ces occasions avant que de se porter à de telles extrémités, ce parti ne convenoit point à la nécessité dans laquelle on se trouvoit de faire faire à M. l'abbé d'Orléans les actes absolument nécessaires au bien de sa maison. Mais pourquoi chercher plus long-temps des conjectures et des couleurs, quand nous trouvons des vérités écrites dans les dépositions de témoins ?

Rappelez, s'il vous plaît, MESSIEURS, tout ce que nous vous avons déjà expliqué touchant le jugement de la famille, et surtout ces réflexions importantes des principaux témoins de M. le prince de Conty, qui marquent qu'il étoit aisé de juger qu'on auroit fait enfermer M. l'abbé d'Orléans dès le temps de son séjour à Paris, si les affaires importantes de la maison n'avoient fait différer l'exécution de ce dessein.

Il y en a qui vont encore plus loin, et qui assurent que Madame de Longueville leur a dit *qu'on étoit obligé de le ménager, et de le supporter pour le bien de sa maison.*

Dans une conjoncture si délicate, que pouvoit-on faire de mieux, que de l'envoyer voyager sous un autre nom que le sien, avec un petit nombre de domestiques choisis ; de le faire revenir dans le moment de sa majorité pour lui lier les mains, et assurer tous ces biens à M. le comte de Saint-Pol ; de le faire partir aussitôt après, et de flatter sa légèreté et son inconstance par des voyages continuels jusqu'à ce que sa raison se rétablît, ou que la démence, tournée en fureur, ne pût plus être contenue dans aucunes bornes légitimes ?

Voilà ce qu'il paroît qu'on a voulu faire ; et encore une fois, étoit-il facile de prendre un meilleur parti ? Ne le répétons plus : la censure est beaucoup plus aisée que le conseil ; mais dans toutes ces circonstances, il est toujours certain que le fait général de la liberté ne peut plus être considéré comme un fait décisif.

Entrons dans l'examen des faits particuliers. Il y en a un grand nombre qui sont ou indifférens ou équivoques.

Tels sont les sermons, les exhortations qu'on dit qu'il faisoit aux domestiques. Il n'y a qu'à joindre sur ce fait les témoins de M. le prince de Conty avec ceux de Madame de Nemours, pour y trouver non pas une présomption de sagesse, mais une preuve de démence.

Tel est le fait des visites et des exhortations des malades de la Charité. Vous avez vu encore de quelles circonstances elles sont accompagnées dans l'enquête de M. le prince de Conty.

Telles sont ces conversations pieuses et chrétiennes dont quelques témoins parlent en général, sans en appliquer aucune en particulier. Ces fragmens de sermons qu'on dit que le P. Choran approuvoit, lorsque M. l'abbé d'Orléans les lui récitoit ; cette

conversation latine qu'un vicaire de village dit qu'il
a admirée : tous ces faits sont vagues, généraux,
indéfinis, susceptibles de toutes sortes d'interprétations, suivant les circonstances particulières que les
témoins né nous expliquent pas.

Enfin, le fait de la députation de Châteaudun que
M. l'abbé d'Orléans reçut dans le cloître des chartreux n'est pas un fait plus décisif. Le témoin marque
seulement qu'il l'a reçue avec chagrin, et qu'il ren-
voya ses officiers à son aumônier, et continua l'entretien qu'il avoit commencé avec un chartreux.
Qu'y a-t-il en cela qui efface les soupçons de démence?
Il en est de même de ce qu'on a relevé avec tant de
soin, que M. l'abbé d'Orléans, attentif à soutenir
le rang que sa naissance lui donnoit, avoit toujours
pris chez lui le pas sur M. l'évêque d'Angers. Ce
fait prouve-t-il autre chose, si ce n'est que les habitudes naturelles contractées dès l'enfance, n'étoient
pas toujours effacées de son souvenir? Disons enfin,
qu'un autre fait auquel on s'est arrêté fort long-temps,
n'est pas moins indifférent que ceux que nous venons
de vous expliquer. C'est celui dont parle le sieur
David, qui dit que M. l'abbé d'Orléans tenoit sa
table, et que plusieurs personnes distinguées y man-
geoient avec lui.

Mais 1.° cela arrivoit très-rarement, puisque les
témoins de M. le prince de Conty nous apprennent
que les plus misérables cabarets étoient les lieux que
M. l'abbé d'Orléans choisissoit ordinairement pour
y prendre ses repas.

Quand même il auroit mangé plus souvent à
l'hôtel de Longueville, quelle conséquence pourroit-
on en tirer? A-t-on jamais soutenu, ou pu soutenir
de la part de M. le prince de Conty, que, parce
que M. l'abbé d'Orléans étoit en démence, il ne
pouvoit plus manger chez lui? Enfin quelles sont
ces personnes distinguées que l'on nomme? On ne
parle que d'une, et c'est le sieur Arnauld: Tout le
monde a su que Madame de Longueville l'honoroit
d'une estime et d'une confiance particulière, et que

quand même M. l'abbé d'Orléans auroit été enfermé,
on ne l'auroit pas caché à un homme du caractère
de celui dont parlent les témoins.

Que reste-t-il donc, quand on retranche tous les
faits inutiles de l'enquête de Madame de Nemours ?
Deux faits principaux.

L'un regarde les fonctions ecclésiastiques ; l'autre
l'honneur que M. l'abbé d'Orléans eut de prendre
congé du roi avant que de partir, après avoir fait son
dernier testament.

Commençons par ce qui regarde les fonctions ecclésiastiques.

Retranchons-en d'abord tous les faits qui sont arrivés dans la mission de Sainte-Marie-aux-Mines.

Une multitude de raisons se présentent en foule
pour combattre l'autorité des témoins qui en parlent,
et des circonstances qu'ils expliquent.

Premièrement, tous ces faits n'ont point eu, disons
plus, tous ces faits n'ont pu avoir de contradictions
légitimes dans l'enquête de M. le prince de Conty.
Dans quel espace de temps sa preuve est-elle renfermée, et par la sentence des requêtes du palais,
et par l'arrêt qui l'a confirmée ? Dans les six mois qui
ont précédé le testament qu'on lui oppose. Pourvu
qu'il ait prouvé que dans ces six mois, et principalement dans le temps même du testament, M. l'abbé
d'Orléans étoit dans un état de démence notoire et
formée, il a satisfait à tout ce que votre arrêt exige
de lui. Il n'a pas dû en prouver davantage ; et si
Madame de Nemours vouloit prouver la sagesse de
M. l'abbé d'Orléans six mois après son testament,
elle devoit donc articuler ce fait pour en pouvoir tirer
une induction solide contre la preuve de M. le prince
de Conty. L'on a supposé ici pour Madame de
Nemours, que d'un côté M. le prince de Conty avoit
mis en fait que le commencement de la démence
précédoit de plus de six mois le temps du testament ;
et de l'autre, que Madame de Nemours avoit articulé
que la démence n'avoit commencé que plus de six
mois après le testament. Si cela étoit, on auroit pu

tirer un grand avantage des témoins de Sainte-Marie-aux-Mines, parce que leur déposition auroit été entièrement conforme aux faits contraires qui auroient été soutenus par les parties. Mais ce n'est pas ainsi que les faits ont été articulés; il n'est pas vrai que l'une et l'autre des parties ayant avancé chacune de leur côté des faits différens, M. le prince de Conty en a articulé de sa part; et quel étoit son fait? Que la démence avoit commencé plus de six mois avant le testament. Madame de Nemours n'a proposé aucun fait contraire; elle s'est renfermée dans une pure négative : et si vous lui avez permis de faire entendre des témoins, vous ne l'avez pas fait pour déférer à sa demande, car il n'y en avoit point, mais pour satisfaire à la disposition de l'ordonnance, qui veut que les preuves soient toujours respectives en matière civile. Et en effet, pourquoi a-t-elle fait entendre les témoins de Sainte-Marie-aux-Mines? Est-ce pour prouver que la démence a commencé seulement à la fin de septembre 1671? Mais ce fait n'a jamais été articulé par aucune requête; c'est seulement pour détruire la preuve de M. le prince de Conty par un argument négatif, et pour conclure que M. l'abbé d'Orléans n'étoit pas insensé au mois de février 1671, puisqu'il étoit encore sage au mois de septembre suivant. Mais cette conséquence, qu'elle tire de ces témoins, perd toute sa force dès le moment que l'on considère que ce fait général n'a point été articulé dans le temps de l'interlocutoire, et que par conséquent on ne peut exiger de M. le prince de Conty, qu'il combatte par ses témoins un fait qu'il a pu et qu'il a dû ignorer, parce qu'il est hors du temps, dans les bornes duquel sa preuve doit être renfermée.

S'il avoit pu faire entendre des témoins sur ces faits, peut-être les auroit-il détruits d'une manière invincible; peut-être auroit-il montré que ces fonctions ecclésiastiques dont on veut aujourd'hui se prévaloir, étoient comme les autres, un effet, une suite, une preuve de la démence de M. l'abbé d'Orléans; peut-être auroit-il montré qu'il y avoit commis des actions indécentes, semblables à celles du temps de son enquête. Et avons-nous besoin d'autres preuves, pour en être persuadés, que de celles qui se tirent des propres témoins de Madame de Nemours, qui n'ont pu s'empêcher de laisser échapper quelques traits du caractère de M. l'abbé d'Orléans? Il y en a un qui nous apprend qu'il sortit en surplis sur le portail de l'église, et qu'il y appela les passans pour venir se confesser à lui. Et que n'auroit-on pas dû attendre des témoins de M. le prince de Conty, puisque ceux mêmes de Madame de Nemours, qui encore une fois, n'ont eu en cet endroit, et n'ont pu avoir aucun censeur légitime, ne laissent pas de former des doutes, d'exciter des nuages, et de répandre des soupçons?

Mais allons encore plus loin, et disons que ces vingt-cinq témoins de Sainte-Marie-aux-Mines, ne prouvent plus rien, parce qu'ils prouvent trop. Car si on les croyoit, il faudroit se persuader que M. l'abbé d'Orléans étoit beaucoup plus sage à la veille, et presque entre les bras de la fureur, que dans les temps qui en sont beaucoup plus éloignés, puisqu'on ne le voit point tomber, en confessant, dans les égaremens que les témoins de Nantes lui reprochent d'une manière si précise et si uniforme. Ce n'est pas tout encore : il faudroit croire que Madame de Longueville, qui avant le voyage de la rivière de Loire, avant toutes les actions de démence que M. l'abbé d'Orléans a commises dans ce voyage et dans son séjour à Paris, avoit néanmoins ordonné à son aumônier d'empêcher qu'on ne lui accordât aucune permission de confesser; que malgré tous ces nouveaux faits, malgré le progrès rapide et l'augmentation continuelle de la démence, Madame de Longueville auroit eu la foiblesse de fermer les yeux sur l'état de Monsieur son fils, et de souffrir qu'on le laissât dans une liberté qu'il n'avoit jamais méritée, et dont ses dernières actions l'avoient rendu absolument indigne.

Qu'est-ce donc qui donna lieu à cette licence

effrénée de faire toutes sortes de fonctions ecclésiastiques à Sainte-Marie-aux-Mines, dont M. l'abbé
d'Orléans jouit pendant dix jours? La cause n'en
peut être obscure. L'éloignement de Paris, l'éclat de
son nom qui éblouit les Allemands, et leur fit admirer
comme des excès de zèle, ce qui n'étoit qu'un effet
de cette aveugle impétuosité qui le portoit aux fonctions du sacerdoce; l'absence d'un aumônier et du
sieur de Gastine, que Madame de Longueville avoit
chargés, en partant, d'empêcher que Monsieur son
fils ne dît la messe; l'impossibilité dans laquelle se
trouvèrent les autres officiers de le contenir dans les
bornes de la sagesse, et la crainte qu'ils avoient peut-
être d'avancer encore ce qui pourtant ne fut différé
que de quelques jours, c'est-à-dire, la nécessité de
l'enfermer.

Faisons encore une autre observation sur ces faits.
Qu'est-ce qui les précède, et qu'est-ce qui les suit?
Ce qui les précède, vous le savez, MESSIEURS, et il
se trouve prouvé par la déposition des témoins de
M. le prince de Conty. Vous savez ce que le sieur
de Gastine et le sieur Follard vous expliquent de la
conduite de M. l'abbé d'Orléans à Lyon et en Provence; le scandale qu'il causa à Lyon, par des indécences jusque dans le confessionnal; l'aventure de
ces trois mendians, à l'un desquels il voulut arracher
une dent; l'irrévérence, le trouble, l'agitation avec
laquelle il dit la messe à Istre en Provence, oubliant
la plus grande partie des prières, et laissant celui qui
le servoit dans le doute s'il avoit consacré; enfin cet
état de folie si marquée, que l'on fut obligé de lui
faire quitter les ornemens sacerdotaux dans le temps
qu'il alloit sortir de la sacristie, et plusieurs autres
circonstances que nous ne répétons point ici. Voilà
ce qui précède le fait de la mission. Mais ce qui le
suit, c'est la fureur déclarée, comme Madame de
Nemours elle-même en convient: et qui pourra concevoir que cette mission, placée entre tant d'actions
de démence, ait pu être aussi sage que ses témoins
veulent vous le persuader?

. Enfin, ce qui achève de leur ôter toute créance, c'est que Madame de Nemours s'élève elle-même contre leur témoignage, et est obligée de le contredire par les pièces qu'elle rapporte, et par les autres témoins qu'elle a fait entendre.

Que dit cette requête de Madame de Longueville, à laquelle Madame de Nemours veut que l'on s'attache si scrupuleusement, pour fixer l'époque précise de la démence? Elle marque, selon le sens de Madame de Nemours même, que M. l'abbé d'Orléans a été réduit à ce triste état sept ou huit mois après sa majorité. On ne peut étendre cette expression audelà de la fin du huitième mois, puisque c'est tout au plus jusqu'à ce terme, que la sagesse a duré. Or le huitième mois finissoit le 12 septembre, et c'est précisément en ce jour que commence la mission de Sainte-Marie-aux-Mines. Ainsi cette mission, suivant la requête de Madame de Longueville, prise littéralement, et en lui donnant même toute l'extension qu'elle peut avoir, est toute entière comprise et renfermée dans le temps de la démence.

Aussi voyons-nous que Péray, l'un des principaux témoins, ou pour mieux dire, le seul témoin important de Madame de Nemours, s'il n'étoit pas reprochable, nous apprend que ce fut dans le cours de la mission de Saint-Marie-aux-Mines, que M. l'abbé d'Orléans entra dans les premiers transports de la fureur dont il a été attaqué; et cependant aucun des vingt-cinq témoins de ce lieu ne nous laisse entrevoir le moindre soupçon de maladie, de foiblesse d'esprit. Ils nous représentent tous M. l'abbé d'Orléans comme un saint, comme un apôtre de l'Allemagne, plein d'un zèle très-pur et très-raisonnable dans tout le cours de cette mission. Il y a même des témoins de Madame de Nemours, qui vont encore plus loin, et qui, contre la requête de Madame de Longueville, contre la propre déposition de Péray, attestent encore la sagesse de M. l'abbé d'Orléans à Sarrebourg, où il n'alla que quelques jours après la mission de Sainte-Marie-aux-Mines.

Jugez, Messieurs, de la foi que l'on doit ajouter à ces témoins, qui ne s'accordent, ni avec les prétendues preuves par écrit de Madame de Nemours, ni avec la déposition de son principal témoin, qui placent la sagesse dans le milieu et dans le sein même de la démence; qui prouvant trop, ne prouvent plus rien, et qui enfin n'ayant plus de contradicteurs légitimes, sont tombés dans la même licence en matière de dépositions, dans laquelle l'absence d'un aumônier avoit jeté M. l'abbé d'Orléans pour ce qui regarde les fonctions ecclésiastiques.

Réduisons-nous donc aux témoins qui ont déposé du temps porté par la sentence et par votre arrêt.

Nous trouvons trois sortes de fonctions prouvées par la déposition d'un grand nombre de témoins, dont il y en a plusieurs qui ajoutent que M. l'abbé d'Orléans les remplissoit très-sagement.

La première et la plus importante est celle de prêtre, la seconde celle de diacre, et la troisième celle de simple clerc, dans l'assistance et la célébration du service divin.

Il seroit inutile de s'étendre long-temps sur l'importance et le poids de ces faits, et surtout du grand fait de la célébration de la messe. C'est en effet tout ce qui peut former une véritable difficulté dans cette cause. Sans cela, nous osons dire qu'elle n'en paroîtroit presque pas susceptible. Tous les autres faits sont inutiles, indifférens, équivoques, souvent même plus proches de la démence que de la sagesse. Celui-ci semble en même temps essentiel, positif, capable de balancer tous ceux qui sont expliqués par les témoins de M. le prince de Conty. Il a ce caractère de personnalité dont nous vous parlions hier : c'est une de ces actions propres à celui qui les fait, plus forte que la signature d'une infinité d'actes, et qui étant une fois prouvée, semble exclure entièrement le moindre soupçon de foiblesse d'esprit.

Cependant on y a opposé des réponses si pressantes, que nous ne croyons pas qu'on puisse dans toutes les circonstances de cette grande affaire regarder ce fait comme un fait décisif, puisque c'est au contraire de ce fait même que l'on prétend tirer les principales preuves de la démence.

Arrêtons-nous à examiner les présomptions qui en résultent.

Pour décider de leur force, il faut en distinguer deux qui méritent d'être examinées séparément.

L'une se tire de l'action même. Pourra-t-on se persuader que celui qui a assez de capacité pour célébrer ce mystère redoutable, pour offrir le sacrifice auguste qui renferme en lui l'abrégé de notre religion, que ce même homme n'ait pas eu ou assez de volonté, ou assez de capacité pour faire un testament ?

La seconde présomption se tire des circonstances extérieures, et surtout du silence et de la tolérance des parens illustres de M. l'abbé d'Orléans. Qui pourra croire que Madame de Longueville ait autorisé par une indigne complaisance, une multitude de sacriléges et de profanations; car c'est ainsi que l'on doit appeler la célébration de la messe par un insensé ?

Répondons à la première présomption, comme nous avons déjà fait à celle que l'on tire de la liberté indéfinie que l'on donnoit à M. l'abbé d'Orléans, et disons en un mot, que faire sagement une action sage, c'est une grande preuve et un signe presque assuré de sagesse; mais faire une action sage d'une manière pleine d'extravagance, c'est fournir contre soi-même le témoignage le plus invincible de démence.

Être libre et user sagement de cette liberté, c'est être sage : être libre, mais ne l'être que pour abuser de sa liberté, c'est être insensé. Disons de même sur le fait que nous examinons : célébrer la messe avec la gravité, l'application, le recueillement que mérite une action si sainte, c'est donner au public une preuve éclatante de sa sagesse; mais célébrer la messe avec agitation, avec trouble, avec irrévérence, y commettre des actions indignes, non-seulement d'un prêtre, mais du dernier des hommes raisonnables, profaner son ministère par des indécences scandaleuses, c'est le comble, c'est le dernier degré auquel une folie exempte de fureur puisse jamais parvenir; et c'est cependant ce qui arrive à M. l'abbé d'Orléans.

Il n'est pas nécessaire de vous rappeler ici le souvenir des faits que nous vous avons expliqués, cette précipitation, cette irrévérence générale dont parlent quelques témoins, ce saut par-dessus le balustre de l'autel dans le temps qu'on se prépare à y recevoir le plus auguste des sacremens; ce discours que la seule imbécillité peut rendre croyable, comme elle peut seule le faire excuser, nous voulons parler de cet ordre donné en disant, *Ite missa est*, pour faire mettre un morceau de salé sur le gril; cette aventure si triste pour Madame de Longueville, que l'on désigne dans cette cause sous le nom de l'aventure du pot de chambre; enfin, cette nécessité fâcheuse où se trouve réduit l'aumônier de Madame de Longueville, qui fut obligé de faire descendre M. l'abbé d'Orléans de l'autel entre l'épître et l'évangile; tous ces faits vous sont présens, et suffisent pour effacer toutes les présomptions que l'on voudroit tirer de la célébration de la messe.

Et en effet, MESSIEURS, que pouvoit-on attendre d'un homme qui tomboit dans les excès dans lesquels vous avez vu tomber M. l'abbé d'Orléans? Ne divisons point les fonctions ecclésiastiques, que leur unité devoit rendre inséparables. Comment pouvoit-il se faire qu'un homme qui avoit une véritable fureur sur le sujet de la confession (nous ne vous en répétons point les preuves), fût en état de dire sagement la messe? Comment pouvoit-on espérer qu'il s'acquitteroit sagement de ce ministère, après toutes les preuves de démence qu'il avoit données dans ses prédications, et dans tout ce qui avoit rapport aux fonctions ecclésiastiques? Auroit-il été déréglé dans tout le reste, et sage dans ce seul point? Quand même cela seroit ainsi, comme on a remarqué des insensés qui sur certaines matières montrent beaucoup de sagesse, ce seul fait détruiroit-il la preuve de tous les autres?

Mais non, MESSIEURS, il ne la détruit pas, il la confirme au contraire, et achève de la rendre convaincante. Bien loin que la grandeur, que la sainteté de l'action justifie la sagesse de M. l'abbé d'Orléans, c'est au contraire ce qui met sa folie dans son plus grand jour. A quel excès de démence n'étoit-il pas arrivé, puisque ni la majesté des autels, ni la crainte du Dieu devant lequel les anges s'anéantissent, ni la dignité de la cérémonie, ni le concours du peuple, n'ont pu fixer la légèreté, le caprice, les mouvemens bizarres de son esprit? Et si un ancien a cru nous marquer toute l'énormité du crime de ceux qui ne respectoient pas la sainteté des temples, lorsqu'il a dit, *Alii in ipso Capitolio fallunt, ac fulminantem pejerant Jovem* (1); que ne doit-on pas dire pour sentir la profondeur de l'insensibilité d'un homme qui commet des actions de démence à la face des autels, et dans le temps même qu'en qualité de ministre de la religion, il est prêt d'offrir au vrai Dieu le seul sacrifice qui soit digne de lui?

Il est vrai que l'on ne prouve point que ces actions éclatantes de folie soient arrivées à M. l'abbé d'Orléans toutes les fois qu'il a trouvé le moyen de célébrer la messe; mais est-il nécessaire de montrer qu'il a fait tous les jours des prodiges d'égarement, pour donner de tristes preuves de son état ordinaire et habituel? Ne suffit-il pas qu'il ait donné dans le temps même de la messe, quelques-uns de ces signes indubitables de folie, pour que l'on puisse conclure en général, qu'il étoit dans une véritable démence, puisqu'il est visible qu'un homme sage ne peut jamais tomber dans de pareils égaremens, et que tout homme qui y tombe, ne peut jamais éviter le juste reproche de folie et d'aliénation d'esprit?

Que si l'on demande comment donc il a été possible que dans certaines occasions il ne lui soit échappé

_____

(1) Plinius Hist. Natur. Lib. II. Cap. VII.

aucune, marque visible et publique de démence,
nous répondrons que rien n'est plus commun que
de voir des insensés faire des actions sages, surtout
lorsqu'ils sont possédés de quelque passion particulière pour un genre d'action; parce que la même
folie qui leur inspire le dessein général de faire cette
action, leur donne aussi l'idée de la faire dans toute
son intégrité extérieure, et sans y omettre aucune
des circonstances qu'ils croyent eux-mêmes nécessaires
pour la perfection de l'action. Il ne s'agit point ici
d'entrer dans l'intérieur de leur ame, encore moins
de vouloir pénétrer par une curiosité téméraire dans
des questions infiniment élevées au-dessus de nòs
foibles lumières, pour savoir si M. l'abbé d'Orléans
avoit une intention suffisante, et quel degré d'intention est nécessaire dans le ministère de la messe.
Nous avons souffert avec peine que l'on soit entré
dans cet examen sur lequel nous croyons ne pouvoir
ni ne devoir nous expliquer en cet endroit. Il y a
des vérités qu'il faut honorer par le silence, ou du
moins il faut soumettre ces questions au jugement
des évêques et des autres dépositaires de la tradi-
tion, et nous contenter de l'humble et sincère confession de notre ignorance sur ce qui concerne les
dispositions intérieures des autres hommes.

Et en effet, c'est ce qui ne peut être connu que
de Dieu seul. Tout ce que les témoins nous expliquent, ne regarde que l'extérieur de l'action. Or,
c'est cet extérieur qui a pu en certains temps être
assez régulier dans la personne de M. l'abbé d'Orléans, sans établir une preuve certaine de sagesse.
Il est même possible que les témoins qui en parlent,
n'aient été ni assez capables, ni assez attentifs pour
juger de cette régularité extérieure, et cela est même
très-vraisemblable dans le temps du testament, quand
on examine la qualité de ceux qui exposent ce fait,
et qui sont des domestiques inférieurs de la maison
de Longueville.

Mais sans entrer dans cette discussion, arrêtons-
nous à cette grande réflexion qui nous paroît seule

suffisante. La messe célébrée avec sagesse, est une des plus grandes présomptions de la disposition sage et réglée du prêtre qui la célèbre ; mais la messe dite avec irrévérence, interrompue avec scandale, et profanée par des indécences que l'on a même de la peine à expliquer, c'est la plus forte de toutes les marques de démence.

· Mais si cela est, comme on n'en peut pas douter, qui pourra donc expliquer la patience de la famille de M. l'abbé d'Orléans? C'est la seconde présomption qui résulte du fait de la messe, et qui, quoiqu'elle paroisse d'abord entièrement décisive, n'est pas néanmoins plus forte par la première quand on l'approfondit ; au contraire, on peut dire qu'elle est détruite d'une manière encore plus invincible.

Distinguons sur ce point deux temps dans la vie de M. l'abbé d'Orléans. Le premier, est celui qui précède ce fait si important et si décisif dans cette cause, c'est-à-dire, ce fait dont Madame de Longueville elle-même a été le témoin. Le second est celui qui a suivi cette action.

Avant ce temps-là, Madame de Longueville doutoit encore de son malheur ; elle se flattoit peut-être d'une espérance de guérison : elle étoit, il est vrai, encore plus élevée par la sainteté de sa vie que par sa naissance ; mais elle étoit mère, et elle croyoit peut-être qu'il ne lui étoit pas possible de tenir M. son fils dans une dépendance continuelle, et qu'il lui étoit permis de n'avoir pas les yeux toujours ouverts sur sa conduite. Cependant, quoiqu'il y eût encore quelque doute et quelque incertitude dans son esprit, elle ne laissoit pas que de prendre dès ce temps-là, de grandes précautions pour empêcher autant qu'il se pourroit, que M. l'abbé d'Orléans ne célébrât la messe. Plusieurs témoins nous apprennent qu'elle envoyoit avertir les supérieurs des églises de ne point admettre M. son fils à un si saint ministère ; mais il faut avouer que ces avertissemens n'avoient pas un grand effet, puisque M. l'abbé d'Orléans ne laissa pas de trouver de trop grandes facilités pour exercer les fonctions du sacerdoce. Il faut même reconnoître que pendant le voyage d'Orléans il ne paroît pas que Madame de Longueville eût chargé Métayer, son aumônier, de l'empêcher de dire la messe, comme elle l'avoit chargé du soin de l'empêcher de confesser; ainsi il y a grande apparence que ce ne fut qu'au retour du voyage de la rivière de Loire, que Madame de Longueville trouvant la foiblesse de M. l'abbé d'Orléans considérablement augmentée, prit plus de précautions pour l'empêcher sûrement de dire la messe.

Mais depuis l'aventure qu'elle vit de ses propres yeux, elle ne garda plus aucunes mesures. La dame de Billy, le sieur de Gastine, et quelques autres témoins nous apprennent qu'elle défendit absolument qu'on laissât dire la messe à M. l'abbé d'Orléans; et s'il l'a dite depuis, les mêmes témoins nous apprennent qu'il l'a fait par surprise, à l'insu de Madame de Longueville, et par la malheureuse collusion du sieur Porquier, qui se trouve dans la suite être le dépositaire de son testament.

Nous ne nous étendrons point sur les fonctions de diacre qu'il n'a remplies que deux fois dans les deux mois les plus proches du dernier testament, dont une à l'institution, où sa démence n'étoit pas connue, et la joie de faire cette fonction a pu empêcher qu'elle ne parût en ce moment; nous ne vous parlerons pas des fonctions de clerc, que nous ne voyons point qu'il ait exercées dans ce temps.

Le fait que M. l'abbé d'Orléans a pris congé du roi, n'est prouvé que par un bruit qui s'en répandit dans l'hôtel de Longueville, et se réduit d'ailleurs à un simple devoir de cérémonie, dont on aura cru qu'il pourroit s'acquitter dans un temps où sa folie étoit encore craintive et docile.

Mais après vous avoir montré qu'il n'y eut jamais de preuve plus parfaite et plus convaincante que celle qui résulte de l'enquête de M. le prince de Conty; après vous avoir fait voir que celle de Madame de Nemours ne la détruit point, ou la confirme même

en plusieurs manières, il ne nous reste plus que de
traiter en très-peu de paroles la dernière question
de cette cause. La première se réduisoit à savoir si la
démence étoit prouvée : la seconde consiste à examiner si la démence étoit continuelle, ou susceptible
d'intervalles lucides, dans lesquels on doive présumer que le testament ait été fait : question qui
peut être examinée dans le droit et dans le fait.

Dans le droit, trois objets sur lesquels nous ferons
des réflexions très-sommaires.

1.° Ce que c'est qu'un intervalle lucide, et si l'on
a eu raison de le confondre avec une action d'une
sagesse apparente.

2.° Dans quelle espèce de folie la loi présume de
tels intervalles.

3.° Enfin, comment ils doivent se prouver.

Suivons ces réflexions, examinons d'abord ce que
les jurisconsultes appellent un intervalle lucide.

Deux conditions nous en découvrent la véritable
idée.

L'une est la nature de l'intervalle, l'autre sa durée.

Sa nature. Il faut que ce ne soit pas une tranquillité superficielle, une ombre de repos, mais au
contraire une tranquillité profonde, un repos véritable ; il faut, pour nous exprimer autrement, que
ce soit non une simple lueur de raison qui ne sert
qu'à mieux faire sentir son absence aussitôt qu'elle
est dissipée, non un éclair qui perce les ténèbres
pour les rendre ensuite plus sombres et plus épaisses ;
non un crépuscule qui joint le jour à la nuit, mais
une lumière parfaite, un éclat vif et continu, un jour
plein et entier qui sépare deux nuits, c'est-à-dire la
fureur qui précède, et la fureur qui suit : et pour
nous servir encore d'une autre image, ce n'est point
une paix trompeuse et infidèle, et ce que l'on appelle
sur la mer une *bonace* qui suit une tempête, ou qui
l'annonce ; mais une paix sûre et stable pour un temps,
un calme véritable et une parfaite sérénité ; enfin,
sans chercher tant d'images différentes pour rendre
notre pensée, il faut que ce soit non pas une simple

diminution, une rémission du mal, mais une espèce de guérison passagère, une intermission si clairement marquée, qu'elle soit entièrement semblable au retour de la santé. Voilà ce qui regarde *sa nature.*

Et comme il est impossible de juger en un moment de la qualité de l'intervalle, il faut qu'il dure assez long-temps pour pouvoir donner une entière certitude du rétablissement passager de la raison ; et c'est ce qu'il n'est pas possible de définir en général, et qui dépend des différens genres de fureur. Mais il est toujours certain qu'il faut un temps, et un temps considérable. Voilà ce qui concerne *sa durée.*

Ces réflexions ne sont pas seulement écrites de la main de la nature dans l'esprit de tous les hommes ; la loi y ajoute encore ses caractères pour les graver plus profondément dans le cœur des juges.

Deux lois très-importantes sur cette matière: 1.° La loi 18. §. 1. ff. *de Acqu. vel amitt. poss.* Elle suppose un furieux qui paroît sage, qui contracte, qui acquiert, qui prend possession ; sa folie si cachée que le vendeur y est absolument trompé, et cependant si certaine, que le jurisconsulte décide qu'il n'acquiert pas la possession. De quels termes se sert-il pour marquer cet état ? *In conspectu inumbratæ quietis ;* et en quoi consiste cette ombre de repos ? Dans les deux conditions que nous avons marquées : *sa nature;* ce n'est qu'une tranquillité extérieure. Si l'on eût passé cette première superficie, si l'on fût entré dans le sanctuaire de la raison, on l'auroit trouvé dans l'esclavage actuel de la fureur qui n'étoit qu'endormie d'un léger sommeil : *sa durée ;* c'est un moment qui ne fait que passer, *in conspectu;* ce n'est qu'un coup d'œil, qu'un trait de lumière, qu'une vue courte et rapide. 2.° La loi 6, *de Curat. Fur.* décide la question, en exigeant *intervalla perfectissima, ut in quibusdam videatur etiam pœne-Furor esse remotus.*

On peut y joindre le terme dont se sert la loi 9. *Furiosum* Cod. *qui testam. facer. poss.* ce terme remarquable est, *in suis induciis.* C'est donc une entière suspension, une véritable trève, qui ne diffère de la paix que parce qu'elle n'a son effet que pendant un temps.

Après cela il est facile de lever l'équivoque que l'on a voulu faire, en confondant une action sage avec un intervalle lucide.

Première réponse. Une action peut être sage en apparence, sans que celui qui en est l'auteur, soit sage en effet; mais l'intervalle ne peut être parfait, sans pouvoir en conclure la sagesse de celui qui s'y trouve. L'action n'est qu'un effet rapide et momentané de l'ame; l'intervalle dure et se soutient : l'action ne marque qu'un seul acte; l'intervalle est un état composé d'une suite d'actions.

Et pour en avoir une preuve sensible, examinons l'exemple de ceux qui ne sont frappés que sur un ou deux points principaux; l'un croit voir toujours des principes, l'autre s'imagine qu'on veut l'arrêter. Celui-ci se transforme en bête; l'autre, dans une folie encore plus outrée, croit être Dieu même. Qu'on ne les interroge pas sur ces matières, dans tout le reste ils paroissent sages ; mettez-les sur ces points, aussitôt ils découvriront leur foiblesse : ce fol qui croyoit que toutes les marchandises qui entroient dans le port de Pirée étoient à lui, ne laissoit pas de juger sainement de l'état de la mer, des orages, des signes qui pouvoient faire espérer l'heureuse arrivée des vaisseaux, ou craindre leur perte. Celui dont Horace nous a fait une peinture si ingénieuse, qui croyoit toujours assister à un spectacle, et qui, suivi d'une troupe de comédiens imaginaires, étoit devenu à lui-même un théâtre dans lequel il étoit en même temps et l'acteur et le spectateur, observoit d'ailleurs tous les devoirs de la vie civile.

Cætera qui vitæ servaret munia recto
More, bonus sane vicimus, amabilis hospes, etc.
Horat. Lib. II. Epist. II. *ad Jul. Flor.*

Qui pourra croire cependant que de tels insensés fussent en état de faire un testament ? etc.

Seconde réponse. S'il étoit vrai qu'il suffît d'avoir prouvé quelques actions sages pour faire présumer des intervalles lucides, il faudroit en conclure que jamais ceux qui articulent la démence, ne pourroient gagner leur cause, et que jamais ceux qui soutiennent le parti de la sagesse, ne pourroient la perdre. Pourquoi cela ? Parce qu'il faudroit qu'une cause fût bien déplorée pour ne pas trouver au moins quelques témoins qui parlassent d'actions de sagesse. Or, si de cela seul on tiroit la conséquence des intervalles lucides, et que les supposant parfaitement prouvés, on voulût en conclure que le testament doit être censé fait dans un de ces intervalles, le succès ne pourroit jamais être douteux. La conséquence seroit absurde; le principe ne peut donc pas être véritable.

Vous voyez, Messieurs, ce que c'est qu'un intervalle lucide. Sa nature est un calme réel, non apparent; sa durée doit être assez longue pour pouvoir juger de sa vérité. Rien de plus distinct qu'une action de sagesse et un intervalle. L'une est un acte, l'autre un état. L'acte de sagesse peut subsister avec l'habitude de démence; autrement on ne pourroit jamais prouver la folie.

Voyons maintenant dans quel genre de folie les intervalles se présument.

Nous avons dit que les jurisconsultes distinguoient deux sortes d'insensés auxquels ils donnoient des noms différens. Ils appeloient les uns *furiosos*, les autres *mente captos.*

Or, il est facile de prouver que les intervalles ne conviennent qu'aux premiers.

Remontons pour cela, des docteurs à la loi, et de la loi à la raison.

A l'égard des docteurs, arrêtons-nous à deux que l'on vous a cités.

Antoine Faber sur la loi 17. ff. *Qui testam. facere possunt,* dit expressément que la distinction des intervalles lucides ne tombe presque jamais sur le simple insensé, *hæc distinctio vix cadit unquam in mente captum*. Et qu'on ne dise point que le texte de la loi est contraire : il ne s'agit point dans cette loi des intervalles, ni même d'un insensé. Il y est question d'un malade, qui dans l'ardeur de son mal, perd l'usage de la raison, et l'on dit que dans ce temps il ne peut pas tester. Ainsi, loin qu'il soit question d'intervalles de raison dans un furieux, il s'agit au contraire d'intervalles de fureur dans un homme sage.

Dumoulin, sur le titre du code *qui test. fac. poss.* établit en deux mots la même opinion, par la seule suite de son raisonnement (1).

Il établit pour principe, que ceux qu'il appelle *Stulti*, et ceux qu'il nomme *Furiosi*, sont également incapables de faire un testament, et il parle ensuite des intervalles lucides, mais il n'en parle que par rapport aux furieux ; c'est à eux seuls qu'il applique cette distinction ; et pouvoit-il marquer plus clairement qu'elle ne convient pas aux insensés ?

Mais laissons les docteurs, et passons aux lois ; elles nous fournissent trois argumens, deux négatifs, et un positif.

Premier argument négatif. On ne sauroit citer aucune loi qui parle des intervalles par rapport à ceux qui sont *mente capti* ; au contraire, toutes celles qui en parlent, s'expliquent uniquement des furieux.

Second argument négatif. Nous voyons que l'on admet les furieux dans les bons intervalles, même à la fonction de juge. Loi 39, ff. *de judiciis.* A-t-on jamais rien vu de semblable pour les simples insensés ?

Troisième argument positif, qui forme une espèce de démonstration tirée de la loi 25. cod. *de nuptiis.*

On a demandé autrefois si les enfans des personnes tombées en démence, étoient obligés d'attendre leur

(1) Molin. *Commentar. in Just.* Cod. Lib. V. Tit. XXII. T. III. pag. 725. Edit. Paris. an. 1681.

consentement pour se marier ; et il y a eu un progrès
de droit sur cette question.

On l'a décidée d'abord en faveur des filles seulement.

Ensuite pour les fils et les filles de celui qui seroit
mente captus.

A l'égard des fils du furieux, on avoit douté jusqu'à Justinien, qui décide par la loi qui vient d'être
citée, qu'on doit aussi leur permettre de se marier
sans attendre le consentement du père. Jusque-là il
falloit apparemment obtenir une permission particulière, ou attendre les intervalles.

De là on peut tirer un argument invincible.

Pourquoi permettoit-on au fils du *mente captus*,
ce que l'on ne permettoit pas au fils du *furiosus*, si
ce n'est parce que le droit ne présumoit aucun intervalle dans lequel l'insensé pût consentir, et qu'il en
présumoit dans le furieux ? Nulle autre raison de
différence. Donc la présomption de droit se trouve
établie par des argumens non-seulement négatifs,
mais positifs.

Remontons jusqu'au dernier degré, c'est-à-dire, à
la raison qui est la source des lois.

Deux raisons essentielles en font le fondement.

1.° La nature de la simple démence qui étant d'ordinaire une suite de tempérament, est plutôt un
affoiblissement d'organes, un mal habituel qu'une
maladie accidentelle. Il n'en est pas de même de la
fureur qui peut avoir une cause passagère, qui se
guérit quelquefois, et qui est souvent suspendue ; et
pour nous servir des termes élégans de l'auteur
du *factum* que Madame de Nemours fit distribuer
en 1673 : « L'infirmité d'esprit, particulièrement
» lorsqu'elle est l'effet du tempérament, ne se
» guérit pas par les années qui ne servent qu'à for-
» tifier ce mal, qu'on peut même croire incurable,
» c'est-à-dire une privation qui n'a jamais de retour
» à l'être et à l'existence ». C'est ce qu'il applique à la
démence de M. l'abbé d'Orléans.

2.° Quand même la nature pourroit admettre des

intervalles dans la simple démence (question qu'il faut laisser traiter aux médecins), la jurisprudence ne peut les reconnoître, par cette grande règle, *de his quœ non sunt et quœ non apparent, idem est judicium.*

On peut remarquer les accès d'un furieux et ses intervalles. Comment connoître ces changemens dans un insensé, où ils sont presque imperceptibles ? C'est ce que fait sentir la définition même de la démence, suivant Balde : *Demens qui nullum extrinsecùs ostendit furorem, qui habet furorem latentem.* Elle vit, elle se conserve dans l'intérieur, sans produire des signes au-dehors; par exemple, ceux qui ne sont blessés que sur un seul sujet, donnent même des marques de sagesse partout ailleurs. Or, si l'on n'aperçoit pas sensiblement le départ de la raison, comment pourroit-on marquer son retour ?

Venons à présent à la troisième réflexion. Comment les intervalles doivent-ils être prouvés, même dans le cas du furieux ?

Plusieurs docteurs ont cru que *semel furiosus semper præsumitur furiosus.*

Mais il y a une distinction plus sûre.

Ou l'on n'a point prouvé le fait des intervalles, et en ce cas on ne les présume jamais, quelque sage que soit l'acte, si ce n'est qu'il fût entièrement personnel; c'est à quoi se réduit le mot de Bartole qu'on a cité.

Ou l'on a prouvé qu'il y avoit des intermissions considérables; et alors si l'acte est sage, la présomption sera pour le placer au temps des intervalles lucides.

Dans le fait, il y a deux points à examiner; l'un, quel est le genre de folie, l'autre, quelle est la preuve des intervalles.

Voyons d'abord quel est le genre de folie.

En premier lieu, ce n'est pas certainement la fureur, si ce n'est dans quelques accès momentanés, faciles à arrêter à l'instant. C'est ce qui est prouvé par la liberté dont il jouissoit, et par les faits de

l'enquête. Les témoins parlent de légèreté, d'agitation, courses, inepties, rire, discours extravagans,
enfance véritable : les mots de *démence et imbécillité*
sont employés dans les dépositions.

En second lieu, c'étoit véritablement un insensé,
un imbécille; et il y en a deux preuves par écrit.

1.º L'arrêt du conseil, où l'on voit l'expression de
foiblesse d'esprit.

2.º Le factum de Madame de Nemours, qui dit
que M. l'abbé d'Orléans *tomba dans une foiblesse
d'esprit, ou plutôt, comme il n'est que trop véritable
et trop sensible à Madame de Nemours, dans une
imbécillité entière.* Voilà le genre bien caractérisé;
ajoutons les expressions que nous avons déja rappe-
lées, *une infirmité qui est l'effet du tempérament,
une privation qui n'a jamais de retour à l'être et à
l'existence;* ailleurs, on en parle comme d'*une démence continuelle, sans intermission, sans aucuns
bons intervalles.*

Appliquons donc les maximes de droit aux circonstances du fait. Les intervalles ne se présument
pas dans cette espèce.

Les raisons des maximes s'y appliquent, comme les
maximes elles-mêmes.

1º. La nature du mal. On voit bien que c'étoit un
dérangement entier des organes qui servent aux
opérations de l'ame, et non une maladie accidentelle.

2.º Il est impossible de savoir quand le mal finissoit et quand il commençoit. Il étoit vraiment comme
ceux que nous avons dit, qui n'ont l'esprit malade
qu'en certains points. Qui peut douter que sa fureur
de confesser, ne fût de ce nombre? et qui peut douter
en même temps, qu'à quelques momens qu'on lui
eût proposé de confesser, il ne l'eût fait avec une
grande joie? Donc sa folie duroit toujours.

Examinons ensuite quelle est la preuve qu'il y eut
des intervalles; et pour cela, jetons les yeux sur ce
qui a été dit d'un côté par Madame de Nemours, et
de l'autre par M. le prince de Conty.

A l'égard de Madame de Nemours, contentons-nous de faire trois observations.

La première, qu'elle n'a jamais articulé le fait d'intervalles, cependant ce fait ne pouvoit pas se suppléer.

La seconde, que ses témoins ne le prouvent pas, soit parce qu'ils prouvent trop, et par conséquent ne prouvent rien ; soit parce qu'ils ne parlent que d'actions particulières, et ces actions ne sont pas des intervalles ; soit enfin parce qu'il n'y en a aucun qui l'ait vu de suite assez long-temps, surtout dans le temps du testament, où il couroit toujours hors de l'hôtel de Longueville, pour pouvoir rendre compte d'un intervalle assez long pour faire présumer une véritable intermission.

La troisième enfin, qu'il faudroit avoir cette preuve dans le temps du testament, et c'est ce qu'on n'a point fait.

Considérons d'un autre côté ce qui a été établi par M. le prince de Conty.

Que prouve-t-il par les dépositions des témoins qu'il a fait entendre ?

1.º Quelques-uns marquent une agitation continuelle dans M. l'abbé d'Orléans ; ils le représentent toujours inquiet, sans aucun moment de calme et de tranquillité.

2.º Plusieurs expriment la même chose en d'autres termes, en parlant d'un état de *démence*, d'*incapacité absolue*.

3.º La suite des actions, où l'on ne trouve presque aucun vide, forme une autre preuve de continuité.

A Paris, avant le voyage d'Orléans, il court les rues, va dire la messe habillé comme un mendiant ; mange du potage avec ses doigts. A Orléans, il court aussi les rues, saute sur son ombre, par-dessus un *embattoir*, par-dessus le balustre de l'autel, et cela plusieurs fois. A Blois, le fait de la casserole et celui de la poudre. A Tours, il court encore les rues, de même à Saumur. Il chante dans les rues, fait des signes et des bénédictions ridicules dans l'église. A

Richelieu, le fauteuil; à Angers, l'oraison funèbre et la messe, étant botté; à Nantes, il court les rues comme ailleurs, et montre une fureur continuelle de confesser. A Paris, il ne mange presque jamais à l'hôtel de Longueville. On le voit sans cesse dans les rues; il lui arrive plusieurs aventures. Où trouver dans tout cela le moindre intervalle?

Finissons par une réflexion. Il est très-difficile en France d'admettre le fait d'intervalles.

On a senti l'inconvénient du droit romain, ou plutôt de l'interprétation qu'on a voulu lui donner.

Tout seroit douteux et arbitraire. L'état des hommes doit être plus simple. Il est vrai que d'anciens praticiens qui croyoient avoir beaucoup fait quand ils avoient traduit une loi romaine en français, ont dit que l'on y trouvoit une exception en faveur de ces intervalles. Mais Mornac en a mieux jugé qu'eux, lorsqu'il a dit, *Servamus ex decretis Curiæ, irritum esse Testamentum quod à testatore habente lucida intervalla scriptum est.*

Et en effet, on n'a pu citer aucun arrêt pour Madame de Nemours, qui ait admis et autorisé la distinction des intervalles, pour soutenir un testament fait depuis le commencement de la démence.

Nous ne nous étendrons point sur l'appel de la sentence qui concerne la récusation proposée contre M. de Machault. Il suffit de dire 1.º que cet appel est inutile, s'agissant aujourd'hui de prononcer sur celui de la sentence définitive; 2.º que la récusation étoit tardive; 3.º qu'elle avoit pour prétexte un procès affecté.

Reprenons à présent, etc.

[*M. D'AGUESSEAU fit ici une récapitulation qu'il n'a point écrite.*]

Ajoutons enfin deux réflexions, l'une qu'il n'y a aucune uniformité entre le temps du premier testament, et celui du second.

L'autre, qu'il s'agit ici d'un combat, non entre

un testament et un héritier du sang qui auroit la loi seule pour titre, mais entre deux testamens; et si l'on réunit toutes les circonstances que nous vous avons expliquées, on ne peut douter que le premier ne soit le plus favorable, et ne doive l'emporter sur le dernier dans la balance de la justice.

Les conclusions qui n'ont point été écrites, tendoient à mettre les appellations au néant; ce qui fut ainsi jugé par arrêt définitif du 13 décembre 1698, prononcé par M. le premier président.

ENTRE dame Marie d'Orléans, duchesse de Nemours, appelante d'un jugement rendu aux requêtes de notre palais, le seize juillet mil six cent quatre-vingt-dix-sept, d'une sentence définitive rendue auxdites requêtes, d'une ordonnance de M.e Jean-Baptiste de Machault, conseiller auxdites requêtes, d'un procès-verbal fait par-devant lui, d'une ordonnance rendue ensuite dudit procès-verbal, d'une sentence de réception de caution, et soumission faite en conséquence, en date des premier août, treize, dix-sept et vingt septembre mil six cent quatre-vingt-dix-sept, d'une part; et François-Louis de Bourbon, prince de Conty, prince du sang, intimé, d'autre. Vu par notredite cour la requête présentée aux requêtes du palais, par ladite dame duchesse de Nemours, à ce qu'il lui fût donné acte de ce qu'elle prioit ledit sieur de Machault, conseiller auxdites requêtes, de lui faire la justice de se vouloir déporter de connoître des causes qu'elle avoit en la deuxième chambre desdites requêtes, tant contre M. le prince de Conty qu'autres; et, à son refus, de se déporter de ce qu'elle le récusoit, et en conséquence, qu'il fût ordonné qu'il s'abstiendroit de connoître des causes et instances esquelles ladite dame de Nemours étoit partie en ladite chambre, et notamment de celle qui y étoit indécise entr'elle et ledit sieur prince de Conty, en marge de laquelle requête est l'ordonnance du seize juillet mil six cent quatre-vingt-dix-sept, portant *auditus maneat*. La sentence desdites requêtes du premier août audit an mil six cent quatre-vingt-dix-sept, rendue entre ledit sieur prince de Conty, demandeur aux fins de l'exploit du cinq mars mil six cent quatre-vingt-quatorze, à ce qu'il fût ordonné que le testament de Jean-Louis-Charles d'Orléans, du premier octobre mil six cent soixante-huit, seroit exécuté; ce faisant, que ledit sieur prince de Conty seroit maintenu et gardé en la possession et jouissance des biens à lui appartenant en vertu du dit testament, dont il auroit la délivrance, avec restitution

des fruits, sans préjudice des propres maternels auxquels il
étoit habile à succéder, et de ses autres droits, noms, raisons
et actions, avec dépens, d'une part; et ladite dame duchesse
de Nemours, héritière *ab intestat* dudit défunt Jean-Louis-
Charles d'Orléans, défenderesse; et entre ledit sieur prince de
Conty, demandeur aux fins de l'exploit du cinq avril mil six
cent quatre-vingt-quatorze, à ce qu'il fût ordonné que délivrance du legs universel, porté par le testament du premier
octobre mil six cent soixante-huit, seroit faite audit sieur prince
de Conty; ce faisant, qu'il seroit maintenu et gardé en la possession et jouissance des biens contenus au legs universel porté
par ledit testament, avec restitution des fruits, d'une part;
et Henri-Jules de Bourbon, prince de Condé, héritier dudit
Jean-Louis-Charles d'Orléans, défendeur; et encore entre ladite dame duchesse de Nemours, demanderesse en deux requêtes des vingt-deux janvier et quinze mars mil six cent
quatre-vingt-quinze; la première, à ce que mainlevée pure et
simple lui fût faite des oppositions et empêchemens formés à
la requête dudit sieur prince de Conty, ès mains des fermiers
des terres de Saint-Brice et autres, qu'ils paieroient les loyers
et fermages par eux dus à ladite dame duchesse de Nemours;
quoi faisant, déchargés, et condamner ledit sieur prince de
Conty aux dépens, sans préjudice à ladite dame duchesse de
Nemours, de se pourvoir pour ses dommages et intérêts causés
par lesdits oppositions et empêchemens, au cas d'insolvabilité
desdits fermiers et redevables; la seconde, à ce que, sans avoir
égard à la requête dudit sieur prince de Conty, du seize février
mil six cent quatre-vingt-quinze, à fin de permission de faire
preuve des faits de prétendue aliénation et imbécillité d'esprit
articulés, il fût débouté de sa demande portée par l'exploit
du cinq mars mil six cent quatre-vingt-quatorze, en délivrance
de legs, et que mainlevée fût faite à ladite dame duchesse de
Nemours, des saisies, oppositions et empêchemens faits à la
requête dudit sieur prince de Conty, ès mains des débiteurs
de la succession dudit feu sieur Jean-Louis-Charles d'Orléans,
et qu'il seroit condamné aux dommages, intérêts et dépens,
sauf à ladite dame duchesse de Nemours à se pourvoir ci-après,
pour le rendre responsable des dettes, en cas d'insolvabilité
des fermiers et débiteurs; par laquelle sentence parties compa-
rantes, ouïes pendant trente audiences, pour leur faire droit,
auroit été ordonné le seize juillet mil six cent quatre-vingt-
dix-sept, qu'il en seroit délibéré, et qu'après qu'il en auroit
été délibéré durant onze matinées, sans s'arrêter aux requêtes
de ladite dame duchesse de Nemours, dont elle auroit été dé-
boutée, ayant égard à la demande dudit sieur prince de Conty,
auroit été ordonné que le testament de l'abbé d'Orléans, du
premier octobre mil six cent soixante-huit, seroit exécuté selon
sa forme et teneur; ce faisant, ledit sieur prince de Conty
auroit été maintenu et gardé en la possession et jouissance de

tous les biens à lui appartenans en vertu dudit testament, desquels délivrance lui auroit été faite, ladite dame duchesse de Nemours condamnée à la restitution des fruits, à compter du jour de la demande, et aux dépens, même en ceux réservés par la sentence contradictoire du vingt-neuf mars mil six cent quatre-vingt-quinze; et défaut contre ledit sieur prince de Condé, et pour le profit, la sentence déclarée commune avec lui, et condamné aux dépens envers ledit sieur prince de Conty, et ladite sentence, exécutée en cas d'appel par provision, nonobstant opposition ou appellation quelconques, et sans préjudice d'icelles, en donnant, par ledit sieur prince de Conty, caution qui seroit reçue en la manière accoutumée pardevant maître Jean-Baptiste de Machault, conseiller. L'ordonnance des treize et quatorze septembre mil six cent quatre-vingt-dix-sept, dudit sieur de Machault, pour parvenir à la réception des cautions et certificateurs présentés par ledit sieur prince de Conty pour l'exécution de ladite sentence, le procès-verbal du dix-sept dudit mois de septembre audit an, fait devant ledit conseiller, contenant la comparution de M.ᵉ Jean Prioux, procureur dudit sieur prince de Conty, et son réquisitoire, à ce qu'il plût audit conseiller recevoir pour caution dudit sieur prince de Conty, pour l'exécution de ladite sentence, la personne de M.ᵉ Pierre Bauger, trésorier de maison, et financier dudit sieur prince de Conty, et pour certificateur, messire Alexandre Millon, maître des requêtes, dont ledit conseiller auroit donné acte, et défaut contre ladite dame de Nemours; et, pour être fait droit sur le réquisitoire dudit Prioux, auroit ordonné qu'il en seroit par lui référé. La sentence des requêtes du palais; du vingt-un dudit mois de septembre, portant réception dudit Bauger et sieur Millon, pour caution et certificateur; l'acte de soumission par eux fait le même jour au greffe desdites requêtes, arrêt du quinze mars mil six cent quatre-vingt-dix-huit, par lequel, après que les avocats des parties, ensemble d'Aguesseau, pour notre procureur-général, ont été entendus pendant trente-trois audiences sur les appellations, les parties auroient été appointées au conseil. Causes d'appel de ladite dame duchesse de Nemours, du vingt-six juin mil six cent quatre-ving-dix-huit, requête du quatre juillet ensuivant, dudit sieur prince de Conty, employée pour réponses; productions des parties, contredits, salvations par elles respectivement fournies les vingt-neuf octobre, dix-sept novembre, quatre, cinq et dix décembre audit an mil six cent quatre-vingt-dix-huit; requête du dix-sept mars audit an mil six cent quatre-vingt-dix-huit, de ladite dame duchesse de Nemours, à ce qu'en attendant les jugement des appellations par elle interjetées, défenses fussent faites de mettre lesdites sentences définitives et de réception de caution desdits jours premier août et vingt septembre mil six cent quatre-vingt-dix-sept, à exécution, et mainlevée en tout cas par pro-

33*

vision des saisies et arrêt sur elle faites ès mains des receveurs, fermiers, locataires et débiteurs, à la requête dudit sieur prince de Conty, qui seroit condamné aux dépens; arrêt du dix-huit avril ensuivant, par lequel, entr'autre chose, la requête à fin de défenses d'exécuter lesdites sentences, auroit été jointe à l'instance d'appel appointée au conseil par ledit arrêt du quinze mars; requête dudit sieur prince de Conty, du vingt-sept novembre ensuivant, employée pour défenses et réponses contre la requête jointe par ledit arrêt, et pour satisfaire à icelui. Production nouvelle de ladite dame duchesse de Nemours, par requête du treize novembre audit an, et l'inventaire de production des pièces de ladite production nouvelle signifiées au procureur dudit sieur prince de Conty, ledit jour treize novembre. Contredits dudit sieur prince de Conty, par requête du vingt-cinq dudit mois de novembre, par lesquels il emploie les réponses par lui faites en marge de copie de l'inventaire de production nouvelle de ladite dame duchesse de Nemours, lesdites copies en réponses, signifiées à son procureur ledit jour vingt-cinq novembre, ladite requête dudit sieur prince de Conty, dudit jour vingt-cinq novembre, contenant en outre production nouvelle; sommation faite à ladite dame duchesse de Nemours, le premier décembre, de fournir de contredits. Production nouvelle de ladite dame duchesse de Nemours, par requête du trois dudit mois de décembre. Contredits dudit sieur prince de Conty, par requête d'emploi du dix dudit mois; production nouvelle dudit sieur prince de Conty, par requête du trois dudit mois de décembre; contredits de ladite dame duchesse de Nemours, par requête du neuf dudit mois. Salvations dudit sieur prince de Conty, par requête d'emploi dudit jour neuf décembre. Requête dudit sieur prince de Conty, du premier dudit mois de décembre, employée pour addition de reproche contre Claude Grinon, dit Villeneuve, l'un des témoins de l'enquête de ladite dame duchesse de Nemours; au bas est l'ordonnance de la cour, *d'ait acte*, signifiée au procureur de ladite dame duchesse de Nemours, ledit jour premier décembre. Autre requête de ladite dame duchesse de Nemours, du neuf dudit mois de décembre, employée pour addition de contredits contre l'enquête dudit sieur prince de Conty; au bas est semblable ordonnance de notredite cour, *d'ait acte*, aussi signifiée au procureur dudit sieur prince de Conty; plainte, information et autres procédures extraordinaires, faites par le juge de Chaumont en Vexin-le-Français, à la requête de demoiselle Anne de Villepoix, fille, contre René de Fouilleuse, écuyer, sieur d'Espanbourg, ordonné être apportée au greffe de notredite cour, et jointe à la cause d'appel, par arrêt rendu contradictoirement entre les parties, le cinq mars mil six cent quatre-vingt-dix-huit. *Factums* de ladite dame duchesse de Nemours, et requêtes d'emploi d'iceux pour salvations, des quatre et cinq dudit mois de décembre. Autre *factum* dudit sieur prince de Conty, et requête d'emploi d'icelui pour salvations et toutes écritures et productions du dix dudit mois de décembre. Sommation faite à la requête dudit sieur prince de Conty, ledit jour dix décembre, à ladite dame duchesse de Nemours, de satisfaire aux réglemens, écrire, produire et contredire, et de fournir de salvations. Tout considéré :

NOTREDITE COUR, sans s'arrêter à la requête de ladite d'Orléans, duchesse de Nemours, du dix-sept mars mil six cent quatre-vingt-dix-huit, a mis et met l'appellation par elle interjetée au néant ; ordonne que ce dont est appel sortira effet, la condamne à l'amende ordinaire et aux dépens. Si te mandons, etc. Donné à Paris, en notre parlement, le treize décembre, l'an de grâce mil six cent quatre-vingt-dix-huit, et de notre règne le cinquante-sixième. Par la chambre :

Signé DUJARDIN.

OBSERVATIONS (1)

Sur les questions traitées dans les plaidoyers sur l'affaire de M. le prince de Conty et de Madame de Nemours.

L'AUTEUR du journal des audiences n'a fait mention que du premier de ces plaidoyers, tome IV de l'édition de 1733, livre XI, chapitre I; et il n'a point parlé du second.

Entre les questions qui sont discutées dans l'un et dans l'autre, il y en a qui sont mêlées de fait et de droit, et d'autres qui sont uniquement de droit.

Celles qui concernoient le testament fait dans le temps de la démence de M. l'abbé d'Orléans, étoient du premier genre, parce que la décision dépendoit en même temps de la discussion des circonstances du fait et de l'établissement des principes de droit sur l'état de démence, les caractères et les preuves de cet état, l'incapacité qui en résulte, et la nullité des dispositions ou des actes faits depuis qu'elle a commencé.

Ces principes sont comme dispersés dans différens textes des lois, et dans différens ouvrages des jurisconsultes. Il est d'autant plus important de les connoître, que, comme il est observé dans ces plaidoyers, le dérangement d'esprit est un mal sur lequel une famille se flatte quelquefois, dont elle espère la guérison ou la diminution en usant de ménagemens, qu'elle craint au contraire d'augmenter par un traitement trop rigoureux, et qu'elle appréhende

---

(1) Ces observations ne sont point de d'Aguesseau; elles appartiennent aux premiers éditeurs. Leur justesse et leur utilité a porté à les conserver.

surtout de manifester aux yeux du public; ce qui
lui fait différer, ou même l'empêché absolument
d'un venir à l'éclat d'une interdiction prononcée en
justice. Cependant on ne peut pas conclure de ce
qu'un insensé ou un imbécille n'est pas interdit,
qu'il soit capable de faire un contrat ou un testament qui exigent un jugement et une volonté; et
il n'y auroit rien de plus contraire à la justice et à
la sûreté publique, que d'autoriser toutes les surprises
que l'on pourroit faire, au préjudice des familles,
en abusant de la foiblesse d'esprit d'un homme qui
a perdu l'usage de la raison.

Les distinctions que fait le savant auteur de ces
plaidoyers, entre le prodigue qui conserve sa capacité
jusqu'à ce qu'elle lui soit ôtée par l'autorité de la
justice, et l'insensé ou l'imbécille qui en est privé
par sa folie même ou son imbécillité, indépendamment du ministère du juge; entre les faits qu'on
allègue pour combattre le contenu dans un acte, et
ceux qui concernent l'état et l'incapacité de la personne qui l'a souscrit; entre les actes qui sont tellement propres et personnels à celui qui les fait, qu'il
lui seroit impossible de les faire s'il étoit en démence,
et ceux qu'il est possible de faire transcrire ou signer
par un insensé, l'explication qu'il donne en conséquence, du vrai motif d'un arrêt rendu quelque
temps auparavant sur ces conclusions, dont on vouloit tirer avantage; les définitions qu'on trouve à la fin
du second plaidoyer, de la démence qui est une infirmité habituelle, et de la fureur qui a des accès violens et peut avoir aussi des intermissions considérables; les images qu'il rassemble pour peindre ce
qu'on peut appeler véritablement un intervalle lucide; les autorités, et les réflexions qu'il présente
sur tous ces points, peuvent répandre un grand jour
sur une matière assez obscure en elle-même, qu'on
ne peut mieux éclaircir que par les discours des magistrats chargés du ministère public, et qu'aucun
d'eux n'avoit approfondie avec autant d'érudition,
de lumière et de solidité.

Les questions qui s'étoient élevées sur la substitution contenue dans le premier testament de M. l'abbé
d'Orléans, étoient d'un ordre différent; c'étoient de
véritables questions de droit.

La matière des substitutions, surtout de celles qui
sont faites par un testament, *est très-abstraite*,
comme M. d'Aguesseau le remarqua d'abord.

Elles sont l'ouvrage de la volonté arbitraire de
l'homme, et elles ont plus ou moins d'étendue suivant cette volonté.

Tout testateur veut avoir un héritier de son choix.
Après avoir nommé celui qu'il choisit par préférence, il en appelle un autre, ou plusieurs qu'il
destine à le remplacer. C'est l'objet de toute substitution testamentaire.

Mais en faisant une semblable disposition, il peut
avoir prévu des événemens différens; et de là plusieurs sortes de substitutions, que l'on a distinguées
par différens noms. Il peut être utile d'en indiquer
en peu de mots les principaux genres, pour faire
connoître le point précis des questions de droit qui ont
été décidées par les arrêts rendus dans cette affaire,
et depuis par l'ordonnance de 1747, qui est un des
plus grands ouvrages de M. le chancelier d'A-
guesseau.

Il peut arriver que l'héritier institué par un testament, meure sans avoir recueilli l'hérédité, ou qu'il
décède après l'avoir recueillie. Le testateur, en
nommant d'autres personnes pour prendre sa place,
peut avoir pensé uniquement au premier de ces événemens, ou seulement au second, ou s'être représenté l'un et l'autre. C'est ce qui fait la différence de
la *substitution purement vulgaire* qui se rapporte au
premier cas, de la *substitution fidéicommissaire*
proprement dite, ou *purement fidéicommissaire*,
qui n'a effet que dans le second, et des substitutions
faites en des termes assez étendus ou assez généraux,
pour embrasser tous les événemens différens.

Le testament qui faisoit le titre de M. le prince

de Conty, ne contenoit point de substitution pure-
mènt vulgaire ; mais on y trouve deux exemples
très-remarquables; l'un de la substitution proprement
et uniquement fidéicommissaire; l'autre, d'une
substitution qui devoit avoir lieu en quelque temps
que l'héritier institué vînt à mourir, soit avant ou
après le testateur, soit sans avoir recueilli ses biens,
soit après les avoir possédés.

Celle qui est purement fidéicommissaire, est conçue
dans les termes que M. d'Aguesseau appelle *des paroles de fidéicommis.* C'est une prière, une supplication adressée par le testateur à Madame de Longueville, sa mère, *la suppliant très-humblement de
disposer desdits biens, elle venant à mourir, en faveur de MM. les princes de Conty.*

Il est évident, et il est démontré dans ces plaidoyers, qu'en faisant cette prière à Madame sa mère,
le testateur n'avoit pu penser qu'au seul cas où elle
auroit été en effet son héritière, parce qu'il falloit
qu'elle fût en possession de ses biens pour satisfaire à
une telle supplication. Il en auroit été de même,
s'il eût dit que la disposition qu'il faisoit en faveur
de Madame sa mère, étoit à la *charge* ou à *condition*
de remettre ses biens à MM. les princes de Conty ;
tous ces termes de prière, de charge ou de condition,
reviennent à ces expressions des lois, *rogo te, heres,*
ou *fidei heredis mei committo ;* et ce sont ceux qui
caractérisent la substitution purement fidéicommissaire.

Dans l'autre substitution qui est placée auparavant
dans ce testament, le même testateur parle différem-
ment. Il ordonne au lieu de prière, et il prévoit deux
cas différens dans une seule clause : voici comment
il s'explique.

« Et ledit seigneur comte de Saint-Pol venant à
« mourir *soit avant ou après ledit seigneur testateur,*
« sans enfans naturels et légitimes, *auxdits cas et*
« *chacun d'eux, ledit seigneur testateur a substitué*
« *vulgairement et par fidéicommis,* dame Anne-
« Geneviève de Bourbon, sa très-honorée mère ».

On trouve dans cette clause les deux événemens qui pouvoient également arriver; celui du décés de l'héritier institué *avant le testateur*; celui où il mourroit *après le testateur* dont il auroit recueilli la succession. La disposition du testateur en faveur de Madame sa mère doit avoir effet *auxdits cas et chacun d'eux*, c'est-à-dire, selon celui qui arrivera. Il la *substitue*, et ce mot qui exprime en général la volonté de mettre une personne à la place de l'héritier institué, est regardé par cette raison comme un *terme commun* à toutes les substitutions. On en voit la preuve dans cette clause, puisqu'il y marque qu'il l'a *substitué vulgairement*; ce qui s'applique au premier des deux cas prévus par le testateur, *et par fidéicommis*, ce qui a rapport au second. Dans l'un, elle se seroit trouvé son héritière immédiate, au défaut de l'héritier qu'il avoit institué. Dans l'autre, les biens lui auroient passé médiatement et après cet héritier, mais toujours par l'effet de l'intention qu'il avoit de la mettre dans l'un ou dans l'autre cas à la place de son héritier.

Ce seroit une véritable subtilité de prétendre que les caractères de la substitution vulgaire et de la substitution fidéicommissaire, si bien expliqués dans ces plaidoyers, étant différens, et même opposés, parce qu'elles ont pour objet des événemens qui ne peuvent se rencontrer ensemble, on ne puisse pas les réunir dans une même disposition. Il n'y a aucune contradiction à vouloir faire passer ses biens à la même personne dans plusieurs cas différens; c'est au contraire une suite naturelle du rang qu'elle tient dans l'ordre de l'affection du testateur.

Cette espèce de substitution n'est ni purement vulgaire, ni purement fidéicommissaire; mais elle joint l'une avec l'autre; et cette réunion forme un troisième genre de disposition, qui a les effets que chacune de ces substitutions peut produire.

Cette volonté du testateur peut être exprimée ou d'une manière étendue et développée, comme dans la clause que l'on vient de rapporter, ou en des termes plus abrégés et plus généraux, mais suffisans pour faire connoître qu'il a voulu que ceux qu'il a substitués, remplacent son héritier dans tous les cas.

C'est cette substitution faite par des expressions courtes et précises, que les auteurs ont nommé *compendieuse*; ce qui ne fait pas un nouveau genre de substitution, mais n'est qu'un nouveau nom qu'ils ont ajouté à ceux qui étoient déjà connus, et qui ne veut dire autre chose qu'une disposition conçue en des termes si énergiques, qu'ils embrassent toutes sortes de cas, et comprennent ainsi dans leur généralité toutes les espèces de substitutions.

La force des termes dépend beaucoup de la signification qu'on y attache dans l'usage. Les auteurs qui ont écrit sur ce sujet, exigent principalement,

En premier lieu, que le testateur ait employé non des termes de prières ou de charges, qui sont propres à la substitution purement fidéicommissaire, mais le terme impératif et commun, *je substitue*, qui convient naturellement à la substitution vulgaire, et qui peut aussi s'appliquer à toutes les autres.

En second lieu, que ses paroles fassent voir qu'il n'a pas fixé ses regards sur un seul moment pour avoir un héritier au jour de sa mort, mais qu'il a envisagé une suite et une durée de temps, pendant laquelle il a pu penser qu'il arriveroit différens événemens, *verba tractum temporis importantia.* On peut consulter sur cette matière *Fusarius de substitutionibus*, quest. 237 et suivantes. *Peregrinus de fideicommissis*, art. 18 et 34. *Menochius de præsumptionibus*, liv. 4. *Præsumpt.* 71. Ricard des substitutions, traité 3, chap. 2, 5 et 6. *Vinnius*, Domat, Boutaric et plusieurs autres.

Il seroit inutile de parler ici des substitutions que l'on appelle dans le droit, *pupillaires* et *exemplaires*. On voit que les principaux genres de substitutions peuvent se réduire à trois; celles qui sont purement et uniquement vulgaires, celles qui sont purement fidéicommissaires, et celles qui réunissent les effets des unes et des autres, soit qu'on les ait rédigées avec plus d'étendue, ou qu'elles soient *compendieuses*, c'est-à-dire, conçues en termes abrégés.

Quelques-uns ont pensé que les substitutions purement fidéicommissaires, n'étoient presque plus connues en France, parce que le terme *substituer*, est celui dont on se sert le plus ordinairement dans les testamens. Il est aisé de prouver qu'elles ont toujours été en usage parmi nous, puisqu'on voit encore aujourd'hui dans les pays de droit écrit, une multitude de testamens où l'un des conjoints institue l'autre, *à la charge* de remettre son hérédité à tous leurs enfans, ou à l'un d'eux; que d'autres personnes font aussi de semblables dispositions; et l'exemple de celle qui se trouve dans le premier testament de M. l'abbé d'Orléans en faveur de MM. les princes de Conty, suffit pour faire connoître qu'on n'a pas cessé dans ce royaume, de se servir des termes qui caractérisent une substitution de cette nature.

La question de savoir si la caducité de l'institution emporte celle de la substitution, ne peut se présenter que lorsqu'il s'agit d'une substitution, purement fidéicommissaire; car l'objet de la substitution vulgaire est précisément de prévenir cet inconvénient en appelant un second héritier au défaut de celui qui est institué le premier, et cet objet se trouve renfermé dans les substitutions faites pour avoir effet *vulgairement*, ou *par fidéicommis*, et dans la substitution *compendieuse* qui comprend tous les cas en général. C'est par cette raison que M. d'Aguesseau s'est attaché uniquement dans ses plaidoyers, à faire connoître la nature de la substitution purement fidéicommissaire. Sa méthode, lorsqu'il s'agissoit de décider une question, soit dans une affaire particulière, soit dans une loi, étoit de l'approfondir, si l'on peut parler ainsi, jusque dans la racine, et de la suivre dans toutes ses branches, mais de n'y mêler jamais aucune question étrangère.

Ainsi, pour bien entendre les questions de droit qu'il a traitées dans ses discours, il faut supposer une substitution qui, par les termes dans lesquels elle est conçue, n'est qu'une prière ou une charge ajoutée à l'institution : elle doit en suivre le sort; et si l'institution est caduque, elle tombe et s'anéantit avec elle.

Cependant on avoit trouvé un moyen de la faire valoir malgré la caducité de l'institution; c'étoit de la convertir alors en substitution vulgaire, c'est-à-dire, que par une fiction favorable au substitué, on présumoit que le testateur avoit eu une autre volonté que celle qu'il avoit marquée. On plaçoit dans son testament un cas qu'il n'avoit ni exprimé ni indiqué, au lieu de celui dont il avoit parlé. Ce n'étoit plus interpréter sa disposition, c'étoit la changer entièrement; et par là on faisoit un changement qui étoit encore plus de conséquence, en confondant ce que les lois ont distingué, et en détruisant les principes qu'elles ont établis.

Cette opinion soutenue par des argumens tirés de quelques lois auxquelles on donnoit un sens trop étendu, par les raisonnemens de quelques auteurs, et encore plus par la faveur que l'on accorde dans plusieurs pays aux substitutions, avoit fait de grands progrès, et il s'étoit formé sur ce point un partage de sentimens, non-seulement entre les jurisconsultes, mais encore entre les tribunaux les plus éclairés.

C'est ce qui faisoit la difficulté de la première question de droit qui fut agitée dans cette affaire, et ce qui engagea un magistrat si instruit dans la science des lois, à la discuter avec tant de force et d'érudition.

Mais en la décidant suivant les véritables règles, il se présentoit une seconde question sur l'effet de la clause codicillaire qui étoit insérée dans le testament. Il s'agissoit de savoir si elle ne sert qu'à suppléer l'omission des solennités extérieures, ou si en faisant valoir la disposition comme un simple codicille, elle remédie aussi à la caducité de l'institution. Les doutes qui s'étoient élevés sur ce sujet, furent dissipés par M. d'Aguesseau, avec la même lumière et le même savoir.

L'amour du bien public lui avoit toujours fait désirer de faire cesser la diversité de sentimens sur l'interprétation des mêmes lois, et cette grande vue a été un des principaux objets de ses travaux dans la place de chancelier. Les arrêts rendus dans cette cause célèbre, avoient produit un effet conforme à ses désirs, en fixant les opinions sur ces deux questions, au parlement de Paris et dans l'étendue de son ressort.

Mais la diversité des avis, du moins sur la première question, a subsisté dans le reste du royaume jusqu'à l'ordonnance de 1747, concernant les substitutions.

Cette loi n'a rien établi de nouveau sur la distinction des différentes espèces de substitutions. Les questions traitées dans ces plaidoyers n'avoient rapport qu'à une seule espèce de substitution, comme on vient de l'observer; mais elles n'entroient pas moins dans le dessein général de rendre la jurisprudence uniforme sur cette matière.

M. le chancelier d'Aguesseau les comprit, par cette raison, dans le nombre des questions qu'il envoya à tous les parlemens et conseils supérieurs. Il en forma la douzième de ces questions, qu'il rédigea en ces termes :

« Si la caducité de l'institution emporte celle de
« la substitution *fidéicommissaire*, ou si cette subs-
« titution doit alors être regardée comme convertie
« en *vulgaire*, pour soutenir le testament » ?

« *Quid ?* S'il y a une clause codicillaire dans le
« testament ». Après avoir reçu les réponses de toutes les cours dont il avoit demandé les avis il commença d'en faire un extrait, où il marquoit en latin ce qui se trouvoit dans le droit civil sur chaque question, et en français ce qui concernoit la jurisprudence des différens tribunaux. Il s'exprime ainsi sur la question que l'on vient de rapporter. « Ut Quæstionis finis
« rectè statuatur, ponendum est primùm, de substi-
« tutione quam *compendiosam* vocare consueverunt
« juris interpretes, quæque verbo seu voce communi
« exprimitur, nempè SUBSTITUO, hîc omninò non

« agi. Cùm enim hæc substitutio omnia omnium subs-
« titutiónum genera, vimque et substantiam com-
« pendio verborum complectatur ; nullâ conversione
« opus est ut directâ substitutione cessante, vel ca-
« ducâ, fideicommissaria locum habeat.

« De solâ igitur *substitutione fideicommissariâ pro-*
« *priè dictâ* hîc Quæstio vertitur ».

On voit par là quel est précisément l'objet de la
décision de l'ordonnance des substitutions, par laquelle le combat qui s'étoit formé entre les jurisconsultes sur ces deux questions, a été entièrement
terminé.

*Extrait de l'ordonnance concernant les substitutions,
du mois d'août* 1747, *titre I, article XXVI.*

DANS tout testament, autre que le militaire, la caducité de l'institution emportera la caducité de la
substitution fidéicommissaire, si ce n'est lorsque le
testament contiendra la clause codicillaire.

FIN DU TOME TROISIÈME.